KB080198

법과 사회

정승재 · 김도협 공저

책마루

머리말

인간은 두 사람 이상이 모여서 일정한 관계를 유지하면서 살아간다. 만약 무인도에서 혼자 살아간다면 어떠한 약속이나 규범도 필요 없을 것이다. 바로 이와 같은 이유에서 현대사회의 구성원으로서의 우리들은 다양하고도 복잡한 규범속에서 매일매일을 살아가고 있는 것이다.

이를 전제하면서, 本書는 대학에서 법학을 전공하려는 학생이나 법에 관심을 가진 일반인들이 보다 용이하게 법에 관한 기초적인 이해를 가질 수 있도록 쓰여졌다.

따라서 本書는 법학전반에 관한 기초적인 내용을 중심으로 다루었다. 이를 통해 법학을 전공하려는 분들에게는 보다 깊이 있는 법학공부의 근간이 되고, 그 외 일반인들에게는 현대시민사회에서 발생하는 다양한 법률문제에 대한 교양과 이해의 기초가 될 수 있을 것으로 기대한다.

아울러 다양한 법학입문서들이 이미 많이 출판된 점을 고려할 때에 本 拙著를 출간하는 입장에 부끄러움이 앞서며, 부디 本 拙著에 많은 참고가 된 기존의 著者분들께 너그러운 이해를 구한다.

그리고 기꺼이 출판을 허락해 주신 김명숙 사장님께도 진심으로 감사한 마음을 전한다.

또한 법령 및 최신판례의 검색과 원고정리를 도와 준 한국지하수협회 송귀종 연구위원, 롯데그룹 법무팀의 김가진 석사에게도 감사의 마음을 전한다.

2009년 2월

연구실에서

Contents

제1편 법의 기초

Contents

제2편 헌법

Contents

Contents

제4편 형법

제5편 소송법

Contents

제6편 사회법일반

제 1 편 법의 기초

제 1 장 법의 개념

Ⅰ. 인간사회와 법

인간은 두 사람 이상이 모여서 일정한 관계를 유지하면서 산다. 무인도에서 혼자 산다면 어떤 약속도 필요가 없을 것이다. 그러나 두 사람만 모여도 서로와의 관계에 있어서 일정한 약속이 필요하게 된다. 인간사회의 가장 기초단계인 가족관계에 있어서도 약속(규범)은 필요하다. "법은 침실에는 들어가지 않는다."라는 옛말이 있지만 이제 그 말은 옳지 않다. 부부간에도 생활방식에 대한 일정한 약속이 있는 것이고, 그 약속이 지켜지지 않으면 부부싸움이 벌어진다. 부모와 자식 간에도 일정한 규칙은 있어야 한다. 자식은 부모의 말씀에 복종하여야 한다는 식이다. 고대 원시사회에서는 이러한 약속이 지켜지지 않으면 힘센 사람이 약한 사람의 의견을 묵살하는 식으로 사회가 유지되었다. 그것도 일종의 약속이라면 약속일 것이다. 그러나 이러한 원시적 지배복종의 관계는 지배자의 감정에 따라 약속이 변화무쌍하게 바뀔 수 있다. 아버지가 기분이 좋을 때에는 자식들이 자유를 크게 누릴 수 있어 행복하지만, 아버지가 기분이 나빠지면 자식들은 행복은 커녕 두려움에 떨게 된다.

한 가족에 한정되어서 이야기할 때에는 사실 오늘날과 같은 법은 필요하지 않을 수 있다. 그러나 여러 가족이 모여 부락을 이루고 사회를 형성한다면 항상 일정하게 적용되는 약속(규범)이 필요하게 된다. 앞에서 말한 바와 같이 고대 미개사회에서는 힘센 지배자의 폭력만으로도 사회질서는 유지되었다.

그러나 사회가 발전함에 따라 그 사회를 통합하는 일종의 사회공동체가 확립되고, 그 사회를 이끌어갈 중심권력이 생성되게 된다. 중심권력인 지배자가 대다수의 많은 피지배자를 효율적으로 통치하기 위해서는 어떤 일정한 약속(규범)을 제시할 필요가 있다. 그리하여 종교라든가 관습, 도덕과 같은 규범이 사회질서를 유지하는 기준으로 등장하게 된다. 그리고 사회가 더욱 진보 · 발달하여 그 규모가 확대되고, 개인의식과 사회의식이 높아짐에 따라 과거의 단순한 사회규범만으로는 그 질서유지가 어렵게 된다. 이러한 이유로 종교 · 관습 · 도덕 등에서 반드시 지켜야할 사항을 선별하여 법으로 만들고 그 법에 의하여 사회의 질서유지를 확보하기에 이르렀던 것이다. "사회가 있는 곳에 법이 있다(ubi societas ibi ius)."라고 하는 법 격언은 이렇게 생겨났을 것이다.

II. 법이란 무엇인가

법의 개념을 파악하기 위하여 우리는 끊임없이 "법이란 무엇인가?" 하는 질문을 던진다. 이것은 법학, 특히 법철학의 최초의 과제이면서 동시에 최후의 과제이기도 하다. "법이란 무엇인가?" 하는 인식은 그만큼 중요한 과제인 것이다. 지금까지 많은 학자들이 법의 개념을 정의하려고 노력해 왔으나 아직 그 답을 얻지 못했고, 오늘도 우리 법학자들은 그 질문을 계속 던지는 것이다. 이를 두고 일찌기 칸트(Immanuel Kant)는 "법학자들은 아직까지 법에 관한 그들의 개념정의를 찾고 있다."고 비판한 바 있다. 200여년 전의 이 말은 오늘날에도 여전히 타당하다. 인류의 역사가 계속되는 한 "법이란 무엇인가?" 하는 질문은 영원히 계속될 것이다.

이처럼 법의 개념을 파악하는 일은 결코 쉬운 일이 아니다. "법이란 무엇인가?" 하는 질문에 대한 대답을 얻기 어려운 이유는, 시대의 변천에 따라 법의 내용이 달라지며, 지역과 사회풍토에 따라 법의 의미가 바뀌고, 국가형태에 따라 법의 목적이 달라지기 때문이다. 그러나 우리는 어느 시대, 어느 사회, 어느 국가에서도 공통되는 법의 개념요소가 있다고 믿는다. 이러한 의미에서 "법이란 무엇인가?"에 대한 대답으로, "법이란 국가권력에 의하여 강제되는 사회규범이다."라고 보는 것이 일반적인 견해이다.

III. 법의 어원

1. 서양에서의 법의 어원

서양에서 법이라는 용어는 라틴어 'jus' 에서 유래하였는데, 이는 '옳은 것', 즉 '진리' 를 의미하는 것이었다. 독일어로는 'Recht', 프랑스어로는 'droit' 라고 하며 이들 용어는 모두 'jus' 와 같이 '옳은 것', 즉 '정의' 를 뜻하는 것이다. 그리고 영어의 'law' 라는 용어는 '정하여진 것', 즉 '계율' 을 의미하는 것이다. 법에서 가장 중요한 '권리' 를 영어로 'Right' 라고 한다. 'Right' 역시 '옳은 것' 을 뜻한다.

2. 동양에서의 법의 어원

중국에서 法(법)의 옛글자는 '灋 (법)' 이었다. 이 글자는 '水(물 : 수)' 와 ' 廌 (해태 :

치, 채)', '去(갈 : 거)'를 복합한 것으로, '水'는 수면과 같이 어느 쪽으로도 치우치지 아니하는 공평을 의미하고, '廌(해태)'는 옛 전설에 나오는 죄의 유무를 가릴 수 있는 성스러운 동물을 말하는 것으로 성스러운 판단을 의미하며, '去'는 악을 제거함을 의미하는 것이었다. "정의를 실현하기 위하여 해태가 간다."로 해석하기도 한다.

오늘날 쓰이고 있는 '法'은 '水'와 '去'를 복합한 것으로, '水'는 물을 의미하고 '去'는 흘러감을 의미하므로, 법은 물이 아래로 흘러가는 것처럼 자연스러운 질서를 의미하는 것이다.

Ⅳ. 규범으로서의 법

법의 개념을 파악하는 것은 어려운 일이지만 '법이란 국가권력에 의하여 강제되는 사회규범'이라고 보는 것이 일반적이다.

즉, 법은 지켜야할 규범인데, 그 중에서도 사회규범이며, 사회규범 중에서도 국가권력에 의하여 강제성이 담보되는 규범이라는 것이다.

1. 법은 규범이다

사물을 지배하는 법칙에는 자연법칙과 규범법칙이 있으며, 규범법칙을 우리는 간단히 '규범'이라 부른다. 규범이란 우리 인간에게 일정한 작위 또는 부작위를 명령하는 당위의 법칙을 말한다. 즉, '있다(Sein)'는 사실(혹은 존재)에 대응하여 '있어야 한다(Sollen)'는 당위의 법칙이 규범이다. 예컨대, "물은 아래로 흐른다."라는 존재명제의 표시는 자연법칙이며 맹목의 법칙이지만, "사람을 살해하지 말라.", "남의 물건을 훔치지 말라."와 같은 당위명제의 표시는 명령의 법칙으로서, 우리는 이것을 규범이라 한다.

이러한 규범법칙은 자연법칙과 구별된다. "물체에 열을 가하면 팽창한다.", "물체는 지구 중심을 향해 떨어진다."와 같은 자연법칙은 일정한 원인이 있으면 반드시 일정한 결과가 뒤따르는 '인과율(Kausalgesetz)'의 법칙이 지배하고, 이는 존재(Sein)의 세계에 존재한다. 따라서 자연법칙을 '존재의 법칙'이라고 부른다.

그러나 "사람을 살해하지 말라."고 명령하는 규범법칙은 일정한 목적을 가지고 있어서 '목적률(Zweckgesetz)'이라고 하며, 또한 당연히 그렇게 행동할 가치가 있는 당위성

(Sollen)을 주장하고 있다. 따라서 규범규칙을 '목적법칙', '당위의 법칙'이라고도 부른다.

자연법칙은 반드시 실현되는 필연성을 특성으로 하므로 그 예외가 없으나, 규범법칙은 반규범적 사실의 발생을 예상하고 있다.

2. 법은 사회생활에 필요한 규범이다

법은 규범 중에서도 사회규범이다. 아리스토텔레스(Aristoteles)는 "사람은 사회적 동물이다."라고 하였고, 예링(Jhering)은 "사람은 자기의 생활을 유지 · 발전시키기 위하여 자기를 위한 생활 이외에 타인에 의한 생활과 타인을 위한 생활을 하지 않으면 안 된다."고 말하였다. 이처럼 사람은 선천적으로 타인과 공동으로 사회생활을 하는 본성을 가지고 있다. 이러한 인간의 공존공생적 집단생활 속에서 필연적으로 사회관계가 형성되며, 사회생활의 질서를 유지하기 위해서는 사회가 요구하는 사회규범이 있어야 한다. 사회규범에는 법 · 도덕 · 종교 · 관습 등이 있다. 법은 이러한 사회질서를 유지하기 위해 사회가 정립한 사회규범의 하나이다.

3. 법은 국가권력에 의해 강제되는 사회규범이다

법은 사회규범 중에서도 국가권력에 의해 강제되는 강제규범이다. 강제규범이란 규범을 위반한 행위에 대하여 그 규범의 실효성을 보장하기 위해 강제력이 가해지는 규범을 말한다. 사회생활이 단순했던 고대 원시사회에 있어서는 사회질서를 유지하기 위한 사회규범도 단순하였다. 그러나 인류역사의 발전과 더불어 사회생활이 복잡화됨에 따라 사회규범도 여러 가지로 분화되게 되었다. 분화된 사회규범의 대표적인 것이 법 · 도덕 · 종교 · 관습 등의 규범이다.

이와 같이 분화된 사회규범 중 법은 "국가권력에 의하여 조직화된 강제력에 의해 실효성이 보장되는 사회규범"이다. 여기에서 '강제'라는 것은 법의 침범에 대하여 실력으로서 법이 준수된 것과 같은 사실상태를 현실적으로 실현하기 위하여 위법행위자에게 형벌 · 징계 · 손해배상과 같은 물리적 제재를 가하는 것을 말한다.

예링은 "강제를 수반하지 않는 법은 타지 않는 불, 비추지 않는 등불과 마찬가지로 모순이다."고 말하여 법의 강제규범성을 강조하였다.

제 2 장 법과 도덕

Ⅰ. 법과 도덕의 구별

법과 도덕의 관계는 예링이 '법철학의 영원한 케이프 혼' 이라고 말한 바와 같이 법철학에 있어서 가장 어려운 과제 중의 하나라고 할 것이다. 법 이론에 있어서 그것은 법의 개념규정을 둘러싼 여러가지 문제와 관련하여 최대의 문제라고 해도 과언이 아니다. '법은 도덕의 최소한' 이라고 하는 말도 법과 도덕의 구별 혹은 둘 사이의 관계가 매우 밀접하다는 것을 말해 주고 있다.

1. 구별부인론과 구별시인론

같은 사회규범인 법과 도덕을 구별할 수 있는 것인가에 관해 양자를 구별할 수 없다는 '구별부인론' 과 양자를 구별할 수 있다는 '구별시인론' 으로 나누어진다.

(1) 구별부인론

구별부인론(區別否認論)은 법과 도덕은 같은 사회규범으로 구별할 수 없다고 주장한다. 일반적으로 자연법론자는 '자연법은 실정법을 초월한 영구불변의 정의' 라고 보기 때문에 법과 도덕의 구별을 부인한다. 현실세계의 실정법은 이상세계의 자연법이 반영된 것으로 보고, 법의 본체는 자연법이라고 주장하는 자연법론자의 입장에서, 법은 자연법을 뜻하고 자연법은 도덕과 일치하는 것으로 본다. 그러므로 자연법론자는 법과 도덕의 구별을 인정하지 않는다.

(2) 구별시인론

구별시인론(區別是認論)은 법과 도덕은 같은 사회규범에 속하지만 구별할 수 있다고 주장한다. 현실의 인간세계에 존재하는 실정법만을 법으로 보고 이상세계에 존재하는 정의 혹은 자연법은 국가의 강제력이 없는 것이므로 법이라 할 수 없다는 법실증주의자는 법과 도덕을 엄격히 구별하는 입장을 취한다.

2. 법과 도덕의 구별기준

법과 도덕의 구별을 인정하는 구별시인론의 입장에서 볼 때 법과 도덕은 무엇을 기준으로 구별할 것인가에 관해 여러가지 견해가 대립되어 왔다.

(1) 강제가능성의 유무에 의한 구분(통설)

법은 국가권력과 같은 물리적 강제력에 의하여 그 위반자에 대하여 제재를 할 수 있는 강제가능성을 가지고 있는 데 반하여, 도덕은 그 위반자에 대한 사회적 비난 가능성 이외에 국가적 강제력이 없다는 견해이다. 즉, 법은 그 특징으로 '물리적 강제성' 을 가지고 있으나, 도덕은 그 특징으로 '비강제성' 을 가지고 있다는 것이다. 이를테면 살인을 하면 사형에 처한다는 제재가 따르지만, 부모에게 불효한다고 해서 국가가 어떤 처벌을 할 수 있는 것은 아니다.

도덕규범을 위반한 경우에 사회의 비난 등이 있을 수 있으나, 그것은 법에 의한 물리적 · 실제적 강제력이 아니라 심리적 강제에 지나지 않기 때문에 양자는 구별이 가능하다는 것으로, 오늘날의 가장 일반적인 견해이다.

(2) 규율대상에 의한 구분

법은 오로지 외부에 나타난 행위만을 규율하는 것인 데 반하여, 도덕은 외부에 나타난 인간의 행위뿐만 아니라 실제 행동은 나타나지 않았다 하더라도 도덕에 반하는 내면의 의사까지도 규율하는 것이라 한다. 즉, 법에 의하면 '마음 속의 간음' 에 대해서는 어떤 처벌도 가해지지 않지만, 도덕은 이것 역시 용납될 수 없는 행동이라 하여 비난가능성이 발생한다는 것이다. 그러나 법도 선의 · 악의 · 고의 · 과실과 같은 내면적 의사를 규율하는 경우가 적지 않고, 도덕이 규율하는 내면의 의사 역시 외부에 나타나지 않는 한 평가의 대상이 될 수 없다는 어려움이 있다.

(3) 타율성과 자율성에 의한 구분

칸트는 법은 '타율성' 이 있는 규범인 데 반하여, 도덕은 '자율성' 이 있는 규범이라고 하였다. 즉, 법은 외부의 강요에 의하여 인간의 행위를 규율하는 '타율성' 에 그 실효성의 연원을 두고 있는 규범인 데 반하여, 도덕은 외부의 강제와 관계없이 스스로 자각하여 실천하는 '자율성' 에 그 실효성의 연원을 두는 것을 특질로 하는 규범이라고 한다. 다시 말해서 규범의 성질을 기준으로 법과 도덕은 구별된다고 한다.

그러나 실제에 있어서 도덕도 외부에서 강요되는 것이므로 타율성을 갖는 것이며, 법도 스스로 지키려는 자율적 의지가 매우 중요하다.

(4) 그 이외의 학설

- **성립근거설** _ 규범의 성립근거설에 의하면 법은 '경험적 사실' 에 근거하여 성립하는 것이며, 그 때문에 법은 현실성을 갖는다. 이에 반하여, 도덕은 현실의 경험을 초월한 '선험적 이성' 에 그 성립의 근거를 둔다. 따라서 도덕은 '타당성' 을 갖지만 법은 '타당성' 을 갖지 않는다고 하여 규범의 성립근거를 기준으로 법과 도덕은 구별된다고 한다.
- **규율측면** _ 규범의 규율측면설에 의하면, 법은 채권 · 채무 등과 같이 권리 · 의무의 양 측면을 규율하는 '양면성' 을 갖는 규범인 데 반하여, 도덕은 "정직해야 한다."와 같이 의무의 측면만을 규율하는 '일면성' 을 갖는다고 한다. 따라서 법과 도덕은 규율의 양면성 여부에 따라 구별된다고 한다.
- **형식설** _ 규범의 형식설에 의하면, 법은 헌법 · 법률 · 명령 등의 형식으로 규정되어 있어 문자에 의해 표시되는 규범인 데 반하여, 도덕은 실정적 규범형식의 문자 형태로 표시되지 않는 것이 일반적이라고 한다. 따라서 규범의 성문 여부에 따라 법과 도덕은 구분된다고 한다.
- **규율대상설** _ 규범의 규율대상설에 의하면, 법은 현실계의 '평균인' 을 그 규율대상으로 하는 규범인 데 반하여, 도덕은 현실의 평균인의 수준을 넘어 '이상인' 을 상정하고 그를 규율대상으로 삼고 있는 규범이라고 한다. 따라서 법과 도덕은 규범의 규율대상을 기준으로 구별된다고 한다.

II. 법과 도덕의 관계

법과 도덕은 위에서 본 바와 같이 서로 구별될 수 있으나 양자는 서로 밀접한 관련성을 가지고 있다. 옐리네크는 법과 도덕의 관계를 [법은 최소한의 도덕]이라고 표현했는

데, 이는 도덕규범 중 그 실현을 특히 강제할 필요가 있는 것을 선택하여 법으로 정립하게 되었다는 것을 의미하는 것이다.

1. 내용상의 관계

고대에서부터 근대국가에 이르기까지 대부분의 법은 도덕과 그 내용이 일치하였다. 현대의 법도 많은 부분에서 도덕과 일치한다. 불법적인 것은 동시에 반도덕적인 것이며, 반도덕적인 것은 동시에 불법적인 것으로 되는 것이 법과 도덕의 일반적이고 원칙적인 내용상의 관계이다. 이와 같이 법과 도덕이 내용상으로 일치되는 것을 칸(Edmond Cahn)은 '중복'이라 했다.

"살인하지 말라.", "도둑질하지 말라."와 같은 도덕규범이, 살인하면 살인죄로 처벌하고 도둑질하면 절도죄로 처벌하는 형법규범으로 전환된 것이며, 빌린 물건을 반환할 의무 등을 규정한 민법규정 역시 도덕의 요구로부터 법의 요구로 전환된 것이다. 민법상 [신의성실의 원칙]이나 [공서양속의 원칙]을 규정한 것은 도덕규범을 그대로 법규범으로 옮긴 것이나. 이와 같이 대부분의 법은 도덕으로부터 전환된 것이라고 할 수 있다.

그러나 반드시 법과 도덕이 일치하는 것은 아니다. 즉 불법적인 것이 오히려 도덕적인 경우도 있을 수 있고, 반도덕적이기는 하지만 불법이 아닌 경우도 있다. 또한 법에는 도덕과 관계가 없는 기술규범이 많이 존재하며 법이 발전할수록 도덕과 관계가 없는 법이 속출하고 있는 것이 현실이다. 예컨대 다수결의 원칙이라든가, 교통법규, 절차법규, 조직법규 등은 도덕과 관계가 없다. 도덕적으로는 지켜야 하지만 법으로 강제할 필요까지는 없는 도덕규범도 많이 있다.

2. 효력상의 관계

법은 사회질서를 유지하기 위하여 반드시 지켜야 한다는 요구에 의하여 국가적 강제력을 부여받은 사회규범이다. 즉, 법은 국가적 강제력의 뒷받침을 받아 사회규범이 지켜지도록 보장된 것이다. 그러나 도덕은 국가적 강제력이 뒷받침되지 않는다. 앞에서 말한 바와 같은 법과 도덕의 구별기준에서 강제력의 유무에 의한 구별이 통설적 지위를 누리는 이유이다.

그렇다고 해서 도덕이 강제력이 없다는 것은 아니다. 사회적 비난 가능성도 강제력으로서의 역할을 충분히 하고 있는 것이다. 법이 아무리 강력한 강제의 수단을 가진다고 해도 그것만으로 법이 실제로 잘 지켜질 수 있는 것은 아니다. 강제는 범법행위의 방지를 위해 필요한 것이기는 하지만, 그것이 사회질서 유지에 충분한 것은 되지 못한다. [법의 효력]의 지주로서 의지할 수 있는 것은 강제의 위협뿐만 아니라 "법은 지켜지지 않으면 안 된다."고 하는 준법정신이다. 이 준법정신은 하나의 도덕률인 것이며 그 자체가 법은 아니다. 이 도덕률이 법의 효력을 궁극적으로 뒷받침하고 있는 것이다.

이와 같이 규범의 효력이란 측면에서 볼 때, 법과 도덕은 상호 보완관계에 있으며, 사회생활의 질서를 유지하고 사회적 가치실현에 봉사하는 공동의 사명을 지닌 것으로 보아야 할 것이다.

제 3 장 법과 관습

관습이란 특정범위에 있는 행위의 주체들이 사회생활에 있어서 동일한 행위를 계속적으로 반복함으로써 어느 정도 그 행위의 주체들을 구속할 수 있는 힘을 가지게 된 사회규범을 말한다. 예를 들면, 설날에는 어른들께 세배를 하여야 한다는 사회규범, 친구의 부모님이 사망하면 조문을 가야 한다는 사회규범, 신랑과 신부는 결혼식에서 혼인서약을 하여야 한다는 사회규범 등이 관습이다.

관례가 발전하여 관습이 되고, 관습이 발전하여 관습법이 된다. 따라서 관습은 관례가 발전한 규범형태이며, 관습법으로 발전하기 이전의 규범형태이다.

Ⅰ. 법과 관습의 구별

사실인 관습은 관습법과 구별된다. 관습은 행위의 주체들이 동일한 행위를 계속적으로 반복함으로써 어느 정도 그 행위의 주체들을 구속하는 사회규범이지만, 행위의 주체들이 관습을 법으로 보려는 확신 또는 국가가 그것을 법으로 인정하는 승인이 없는 상태의 사회규범이다. 그러나 관습법은 이러한 확신 혹은 승인을 획득한 상태의 사회규범인 것이다. 요컨대 관습은 행위의 주체들이 이를 법으로 보려는 법적 확신 또는 국가가 이를 법으로 보려는 승인이 없는 것이지만, 관습법은 이러한 법적 확신 또는 국가의 승인이 있는 것이란 점에서 양자는 구별된다.

1. 구별시인론과 구별부인론

앞에서 본 바와 같이 법과 도덕의 구별에 관해서는 구별시인론과 구별부인론이 대립되어 있으나, 법과 관습의 구별에 관해서는 구별시인론이 통설이며 구별부인론을 주장하는 입장은 없다.

2. 법과 관습의 구별기준

법과 관습의 구별기준은 무엇인가. 즉 법과 관습은 무엇을 기준으로 구별할 수 있는 것인가에 관해 여러가지 견해의 대립이 있다. 이를 보면 다음과 같다.

(1) 강제성의 유무에 의한 구분

강제성의 유무에 의한 구분설에 의하면, 관습은 그것을 위반했을 경우에 이에 대한 제재로서 국가 권력에 의해 조직화된 강제가 가해지지 않지만, 법은 이를 위반했을 경우에 이에 대한 제재로서 국가권력에 의해 조직화된 강제력이 가해진다는 점에서 양자는 구별된다고 한다. 이 견해는 법과 도덕의 구별에서와 같이 가장 일반적인 견해이다. 결국 이러한 구분은 법과 기타의 다른 사회규범과의 차이점을 가장 잘 나타낸 것이라고 할 수 있다.

(2) 성립기반의 조직성 여부에 의한 구분

성립기반의 조직성 여부에 의한 구분설에 의하면, 관습은 비조직적 사회를 기반으로 성립하는 규범인 데 반하여 법은 조직적 사회를 기반으로 성립하는 규범이라고 하여 양자를 구별하려 한다. 그러나 국가기관의 관습과 같이 관습은 조직적 사회에서도 성립하며, 상관습법(상법 제1조)과 같이 법도 비조직적 사회에서 성립될 수 있으므로 이 구별기준은 완전한 것이라고 볼 수는 없다

(3) 성립근거의 자발성 여부에 의한 구분

성립근거의 자발성 여부에 의한 구분설에 의하면, 관습은 행위의 주체들 사이에서 임의적이고 자발적인 의사에 의해 성립되는 것이지만, 법은 행위의 주체들 간의 임의적이고 자발적인 의사에 의하지 아니하고 국가의 권력에 의해 강제적이고 비자발적으로 성립된다는 점에서 양자는 구별된다고 한다.

그러나 행위의 주체 중에서 관습의 형성에 반대한 자에 대해서도 관습은 구속력을 갖는 것이며, 상관습법과 같이 법도 행위의 주체들 간의 임의적이고 자발적인 의사에 의해 성립되는 경우가 있으므로, 이 구별기준 역시 완전한 것이라고 볼 수는 없다.

II. 법과 관습의 관계

1. 법과 관습의 내용상의 관계

원칙적으로 법과 관습은 내용상 일치관계에 있다. 즉 대부분의 법과 관습은 내용상으로 일치한다. 따라서 불법적인 것은 동시에 반관습적인 것이며 반관습적인 것은 동시에 불법적인 것이, 법과 관습의 일반적이고 원칙적인 내용상의 관계이다.

예컨대, "권리의 행사와 의무의 이행은 신의에 따라 성실히 하여야 한다."는 민법 제2조 제1항의 규정, "선량한 풍속 기타 사회질서에 위반한 사항을 내용으로 하는 법률행위는 무효로 한다."는 민법 제103조, 그리고 "전세권자는 전세금을 지급하고 타인의 부동산을 점유하여 그 부동산의 용도에 따라 사용 · 수익하며, 그 부동산 전부에 대하여 후순위 권리자 기타 채권권자 보다 전세금의 우선변제를 받을 권리가 있다."는 민법 제303조 제1항의 규정은 관습과 내용상 일치하는 경우이다.

그러나 예외적으로 법과 관습은 내용상 불일치관계에 있다. 즉, 경우에 따라 법과 관습의 내용이 일치하지 아니하는 경우가 있는 것이다. 합법적인 것이 관습에 반하고, 불법적인 것이 오히려 관습에 합치하는 경우가 있는 것이다.

예컨대, "가정의례에관한법률"은 합법적인 것이지만 관습에 반하는 내용이며, 처의 혈족 중 처의 부모만을 친족으로 보는 것은 우리나라의 관습이므로, 8촌 이내의 모든 혈족을 친족으로 보는 민법 제777조의 규정은 관습에 반하는 경우이다.

2. 법과 관습의 효력상의 관계

법과 관습은 효력상 상호 보완관계에 있다. 법이 규율하지 못하는 영역은 관습이 이를 규율하고, 관습이 규율하지 못하는 영역은 법이 이를 규율하여 법과 관습은 사회질서를 유지하는 데 있어서 상호 보완적인 관계에 있다.

그러나 법과 관습은 효력상 법이 우선하는 관계에 있다. 즉, 법과 관습의 내용이 일치하지 아니할 경우에 항상 법의 효력이 관습의 효력에 우선한다. 따라서 법에 저촉되는 관습은 실제생활에 적용되지 아니한다.

제 4 장 법과 종교

오늘날 법과 관련하여 또 하나 중요한 것이 종교이다. 즉 이 종교(宗敎)는 시대와 문화적 수준에 따라서 그 규모와 대상에 있어서의 다양성에도 불구하고 한 가지 분명한 것은 인간의 유한성에 대한 무한한 존재로의 신에 대한 복종이자 염원(念願)을 내포하고 있는 것만은 공통적이라 할 것이다. 그리고 이 종교는 오랜 세월동안 인간의 생활전반을 지배하고 규율하는 중요한 규범으로서의 역할을 해 온 것 또한 사실이다. 이는 특히 종교와 법이 미분화된 원시시대의 금기(禁忌, Taboo)에서 이러한 이중적 측면을 볼 수 있는 바, 특정의 원시적 신앙에 기초한 요구행위를 위반하였을 경우에는 종교적 측면에서의 제재뿐만 아니라, 나아가 그 사회의 규범에 따른 강제적 제재 역시 수반되었던 것이다.

이는 오늘날 우리의 '서낭당'에서도 쉽게 그 전통을 찾아볼 수 있다 할 것으로서, 마을 어귀의 서낭당을 지나갈 때에 요구하는 특정의 행위(예를 들어 돌을 던지거나 침을 뱉는 행위 등)를 위반하였을 경우에는 종교적 측면에서는 부정을 탄다고 생각하였으며, 이로 인해 그 마을에 재앙을 몰고 올 것을 염려하여 그 위반자에 대해 법적제재를 가하기도 한 것을 예로 들 수 있을 것이다.

이밖에도 종교와 법의 양면성(兩面性)의 예로는 모세의 십계명(十誡命)이나 신라의 세속오계(世俗五戒) 등을 들 수 있다. 이와 같은 법과 종교와의 관계에서 과거에는 대체적으로 법은 종교의 일부라는 생각이 강했다. 그러나 근세 이후 오늘날에는 일부의 종교국가를 제외하고는 이른 바, 정교분리(政敎分離)의 원칙이 일반적으로 대다수의 국가에서 수용되어지고 있다. 그러나 이와 같은 정교분리의 원칙에도 불구하고 현실적으로는 종교와 법은 상호 밀접한 연관성속에서 조화를 추구하고 있다.

제 5 장 법계

Ⅰ. 법계의 개념

법계(法系)란 법이 적용되고 있는 국가나 민족을 초월한 법의 계통을 말한다. 여러 국가 또는 여러 민족의 법이 법의 계수 등에 의하여 동일한 계통에 속하는 경우에 이것을 하나의 법계라 한다. 법은 그 법이 생성된 지역과 민족에 따라 서로 공통되는 점도 있고, 서로 다른 점도 있다. 따라서 세계 여러 국가와 민족 속에서 역사적으로 생성 · 발전되어 온 각각의 법은 그것이 각기 지닌 특성에 따라 여러 개의 법계로 분류된다.

법은 국가나 민족의 생활에 밀착하여 발전하며, 법은 국가와 민족의 문화 또는 국민성에 따라 각기 특이한 양상을 띠게 된다. 그러나 문화는 부단히 교류하고, 각 국가의 국민성과 민족성은 서로 영향을 주고받아 때로는 상호 융합하는 현상이 나타난다. 그리고 법의 계수를 통해 국가와 민족을 초월한 법계가 형성되게 된다.

이렇게 형성된 법계는 국가와 민족과 관계없이 새로운 법 문화권을 형성하고 각기 특색을 발휘하면서 독자적인 진로를 걷게 된다. 이를 '법계의 보편화 현상'이라 한다.

또한 교통 · 통신의 발달로 국가교류가 성행하게 됨에 따라 법계는 상호 영향을 주고받아 그 특색이 퇴색되는 경향이 있다. 해상법과 같은 분야에서는 세계법적 경향을 나타내게 된다. 이를 '세계법화현상'이라 한다.

Ⅱ. 법계의 분류

1. 16법계 · 서양법계 · 동양법계

인류사회의 법은 그 법이 현재 적용되고 있는 민족이나 국가에 관계없이, 그 법이 생성 · 발전되어 온 과정에 따라 여러 개의 법계로 구분된다. 그러나 학자에 따라 법계의 분류방법은 다르다. 미국의 법학자 위그모어(John Henry Wigmore)는 인류의 법계를 이집트법계 · 바빌로니아법계 · 중국법계 · 헤브라이법계 · 인도법계 · 그리스법계 · 로마법계 · 일본법계 · 게르만법계 · 켈트법계 · 슬라브법계 · 마호메트법계 · 해법계(海法系) · 유럽법계 · 대륙법계 · 사원법계 및 영미법계의 16법계로 나누었다.

혹은 인류의 법계를 서양법계 및 동양법계로 크게 분류하고, 서양법계를 다시 대륙법계와 영미법계로 구분하고, 대륙법계를 독일법계와 불란서법계로 나누고, 영미법계를 다시 영국법계와 미국법계로 나누며, 동양법계를 중국법계 · 인도법계 · 일본법계로 구분하기도 한다.

그러나 가장 일반적인 것은 대륙법계와 영미법계로 구분하는 것이다.

물론 이 두 법계도 상호 영향을 주고받아 차이점이 점차 줄어들고 있다.

2. 대륙법계와 영미법계

(1) 대륙법계

(가) 의의

대륙법계라 함은 독일 · 프랑스를 중심으로 한 유럽 대륙제국의 법계를 의미하는데, 이는 영미법계에 대립되는 법계이다. 대륙법계는 게르만법의 토대 위에 로마법의 강력한 영향을 받아 성립된 것으로, 성문법주의를 채택하고 있다.

대륙법계는 다시 독일법계 · 프랑스법계 · 슬라브법계로 구분된다. 독일법계에 속하는 국가는 독일 · 스위스 · 오스트리아 · 덴마크 · 스웨덴 · 노르웨이 · 한국 · 일본 등이며, 프랑스법계에 속하는 국가는 프랑스 · 이탈리아 · 벨기에 · 네덜란드 · 스페인 · 포르투갈 · 남미제국 등이다. 그리고 슬라브법계에 속하는 국가는 소련과 그 위성국가이다. 그러나 최근 미국의 영향력이 커지면서 우리나라의 법계에도 영미법계의 침투가 급속히 진행되고 있다.

(나) 특성

- **법원상의특성** _ 대륙법계의 법원(法源)상의 특성은 '성문법성(成文法性)' 이다. 대륙법계는 성문법주의를 채택하여 법원은 원칙적으로 성문법만을 법원으로 인정하고, 불문법은 성문법의 흠결(欠缺)을 보충하는 기능을 담당하는 데 불과하다. 판례는 법원이 되지 못하며, 법관은 성문법전의 적용자에 불과하며 법의 창조자가 되지 못한다.
- **법계통상의특성** _ 대륙법계의 법계통상의 특성은 '로마법계성' 이다. 대륙법계의 근간을 이루고 있는 것은 로마법과 게르만법이다. 그러나 게르만 고유법시대에 로마법을 흡수하여 오히려 로마법의 영향을 더 강하게 받아 대륙법계가 성립된 것이다.

따라서 대륙법계는 법계통상 로마법계에 속하며 압도적으로 로마법계적 요소에 의해 지배되고 있다.

- **법내용상의특성** _ 대륙법계의 법내용상 첫째의 특성은 '개념성' 이다. 대륙법은 그 내용상으로 보아 일반적인 여러 개념으로 형성된 법이다. 대륙법은 조직적 · 통일적이며, 법의 무흠결을 이상으로 하여 개개의 법이 개념적으로 연속되며, 구체적 사실을 중시하지 않는다.

  대륙법학자들은 로마법의 연구를 통해 그들의 도구로서 여러 개념을 정립하고 이들 여러 개념을 상호 연결함으로써 일관 · 정서된 조직적인 체계를 형성하여 개념법학을 성립시켰다.

  대륙법계의 법내용상 둘째의 특성은 '일원성' 이다. 대륙법의 내용은 일원적이며, 영미법처럼 보통법과 형평법의 이원적 내용으로 구성되어 있지 않다.
- **재판상의특성** _ 대륙법계의 재판상의 특성은 '배심제도의 부인(否認)' 이다. 대륙법계에서는 사실문제에 관하여 법률 문외한인 배심원이 판단하도록 하는 배심제도를 인정하지 않는다. 그러나 배심제도의 장점을 살리기 위해 참심제를 두고 있는 국가도 있다.

(2) 영미법계

(가) 의의

영미법계란 영국과 미국을 중심으로 한 법계로, 이는 대륙법계에 대립되는 법계이다. 영미법계는 게르만법의 영향을 많이 받아 성립한 것으로 판례주의를 채택하고 있다. 영국은 지리적인 관계로 대륙문화의 직접적인 영향을 받는 일이 적었으므로 법도 독자적인 성장을 할 수 있었다. 따라서 영국에서는 대륙제국과 이질적인 법계가 형성되게 되었다.

오늘날 영미법계에 속하는 국가로는 영국 · 미국 · 캐나다 · 오스트레일리아 · 뉴질랜드 등이 있다.

(나) 특성

- **법원상의특성** _ 영미법계의 법원상의 특성은 '불문법성(不文法性)' 이다. 영미법계에서는 법의 조직화 · 일원화를 싫어하고 구체적 사실을 중시하여 개개 사건의 판례에 의하여 법의 발전이 이루어졌다. 관습법 · 판례법이 법원의 주류를 이루고 성문

법은 특수법역에 한정되어 법원이 된다. 선례구속의 원칙이 지배되어 판례는 중요한 법원이며, 법관은 성문법전의 단순한 적용자가 아니라 법의 창조자로서의 역할을 담당한다.

- **법계통상의특성** _ 영미법계의 법계통상의 특성은 '게르만법계성' 이다. 전술한 바와 같이 대륙법계는 로마법을 기반으로 한 것이나, 영미법계는 게르만법적 요소를 기조로 삼고 있다.
- **법내용상의특성** _ 영미법계의 법내용상의 특성은 '구체성' 과 '이원성' 이다.
  첫 번째의 특성은 '구체성' 이다. 영미법계는 법질서의 조직화 · 일반화를 기피하고, 구체적 사실과 개개의 사건을 중시하며, 이에 대한 판례를 존중한다.
  두 번째의 특성은 '이원성' 이다. 영국에서는 처음부터 법을 제정하여 이를 구체적 사건에 적용할 생각을 하지 않고 판례가 바로 법이라고 생각하였기 때문에 뒤에 일어난 사건은 앞의 판결을 선례로 해서 재판하였다. 이렇게 하여 집적된 판례법을 보통법이라 한다. 이 보통법에 의해 구제되지 못한 개개인을 구제하기 위하여 국왕의 최고 고문인 대법관이 재판을 하게 되었고, 이같은 재판이 선례가 되어 형평법이 성립되었다. 이와 같이 영미법은 보통법과 이의 결함을 보충하기 위하여 형성된 형평법에 의해 이원적으로 구성되어 있다.
- **재판상의특성** _ 영미법계의 재판상 특성으로, '배심제도' 를 들 수 있다. 이는 심판관과 일반시민으로부터 선출된 배심원들의 협력에 의해서 재판하는 제도이다. 법률문제는 법관이 판단하고 사실문제는 배심원이 결정하도록 하는 것이 일반적이다.

제 6 장 법의 연원

제1절 의의

'법의 연원(淵源)' 은 줄여서 '법원(法源)' 이라고도 하는데, 이는 로마법의 '법의 원천(fontesjuris)' 이라는 말에서 유래되었다. 그러나 이 법원이라는 말은 다음과 같이 여러 가지 의미로 사용되어 왔다.

첫째로, 법의 연원은 '법의 타당근거' 의 의미로 사용되는 경우가 있다. 즉 법의 타당근거란 법의 효력의 근거, 법은 왜 구속력을 갖느냐의 근거를 말한다. 법철학에서의 법원이란 이런 의미로 사용되는데, 신의 의사 · 자연의 법칙 · 국민의 합의 · 사물의 합리성 등을 들고 있다.

둘째로, 법의 연원은 '법의 인식자료' 의 의미로 사용되는 경우가 있다. 즉 법의 인식자료란 법의 존재를 인식할 수 있는 자료, 예컨대 법전 · 판례집 · 저서 · 공문서 · 논문 등을 말한다. 실무상 법원이란 이런 의미로 사용되는 경우가 있다.

셋째로, 법의 연원은 '법의 제정자' 의 의미로 사용되는 경우가 있다. 즉 법은 누구의 힘에 의해서 제정되었는가 하는 것인데, 법원을 절대자(신) · 군주 · 국가 · 국민 등으로 보는 경우가 있다.

마지막으로 법의 연원은 '법의 존재형식' 의 의미로 사용되는 경우가 있다. 법의 존재형식이란 법이 존재하는 형식, 즉 성문법과 불문법의 형식을 말한다. 성문법에는 헌법 · 법률 · 명령 등이 있으며, 불문법에는 관습법 · 판례법 · 조리 등이 있다.

이상에서 본 바와 같이 법의 연원이라는 용어는 여러가지 의미로 사용되고 있으며 그 용어가 통일적 · 일률적 의미로 사용되고 있는 것은 아니다. 가장 일반적인 의미로는 '법의 존재형식' 의 뜻으로 사용된다.

제2절 성문법

법은 그 존재형식을 기준으로 성문법과 불문법으로 구분된다. 그 중 성문법이란 문서로 작성되어 일정한 절차와 형식에 따라 공포된 법을 말한다. 성문법은 실제로는 법의 제정행위, 즉 입법행위에 의하여 제정되는 것인 까닭에 이를 "제정법"이라고도 부른다.

성문법에 대립되는 개념은 불문법이다. 독일 · 프랑스 · 일본 등 대륙법계 국가에서는 성문법주의를 취하고 있고, 영국 · 미국 등 영미법계 국가에서는 불문법 주의를 채택하고 있다.

우리나라는 대륙법계에 속하여 성문법주의를 따르고 있다.

성문법주의란 성문의 형식으로 표현된 제정법을 제1차적 법원으로 하는 주의로, 제정법주의라고도 한다. 성문법주의 국가에서는 불문법의 법원성을 인정하지 않거나, 인정해도 보충적 효력만을 인정한다.

성문법주의는 법의 존재와 내용을 명확히 하며, 한 나라의 법을 통일 · 정비할 수 있고, 일반적 · 추상적 문장으로 고정화되어 있어 개정이나 폐지가 어려워 법적 안정성을 유지하는 데 유리하다는 장점이 있는 데 반하여, 법의 내용이 고정화됨으로써 유동 · 변천하는 현실사회에 신속하게 대응하지 못한다는 단점이 있다.

Ⅰ. 성문법의 종류

성문법은 효력의 순위를 기준으로 다음과 같이 분류된다.

1. 헌법

성문법 중 가장 상위의 국내법은 헌법이다. 헌법은 국가의 통치조직과 그 작용 및 국가에 대한 국민의 지위 등을 규정하는 국가의 기본법이다. 헌법은 관습 · 판례 등 불문의 형식으로 존재할 수도 있고 성문의 형식으로 존재할 수도 있는데, 영국을 제외하고는 대개의 국가가 성문헌법을 가지고 있다. 성문헌법 중 가장 중요한 것은 '헌법' 이라는 이름이 붙은 법전인데, '형식적 의미의 헌법' 또는 '성문헌법' 이라고 한다. 우리나라도 성문헌법(대한민국헌법)을 가지고 있다. 1948년 7월 17일 공포 · 시행된 이래 아홉 차례의 개정을 거쳐 오늘에 이르고 있다. 그 내용은 전문 및 본문(10장 130조)과 부칙으로 구성되어 있다.

헌법은 국가조직의 기본법으로서 한 나라의 실정법 중 최상위의 법규범이다. 따라서 법률이나 명령 등 하위의 법규범은 헌법에 위배되는 내용을 가질 수 없다는 제약을 받는다.

2. 법률

성문법 중 헌법보다 바로 하위의 효력을 갖는 법이 법률이다. 법률은 국회의 의결을 거쳐 공포된 법을 말한다. 법(law, Recht)과 법률(act, Gesetz)은 이 점에서 구별된다. 법률의 제정절차는 헌법에 규정되어 있다.

법률은 헌법에 위배되어서는 안 되며, 국민의 자유와 권리를 제한하는 것은 법률로 정해야 한다.

3. 명령 · 규칙

성문법 중 법률보다 바로 하위효력을 갖는 법이 명령, 규칙이다. 명령이란 국회의 의결을 거치지 않고 행정기관에 의하여 제정된 법규를 말하는데, 법률보다 하위이다. 명령은 그 명령을 발하는 기관에 따라 '대통령령', '총리령', '부령' 등으로 구별되고, 또 그 내용에 따라서는 법률의 내용을 시행하기 위해 필요한 사항을 정하는 '집행명령' 과, 법률에서 일정한 범위를 정하여 위임한 사항에 관하여 세칙을 규정하는 '위임명령' 으로 구별된다.

명령은 법률보다 하위의 법이며, 총리령과 부령은 대통령령보다 하위의 법이다. 총리령과 부령은 동위의 법으로 보는 것이 일반적인 견해이다.

규칙이란 독립성을 가지는 특정한 국가기관이 법률이 정한 사항에 관하여 제정하는 것으로, 규칙이라는 명칭이 붙은 성문법규를 말한다. 대법원규칙 · 중앙선거관리위원회규칙 · 국회규칙 등이다.

명령과 규칙은 법률보다 하위의 효력을 가지는 것이 원칙이지만 대통령의 긴급명령은 법률과 같은 효력을 가진다.

4. 자치법규

자치법규는 자치단체(공공조합 · 영조물법인 · 지방자치단체)가 법률 및 명령의 위임범위 안에서 제정하는 법을 말하나, 좁은 의미의 자치법규는 지방자치단체가 법령의 범위 내에서 제정하는 '자치에 관한 법규' 를 말한다. 자치법규에는 "조례"와 "규칙"의 두 가지가 있다. 조례란 지방자치단체가 지방의회의 의결을 거쳐 법령의 범위 내에서 제정하는 것이고, 규칙은 지방자치단체의 장이 법령과 조례의 범위 내에서 제정하는 것이다.

5. 조약

조약이란 국제법의 주체인 국가 · 국제조직 · 교전단체 간의 문서에 의한 합의이며 가장 일반적인 조약의 체결 주체는 국가와 국가이다. 그리고 그 명칭은 조약 · 협약 · 규약 · 헌장 · 규정 · 협정 · 의정서 · 결정서 · 약정 · 교환공문 · 잠정협정 등으로 표현되지만, 어떤 명칭이든 모두 조약이다.

조약은 대통령이 국무회의의 심의를 거쳐 체결하게 되며(헌법 제73조, 제89조 제3호), 비준을 요하는 조약은 대통령이 비준한다(헌법 제73조). 이와 같은 절차를 밟아 체결 · 공포된 조약은 국내법과 동일한 효력이 있다(헌법 제6조 제1항).

II. 성문법의 구성

헌법 · 법률 · 명령 · 규칙 등을 모두 포함하는 성문법의 구성형식은 법의 형식적 · 수평적 구성을 말한다. 따라서 법의 구성은 법의 실질적 · 심층적 구조인 법의 구조와 구별된다.

일반적으로 법은 전문 · 본칙 · 부칙의 세 부분으로 구성된다. 그러나 전문이 없는 법, 부칙이 없는 법, 본칙과 부칙의 구별이 없는 법도 있다.

1. 전문

성문법의 구성은 일반적으로 전문 · 본칙 · 부칙을 그 내용으로 하고 있다.

법의 구성에 있어서 제일 앞부분은 법의 전문이다. 전문이라 함은 법의 본칙 앞에 있는 서문을 의미한다. 즉 법의 한 구성부분으로 전문은 법의 명칭(예컨대, '대한민국헌법') 다음에 위치한다.

전문은 본칙과 함께 법의 구성부분이지만 그 형식에 있어서는 본칙과 달리 조항의 형식을 취하는 것이 아니라 문장의 형식을 취하는 것이 특색이다. 일반적으로 헌법에는 전문이 있지만 법률 · 명령 · 규칙 등에는 전문이 없는 것이 통례이다. 법의 전문에서는 제정유래, 법의 제정취지, 법의 기본목적, 법의 기본원칙 등을 선언하는 것이 일반적이다.

우리 대한민국헌법 전문은 대한민국헌법의 제정유래와, 대한민국헌법의 기본원칙을 적고 있으며, 민주적 기본질서의 확립, 기본권의 존중, 국제평화주의, 그리고 헌법제정권력의 국민소재 등을 선언하고 있다.

2. 본칙

성문법의 구성에 있어서 두 번째 부분은 본칙이다. 본칙은 법의 실질적 구성부분으로, 그 법의 본질적 내용을 규정한 가장 중요한 부분이다. 법 자체에 '본칙' 이라는 제목을 붙이거나 어디서부터 어디까지가 본칙이라는 규정을 두는 것이 아니며, 본칙이라는 제목을 붙이지 않는 것이 일반적이다. 전문을 제외한 규정부터 부칙의 규정이 시작되기 직전까지의 규정이 본칙에 해당한다. 그리고 전문이 없는 법은 있어도 본칙이 없는 법은 없다.

본칙은 "편 · 장 · 절 · 관"으로 구분되고, 또 "조 · 항 · 호"로 구분된다. 이들을 살펴보면 다음과 같다.

(1) 편 · 장 · 절 · 관 · 항

많은 조문으로 구성된 본칙은 공통된 내용의 조항을 묶어 몇 개의 편으로 구성하고, 다시 그 편 내에서 공통된 조항을 묶어 장으로 표시한다. 장을 다시 세분할 필요가 있는 경우에는 절로, 절을 다시 세분할 필요가 있는 경우에는 관으로, 관을 다시 세분할 필요가 있는 경우에는 항을 각각 설치한다. 그러나 내용이 간단하여 조문 수가 적은 본칙은 이런 구분을 하지 않는다.

민법과 민사소송법은 "편 · 장 · 절 · 관"으로 구성되어 있으며, 형법과 형사소송법은 "편 · 장 · 절"로 구성되어 있다.

(2) 조 · 항 · 호의 구분

본칙의 규정은 그 내용을 간명하게 표시하기 위하여 "조"라는 기본단위를 사용하여 구분하는 것이 통례이다.

조는 편 · 장 · 절 · 관 등의 구분에 관계없이 제1조에서부터 시작하여 일련순번으로 매긴다. 그 법의 개정이 있는 경우 그 법이 다수의 조로 구성되어 있는 경우는 개정 전의 조의 순서를 그대로 유지하기 위하여 새로운 조를 설치하지 않고 '제 0조의 1' 또는 '제 0조의 2' 라는 식으로 표시한다.

본칙의 규정은 그 내용을 간명하게 표시하기 위하여 조 아래에 항이라는 하위단위를 사용하는 것이 일반적이다.

항은 본칙의 조의 내용을 간단하게 표시하기 위하여 사용되는 조의 하위단위이다. 따라서 수 개의 항은 1개의 조를 구성하게 된다. 항은 조별로 일련번호를 매기며, 그 번호를 ①, ②, ③ 등으로 표시한다.

본칙의 규정은 그 내용을 간명하게 표시하기 위하여 조 또는 항 아래에 호라는 하위단위를 사용하는 경우가 있다.

호는 조 또는 항에서 어떤 사항을 열기할 필요가 있는 경우에 사용되는 법의 구성단위이다. 호는 조별 또는 항별로 일련번호를 매기고, 1, 2, 3 등으로 표시한다.

3. 부칙

성문법의 구성에 있어서 세 번째의 말미부분은 부칙이다.

부칙은 법의 주된 구성부분인 본칙과 구별되나 그 본칙에 부수되는 구성부분으로 법의 일부를 구성하는 부분이다. 부칙에는 본칙이 정하는 주된 사항에 부수되는 필요사항을 규정한다. 일반적으로 법령의 시행일, 경과조치, 관계법령의 개폐 등에 관한 사항을 규정한다.

부칙은 본칙과 달리 "편 · 장 · 절 · 관 · 항"으로 구성되지 아니하는 것이 일반적이며, "조 · 항 · 호"로 구성되는 것이 일반적이다.

제3절 불문법

Ⅰ. 불문법의 의의

법은 법의 존재형식을 기준으로 성문법과 불문법으로 구분된다. 그 중 불문법이란 성문화되어 있지 않은 법, 즉 그 내용이 문서의 형식으로 작성되거나 일정한 절차에 따라 공포된 것이 아닌 불문(不文)의 법을 말한다. 불문법으로 관습법 · 판례법 · 조리 등이 있다.

불문법주의는 관습법 · 판례법 등에 제1차적 법원성을 인정하는 주의를 말한다. 이를 '관습법주의' 또는 '판례법주의' 라고도 한다. 불문법은 역사적으로 성문법보다 앞선 것이나, 사회가 발전하고 복잡해짐에 따라 질서의 명확화(법적 안정성)를 위하여 성문법의 중요성이 강화되고 있다.

불문법주의는 법의 통일 · 정비가 어렵고 법의 내용이 불명확하다는 단점이 있으나, 사회의 변천에 신속히 대응한다는 장점이 있다.

II. 불문법의 종류

1. 관습법

관습법은 입법기관의 법정립행위를 기다리지 않고 사회생활 속에서 관행적으로 행하여지고 있는 법을 말한다. 즉, 현실사회에 존재하는 관습이 성문화됨이 없이, 그 사회의 법적 확신에 의하여 혹은 국가의 승인에 의하여 법으로서 강행되는 것을 말한다.

관습법은 현실사회에 사실로서 존재하는 '사실인 관습'과 구별된다. '사실인 관습'은 법적 강제성, 즉 법적 효력이 없다. 그러나 관습법은 성문법과 다를 바 없이 법적 강제가 따르는 것으로, 법적 효력을 발휘한다.

(1) 관습법의 성립요건

관습법이 성립하기 위해서는 다음과 같은 구체적 성립요건을 충족하여야 한다.

(가) 관행의 존재

관습법이 성립하기 위해서는 그 실체를 이루는 관행이 존재하여야 함은 물론이다. 관행이란 사회 내부에서 오랜 세월에 걸쳐 계속 반복됨으로써 일반인들이 인정하는 행위양식을 말한다. 관행에 의하여 규범화되는 것이므로 관행이 없으면 관습법으로 발전할 수 없는 것은 당연한 일이다.

(나) 법적 확신의 존재

국민이 관행의 가치에 대해 법적 확신을 가져야 한다.

관행에 따르는 것이 법을 지키는 것이라고 확신하게 되어 그 관행이 법률적으로 일반사회인을 구속하는 정도까지 발전되어야 한다. 이러한 확신이 없는 관행이라면 그것은 사실인 관습에 지나지 않는다. 법적 확신의 존재 여부에 대해서는 학설이 나누어지고 있으나 법적 확신이 필요하다는 것이 우리나라에 있어서의 통설이다.

그 이외에 관행이 존재한다는 사실만으로 관습법이 성립한다는 사실설과, 국가가 존재하는 관행에 법적 효력이 있다고 승인해야 한다는 국가 승인설이 있다.

(다) 선량한 풍속에 합치

관행이 선량한 풍속 기타 사회질서에 위반되지 않아야 한다.

법은 국가사회의 질서유지를 목적으로 하므로, 관습이 법으로서의 효력을 가지기 위하여는 사회질서에 위반되지 않아야 함이 당연하다. 사회질서란, 공정하게 생각하는 보통 사람이 건전한 사회생활을 함에 있어서 타당하다고 승인하는 것을 말한다. 여기에서 선량한 풍속이란 사회의 일반적 도덕관념을 말하며, 넓은 의미에서 사회질서에 포함된다.

(2) 효력

성문법과 관습법의 효력에 관하여 어떤 때에는 관습법이 우선적 효력을 가졌고, 또 어떤 때에는 성문법이 우선적 효력을 가졌다. 로마 공화정시대에는 법은 국민의 총의에 터전을 둔 것이라 하여 관습법이 성문법을 개폐할 수 있었고, 제정시대에는 법은 군주의 의사라 하여 성문법이 우선하였다. 현재 관습법은 영미법계 국가에서는 제1차적 법원이 되나, 대륙법계 국가에서는 제2차적 법원이 된다. 대륙법계에 속하는 우리나라에서 관습법의 효력은 제2차적 법원이 되는 것이 원칙이다. 즉 관습법은 원칙적으로 성문법의 규정이 없는 때에만 성문법에 대한 '보충적 효력'으로서 인정된다. 민법 제1조에도 "민사에 관하여 다른 법률의 규정이 없으면 관습법에 의하고…"라고 규정하여, 관습법은 성문법의 규정이 없는 때에 한하여 보충적으로 인정하는 것을 명시하고 있다.

그러나 관습법은 예외적으로 '변경적 효력', '개폐적 효력'이 있다.

즉, 상법 제1조에는 "상사에 관하여 본법에 규정이 없으면 상관습법에 의거하고, 상관습법이 없으면 민법의 규정에 의한다."라고 규정하여 상관습법은 상법에 대하여는 보충적 효력을 갖지만, 민법에 대하여는 우선적 효력을 인정하고 있다.

형사법에서는 [죄형법정주의]의 원칙상 관습법을 법원으로 인정하지 않는다. 따라서 법률에 대한 개폐적 효력은 물론이고 보충적 효력도 인정되지 않는다.

2. 판례법

판례법이란 법원이 일정한 법률문제에 관하여 같은 취지의 판결을 되풀이하여 내림으로써 성립되는 법규범을 말한다. 따라서 판례법은 판결의 형태로 존재한다.

원래 법원의 판결은 개별적 사건에 대한 법규의 구체적 적용일 뿐이며, 그 자체가 법규는 아니지만, 판결 속에 포함되는 합리성은 다른 유사한 사건에 대하여도 같은 취지의 판결을 내리게 하는 효력이 있다. 그러므로 반복된 판결은 성문법과 같은 규범력을 가지게 된다.

영 · 미법계의 국가에서는 불문법주의를 채택하고 있으므로 판례의 집합체인 보통법(common law)과 형평법(equity)이 주된 법원이며, 성문법(statute)은 종된 법원에 불과하다. 이들 국가에서는 판례가 첫 번째 법원이 된다. 즉, 판례는 이후의 재판에 선례로서 존중되며 법적 구속력을 갖게 되는데, 이것을 [선례구속의 원칙]이라 한다.

성문법주의를 채택하고 있는 대륙법계 국가에서는 판례를 법원으로 인정하는 명문의 규정이 없다. 따라서 법원은 법의 해석 · 적용을 하는 데 있어서 판사의 독자적인 입장에서 이를 해석 · 적용하고, 앞서의 동급 및 상급법원의 재판에 아무런 구속도 받지 아니한다. 즉, 판례는 법원이 되지 못한다.

3. 조리

조리(條理)란 법의 모든 체계에 일관되게 내재하고 있는 객관적인 정의 · 공평의 관념, 즉 법에 내포되어 있는 객관적 타당성을 가지는 이념이라고 할 수 있다. 이는 경험법칙 · 사회적 타당성 · 신의 · 성실 · 정의 · 형평 등으로 표시된다. 민법 제1조는 "… 법이 없으면 조리에 의한다."라고 규정하고 있어 조리의 법원성을 규정하고 있다.

학설은 그 자체로는 법원이 되지 못하나 학설의 내용이 조리를 이루는 경우가 많으며, 그 경우 학설은 조리로서 법원이 될 수 있다.

성문법과 관습법으로는 모든 규율사항을 규정할 수 없다. 그러나 법원이 구체적 사건에 관하여 적용할 법규(성문법과 불문법 모두 포함)가 없다는 이유로 재판을 거부할 수는 없다. 이러한 경우에 법원은 조리에 의하여 재판을 행하여 법의 흠결을 보충하여야 한다.

조리법과 성문법, 관습법의 관계에 있어서는 제1차적으로는 성문법, 제2차적으로는 관습법이 적용되고, 성문법도 관습법도 존재하지 않을 경우에 조리가 보충적으로 적용되는 효력을 가진다.

조리는 특히 행정법관계에서 대단히 중요한 의의를 갖는다. 조리에 위반한 행정처분은 비록 그것이 재량행위인 경우라 할지라도 재량권의 남용에 해당되어 위법한 처분이 된다.

제 7 장 법의 목적과 기능

Ⅰ. 법의 목적

'법의 목적' 은 법이 실현하려는 현실적 가치를 말한다. '법의 이념' 은 법이 실천하려는 이념적 가치를 의미하는 데 대해 '법의 목적' 은 법이 실현하려는 현실적 가치를 의미한다. 따라서 '법의 목적' 은 '법의 이념' 의 하위에 위치하며, '법의 목적' 은 '법의 이념' 에 저촉될 수 없다. '법의 목적' 은 '법의 이념' 으로부터 추출되는 하위의 현실적 가치인 것이다.

'법의 목적' 은 법이 실현하려는 현실적 가치를 의미하며, '법의 목적' 은 '일반적인 법의 목적' 과 '개별적인 법의 목적' 으로 구분된다.

일반적인 법의 목적은 전체로서의 법이 공통적으로 달성하려는 현실적 가치를 말하며, 개별적인 법의 목적에 비해 보다 일반적이고 추상적인 것이며 보다 상위에 있는 것이다.

1. 일반적인 법의 목적

모든 개별적인 법이 공통적으로 갖는 법의 일반적인 목적은 시대사조 · 사회구조 · 국가관의 변천에 따라 달라진다. 그러나 학자들은 시대 · 사회 · 국가를 초월하여 보편타당한 법의 목적을 찾으려고 노력해 왔다. 그 대표적인 예를 들면 다음과 같다.

플라톤과 아리스토텔레스는 법의 목적을 [정의를 원칙으로 한 도덕생활의 실현] 이라고 했다. 루소는 법의 목적을 [개인의 자유와 평등을 확보하고 발전시키는 것]이라고 했으며, 칸트는 [도덕적 개인 인격의 확보], 벤담은 [최대다수의 최대행복], 예링은 [사회의 제 생활조건의 확보]에 있다고 했다.그 외에 여러가지가 있으나 결국 평화로운 사회질서 유지를 목적으로 한다고 말할 수 있겠다.

2. 개별적인 법의 목적

'개별적인 법의 목적' 이란 개개의 법의 정립(입법) · 실현(통용)에 있어서 그 법에 의해 달성하려는 현실적인 가치를 말한다. 일반적으로 개별적인 법의 목적은 "왜 이 법을 제정하는가" 하는 '입법목적'으로 표시된다. 이는 모든 법에 공통된 일반적인 법의 목적과 구별된다.

모든 법은 그 법 특유의 목적을 갖는 것이므로, 개별적인 법의 목적은 그 내용을 개별적으로 제시할 수밖에 없다. 법 자체에서 그 법의 목적을 명시적으로 규정하는 경우와 그러한 규정을 하지 않는 경우가 있다. 명시적으로 규정하고 있지 않을 경우에도 그 법의 목적은 있는 것이며, 개별적인 법의 연구를 통해 찾아진 목적에 적합하도록 그 법을 해석하고 적용해야 한다.

II. 법의 기능

법은 전술한 바와 같이 질서 있고 평화로운 사회 유지라는 목적달성을 위하여 일반 시민에게는 행위의 기준을 제시하고, 국가 등 각종 단체에는 조직의 기준을 제시하며, 재판 기관에 대해서는 재판의 기준을 제시한다. 이 세 가지의 기준을 우리는 행위규범, 조직규범, 재판규범이라고 한다.

이하에서 설명하는 세 가지의 기준이 잘 지켜질 때에만 법은 그 기능을 유감 없이 발휘할 수 있는 것이다.

1. 행위규범

행위의 기준을 제시한다는 말은 일반인에 대한 일정한 요구와 금지를 명하는 정언명령을 말한다. 즉, 재판관이 아니라 일반인에게 작위를 명령하는 요구규범과 부작위를 명하는 금지규범을 제시하는 것이다. 예컨대, "채무를 이행하라.", "사람을 살해하지 말라." 와 같이 일반인에게 "…하라", "…하지 말라"고 일정한 작위와 부작위의 행위를 명하는 것이다. 이러한 기준제시를 우리는 행위규범이라고 한다. 행위규범은 일정한 요건을 제시함이 없이 일정한 작위 · 부작위를 명령하는 '정언명령'의 형식을 취하는 것이 특색이다.

법은 행위규범인 점에서 도덕규범 · 종교규범 · 관습규범과 다를 바 없으나, 행위규범을 직접 규정하지 않고 재판규범의 형식을 통해 간접적으로 규정하는 것이 일반적이란 점에서, 직접적으로 행위규범의 형식을 취하는 도덕규범 · 종교규범 · 관습규범 등과 구별된다. 예컨대, 도덕규범인 행위규범은 "도둑질을 하지 말라."로 직접적으로 표시되나 법규범의 경우는 "타인의 재물을 절취한 자는 6년 이하의 징역에 처한다."는 재판규범을 통해 간접적으로 표현된다.

이러한 행위규범은 원칙적으로 사회 일반인을 대상으로 하는 규범이다. 따라서 행위규범의 수범자는 사회 일반인이며, 재판을 하는 법관이나 기타 국가기관이 아니다.

2. 조직규범

국가 구성원은 국민(일반 개인)이 기초단위이지만 국민은 효과적인 사회활동을 위하여 정부 · 자치단체들의 기관을 구성하게 된다. 그 기관은 국민을 위한 조직이므로 조직에 가담한 자들의 개인적 이익이 아닌 국민의 이익에 봉사할 수 있는 제도적 장치를 마련하여야 한다. 이럴 때 그 조직을 구성하는 기준을 우리는 조직규범이라고 한다. 즉 헌법 · 국회법 · 정부조직법 · 지방자치법 등과 같이 국가와 자치단체의 조직 · 기능 등에 관한 기준을 제시하는 것이다.

조직규범은 일반국민에게 일정한 작위 · 부작위를 명하는 것이 아니며, 그 직접 수범자는 국가 또는 사회단체의 기관을 구성하는 자이다. 따라서 조직규범은 일반인을 수범자로 하는 행위규범, 법관을 수범자로 하는 재판규범과 구별된다.

3. 재판규범

재판의 기준을 제시한다는 것은 행위규범에 불복 · 위반한 행위에 대하여 제재를 가하는 기준을 제시하는 것이다. 예컨대, "타인의 재물을 절취한 자는 6년 이하의 징역에 처한다.", "사람을 살해한 자는 사형 · 무기 또는 5년 이상의 징역에 처한다."와 같이 "…에 처하라"고 법관에게 제재를 명하는 것이다. 우리는 이것을 재판규범 또는 강제규범이라 한다. 법은 강제규범인 점에서 도덕규범 · 종교규범 · 관습규범과 다르다.

재판규범은 일정한 요건이 충족되면(예컨대, 살인하면) 일정한 법적 효과(예컨대, 사형)를 부여하라는 '가언명제' 의 형식을 취하는 것이 특색이다. 이러한 점에서 재판규범은 '정언명령' 의 형식을 취하는 행위규범과 구별된다.

또한 재판 기준의 수범자는 일반인이 아니라 법관이다. 따라서 재판규범은 일반인을 수범자로 하는 행위규범과 구별된다.

제 8 장 자연법과 실정법

I. 자연법

일반적으로 자연법(自然法)이란, 법의 이념과 그것의 질서체계(秩序體系)를 이루는 골격으로써, 그것은 개인의 도덕적 행위의 지침(指針)이라기보다는 인간공동체(人間共同體)의 올바른 질서체계의 본원적(本源的) 규범으로서의 법의 이념과 원리를 제공하며, 시공(時空)을 초월하여 실정법(實定法)을 구속하는 모든 실정법의 영원한 원형이자 실정법의 불비(不備)와 결함(缺陷)이 있을 때에는 그것을 대신하고 보충하는 상존(常存)의 질서체계로서 인간이 제정한 법이 아니라 때와 장소를 초월한 보편타당한 법이며 선험적(先驗的)인 규범으로 볼 수 있다.

이와 같은 자연법에 인식접근(認識接近)할 수 있는 방법으로서는 중세기의 신앙(信仰) 중심주의시대의 형이상학적(形而上學的) 자연법론, 즉 기독교 신학과 스콜라철학을 바탕으로 형성된 중세기의 자연법 이론으로서, 인간이 창조신으로부터 받은 이성의 빛을 통하여 영구법(永久法)에 참여함으로서 비로소 나타나는 인간의 본질에 내재하는 영원하고 보편적인 질서라고 보았는바, 이 신의 이성이 바로 구원의 진리이고 영구법(永久法)이며, 그것이 필연적으로 자연계의 질서로는 '존재(存在)' 로 나타나고 이성과 자유의사를 가진 인간에 대해서는 도덕적인 질서인 '당위(當爲)' 로 나타난다고 하였으며, 이 도덕적인 규범이 곧 자연법이라고 하는 것과, 다음으로 근대의 인간이성의 독자성(獨自性)을 전제로 한 자유주의(自由主義), 계몽주의(啓蒙主義) 시대의 합리주의적 자연법론 등을 그 예로 들 수 있다 할 것이다.

여기서 특히 자유주의(自由主義), 계몽주의(啓蒙主義) 시대의 합리주의적 자연법론과 관련한 대표적인 사상들을 몇 가지 살펴보면 다음과 같다.

첫째, 루소(Jean-Jacques Rousseau)는, 자연상태의 인간이 시민적 자유를 향유하기 위한 필요성에서 국가가 만들어진다고 보아, 자연상태에 있어서의 자유와 평등이 정치적 사회에 있어서도 반드시 유지되고 보장될 것을 논증(論證)하려 했다. 그리고 또한 인간은 사회계약(社會契約)에 의해 자연적 상태에 있어서의 자유와 그가 얻고자 하는 모든 것에 대한 무제한한 권리를 상실하게 되고, 그 대신에 그가 얻은 것은 시민적 자유와 소유권(所有權)이라고 보았다. 또한 그는 자연상태에 있어서의 물리적(物理的) 불평등을 사회계약을 통해 법적인 평등으로 대체시킨다고 보았다.

둘째, 입헌주의(立憲主義)적 자유주의의 선구자인 존 로크(John Locke)는, 인간이 국가를 만들게 되는 이유는 인간의 자유로운 개인의 삶을 보다 더 완전하게 보호받기 위한 필요에서 국가계약을 맺게 된 것이라고 보았으며, 이 경우 사회계약에 있어서 개인은 자신의 모든 자유를 넘겨주는 것이 아니라, 인간이 자연상태에서 지니고 있던 입법권(立法權)과 집행권(執行權)만을 넘겨줌으로서 이를 통해 국가는 사회의 공동선을 위하여 요구되는 법규를 제정할 권한과 이를 강제로 시행할 권한만을 넘겨받게 되는 것으로 보았다. 따라서 국가는 계약을 통하여 인간이 국가이전부터 생래적(生來的)으로 향유하고 있던 기본적인권(基本的 人權)을 천부적 불가양적의 그리고 불가침의 권리로서 이를 보장하여야 한다고 보았다. 따라서 이를 전제할 경우에는 오늘날 의미하는 저항권(抵抗權)의 이론적 근거를 찾을 수 있게 되는 것이다.

셋째, 토마스 홉스(Thomas Hobbes)는, Leviathan에서 국가가 있기 전의 자연상태를 '만인(萬人)의 만인(萬人)에 대한 투쟁상태(鬪爭狀態)' 라고 규정하고 이를 종결시키기 위한 시민 상호간의 계약에 의하여 국가가 성립된다고 보았다. 즉 만인의 만인에 대한 투쟁인 자연상태의 비극적인 공포와 무질서에서 벗어나는 방법은 계약에 의해 모든 권력을 군주(절대군주)에게 넘겨주고 그에게 복종하는 것이라고 보았다. 이는 결과적으로 군주는 인민의 평화유지를 위하여 절대적 통치권력을 인민(人民)으로부터 양도받는다고 보았던 것이다. 이를 전제할 경우에는 오늘날 의미하는 저항권(抵抗權)은 사실상 부인되는 것이다.

이와 같은 자연법은 실정법(實定法)의 정당성(正當性)에 대한 판단의 기준으로서, 그리고 인간의 본성과 사물의 본성에 근거하여 시대와 민족, 국가와 사회를 초월하여 보편타당하게 적용되는 객관적 질서라 할 수 있다.

여기서 법이라는 개념의 의미변화와 관련하여 자연법개념에 대해 독일의 법사상가 에릭볼프(E. Wolf, 1902-1977)는 다음과 같이 보고 있다. 즉 법은 사회적 존재의 객관적 질서, 즉 자연스런 법이라는 의미를 가지며, 법은 사회적 존재의 주관적 질서, 즉 자연스런 권리라는 의미를 가진다.

그리고 법은 사회적 존재의 공평적 질서, 즉 형평이라는 의미를 가지며, 법은 사회적 존재의 감정적 질서, 즉 법감정이라는 의미를 가진다. 그리고 법은 사회적 존재에 있어서 이상적 질서, 즉 정의라는 의미를 가지며, 법은 사회적 존재의 유용한 질서, 즉 유용성이라는 의미를 가진다.

또한 법은 사회적 존재의 보호적 질서, 즉 안정성이라는 의미를 가지며, 법은 사회적 존재의 유지적 질서, 즉 유지력이라는 의미를 가진다. 아울러 법은 사회적 존재의 집단적 질서, 즉 사회성이라는 의미를 가지며, 나아가 법은 사회적 존재의 인간적 질서, 즉 인간성이라는 의미를 가진다.

II. 실정법

실정법(positive law)이란 특정한 시대 · 민족 · 사회에 현실적으로 존재하는 법을 말한다. 즉 일반적으로 오늘날 우리가 법이라고 말할 때에는 이른바 실정법(實定法)을 뜻하는데, 실정법은 인간이 만든 경험적인 법이며 때와 장소에 따라 변하는 상대적인 규범으로서, 특정한 시대와 특정한 사회에서 효력을 가지고 있는 법규범이라고 할 수 있다.

이 실정법의 이론적 근거로서의 법실증주의(法實證主義)는 게르버, 라반트, 옐리네크, 켈젠 등의 독일학자에 의하여 주도된 이론이다. 이 이론은 논증(論證)할 수 없는 철학의 형이상학(形而上學)과 가치론(價値論)은 학문의 영역이 아니라고 하여 법학의 대상에서 제외한다.

또한 18-19세기의 자연과학이 철학의 가치론은 주관적 요소와 비경험적 원리에 기초한다는 이유로 배제하는 것과 같이, 법전(法典)을 떠난 사회적 가치, 정치이념 등은 헌법해석의 요소가 될 수 없다고 한다. 또 "신칸트철학" 의 영향을 받아 당위와 존재, 규범과 사실을 엄격하게 구별함으로써 모든 실질적, 현실적 요소를 배제하여 법과 법학을 형식화하고 추상화하였다. 명확하게 인지할 수 있고 논증이 가능한 경험의 영역만이 학문의 영역이라고 하였으므로, 추상적이고 관념적인 자연법을 부정하고 실정법만을 법학의 연구대상으로 삼으려 했다. 즉, 이 법실증주의(法實證主義)는 법관(法官)의 자의에 대한 우려, 자연법과 역사학파에 대한 반발에 의하여 생성된 이론이라고 할 수 있으며, 실증주의(實證主義)와 유물주의(唯物主義) 및 신칸트학파의 철학을 이론적 배경으로 삼고 있다.

이 법실증주의는 ① 법은 무흠결(無欠缺)의 완결된 체계라는 것 ② 존재와 당위 규범과 현실 국가와 사회는 엄격히 구별된다는 것 ③ 법적 개념은 법적개념으로부터만 유도되어야 하며, 당위로부터 도출될 수 있는 것이지 사실로부터 도출될 수는 없다는 것 ④ 윤리, 정치, 사회, 경제적 요소는 헌법의 해석에 있어 배제되어야 한다는 것 등을 이론적 전제로 삼고 있다.

이와 같은 법실증주의는 초기에 군주제(君主制)와 입헌주의(立憲主義) 사이의 과도기적 이론으로서 국민주권이론을 수용하지 못하였고 법인인 국가가 주권을 갖는 것으로 보았다. 이후에도 헌법의 정당성 근거로서 국민주권을 받아들이기보다는 법질서 자체의 정당성을 근거로 삼는 듯한 모습을 보이고 있다.

이렇게 단절된 정당성 구조를 가진 법실증주의는 국가와 사회의 관계를 엄격한 단절적 이원론으로 파악하였다.

특히 법실증주의의 헌법이해는 켈젠의 이른바 법단계설(法段階說)에서 잘 드러난다. 켈젠은 법질서를 상이한 단계의 법으로 구성된다는 점에서 이해한다. 하위규범은 상위규범으로부터 도출되며 하위규범의 타당성의 근거는 상위규범에 있다고 한다. 규범의 타당성 근거는 사실이나 현실적 요인에 기초하는 것이 아니라 법 자체에서 기인하는 것이라고 설명한다.

이러한 법단계설은 더 이상의 상위규범적 근거를 발견할 수 없는 최상위의 규범이 있는가의 문제에 봉착하게 된다. 켈젠은 실정법체계를 근거지우기 위하여 고안된 법논리적 조건인 의제규범을 고안해 내는데 그것이 바로 근본규범(根本規範)이다. 근본규범은 의제규범이므로 실정법도 아니고 특정한 내용을 가지는 것이 아닌데, 근본규범은 결국 사실적 힘에 따라 사실이 규범으로 전환된 것일 뿐이라는 비판을 받게 된다. 켈젠에 있어서 헌법은 근본규범으로부터 직접 도출된 국내법상 최고의 실정법이므로 최고규범성을 갖게 된다.

법실증주의는 국가존립(國家存立)의 정당성을 국민이 아닌 국가자체에서 도출하므로, 국가조직도 자기 목적적인 법질서 실현의 주체로 보게 된다. 따라서 국가조직과 기본권의 관련성 내지 국가조직의 기본권 기속성은 부인된다. 나아가 입법과 집행은 각각 상위규범과 하위규범을 정립한다는데 차이가 있을 뿐이므로 두 기관 사이에 완전한 독립성은 있을 수 없다고 보며, 행정사법작용의 증가로 행정과 사법을 구별할 기준도 없다고 한다. 이것은 국가를 하나의 법인으로 파악하는 이른바 국가법인설의 결론으로 볼 수 있으며, 법실증주의에 따르면 국가의 여러 기관간의 내부적인 모순이나 마찰은 존재하지 않게 된다.

이와 같은 법실증주의는 법이 어떻게 규정되어 있느냐 만을 고려할 뿐, 법이 어떻게 규정되어져야 하느냐는 고려하지 않으며, 오른법과 그른법의 구별을 허용하지 않는다. 또한 법실증주의는 실정법의 독재 나아가 힘의 독재를 잉태할 가능성이 있으며, 법은 그 존재만으로 정당화 된다고 보기 때문에 결과적으로는 악법(惡法)에 정당성을 부여하게 되는 이론적 근거가 되기도 한다.

즉 법실증주의는 법을 만능의 수단으로 이해한 결과, 법이라는 형식을 갖추기만 하면 어떠한 것도 허용될 수 있다고 하는 형식적(形式的) 법치주의(法治主義)로 흘러 악법(惡

法)도 법으로 인정함으로써 법을 빙자한 불법을 자초하는 결과를 가져왔고 이러한 법실증주의의 경향은 20세기의 제2차 세계대전을 거치면서 인권유린(人權蹂躪)을 정당화하기 위한 이론으로 악용되었다.

이의 대표적인 예가 바로 과거 독일 히틀러나치즘의 만행과 일본의 반인륜적 범죄 등을 그 예로 들 수 있을 것이다.

Ⅲ. 자연법과 실정법의 구별

자연법은 현실의 인간세계에 존재하는 법이 아니라 이상세계에 존재하는 이념적인 법인 데 반하여, 실정법은 이상세계에 존재하는 법이 아니라 현실의 인간세계에 존재하는 법이다.

자연법은 특정의 시대 · 민족 · 사회를 초월한 보편성을 가진 법인 데 반하여, 실정법은 특정의 시대 · 민족 · 사회에 타당한 특수성을 가진 법이다.

자연법은 현실의 모순성 · 불완전성을 긍정하고, 이상세계를 지향하는 변경성을 가진 데 반해, 실정법은 현실의 완전성을 긍정하고 현실세계에 만족하는 안정성을 추구한다. 따라서 자연법론은 변혁기의 이론인 데 반해 법실증주의는 안정기의 이론인 것이다.

Ⅳ. 자연법과 실정법의 관계

1. 투영관계

자연법론에 의하면 법의 본체는 자연법이며, 실정법은 자연법이 현실세계에 투영된 현상이라고 본다. 이에 반하여 법실증주의에 의하면 법의 본체는 실정법이며, 자연법은 실정법이 이상세계에 투영된 가상이라고 본다.

요컨대, 자연법론은 실정법을 자연법이 현실계에 투영된 것으로 보아 자연법의 실정법에 대한 투영관계를 인정하는 데 반해, 법실증주의는 자연법을 실정법이 이상세계에 투영된 것으로 본다. 따라서 법실증주의는 자연법의 실정법에 대한 투영관계를 인정하지 아니한다.

2. 순환관계

자연법론은 현실의 불합리성을 개선하기 위한 개혁이론이다. 이에 반해 실정법론은 현실의 합리성을 안정시키기 위한 보수이론이라 할 수 있다.

따라서 자연법론은 변혁기를 대변하는 이론이며, 실정법론은 안정기를 대변하는 이론이다. 그러므로 자연법론에 의해 현실은 개혁되어 새로운 질서를 형성하게 되고, 새로운 질서는 법실증주의에 의해 안정된 질서를 형성하게 되어 자연법과 실정법은 순환관계에 있는 것이다.

제 9 장 법과 정치

Ⅰ. 법의 정치성

1. 의의

인간은 두 사람 이상이 모여서 일정한 관계를 유지하면서 산다. 무인도에서 혼자 산다면 어떤 약속도 필요가 없을 것이다. 그러나 두 사람만 모여도 서로와의 관계에 있어서 일정한 약속이 필요하게 된다. 그 약속하는 과정을 우리는 정치라 말한다.

인간사회의 가장 기초단계인 가족관계에 있어서도 약속(규범)은 필요하다. "법은 침실에는 들어가지 않는다."라는 옛말이 있지만 이제 그 말은 옳지 않다. 부부간에도 생활방식에 대한 일정한 약속이 있는 것이고, 그 약속이 지켜지지 않으면 부부싸움이 벌어진다. 부모와 자식 간에도 일정한 규칙은 있어야 한다. 자식은 부모의 말씀에 복종하여야 한다는 식이다.

절도행위가 없는 사회에서 절도죄가 성립할 수 없듯이, 규범은 현실적인 현상으로부터 인간의 행위규율에 대한 필요성에 의해 만들어진다.

사회가 발전함에 따라 그 사회를 통합하는 일종의 사회공동체가 확립되고, 그 사회를 이끌어갈 중심권력이 생성되게 된다. 중심권력인 지배자가 대다수의 많은 피지배자를 효율적으로 통치하기 위해서는 어떤 일정한 약속(규범)을 제시할 필요가 있다. 그리하여 종교라든가 관습, 도덕과 같은 규범이 사회질서를 유지하는 기준으로 등장하게 된다. 그리고 사회가 더욱 진보 · 발달하여 그 규모가 확대되고, 개인의식과 사회의식이 높아짐에 따라 과거의 단순한 사회규범만으로는 그 질서유지가 어렵게 된다. 이러한 이유로 종교 · 관습 · 도덕 등에서 반드시 지켜야할 사항을 선별하여 법으로 만들고 그 법에 의하여 사회의 질서유지를 확보하기에 이르렀던 것이다. "사회가 있는 곳에 법이 있다(ubi societas ibi ius)."라고 하는 법 격언은 이렇게 생겨났을 것이다.

법적 분석의 도구개념으로 존재(*存在* Sein)는 현실, 사실, 현상, 사건 등으로 표현된다. 즉, 어떤 것이다, 아니다, 라고 말할 수 있는 것이다.

당위(當爲 Sollen)는 가치, 규범, 법칙, 명령 등으로 표현된다. 즉 어떤 것이어야 한다, 라고 말할 수 있는 것이다.

2. 법의 사회규범성

인간은 사회라는 집단을 형성하고 그 속에서 사회구성원간의 일정한 관계를 가지게 된다. 즉 인간은 사회공동생활 속에서 다른 사람과의 다양한 관계를 통하여 여러 가지 사회적 활동을 하게 되는데, 이와 같은 사회공동체의 일원으로서 인간은 가능한 한 개인과 개인 간 내지 개인과 공동체간의 평온과 질서를 위한 규범을 필요로 하게 된다. 그리고 여기서의 규범은 필연적으로 사회구성원들의 공동의 이익을 위해 개별 구성원들에게 일정한 정도의 희생내지는 수인(受忍)의 의무를 요구하게 되며, 바로 여기에서 법은 하나의 규범으로서 그 사회구성원들에게 공동의 이익에 대한 향유의 반대급부(反對給付)로서의 규범에의 복종을 요구하는 특성을 가진다.

3. 법의 강제규범성

법은 일단 제정되어지면 그 사회구성원에게 실질적으로 적용되어 그 효력을 발생하기 위한 수단으로서 일정한 정도의 강제력을 가지게 된다. 즉 여기서의 강제력의 정도는 그 사회구성원이 법의 적용을 거부할 경우에 받게 되는 불이익이 그 법을 수용하여 지킴으로서 받게 되는 실익보다 크다고 판단하기에 족할 정도의 강제력이라고 할 수 있을 것이다.

따라서 이와 같이 볼 경우에는 존재필연적으로 강제성을 내포한 법은 도덕이나 관습(慣習) 등의 다른 사회규범과는 본질적인 차이가 있다고 할 수 있다.

4. 상대적 규범성

규범으로서의 법은 적용을 받는 대상으로서의 사회구성원이 존재하는 특정의 시간과 공간을 전제로 하는 상대성을 가진다. 따라서 동일한 시간대를 살아간다고 하더라도 그 법적용 대상으로서의 인간이 어느 공간에서 존재하느냐에 따라서 그 적용되는 규범으로서의 법은 달리 적용되어질 수 있는 것이다.

즉 특정 지역에서는 위법이 되는 행위가 특정 다른 지역에서는 합법적일 수도 있는 것은 바로 이와 같은 법의 상대적 규범성 때문이라고 할 수 있을 것이다. 또한 비록 같은 공간이라 하더라도 시간대에 따라 상대적으로 다른 규범성을 가질 수도 있다 할 것으로서 이는 시간의 변화에 따른 사회구성원의 법감정(法感情)의 변화 등이 주요한 원인이 된다고 할 수 있을 것으로서, 지난날의 동성동본금혼(同姓同本禁婚) 규정이나 호주제도(戶主制度) 등을 가까운 예로 들 수 있을 것이다.

5. 절대적 규범성

규범으로서의 법은 상대적 규범성이라는 측면과 함께 절대적 규범성으로서의 측면도 함께 가진다. 즉 법이란 시간적 공간적 제약에 따른 상대적 규범성도 가지지만, 그럼에도 불구하고 법이란 시간적 공간적 제약을 뛰어넘어 정의라고 하는 인류보편의 가치를 추구해야하는 절대적 규범성을 가진다. 이러한 법의 정의(正義)에 대한 불변의 지향성(指向性)은 사회구성원에 대한 법의 강제적 규범성과도 관련된 것으로서, 무엇보다도 사회구성원들이 법에 복종하게 되는 근거이자 법의 존재이유가 된다고 볼 수 있을 것이다. 따라서 이와 같이 볼 경우에는 정의를 지향하지 않는 법은 그 자체로서 존재의 가치가 없다 할 것으로서 이는 오늘날 시민의 저항권(抵抗權)과도 밀접한 연관성을 가진다고 볼 수 있다.

II. 법치주의

법치주의란 국가가 국민의 자유(自由)와 권리(權利)를 제한하거나 또는 국민에게 새로운 의무를 부과할 경우에는 반드시 의회가 제정한 법률에 의하거나 그에 근거가 있어야 한다는 것으로서, 이는 단순한 힘에 의한 지배가 아닌 법에 의한 지배 그 자체를 의미하는 것이다. 따라서 이와 같이 해석할 경우에는 법치주의(法治主義)는 법률의 우위, 행정의 합법률성(合法律性) 및 법률에 의한 재판 등을 의미한다고 할 수 있을 것이다.

이와 같은 법치주의는 법에 의한 정치를 목표로 하는 정치사상 내지 절대군주정치를 부정한 시민계급(市民階級)이 근대국가를 설립한 이후 각국의 민주주의적 정치원리가 되었다. 이러한 법치주의가 실현되기 위해서는 인권과 자유를 보장하는 법률이 제정될 것, 그러한 법률에 의거하는 행정과 법원에 의한 법률의 올바른 적용이 이루어질 것 등이 필요조건이 된다.

이와 같은 법치주의는 크게 영국에서의 법의 지배의 원리와 독일에서의 법치국가(론)이라는 양대 이론으로 발전되었다. 즉 영국에서의 법의지배는 법의 우위라고도 하는데, 이는 지배자의 전단적인 권력행사를 억제할 목적으로 중세 이래 영국에서 지속적으로 견지 되어온 법이념으로서 이것이 17세기에 와서 실정법 코먼로(common law)의 우위성을 주장한 에드워드 코크(E. Coke, 1552-1634) 경에 의하여 '법의 지배' 라는 형식으로 주장되고, 명예혁명(名譽革命)에 의하여 제도적으로 확립되며, 다이시(A. v. Dicey, 1835-1922)에 의해 이론적으로 체계화 되었다.

한편, 영국과 같은 민주적인 법 정치사상의 전통을 가지지 못하고 민주적인 정치제도가 확립되지 못했던 독일에서는 법치주의의 사상이 곧 민주정치의 발전을 보장하는 것이 되지는 못했다. 따라서 18세기 말에서 19세기 전반(前半)에 모올(R. v. Mohl)이 국민의 권리보장을 내용으로 하는 법치주의적 입헌주의의 사상을 전개했으나, 이는 곧 슈타알(F. J. Stahl)을 포함한 몇몇 학자들에 의하여 법률에 따르기만 한다면 어떠한 정치도 합법적이라는 형식의 법치주의로 축소되었다.

이러한 이해는 바이마르공화국(1919-1933)에서도 뿌리 깊게 남아 있었으며, 그 말기에는 인권보장과 의회정치(議會政治)를 무시하는 제국대통령에 의한 통치가 이루어졌는데 그러한 일들이 궁극적으로는 독재자 히틀러 등장의 주된 요인이 되었다. 그리고 이와 같은 형식적(形式的) 법치주의(法治主義)는 이른바 제2차 세계대전이라는 참담한 비극을 경험한 이후에야 오늘날과 같은 실질적 의미의 법치주의로의 전환을 가져오게 되었다.

그리고 이 법치주의가 우리나라에 실제적으로 도입된 것은 8 15 이후라고 보아야 할 것이다. 즉 해방 후 남한지역에 민주공화국(民主共和國)이 설립되고 아울러 자주적 독립국가로서 민주공화국헌법을 가지게 된 때에 비로소 법치주의의 원리가 받아들여졌다고 보아야 할 것이다.

이는 특히 이전의 일제 강점기하의 법에 의한 통치는 그 자체가 탄압과 착취를 위한 식민지(植民地) 통치(統治)의 수단이라고 할 수 있는 불법적인 것으로서, 인간의 기본적 권리보장을 위하여 국가권력을 제한하는 모든 법원리가 들어 있는 합법성이 전제된 법치주의라고 볼 수 없기 때문이다.

Ⅲ. 권력분립

국가권력을 입법(立法) 행정(行政) 사법(司法)으로 나누어 각각의 권력상호간에 억제와 균형을 유지하게 함으로써, 특정의 개인이나 집단에게 국가권력이 집중되는 것을 사전에 막음으로써 궁극적으로는 국가권력의 남용으로부터 국민의 자유를 보장하려는 근대헌법(近代憲法)의 기본원리이다.

따라서 이와 같은 권력분립의 근저에는 권력지향적인 인간본성에 대한 불신(不信)이 본질적으로 전제되고 있으며, 아울러 권력분립은 적극적으로 국가활동의 능률을 증가시키기 위한 원리가 아니라 소극적으로 권력의 남용 또는 권력의 자의적인 행사를 방지하기 위한 원리라고 할 수 있을 것이다.

자유주의적 정부조직원리로서 권력분립론을 처음 주장한 것은 로크(J. Locke)이며, 이를 삼권분립론(三權分立論)으로 발전시킨 것은 몽테스키외(C. S. Montesquieu)로서 그의 대표적인 관련 저서로는 '법의 정신(1748)' 을 들 수 있다.

로크는 '시민정부론' 에서 국가의 최고권력은 국민에게 있다는 것을 전제로 하여, 그 최고권력 아래에 입법권(立法權)이 있고, 입법권 아래에 집행권(執行權)과 동맹권(同盟權)이 있어야 한다고 주장하였다.

즉 입법권은 국가권력이 사회 및 사회구성원의 유지를 위해 어떻게 행사될 것인가를 일반적 추상적 규범인 법률로써 정하는 권력으로서 직접적으로 민의에 기초하고 있으므로 다른 권력에 우월하는 국가 최고권력이며, 집행권은 국내에 있어서의 법률의 부단한 집행을 확보하는 권력이고, 또한 동맹권은 선전(宣戰) 강화(講和) 조약(條約)의 체결 등 외교관계를 처리하는 권력이기 때문에 변천하는 국제정치정세에 좌우되므로 입법권이 정하는 일반규범에 구속되지 않으며 이 의미에서 집행권과 구별된다고 보았다.

그러나 로크는, 내정(內政)과 외교(外交)가 다른 방침 아래 행해지면 국정은 무질서와 파멸을 맞게 되므로 동맹권은 집행권 담당자 이외의 사람에게 맡길 수 없다는 것과, 입법권과 집행권이 통합되면 권력자는 자기가 제정한 법률에 복종하지 않게 되며, 입법 집행의 양면에 있어 자기의 이익을 공익에 우선시켜 사회 정치의 목적을 위반하게 될 우려가 있다고 보았다.

따라서 그는 입법권과 집행권을 동일기관에 귀속시켜서는 안된다고 하여 2권분립론을 주장하였던 것이다.

그리고 몽테스키외는 국가권력(國家權力)을 입법권 사법권 행정권의 3권으로 나눌 것을 주장하여 이른바, 삼권분립론(三權分立論)을 완성시켰는바, 국가작용은 입법 재판(사법) 집행과 행정의 3가지로 분립되고 각 작용은 저마다 독립된 기관에 분속되어야 하며, 각 기관에는 그 관할사항에 있어 타작용을 담당하는 기관으로부터의 구속 없이 결정하는 기능이 주어져야 하고, 3권의 기관 중 특히 입법부와 행정부는 서로 견제하는 권능을 가지고 상호 억제하여 권력의 균형을 이루도록 조직되어야 한다는 것이다.

이렇게 발전되어 온 권력분립론은 실정 헌법에 구체화되었고, 미국 헌법은 몽테스키외의 이론에 따라 삼권분립제를 채택했다. 그리고 프랑스 인권선언도 제16조에서 '권리의 보장이 확보되지 아니하고 권력의 분립이 규정되어 있지 않은 사회는 헌법을 가졌다고 할 수 없다' 라고 규정하여 입헌주의(立憲主義) 헌법의 필수 요소로서의 권력분립(權力分立)을 인정하게 되었다.

그러나 오늘날 이와 같은 권력분립제에 대해서는 많은 긍정적인 측면외에도 비판적 시각 역시 있다 할 것으로서, 권력분립이 애초에 전제정치(專制政治) 로부터 국민의 자유와 권리를 보호하기 위하여 등장한 것인데, 오늘날의 민주정치 현실에서는 전제화 할 우려가 없을 뿐만 아니라, 오히려 오늘날과 같은 현대복지국가에서는 다양하고 복잡한 민의(民意)에 대해 가능한 한 효율적이고도 신속한 행정서비스가 요구되어지며, 이를 위해서는 무엇보다도 국가의 행정작용과 관련한 신속한 입법적 지원이 절대적으로 필요하다 할 것이다.

바로 이와 같은 관점에서 오늘날은 사실상 집행부와 입법부간의 상호 협조(協助)와 조화(調和)의 필요성이 점차 증대되고 있으며, 이는 결과적으로 현대복지국가의 또 하나의 주된 특징이라고 할 수 있는 권력분립(權力分立)의 변질화(變質化)를 초래하였다.

제 10 장 법의 이념

Ⅰ. 의의

앞에서 살펴본 바와 같이, 법은 자연법칙과 같은 '맹목의 법칙'이 아니라 사회질서를 유지하려는 '목적의 법칙'이다. 그러므로 법은 그 상위에 존재하는 법의 이념에 그 타당근거를 두고 있다. 법의 상위에 있는 [법의 이념]이란 법이 추구해야 할 이념, 즉 법이 실현해야 할 궁극적 가치를 말한다. 법의 이념은 법의 합리성을 판단하는 궁극적 가치 기준이다.

법의 목적은 법의 현실적 가치, 즉 실천적 가치를 의미하지만, 법의 이념은 법의 궁극적 가치, 즉 이상적 가치를 뜻한다는 점에서 양자는 구별된다고 할 수 있다. 요컨대, 법의 이념이란 법의 상위에 군림하는 것으로서 법이 실현해야 할 궁극의 가치를 말한다. 그러나 학자에 따라 일반적인 법의 목적과 법의 이념을 동일시하기도 한다.

[법의 이념]은 법의 실제이므로 자기 자신을 현상화하지는 않으나, 현상으로서의 법의 배후에서 법의 방향을 제시해 주는 역할을 한다. 즉, 법의 이념은 입법자에게 입법의 방향을 제시하고 행정가와 법관에게 법의 해석과 적용에 관한 집행의 방향을 제시해 주는 역할을 한다.

'법의 이념(理念)'은 인간이 왜 법을 가져야만 되고, 법을 준수해야 하는지에 대한 해답을 제시해 주는 동시에, 법의 정당성을 판단하는 기준이 된다. 법이 실현해야 할 궁극적 가치의 내용은 어떤 것인가? 많은 학자들이 법의 이념은 무엇을 내용으로 하고 있는지 밝히려 했다. 이를 '법가치론'이라 부른다.

라드브르흐(Gustav Radbruch)는 "법이란 법가치, 즉 법이념에 봉사하려는 의미를 가진 실재"라고 하고, 법의 이념으로 [정의(Gerechtigkeit)] · [합목적성(Zweckmässigkeit)] · [법적 안정성(Rechtssicherheit)]을 제시했다.

라드브르흐가 제시한 법의 이념론은 일반적으로 많은 지지를 받고 있다. 따라서 이하 법의 이념을 정의 · 합목적성 · 법적 안정성 순으로 설명하기로 한다.

II. 정의

1. 의의

법은 정의(Gerechtigkeit)의 실현을 기본적 사명으로 하는 사회규범이며, 정의는 법을 특징짓는 결정적 기준인 동시에 인간사회에 있어서 최고가치의 하나일 것이다.

정의는 '바른 것'을 의미하는 인간사회 최고의 가치이며, 진 · 선 · 미와 같이 어떤 가치로부터 도출될 수 없는 독자적 가치라고 할 수 있다. 정의의 본질은 평등이고, 정의의 형식은 보편이며, 정의는 법의 이념을 이룬다.

정의의 주요 내용은 평등이다. 그러나 정의, 즉 평등의 개념은 판단자 각자의 이념에 따라 다르게 나타날 것이다.

키케로(Marcus Tullius Cicero)와 울피아누스(Domitius Ulpianus)는 '각자에게 그의 것을 주는 것(to give everyone his due, Suum suiquetribuere)'을 "정의"라 했다. 이러한 정의에 대한 개념은 정의의 공리로서 승인되어 왔다. 그러나 이는 각자에게 귀속될 '그의 것'의 내용이 제시되지 않은 것으로, 결국 "정의는 정의이다."라는 답밖에 되지 못한다.

일반적으로 정의(正義)에 관한 철학적 논의와 고찰은 오랜 역사성(歷史性)을 가지는 것으로서, 그만큼 다양성(多樣性)과 깊이를 가진다 할 것으로서, 이 정의(正義)를 법과 관련하여 어원적 해석을 해 볼 경우에 특히 로마에서는 법(jus)은 정의(justitia)로부터 유래한 것으로 이해하고 있었음은 주지할 사실이다. 그러나 구체적으로 정의란 무엇인가? 하는 보다 본질적인 물음 앞에서는 시대와 학자에 따라서 매우 다양한 개념을 보여 주고 있는 것이 또한 사실이다. 그러나 이와 같은 다양성과 그에 내재된 모호성에도 불구하고 일반적으로 정의란, 법에 의하여 추구되고 있는 법의 이념이며, 법으로 하여금 법으로서의 타당성(妥當性)을 가질 수 있도록 해주는 법효력의 근거라고 말할 수 있을 것이다.

이와 같은 정의의 개념과 관련하여 서양의 경우를 살펴보면, 즉 그리스에서는 법(Dike)과 정의(Dikaion)가 언어적으로 불가분의 관계에 있는 것으로 생각하였다. 이러한 그리스의 정의에 대한 관념은 그 역사적 흐름이 자연적인 것에서 인간의 주관적인 것으로 변화하여 왔다. 예컨대, 고대 그리스 자연철학에서는 정의를 삼라만상(森羅萬象)의 자연적인 것으로 보았기 때문에, 인간 주관적 판단을 초월한 것으로 보았다. 그 후 프로타고라스(Protagoras)의 등장으로 '인간을 만물(萬物)의 척도(尺度)'로 이해하면서 정의에 대한 객관적(客觀的) 가치척도(價値尺度)를 부정하고 주관적(主觀的) 상대주의(相對主義)를 주장하게 되었다.

그러나 이와 같은 주관적 상대주의는 강자의 이익에 합치하는 것이 정의라는 인식을 불러올 수 있는 내재적 한계를 가진다 할 것으로서, 이와 같은 소피스트의 주장은 결과적으로 도덕과 법의 기초 및 나아가 국가와 사회의 질서에 대한 회의적 풍조를 유발할 수 있다 할 것이다. 따라서 소크라테스(Sokrates, 469-399 BC)는 이러한 주관적 상대주의를 배척하고 인간의 본성에서 정의를 찾아야 한다고 주장하였으며, 또한 플라톤(Platon, 427-347 BC)은 정의를 인간의 이성에서 찾고자 함으로써 정의의 본질을 '공동생활 속에서 자기의 분수(德)를 지키는 것' 으로 보았다.

이와 같은 서양의 정의에 관한 개념은 로마에 와서 또 한번 융성한 발전을 가져왔다 할 것으로서, 로마의 법학자 켈수스(Celsus)에 의하면 법은 '正義와 衡平의 術' 이라고 하였으며, 중세 교부철학의 대표자인 아우구스티누스(St. Augustinus, 354-430)는 정의를 사랑(愛)과 같은 것으로 보고 유일한 신을 믿는 것이 곧 정의라고 생각하였다. 그리고 스콜라철학의 최대이론자인 토마스 아퀴나스(St. Thomas Aquinas, 1224-1274)는 아리스토텔레스(Aristoteles, 384-322 BC)의 철학을 그리스도교적 견지에서 새로이 해석하려고 하였는바, 그는 지혜 용기 절제 정의를 4대 덕목으로서 들고, 정의를 일반적 정의와 특수적 정의로 나누었다. 여기서 일반적 정의란 지상의 모든 덕망을 포괄함에 대하여 특수적 정의는 배분적(配分的) 정의(正義)와 평균적(平均的) 정의(正義)로 나누어진다고 보았다.

다음으로 동양에 있어서 법과 정의는 그 중요성이 잘 인식되지 못하였다. 동양에서는 정의라는 것보다 의(義) 내지 의리(義理)라는 말이 즐겨 사용되었으며, 법치주의(法治主義)보다 예치주의(禮治主義) 내지 덕치주의(德治主義)가 더 높이 평가받았기 때문에, 法規範보다 도덕규범을 중요시하였다. 이러한 도덕규범은 인의예지(仁義禮智)를 기본으로 하였다.

유교사상에서 법의 기본을 예(禮)와 의(義)로 보았기 때문에, 동양의 예를 서양의 정의와 같이 보려는 입장도 있으나, 예는 행위규범이고 정의는 행위규범의 정당성기준이 된다는 점에서 차이가 인정된다. 도가(道家)에서는 정의에 해당하는 것을 무위자연(無爲自然)이라고 하여 소극적 정치를 최고의 정치로 보았다. 이들은 법의 중요성을 무시하였기 때문에 그 이념인 의(義)도 무시하고 자연법칙에만 따르도록 강조하였다. 법가(法家)는 인치주의(仁治主義)를 배격하고 법치주의를 주장하였다. 법가는 사회진화에 관하여 현저히 현실주의적인 견해를 나타내고 있다. 그들의 주장에 의하면 법의 목적은 사회질서의 유지에 있음을 명백히 하고 법의 적용에 있어서 평등을 주장하여 유가의 계급적 법적용에 반대하였다. 그러나 법치주의를 주장한 법가에 있어서도 법의 이념으로서 평등이라든지 정의를 이야기하지는 않고, 법의 실력성을 중심으로 법의 효용을 중시했을 뿐이다.

2. 아리스토텔레스의 정의론

정의개념을 최초로 이론화한 사람은 '아리스토텔레스' 이다. 그는 정의를 일반적(一般的) 정의(正義)(광의의 정의)와 특수적(特殊的) 정의(正義)(협의의 정의)로 크게 구분하였다.

즉 첫째, 일반적 정의는 인간의 심정 및 행동을 공동생활의 일반원칙에 적합하게 하는 것을 의미하는 것으로 당시는 아테네의 법을 준수하는 것이라고 하였다. 결국 이것은 사회의 일원인 개인으로 하여금 사회를 위하여 필요한 역할을 하게 하는 것으로서, 국가의 위급을 구출하기 위하여 필요한 역할을 하게 하는 것으로서, 국가의 위급을 구출하기 위해서 순국하는 것 등이 이에 해당한다.

둘째, 특수적 정의는 법의 구체적 원리에 따라 각인의 물질상 및 정신상의 이해를 평등하게 하는 것이라고 하여 평등을 특수적 정의로 보았다. 이 특수적 정의는 다시 평균적 정의(commutative justice)와 배분적 정의(distributive justice)로 나누어진다. 먼저 평균적 정의는 절대적 평등을 요구하는데, 인간은 인간으로서 동일한 인격적 가치를 가지고 있으므로 항상 절대적 기계적으로 평등하게 취급되어져야 한다는 것을 말한다. 이는 일반적으로 사법상의 정의로 나타나는데, 매매에서의 등가(等價)의 원칙, 토지수용에서의 정당한 보상, 손해배상관계에서의 등가원칙, 이외에도 선거권, 피선거권, 국민투표권 등에 있어서 절대적 평등을 요구하는 것이다.

다음 배분적 정의는 비례적 평등을 의미한다. 이는 공법상의 정의로 나타나는데, 개인의 능력과 사회적 기여에 있어서 서로 차이가 있다는 것을 전제로 하여 재화(財貨)의 급여, 사회적 명예와 직책의 부과 등에 차등을 두는 것이다. 즉 개인간의 차이를 고려하여 '평등한 것은 평등하게, 불평등한 것은 불평등하게' 취급하는 것을 말한다. 예컨대, 임금지불의 경우 성과급(成果給)에 의하거나, 훈장을 주는 경우 그의 공적에 의하는 것, 담세능력에 따른 조세 부과 등이 이에 해당한다. 결국 아리스토텔레스의 정의론은 개인주의(個人主義)와 전체주의(全體主義)의 양 측면을 고려하고 그 조화를 꾀한 것으로서 후세의 정의론에 결정적인 영향을 미쳤다고 할 수 있다.

정의의 개념은 아리스토텔레스의 정의에 따라 평등(平等)으로 파악하는 전통이 있으나, 오늘날에 와서는 이외에도 '인권의 존중' 을 들기도 한다. 예컨대, 세계인권선언의 전문(前文)에 '인류사회의 모든 성원의 생명의 존엄과 평등하고 양도할 수 없는 권리를 인정하는 것은 자유와 정의와 평화의 기초이다' 라고 규정하고 있는 것이다. 따라서 오늘날에 있어서는 '기본적 인권의 보장' 을 최고의 목적적 가치로 하고 다른 제도나 규정은 이것을 보장하기 위한 수단적 가치에 불과하다고 볼 수 있다.

어쨌든 정의의 본질은 평등에 있는 것이며 평등은 보편타당한 성격을 띠는 것이다. 그래서 누구나 어디에서나 정의를 지향하는 사람은 합치될 수 있는 소지가 있다. 정의가 개별적인 경우에 적용될 때 형평(衡平, equity)으로 나타난다. 그러나 정의라는 보편적 가치가 아무리 중요하다 하더라도 구체적 개별적인 경우에 내용적으로 무엇이 정당하다고 가르쳐주지 않는 것이기 때문에 이것만으로는 하나의 공허한 형식에 지나지 않는다. 법이 정의만 지향한다 할 경우에 실제의 적용에서는 불합리한 결과를 나타낼 위험이 클 것이다. 그래서 법에 있어서 구체적인 정당성을 실현시킬 수 있는 두 번째의 이념 내지 가치가 필요하게 된다. 그것이 바로 합목적성(合目的性)이라는 이념이다.

3. 켈젠의 정의론

켈젠(Hans Kelsen)은 법실증주의자 답게 정의의 상대성을 강조한다. 그는 [정의(正義)란 무엇인가](What is Justice ?, 1957)라는 저서에서 전통적으로 내려오는 정의의 여러 가지 형식을 검토 비판하고 상대주의의 관점에서 입각하여 정의가 절대적으로 무엇인가를 말하는 것은 불가능하다고 주장한다. '정의에 대하여 자신의 견해만이 정당하고 절대적으로 타당한 것이라고 하는 것은 자신의 감정적 행위를 합리적으로 정당화하려는 요구가 너무나 절실해서 생기는 자기기만' 이라고 하면서, 절대적 정의론을 주장하는 것은 공허한 도식(圖式)이라고 논박한다.

'착한 일을 하고 악한 일을 하지 말라' 는 정의론은 무엇이 착하고 무엇이 악한지를 묻는 질문에 대답을 줄 수 없다고 논박한다. 결국 켈젠은 정의를 규정짓는 것은 실제적 실정법이며, 정의의 객관적 기준은 도대체 있을 수 없다고 한다. 그래서 자기는 절대적 보편적 정의를 제시할 수 없고, 나의 정의만 얘기할 수 있는데, 그것은 자유의 정의, 평화의 정의, 민주주의 즉 관용(寬容)의 정의라고 결론을 맺는다.

4. 라드부르흐의 정의론

'라드부르흐' 의 정의관은 그의 생애에서 다소 유동적으로 전개되었던 것으로 보인다. 1932년 [法哲學](Rechtsphilosophie)을 낼 때가지만 해도 그에게 정의는 법이념의

한 가치를 의미했을 뿐이다. 즉 정의는 법의 보편적이고도 그러면서도 '먼 이념' 으로서 합목적성(合目的性)과 법적안정성(法的安定性)과 함께 법이 봉사하여야 할 가치(이념)로 파악되어졌다. 다시 말하면 법의 이념으로서 정의만 문제 삼을 수 없다는 생각이 강하였다.

그는 우선 법에서 얘기하는 정의는 윤리적인 선의 한 현상형식, 즉 인간의 자질이나 덕목으로 보는 것과는 구별되어야 한다고 본다. 왜냐하면 이러한 주관적 의미의 정의는 마치 진리와 성실과의 관계와 같이 객관적 정의를 지향하는 심정에 지나지 않기 때문이다. 법에서 문제 삼는 정의는 객관적 정의로서, 그것은 인간의 의지 심정 성격, 즉 인간 자체를 평가하는 정의가 아니라 인간상호간의 관계, 이상적인 사회질서를 대상으로 하는 정의이다.

그러나 이러한 객관적 정의에도 두 가지가 있는데, 하나는 어떤 법률의 적용 또는 준수를 '정의롭다' 고 할 때도 있고, 법률 그 자체를 '정의롭다' 고 말할 때도 있다. 전자의 정의는 곧 합법성(合法性)을 의미하고, 후자는 실정법 자체를 평가하는 정의로서 그 본질은 평등(平等)에 두고 있다고 라드부르흐는 설명한다. 그러나 정의에서부터 '바른 법' 의 개념이 도출되는 것은 아니며, 그렇게 되자면 다른 원칙들이 보충되어야 한다고 라드부르흐는 주장한다. 왜냐하면 아무리 배분적 정의라 하더라도 무엇을 평등한 것으로 취급하고 무엇을 불평등한 것으로 취급해야 하는가 하는 내용을 말해주지 않는, 그야말로 형식적 성격을 띤 개념이기 때문이다.

이렇게 볼 때 라드부르흐에게 정의는 법의 세 가지 이념의 하나로서만 의의를 갖게 되는 것에 불과하다. 또 라드부르흐는 정의의 본질과 내용에 대해 어떤 자신의 주장과 이론을 삼갔다고 볼 수 있는데, 그것은 관용과 타협이 함께 어우러져 질서 있는 공동생활의 가능성을 만드는 다양한 가치의 복수사회를 늘 염두에 두고 있었기 때문이다. 기회 있을 때마다 독재를 조장하고 자의(恣意)를 퍼뜨리는 '도덕(道德)', '윤리질서(倫理秩序)', '윤리성(倫理性)', '자연법(自然法)' 등이 이데올로기로 '절대화' 하는 것을 그는 비판적으로 보고 '상대주의(相對主義)' 를 통해 거리감을 두었던 것이다.

5. 코잉의 정의론

서독 프랑크푸르트대학의 교수로서 법철학자요, 법사학자인 헬무트 코잉(Helmut Coing, 1912~)은 막스 쉘러(Max Scheler, 1874~1928)와 하르트만(N. Hartman, 1822~1950)의 실질적 가치론에 영향을 받아 실질적 정의론을 전개하여 주목을 끌었다.

그는 법의 이념은 정의(正義), 인간의 존엄(尊嚴), 그리고 신의(信義)와 신뢰성(信賴性)이라고 보았다. 그도 역시 정의를 평등한 취급이라고 파악하는데, 정의 자체로서는 그 구체적 내용이 명확하지 않기 때문에 다른 도덕적 가치들로 보완하여야 한다고 본다. 다른 도덕적 가치들이란 신의 성실 신뢰 등의 가치를 말하는데, 이들 도덕적 가치들도 결국 인간의 존엄을 목적으로 하는 것이다. 그러므로 '바르게 살라', '아무도 해치지 말라', '각자에게 그의 몫을 주라'로 공식화되는 정의도 이 인격적 가치의 도덕적 자기형성에 불과하다. 그렇다면 정의의 공식은 자기 및 타인의 인격존중, 인격의 평등한 취급을 의미한다. 코잉은 이러한 정의는 평등상태(Gleichordnung), 복종상태(Unterordnung), 공동체상태(Gemeinschaft)의 세 가지 사회적 기본상황에 따라 달리 표현된다고 한다. 즉 평등상태에서의 정의는 평균적 정의이고, 공동체상태의 정의는 배분적 정의로 나타난다.

코잉은 아리스토텔레스의 평균적 정의와 배분적 정의를 수용하고 그것에 보호적 정의를 새롭게 추가하여 정의론에 큰 기여를 하였다. 보호적 정의는 달리 보면 법치국가적 정의이며, 이를 위하여는, 사법권(司法權)의 독립과 정당한 증거조사의 원칙 및 판결의 궁극성의 원칙 등 사법적 정의의 원칙이 요청된다고 보았다. 코잉의 정의론은 시대제약적이라는 비판을 받기도 하였지만, 현대 법치국가에서 정의의 개념을 더욱 구체적으로, 내용적으로 제시하려고 노력했던 공헌을 인정하지 않을 수 없다.

6. 롤즈의 정의론

법학자는 아니지만 하버드대학의 철학교수 존 롤즈(Jhon Rawls, 1921~)는 [正義論](A Theory of Justice, 1971)이라는 책을 써서, 현대의 정의론에 큰 논쟁점을 제공하였다.

롤즈는 정의문제는 크게 두 가지 측면을 갖는데, 하나는 국민의 기본적 자유에 관한 문제요, 또 다른 하나는 사회적 경제적 가치들의 분배에 관한 문제라고 보았다. 그리하여 이 두 측면에 대하여 다음과 같은 기본원리가 적용되어야 정의가 실현될 수 있다고 하였다. 즉, 우선 모든 개인은 다른 사람들의 같은 자유와 양립할 수 있는 가장 광범한 기본적 자유에 대하여 동등한 권리를 가져야 한다. 다음으로는, 사회적 경제적 불균등은 다음 두 조건을 만족시키도록 조정되어야 한다. 첫째, 그 불균등이 모든 사람들은 위해서 이익이 되리라는 것을 합리적으로 기대할 수 있다. 둘째, 그 불균등의 모체(母體)가 되는 지위와 직무는 모든 사람들에게 공개되도록 한다.

이처럼 롤즈는 기본적으로 개인의 자유와 보장을 전제로 하면서, 그러면서도 그 강조점을 분배(分配)의 공정성에서 정의의 본질을 찾고 있다. 말하자면 자유와 기회, 재산과 소득, 자기존중의 근거 등 모든 사회적 기본가치는 균등하게 분배하는 것을 원칙으로 삼되, 이러한 가치들의 불균등한 분배가 허용되는 것은 그 불균등한 분배에서 가장 불리한 처지에 놓이는 사람들을 위해서도 그것이 도리어 유용한 경우에 국한된다는 것이 롤즈의 근본 사상이다.

7. 페를만의 정의론

롤즈의 정의론이 정의에 관해 합리적이고 또 모두가 수락할 수 있는 결정을 내릴 수 있는 조건과 규칙들을 모색한 '결정 이론적' 정의론이라 한다면, 벨기에 브뤼셀대학 법철학교수 카임 페를만(Chaim Perelman, 1912~1984)의 정의론은 정의에 관해 이성적인 합의가 이루어 질 수 있는 합리적 담화의 조건과 규칙들을 모색한 '논의 이론적' 정의론이라고 할 수 있다.

그는 고대의 수사학(修辭學)에서 발전시킨 논리학(論理學)을 신수사학이라 부르고 그 바탕 위에서 정의론을 전개하였다. 그는 '정의에 관해서(De la justice, 1945)' 와 '정의에 관한 강의(Cinq lecons sur la justice, 1965)' 등 여러 논문을 발표하였다. 그는 정의의 관념이 갖는 가능한 모든 의미를 열거할 수는 없지만, 가장 널리 쓰이는 정의관념은 다음과 같은 여섯 가지의 뜻, 즉 '각자에게 똑 같은 것을', '각자에게 그의 공적에 따라', '각자에게 그 일의 결과에 따라', '각자에게 그의 필요에 따라', '각자에게 그의 계급에 따라', '각자에게 법적 자격에 따라' 으로 사용하고 있다고 설명한다.

8. 판단자

정의의 판단자는 누구인가? [평균적 정의]에 있어서는 판단자가 누구이냐에 따라 그 내용이 달라질 수 없으나, [배분적 정의]에 있어서는 판단자가 누구이냐에 따라 정의의 내용이 달라지게 된다. 따라서 정의의 판단자가 누구이냐는 배분적 정의에서 의미를 갖게 된다.

정의의 판단자는 시대에 따라 변천되어 왔다. 중세에는 신이 판단자였고, 군주국가에서는 군주가 판단자였으며, 현대 민주국가에서는 국민이 판단자라고 할 수 있다. 신의 판단이나 군주의 판단에 대해서는 어떠한 도전도 허용되지 않으므로 신과 군주는 절대적 판단자였다. 이는 가치절대주의에 입각한 것이다. 그러나 국민의 판단은 다수결의 과정에서 승리한 다수자의 판단이며, 이에 대한 소수자의 도전이 허용되므로 국민은 상대적 판단자이다. 이는 '가치상대주의'를 기반으로 한 것이다.

베버(Max Weber)는 "인간의 가치판단은 주관적이고 상대적일 수밖에 없기 때문에 보편타당성을 처음부터 내세우는 것은 학문의 태도가 아니다."라고 가치상대주의를 역설했다.

라드브르흐(Gustav Radbruch)는 "무엇을 정당한 평균적 처우로 볼 것이냐의 구체적인 가치척도는 세계관에 따라 다를 수밖에 없기 때문에, 정의에 대한 판단은 각자의 가치관·세계관에 의하여 결정될 수밖에 없다."며 가치상대주의를 주장했다.

켈젠(Hans Kelsen)도 과거의 가치절대주의는 위선에서 유래된 것이라고 비판하면서 "관용만이 나의 정의이다."라고 상대주의적 가치관을 피력했다.

요컨대, 현대의 민주주의 사회에서 정의의 내용에 대한 판단자는 사회의 모든 구성원이며, 현실적으로는 다수결의 과정에서 승리한 다수자인 것이다.

Ⅲ. 합목적성

1. 의의

[법의 이념]의 둘째 내용은 합목적성(Zweckmässigkeit)이다. 합목적성이란, 법은 언제나 시대 가치관에 합치되어야 한다는 것이다. 법이 가치관에 충실하다는 것은, 법 그 자체의 존재가치를 보존하는 것이다.

라드브르흐는 정의의 개념은 법철학에 속하는 것이며, 법의 목적이념은 윤리학으로부터 나와야 한다고 하면서 "합목적성은 도덕적 선이다."라고 했다. 합목적성은 법에 의하여 추구되어야 할 도덕적 최고의 선을 의미한다.

2. 내용

합목적성(合目的性)이라는 말은 목적에 맞추어 방향을 결정하는 원리라는 뜻인데, 법에서 합목적성이란 어느 국가의 법질서가 어떠한 가치관(價値觀)에 의하여 구체적으로 제정(制定) 실시(實施)되는 원리라는 뜻이다. 정의는 같은 것을 같게, 다른 것을 다르게 취급하라는 형식적 이념에 불과하므로 같은 것과 같지 않은 것을 구별할 표준은 다른 곳에서 구할 수밖에 없는 것이다. 그것은 국가와 사회가 처해있는 상황과 그 상황 속에서 지향해야 할 문제이다. 여기에는 어떤 처방책이 있는 것이 아니라 국가가 '내심(內心)의 깊은 곳에서부터의 결단(決斷)'을 행하지 않으면 안 된다. 가치에 대한 궁극적인 결정은 인식(Erkenntinis)되는 것이 아니라 고백(Bekenntnis)될 뿐이다.

이와 관련하여 라드브루흐는 인간이나 국가가 고백의 대상으로 선택하고 결정할 수 있는 가치관의 종류에 대해 다음과 같은 세 가지를 들고 있다. 즉 첫째, 개인주의적 가치관에서는 인간의 궁극적 가치가 개인의 자유와 행복에 있다고 보고 이를 최대한으로 보장되도록 법이 제정되어야 한다는 것이다. 따라서 국가나 단체의 가치는 개인보다 하위(下位)에 있게 되며, 모든 개인이 평등하게 존중되는 평균적 정의를 강조한다.

둘째, 단체주의적 가치관에서는 국가의 존립과 번영을 최고의 가치에 두고 있으며, 개인의 가치는 단체의 부분으로 또는 단체의 가치를 실현하는 범위 내에서만 인정된다는 것이다. 그러므로 단체를 유지 발전시키기 위하여 개인에게 비례적(比例的) 평등(平等)을 실현시키면서 배분적(配分的) 정의(正義)를 강조한다.

셋째, 문화주의(초인격주의)적 입장에서는 개인도 단체도 아닌 인간이 만든 문화 혹은 작품을 최고의 가치로 신봉한다. 문화주의에서는 배분적 정의에 의한 차별은 인정되지만, 그 차별의 표준은 문화업적의 창조에 공헌하는 범위 안에서만 인정된다.

이와 관련하여 우리 헌법(憲法)은 전문에서 '…자유민주적(自由民主的) 기본질서(基本秩序)를 더욱 확고히 하여 정치 경제 사회 문화의 모든 영역에 있어서 각인의 기회를 균등히 하고 능력을 최고도로 발휘하게 하며… 안으로는 국민생활의 균등한 향상을 기하고 밖으로는 항구적인 세계평화(世界平和)와 인류공영에 이바지함으로써…' 라고 하여 헌법이 지향하는 목적을 천명하고 있다. 이와 같이 법이 궁극적인 어떤 목적을 추구해야 하며 그 목적을 실현하는 데 합치하는가는 중요한 문제이다.

사회주의적 세계관에 따른다면 법의 목적은 사회적 불평등의 제거에 있다고 하며 배분적 정의의 실현을 내건다. 이에 반하여 개인주의적 세계관에서는 국가로부터 개인의 자유를 보장하는 것이 법의 목적이며, 개인의 가치의 절대성을 강조하고 권력분립론(權力分立論)을 주장하게 된다. 민주주의적 세계관에서는 민의(民意)의 존중, 국민의 참여가 법의 목적이 되는 것이다. 이 관점에서는 다수결(多數決)의 원리가 강조되며 국민의 의사는 하나이므로 권력분립론은 부정되기에 이른다.

이와 같이 법의 목적은 국가나 세계관에 따라 달라진다. 민주주의국가에서는 상대주의적 세계관이 지배하기 때문에 어떤 목적 하나만이 절대적이고 인정되지 않는다. 일반적으로 민주주의국가에서는 법을 개인의 자유와 권리를 보장하기 위한 것으로 보고 있다. 즉 개인의 자유와 권리는 천부불가침의 것으로 국가에 의하여 보장되는 것이다.

우리 헌법(憲法)도 제10조에서 '국가는 개인이 가지는 불가침(不可侵)의 기본적(基本的) 인권(人權)을 확인하고 이를 보장할 의무를 진다' 고 규정하고 있다. 그러나 이러한 자유와 권리의 보장은 동시에 공공복리(公共福利)의 원칙과도 합치되어야 한다. 예를 들어 재산권은 과거 개인주의 시대에는 신성불가침(神聖不可侵)한 것으로 생각되었으나 사회정의를 구하는 20세기에 와서는 상대적인 것으로 보게 되었다. 이와 관련하여 현행 헌법은 제23조에서 '재산권의 행사는 공공복리에 적합하도록 하여야 한다' 라고 규정하고 있다. 이는 공동체의 삶을 영위하는 인간인 자기와 타인의 공존을 위하여 필요하기 때문이다.

3. 판단자

합목적성의 판단기준은 시대와 국가에 따라서 달라질 수 있다. 라드브르흐는 법의 합목적성은 객관적 · 절대적으로 판단되는 것이 아니라 주관적 · 상대적으로 판단된다고 하여, 합목적성의 판단자는 '각자' 라고 평하고, 다음과 같이 논했다.

법의 최고목적과 가치는 민족과 시대의 사회적 정세에 따라 상이할 뿐 아니라, 사람들은 또 주관적으로 권리 · 감정 · 국가관 · 정당노선 · 종교 · 세계관 등에 따라 각자에 의해 제각기 판단한다. 판단은 오직 개개인의 깊숙한 인격으로부터만 유출될 수 있는 것이며, 양심의 결정만이 있을 수 있는 것이다.

Ⅳ. 법적 안정성

1. 의의

[법의 이념]의 세 번째 내용은 법적 안정성(Rechtssicherheit)이다. 법적 안정성이란 법에 의하여 보호 또는 보장되는 사회생활의 안전 또는 안정성을 확보해 주는 법의 명확성 · 부동성을 말한다. 즉, 사람들이 법의 권위를 믿고 안심하고 행동할 수 있는 확고한 상태를 보장하는 법의 불변성을 말한다.

2. 내용

법의 제1차적 기능은 질서를 유지하고 분쟁이 발생한 경우에 이를 해결함으로써 사회생활을 안심하고 영위할 수 있도록 하는 데 있다. 괴테(Goethe, 1749-1832)의 '부정의(不正義) 로운 법도 무질서보다 낫다' 는 말이나, 법언에 '제 아무리 악법(惡法)일지라도 무법(無法)보다 낫다' 고 하는 것은 모두 법적 안정성을 강조하고 있는 말이다. 법의 안정성에는 법 자체의 안정성과 사회질서의 안정성을 다 같이 포함하게 된다. 그것은 법의 안정성이 보장되면 사회질서의 안정성도 보장되기 때문이다. 법적 안정성과 관련된 규정으로는 시효(소멸시효 취득시효 공소시효), 사법상의 점유(占有)보호, 국제법의 현상유지이론 등이 있다. 이중 시효(時效)는 일정한 사실상태가 오랫동안 계속된 경우에 이 상태가 진실한 권리관계와 합치하느냐의 여부와는 관계없이 그 사실상태를 그대로 존중하여 이것을 가지고 권리관계로 인정하려고 하는 제도이다.

즉 민 상법은 재산권보호라든가 거래질서의 안정, 가족생활유지 등을 위한 기능을 하고 있다. 헌법도 국가안전보장 질서유지를 중요한 목적의 하나로 들고 있으며 민주적 기본질서를 유지하기 위해 위헌정당(違憲政黨)의 해산제도(解散制度) 등을 규정하고 있다. 형법은 개인적 법익, 사회적 법익, 국가적 법익을 침해하는 행위를 처벌하여 시민질서와 사회질서 및 국가질서의 유지를 목적으로 한다. 법이 안정되지 못하면 사람들은 그것을 지켜나갈 수 없다. 따라서 법적 안정성이 유지되기 위해서는 다음과 같은 사항이 요청된다.

첫째, 법의 내용이 명확해야 한다. 불명확한 법에 의해 처벌되거나 단속을 받게 되면 국민생활은 불안해진다. 따라서 성문법(成文法)주의는 법적 안정성이 높다고 할 수 있으며, 법이 획일성을 요구하는 것은 법적 안정성 때문이다.

둘째, 법이 자주 변경되어서는 안 된다. 조령모개식(朝令暮改式)의 법개정은 법의 안정성을 저해하게 된다. 특히 집권자의 자의(恣意)에 의한 개정이라면 더욱 법적 안정성을 해하게 된다.

셋째, 법은 실행가능한 것이어야 한다. 너무 높은 이상만 추구하여 실제 실현 가능성이 없는 것은 법이 될 수 없다. 왜냐하면, 법의 수범자는 일반 평균인이기 때문이다.

넷째, 법은 국민의 법의식(法意識)에 합치되어야 한다. 법이 국민의 법감정(법률적 정서)과 일치될 때 잘 준수되며, 법으로서 규범력(規範力)이 강해진다. 국민의 법의식과 유리(遊離)된 법은 사문화(死文化)되고 만다. 따라서 법적 안정성 유지의 요체는 국민의 준법의식이라 하겠다.

법적 안정을 위하여 법 자체로서도, 예컨대 민법에서의 점유나 시효제도를 두고, 선판례(先判例)의 구속력(拘束力)을 사실상 인정하고 있다. 혁명도 실패하면 범죄가 되지만 승리하면 새로운 법의 기초가 되는 것은 법적 안정성의 요청인 것이다. 그러나 되도록 현재의 법적 안정성이 부정되지 않고 혁명과 같은 단절이 오지 않기를 바라는 것이 법적 안정성의 내용인 것은 두말할 여지도 없다고 하겠다.

V. 정의·합목적성·법적 안정성의 상호관계

이상에서 살펴본 바와 같이 법의 이념으로서의 정의 합목적성 법적안정성의 관계는 본질적으로 상호모순(相互矛盾)되면서도 상호보완(相互補完)의 관계라고 하는 특성을 가진다. 즉 지나치게 정의만을 강조하게 되면 법적 안정성이 해쳐지고, 법적안정성만을 강조하게 되면 결과적으로 정의를 실현할 수 없게 되는 경우가 있다. 또한 실정법이 아무리 안정적으로 시행되더라도 그것이 정의롭지 못하다면 그야말로 '시체의 정숙이나 묘지의 평화'에 지나지 않게 되는 것이다.

이와 같이 볼 경우에는 정의 합목적성 법적 안정성의 세 이념은 본질적으로 그 개념적 기초를 달리 한다는 인식의 전제가 필요하다 할 것이다. 즉 법적안정성은 기능에 관한 이념인 네 대하여, 정의와 합목적성은 법의 내용에 관한 이념이다. 그리고 정의는 윤리와 결부되는 이념인데 대하여, 합목적성은 공리(功利)와 결부되는 이념이다. 이와 같이 각각 그 이념의 기초를 달리 하므로 서로 모순과 갈등이 상호 존재한다는 것은 개념내재적으로 당연하다 할 것이다. 따라서 모든 가치가 상대적이고 궁극적으로 의문스러워서가 아니라, 어떤 가치도 소중하기 때문에 모든 가치를 존중해주는 가운데, 법의 안정성을 유지해 나갈 수 있을 것이다.

그러나 실제로 정의와 합목적성, 그리고 법적안정성간에 충돌이 있는 경우 어느 이념을 우선 시켜야 할지는 각 시대와 국가에 따라 그 해석이 달랐다. 경찰국가에서는 국가의 목적, 국가의 안정을 위하여 정의나 법적 안정성을 희생시켰다. 법실증주의시대에는 법의 실정성과 안정성을 유지하기 위해서 정의나 합목적성이 소홀히 되었다. 이에 대하여 자연법사상(自然法思想)이 전성하던 시대에는 정의의 원칙을 우선하여 여기에서 법의 내용과 법의 효력을 이끌어내고 있다.

법이념 사이의 이러한 모순 충돌에 대하여 우리 헌법은 제37조 제2항에서 '국민의 모든 자유와 권리는 국가안전보장, 질서유지 또는 공공복리를 위하여 필요한 경우에 한하여 법률로써 제한할 수 있으며, 제한하는 경우에도 자유와 권리의 본질적인 내용을 침해할 수 없다'라고 규정하고 있다. 이 규정은 법의 이념인 자유와 권리, 공공복리, 질서유지 및 국가안전보장의 상관관계를 규정한 것으로 중요한 의의가 있다. 우리 헌법은 정의 합목적성 법적안정성이 충돌하는 경우에 이의 조화로운 조정을 원칙으로 하면서 궁극적으로는 정의의 원칙인 인간의 자유와 권리의 본질적 우선을 규정하고 있다고 보아야 할 것이다. 즉 우리 헌법은 자연법 원리에 입각하여 기본권의 천부인권성을 인정하고 그 본질적 내용의 침해금지를 규정하고 있다.

이와 관련하여 문제되는 것으로는 사형제도라든가 낙태죄(落胎罪)가 있다. 국가안전보장, 질서유지를 위하여 인간의 생명권의 본질적 내용을 침해할 수 있을 것인가에 대해서 외국에서는 부정적으로 해석하고 있다.

그래서 유럽제국이나 미국의 다수 주(州)에서는 사형제도를 폐지하고 있다. 또한 작금(昨今)에 많은 문제가 되었던 것으로서 호주제도(戶主制度)와 동성동본금혼(同姓同本禁婚)규정을 예로 들 수 있을 것인바, 이에 대해 유림(儒林)측에서는 민법의 이러한 규정들은 우리나라의 윤리질서를 규정한 것이므로 이를 개정하거나 폐지하는 것에 반대하면서 법적 안정성을 내세웠으며, 이에 대해 여성단체에서는 이 규정들은 인간의 존엄과 양성(兩性)의 평등이라는 정의의 원리에 위배된다고 주장하였다. 특히 제6공화국 헌법은 제36조에서 '혼인과 가족생활은 개인의 존엄과 양성의 평등을 기초로 성립되고 유지되어야 하며, 국가는 이를 보장한다' 라고 규정하고 있기 때문에 민법상의 이런 규정들은 위헌(違憲)으로 무효(無效)라는 주장이 강력히 대두되었던 것이다. 그리고 이같은 논쟁에 대한 결실이 작금의 헌법재판소판례와 그에 따른 입법적 보완 등을 통해 점차 개선되어지고 있다.

이는 우리 사회구성원들의 인식의 전환과 발전을 반영하는 것으로서 매우 의미가 크다고 할 수 있겠다.

위의 예에서도 알 수 있듯이 법이념을 이해하는 데 있어서는 시대와 사회의 인식에 따른 상대적 판단이 중요한 기준이 될 수밖에 없으며, 바로 이와 같은 인식을 전제로 할 경우에는, 어떤 가치도 소중하기 때문에 모든 가치를 존중해주는 가운데 법의 합목적성에 따라 정의를 실현해 나가며 동시에 안정성을 유지해 나가는 것이 가장 바람직하다 할 것이다.

정의가 일반화하는 경향이 있는 데 반하여 합목적성은 개별화하는 경향이 있고, 정의와 합목적성이 이념적인 것인 데 반하여 법적 안정성은 실질성을 요구하고, 이 실질성은 사실로부터 나오는 것이기 때문에 이념과 모순된다.

또한 법체계에 있어서도 형법에서는 정의의 이념이 강하게 작용하지만, 행정법에서는 합목적성이 강하게 작용하고, 소송법에서는 법적 안정성의 이념이 강하게 작용한다.

제11장 법의 효력

Ⅰ. 의의

법은 사회생활을 지배하는 규범이므로 법의 생명은 사회에서 그 효력을 발휘하여 실현하는 데 있다. 법이 사회생활에서 그 효력을 발휘하지 못한다면 그 법은 죽은 법이 될 것이다.

법의 효력이란 법이 그의 규범적 의미내용으로 구속력을 가지고 사회생활을 규율하는 힘을 말한다. 법의 효력은 실질적 효력과 형식적 효력으로 나누어진다.

법의 실질적 효력이란 법의 '타당성'과 '실효성'을 갖는 상태를 말한다. 환언하면, 규범이 정당하기 때문에 사실로서 행하여지지 않으면 아니 된다고 하는 요구, 즉 법의 '타당성'과, 규범이 실제로 사실로서 행하여지도록 강제되는 상태, 즉 법의 '실효성'을 가지는 힘을 말한다.

법의 형식적 효력이란 법의 효력범위, 즉 법의 적용범위를 말한다. 다시 말해 실정법은 시간적 · 장소적 · 인적으로 그 효력이 미치는 범위에 한계가 있는데, 이를 법의 형식적 효력이라 한다.

Ⅱ. 실질적 효력

법이 실질적으로 그 효력을 발휘하기 위해서는 우선 그 법규정이 정당한 것이라고 인정을 받아야 한다. 즉 법규에서 명령하는 내용이 타당성을 갖지 않고서는 그 법을 지키라고 강요할 수 없는 것이다. 그 다음에 당연히 지켜야 할 법을 지키지 않았을 때 강제할 수 있는 수단을 가져야만 한다. 강제할 수단이 없으면 법이 그 효력을 발휘할 수 없다. 이러한 강제력을 법의 실효성이라고 한다.

법이 실질적 효력을 갖기 위해서는 타당성과 실효성을 모두 가져야 하며, 그 중 어느 하나라도 결하면 법은 효력이 있다고 말할 수 없다. 법은 그 수범자에 대하여 법이 규율하는 바에 따라 사회생활을 영위할 것을 요구한다. 그러나 아무리 규범적 타당성을 요구하는 법이라 할지라도 그것이 사실로서 전혀 지켜지지 않는다고 하면, 그것은 단순한 공문(空文)에 불과하며 법적 존재라고는 말할 수 없다. 문화현상으로서의 법은 동시에 타당성과 실효성을 겸비하는 것이 아니면 안 된다.

법의 효력은 본질적으로는 법의 정당성의 문제와도 관련을 가지고 있지만, 그것이 필연적인 관계는 아니다. 일반적으로 "법의 이념은 정의이다."라고 일컬어지는 한, "법에는 악법이 없다."고 해야 하겠다. 그러나 실제에 있어서는 "악법도 법이다."라고 일컬어지는 바와 같이 그 정당성이 의심스러운 법도 존재할 수 있다.

그러나 이에는 일정한 한계가 있다. 아무리 악법이라 하더라도 그것이 실효성을 갖는 실정법이므로 이에 따라야 한다고 주장한다면, 이는 법의 형식적인 면만을 중시한 나머지 법의 내용적인 면을 간과한 것이라 할 것이다. 이러한 입장에서 라드브르흐도 초기에는 법의 절실한 임무는 정의의 실현보다 법적 안정성에 있다고 말하였으나, 제2차 대전 중 나치에 의한 실정법의 폐해를 통감하고, 대전 후에는 학설을 수정하여 법적 안정성보다도 [정의]의 우월성을 인정하고, 정의에 반하는 "악법에 복종하는 것은 범죄행위이다."라고까지 말하기에 이르렀다.

그러므로 악법은 따르지 말고 그 실효성을 배척하기 위해 저항해야 할 것이라는 결론에 도달하게 된다. 여기에서 저항권과 혁명권을 인정하게 되는 근거를 찾을 수 있다.

Ⅲ. 법의 타당성

1. 의의

법의 '타당성'이란 일반인을 수범자로 하는 행위규범으로서의 법이 실제로 실행되어야 한다는 요구를 말한다. 행위규범으로서의 법은 사람에게 금지나 명령의 형식을 통하여 행위의 준칙을 제공한다. 그러나 그 금지나 명령이 이행되어야 할 이유나 명분이 없다면 그것은 지켜지지 않고 침해되거나 무시될 것이다.

법이 지켜져야 할 이유 혹은 명분을 우리는 당위의 명제로서 '타당성'이라고 한다. "악법도 법이다."라고 소크라테스가 말하였다고 하지만(사실 어느 문헌에서도 소크라테스가 그렇게 말하였다는 증거를 찾을 수 없다.) 타당성이 없는 악법은 국민의 지지를 받을 수 없기 때문에 오래 지속될 수 없고 결국 그 효력을 발휘할 수 없게 될 것이다.

게다가 소크라테스가 그 악법에 의하여 처벌받은 것을 보면 소크라테스도 그 악법을 지키지 않은 것이 분명하다. 그러나 어떤 법을 누구는 타당성이 있다고 하는데 다른 사람은 타당성이 없다고 말하는 경우가 있을 수가 있다. 그 이유는 판단자가 타당성의 근거를 어디에서 찾는가에 따라 달라질 수 있기 때문이다.

2. 근거

법이 규범적 타당성을 갖는 근거에 관해 다음과 같은 학설의 대립이 있다.

(1) 자연법설

자연법설은 법의 타당성의 근거는 자연법에 있다고 한다. 자연법설은 실정법의 배후에 보다 고차적이고 보다 근원적이며 시대와 장소에 관계없이 항상 타당한 이상적인 자연법 질서가 있다는 것을 전제하고 있다. 실정법은 그것에 합치하는 까닭에 타당성을 가지는 것이며, 그것에 위반할 때에는 타당성을 잃어 스스로 그 효력을 상실하는 것이라고 주장한다. 그리고 이와 같은 자연법 질서는 고대에 있어서는 영구불변하는 자연법 질서, 중세에 있어서는 신의 의사, 근대에 이르러서는 합리적인 인간의 본성 또는 이성에 유래하는 것이라고 생각되었다. 무엇이 자연의 본성에 맞고, 무엇이 정의냐 하는 것은 평가하는 사람에 따라 달라질 수밖에 없는 것이어서 이 학설은 여진히 타낭성의 근거를 각자에게 맡기는 순환논법에 빠지고 만다.

(2) 실력설

실력설은 법의 타당성의 근거를 지배자의 실력, 혹은 명령에서 찾아야 한다고 한다. "실력은 권력이다." 또는 "실력은 법에 우선한다."라는 말이 있듯이 강자가 약자를 지배하는 실력에 법이 존재하는 기초가 있다고 하는 것이 실력설의 입장이다. 이러한 사상에 바탕을 둔 법실증주의는 실정법만을 법학의 대상으로 삼고 자연법론을 배제하고 있다.

이 학설이 현실을 가장 잘 나타내고 있는 학설이라고 생각되지만, 법학은 존재(sein : 존재하는 것)의 학문이 아니라 당위(sollen : 있어야 할 것)의 학문이라는 근본 명제를 망각한 이론이다. 즉 사람이 사회를 지배하는 것이 아니라 법이 사회를 지배하는 법치주의를 기치로 내건 법학에서 법을 파괴하는 폭력도 법으로 보아야 한다는 결론에 이르게 되는 것이다.

(3) 사회의식설

사회의식설에 의하면 법의 타당성의 근거는 사회구성원의 공통된 사회의식에 있다고 한다. 사회는 그 결합을 유지하기 위하여 사회구성원에게 공통된 사회의식이 있어야 하며, 그 사회의식의 내용이 법이라고 한다. 그리고 미리 정하여진 일정한 방법에 따라서 어떤 의사가 발표된 때에는 그 의사가 사회의 의사가 되는 것이라 한다. 이리하여 사회의식의 내용이 되는 법은 개인의 의사를 구속하고 준수되는 것이라 주장하는 것이다.

그러나 사회가 발달하면 할수록 구성원간의 현저한 개성의 차이 · 이해의 대립 · 의견의 분열을 나타내는 것이 보통이며, 이러한 사정 아래에서 과연 사회구성원 전체에 공통된 사회의식이 존재할 수 있느냐 하는 것은 매우 의심스러운 것이다.

결국 이 학설은 자연법설을 다른 말로 바꿔서 표현한 것에 불과한 결과를 가져온다.

(4) 근본규범설

근본규범설은 법의 타당성의 근거를 근본규범에서 구하는 학설이다. 켈젠은 법 자체가 포함되어 있는 전체적인 법질서의 단계구조를 예정하여 모든 법은 그 상위의 법규범에 효력근거가 있다고 한다. 즉 법의 효력을 그 자체에 내재해 있는 윤리적 타당성에 유래한다고 하여 자연법설을 극복하려고 하였다. 어떤 명령이 규범적 타당성을 갖는 것은 그보다 상위에 있는 법률에 근거가 있기 때문이며, 헌법이 타당성을 갖는 근거는 근본규범에서 찾을 수 있다고 한다.

이것이 가장 완벽하고 논리적인 것 같지만, 헌법의 타당성의 근거가 되는 근본규범이 무엇인지는 결국 판단자 각각의 성향과 시대에 따라 달라지게 되어 자연법설에 귀착된다.

Ⅳ. 법의 실효성

[법의 실효성]이란 법관을 수범자로 하는 강제규범으로서의 법이 국가권력에 의하여 규범의 의미 · 내용대로 현실적으로 실현되는 상태를 말한다. 가령 사람을 살해한 자가 있음에도 불구하고 그 자가 처벌되지 않는다면 강제규범이 발동되지 못하고 또 다른 살인자의 양성을 막을 수 없는 상태가 된다. 환언하면, 법의 실효성이란 강제규범으로서의 법규범이 조직적인 공권력에 의해 실현되는 상태를 말한다.

법이 법으로서의 효력을 갖기 위해서는 실효성이 보장되어야 함은 물론이다. [법의 실효성]의 보장은 오늘날 경찰 · 법원 등을 통한 '공권력'에 의해 행해지며, 법의 실효성을 보장하는 수단으로서 '개인의 실력'이 용인되는 것은 미처 공권력이 미치지 못하는 예외적인 경우, 예컨대 정당방위나 긴급피난 등의 경우에 한한다.

V. 형식적 효력

1. 법의 시간적 효력

법의 형식적 효력은 법의 시간적 효력, 장소적 효력, 그리고 대인적 효력으로 구분된다. 그 중 법의 시간에 관한 효력이란 법의 시간적 적용범위를 말한다. 법은 시간적으로 무제한 효력을 갖는 것이 아니라 시행일부터 폐지일까지만 효력을 갖는다.

(1) 법의 시행

법의 시행이란 유효하게 성립되어 구속력을 발휘하는 법이 구체적인 실시력을 갖게 되는 것을 말한다. 법은 성립과 동시에 효력을 발휘하며, 성립된 법은 시행에 의해 구체적 효력을 발휘하게 된다. 전자를 구속력이라 하고, 후자를 실시력이라 한다.

성문법이 제정되면 그것으로 구속력을 발휘하고 이를 일반수범자에게 알리기 위하어 공포하며, 법은 공포된 후 일정한 주지기간을 경과함으로써 실시력을 발생하는 것이 보통이다. 법령이 직접 그 시행기일을 정하고 있는 경우에는 그 규정된 날로부터 실시력을 발생하는 것이 당연하지만 특별한 규정이 없는 한, 공포한 날로부터 20일을 경과함으로써 실시력이 발생된다(헌법 제53조 제7항, 법령등공포에관한법률 제13조).

(2) 법의 폐지

법의 폐지란 법이 종래 갖고 있던 구속력과 실시력을 잃게 되는 것을 말한다. 법 시행의 경우는 구속력과 실시력이 발생하는 시점이 반드시 일치되는 것이 아니나, 법 폐지의 경우는 구속력과 실시력이 항상 동시에 소멸한다. 법 폐지의 원인은 명시적인 것과 묵시적인 것이 있다. 명시적 폐지란 명문의 규정에 의해 법이 폐지되는 경우이다.

(가) 명시적 폐지

첫째, 법령에 그 시행기간, 즉 유효기간이 정해진 경우 그 기간의 종료로 그 법령이 당연히 폐지되는 경우이다. 이러한 기한부 입법을 한시법이라 한다. 둘째, 입법기관이 신법을 제정하여 명문으로 구법의 일부 또는 전부를 폐지하는 경우가 있다.

(나) 묵시적 폐지

묵시적 폐지의 첫 번째 원인은 법의 저촉이다. 상위법과 하위법이 상호 저촉하는 경우에는 하위법이 효력을 잃는다. 동위법 상호간에 저촉이 있는 경우에는 신법이 구법에 우선한다. 즉, 신법과 구법의 내용이 상호 저촉되는 경우에는 그 저촉되는 범위 안에서 구법은 당연히 효력을 잃게 된다. 이것이 "신법은 구법을 개폐한다."라고 하는 원칙이다. 그러나 신법이라 하더라도 일반법인 신법은 특별법인 구법을 개폐하지 못한다.

묵시적 폐지의 두 번째 원인은 목적의 소멸이다. 법의 목적이 소멸되면 법은 당연히 폐지된다. 법의 목적이 소멸되면 법이 규율할 사항이 완전히 소멸되어 버렸으므로 법이 폐지되는 것이다.

(3) 법의 시행과 폐지에 관한 고려원칙

(가) 법률불소급의 원칙

법은 시행에 의하여 비로소 그 효력이 발생하는 것이므로, 시행 이전의 사항에 대하여는 그 효력이 미치지 못하는 것이 원칙이다. 이를 [법률불소급의 원칙]이라고 한다. 이 원칙은 법의 소급으로 인한 사회생활의 혼란을 막고 법적 안정성을 확보하기 위하여 인정되는 것이다. 불소급의 원칙이 특히 중요성을 갖는 것은 생명 · 자유에 가장 밀접한 관계가 있는 형사법에서이다. 헌법 제13조 제1항에서 형벌법규의 소급화를 금지하고 있고, 형법 제1조에서도 "범죄의 성립과 처벌은 행위시의 법률에 의한다."라고 규정하여 형사법의 불소급원칙을 천명하고 있다. 그러나 일반적으로는 법률불소급의 원칙은 법령적용상의 원칙으로서 입법까지를 구속하는 것은 아니다. 따라서 입법정책상 필요하거나 적당하다고 인정될 때에는 입법에 따라 소급효가 인정된다(민법 부칙 제2조 참조).

(나) 기득권 존중의 원칙

[기득권 존중의 원칙]이란 구법에 의하여 생긴 기득권은 신법의 시행으로 말미암아 변경되거나 소멸될 수 없다는 원칙을 말한다. 그러나 이 원칙도 절대적인 것은 아니다.

(4) 경과규정

경과규정이란 어떤 사항이 신 · 구 양법에 걸쳐 생겼을 경우, 즉 구법 시행기간에 발생한 사항이 신법이 시행될 때까지 진행되고 있을 경우에 신 · 구 양법 중 어떤 법을 적용할 것인가를 정하는 규정을 말한다.

구법을 개폐하는 신법을 제정하는 경우에는 구법 · 신법 중 어떤 법을 적용할 것인가에 관하여 그 법령의 부칙 또는 시행법령에 경과규정을 두는 것이 보통이다. 예컨대 형법 부칙 제3조, 민법 부칙 (1990.1.13)제12조, 상법시행법 제4조 등은 경과규정이다.

2. 법의 인적 효력

(1) 속지주의와 속인주의

법의 인적 효력이란 법이 효력을 미치는 대인적 범위를 말한다. 이는 법이 적용되는 인적 범위의 문제, 즉 법의 효력이 누구에 대하여 미치며, 누구에게는 미치지 아니하는가의 문제이다. 법의 인적 효력에 관하여는 원칙적으로 속지주의와 속인주의가 인정되고 있다.

속지주의란 영역을 표준으로 하여 내외국인을 막론하고 자국(自國) 내에 사는 모든 사람들에게 자국법을 적용하는 주의이다. 속인주의는 국내에 있건 국외에 있건 간에 소재 여하를 불문하고 모든 자국인에게 자국법을 적용하는 주의를 말한다. 이 경우에 속지주의와 속인주의가 법의 적용에 있어서 상호 충돌할 수 있다. 즉 외국에 거주하는 자국인의 경우에는 소재국의 법을 적용하려는 속지주의와 자국법을 적용하려는 속인주의가 적용상 저촉될 것이다. 오늘날의 국제사회는 이와 같은 경우에 타국의 영토존중을 근거로 하여 속지주의를 원칙으로 하고, 그것만으로 문제가 해결되지 않는 경우에 한해서 속인주의를 보충적으로 적용하고 있다.

(2) 속지주의에 대한 예외

속지주의는 원칙적인 것이지만 절대적인 것이 아니므로 예외가 인정된다. 속지주의에 의하면 우리나라 영토 내에 있는 모든 사람에 대해 우리나라 법의 효력이 미쳐야 한다. 그러나 다음과 같은 경우는 우리나라 영토 내에 있는 사람이라도 우리나라 법의 적용을 받지 않는다.

(가) 치외법권

치외법권이 인정되는 자는 재유국의 법이 아니라 본국법의 적용을 받는 국제법상의 특권을 갖는다. 예를 들면, 일국의 원수(국왕 · 대통령), 외교사절 및 그 가족, 수행원, 군함의 승무원 등은 재유국의 과세권 · 경찰권 · 재판권 등으로부터 면제된다. 외국에 거주하는 군대에 관해서는 상호간의 협정에 의하여 결정된다. 현재 우리나라에서는 주한 미군의 재판권에 대하여 논의가 확산되고 있다.

(나) 대통령 등의 특권

대통령은 내란 또는 외환의 죄를 범한 경우를 제외하고는 재직 중 형사상의 소추를 받지 아니한다(헌법 제84조). 그러나 대통령직을 그만둔 뒤에는 재직 등의 범죄행위에 대하여 소추될 것이고, 비록 재직 중이라 하더라도 민사상의 책임까지 면제받는 것은 아니다.

국회의원은 회기 중 불체포 · 불구금의 특권이 있고(헌법 제44조), 국회에서 직무상 행한 발언과 표결에 관하여 국회 밖에서 책임을 지지 아니한다(헌법 제45조)

3. 법의 장소적 효력

법의 장소적 효력이란 법이 실제로 적용되는 지역적 범위의 문제이다. 그러나 법이 적용되는 것은 지역 그 자체가 아니고 거기에 존재하는 사람의 행위이므로 법의 장소적 효력의 문제는 결국 사람에 대한 법의 효력의 문제라고 할 수 있다. 다만 지역적 범위에 중점을 두어 고찰하는 점이 다르다.

(1) 원칙

한 나라의 법은 그 나라의 모든 영역, 즉 영토 · 영해 및 영공의 전반에 걸쳐 그 효력이 미치는 것이 원칙이다. 국가의 통치권은 그 나라의 영역 전반에 미치는 것이므로 통치권에 의하여 제정된 법도 자국인이건 외국인이건 불문하고 그 영역 내에 있는 사람 전체에 일률적으로 적용되는 것이 원칙이다. 즉, 속지주의가 원칙이다.

(2) 예외

또한 국제법상으로 인정되는 예외가 있다. 우리나라의 영토에 있는 외국군의 주둔지, 외교사절의 공관, 외국선박, 조차지 등에도 우리나라 법의 효력이 미치지 않는다.

한 나라의 영역 내에 있어서도 일정한 법령(특히 장소에 관한 특별법)이 어떠한 지방에만 적용되는 경우가 있다. 예컨대 지방자치단체가 제정하는 조례와 규칙은 그 목적상 그 자치단체의 지역 안에서만 적용된다.

제 12 장 법의 체계

제1절 법체계의 원리

인간의 역사에 있어서 어느 시대 어느 장소이든 그 사회를 규율하는 법규범은 있어 왔다. 이러한 법규범은 그 사회의 규칙이 되며, 사회 구성원의 행동기준으로서 사회적 질서를 유지하는 데 기여해 왔다.

법의 세계에서는 항상 "사회가 있는 곳에 법이 있다."고 말해져 왔다. 사람들이 공동생활을 하는 곳에서는 일정한 약속이 있었고, 그 행동에 어떤 규칙들이 존재했던 것이다. 이러한 약속 혹은 규칙이 없으면 집단 및 개인으로서의 안정된 생활을 보장할 수 없으며, 질서 있는 인간관계도 맺기 곤란한 경우가 허다하게 발생할 수 있다.

각 나라들을 규율하는 법체계는 수많은 법규범으로 구성되고 있으며 그 법규범은 일정한 통일성을 가진 법체계를 이룬다.

전술한 바와 같이 성문법과 불문법의 체계도 그렇고, 실정법과 자연법의 체계도 그러하다. 예컨대, 민법 · 상법 등의 법규범은 단순한 법규의 집합체가 아니라 그 법의 목적을 달성하기 위한 통일적 법체계를 이루고 있는 것이다.

또한 각 법들은 비슷한 성격의 것들이 모여, 민법 · 상법 등은 사법의 체계를 이루고, 헌법 · 행정법 등은 공법의 체계를 이룬다. 또한 경제법 · 노동법 등 새로운 법규들은 공법과 사법의 성격을 함께 갖고 있어 공법 혹은 사법이 아닌 새로운 법체계 영역을 이루고 있다. 이 새로운 법체계를 흔히 사회법이라 한다.

또한 분류기준에 따라 자연법과 실정법, 국내법과 국제법, 절차법과 실체법, 강행법과 임의법, 일반법과 특별법, 원칙법과 예외법, 기본법과 부속법 등의 체계를 이루기도 한다.

제2절 공법과 사법 그리고 사회법

Ⅰ. 의의

법의 기능에서 보았듯이 법은 개인간의 관계에서 행동의 기준을 제시하고 국가 기관을 조직하는 기준과 재판기준을 제시하는 기능을 가지고 있다. 이것은 사람들의 생활이 개인간의 관계와 국가기관과의 관계에 의해 이루어진다는 것을 뜻한다. 여기에서 사적인 사회생활을 규율하는 법이 사법(私法)이고, 공적인 국가생활을 규율하는 것이 공법(公法)이라는 구분이 나온다(생활관계설).

로마에서는 소송기술상의 차이에 착안하여 일찍부터 공법과 사법을 구분하였으며, 이러한 구분은 현재까지도 그 가치가 인정되고 있다. 공법과 사법을 구별하는 이유는, 양자의 기본원리가 서로 다르기 때문이라고 하는 것이 보통이다. 즉, 사법은 소유권 절대의 원칙 · 계약자유의 원칙 · 과실책임의 원칙을 원칙적으로 인정하지만, 공법은 이것이 부정된다. 또한 일반적으로 공법은 강행법이고 사법은 임의법이다.

대륙법계 국가와 영미법계 국가는 공법과 사법의 구분에 있어서도 차이점을 나타내고 있다. 대륙법계 국가에서는 공법과 사법이 철저히 구분되고 있는 데 반해서, 영미법계 국가에서는 공법과 사법의 구분이 부인되고 있다. 이러한 점은 대륙법계 국가에서는 공법사건(행정사건)을 전담하는 법원이 따로 있으나, 영미법계 국가에서는 행정사건도 민사사건과 마찬가지로 일반법원에서 담당하는 데에서 잘 나타나고 있다.

전통적으로 공법과 사법의 구분에 대한 각종 이론이 논의되었다. 그러나 산업이 발달하면서부터 공법의 사법화 현상 그리고 사법의 공법화 현상이 나타나게 되었고, 각종 사법에 공법적 요소가 부가되면서 공법에도 사법적 요소가 영향을 미치게 되었다. 그 결과 공법도 아니고 사법도 아닌 제3의 법형식이 나타났으며 그것이 사회법이다.

즉 산업자본주의로부터 독점적 금융자본주의 단계로 발전됨에 따라, 사회적 생산관계와 개인적 소유와의 모순이 점차로 노골화되었고, 그것이 스스로 법에 반영되어 종래와 같이 법률관계를 사법관계와 공법관계의 둘로 나누어 파악하는 것이 곤란하게 되었다. 자본주의의 지도원리인 자유가 통제로, 개인본위가 사회공동본위로 전환하지 않을 수 없게 되었다. 근대시민법의 3대 원칙이라고 일컬어지는 [소유권 절대의 원칙]에 대하여서는 그의 공익화 · 사회화가 요망되고, 공공복리의 이념에 의한 권리남용의 금지나 소유권의 사회적 의무성이 강조되었다. [계약자유의 원칙]은 계약의 국가적 · 사회적 규제로 계약의 공정성이 중요시되었으며, [자기책임 내지 과실책임의 원칙]은 무과실책임 내지 사회보장제도의 강화로 점차 발전하여 왔다.

그리하여 종래의 자유방임의 원리 내지 개인본위에 갈음하여, 규제적 원리 내지 사회공동본위의 견지에서 점차적으로 새로운 입법이 기도되었으며, 이러한 것이 현대법의 중요한 법역을 형성하게 되었다.

II. 공법과 사법의 구별

1. 이익설

이익설(利益說)은 법이 보호하는 이익을 표준으로 하여 공공이익, 즉 공익(公益)의 보호를 목적으로 하는 법을 공법(公法)이라 하고, 개인의 이익, 즉 사익(私益)의 보호를 목적으로 하는 법을 사법(私法)이라고 한다. 그러나 이 학설에 대하여서는 공익과 사익의 구별을 무엇에서 구하느냐 하는 것이 분명하지 않을 뿐만 아니라, 원래 법은 국가사회생활에 관한 것인 까닭에, 한편으로는 공익을 다른 한편으로는 사익을 동시에 보호의 목적으로 하는 것이므로, 이 설은 부당하다는 비판이 가해진다.

예를 들면, 형법이 공법에 속한다는 점에 관해서는 이의가 없지만, 형법은 개인의 생명 · 재산 등 사익도 보호한다.

2. 주체설

주체설(主體說)은 법률관계의 주체를 표준으로 하여, 국가 기타의 공공단체 등의 상호간 또는 그들과 개인 간의 관계를 규율하는 법을 공법, 개인 상호간의 관계를 규율하는 법을 사법이라고 한다. 그러나 국가 기타의 공공단체 상호간이나 그들과 개인 간의 법률관계라 할지라도 그것이 권력 · 복종의 관계가 아니라 전혀 대등한 입장에서 하는 국고적 지위에서의 법률행위(예컨대, 매매 · 도급 · 임대차)의 경우에는, 그것은 사법이어야 할 것임에도 불구하고, 이 설에 의하면 공법에 속하게 되는 난점이 있다.

예를 들면, 정부가 사무용품을 구입하는 계약은 당연히 사법인 민법이 적용된다.

3. 법률관계설

법률관계설(法律關係說)은, 공법은 국가와 국민의 관계처럼 불평등자간의 관계, 즉 권력·복종의 관계를 규율하는 법이고, 사법이란 개인 상호간의 관계처럼 대등한 관계를 규율하는 법이라고 주장한다.

이 설에 의한다면 평등한 국가간의 관계를 지배하는 국제법을 사법이라고 말하는 모순을 내포하게 되며, 부모와 자녀 간의 관계는 반드시 평등자 간의 관계라고 말할 수 없으므로 친족법도 사법에 속하지 못한다고 말하는 모순이 있다.

4. 통치관계설

통치관계설(統治關係說)은 법이 통치권의 발동에 관한 것이냐 아니냐에 따라 공법과 사법을 구분하여, 국가통치권의 발동에 관한 법은 공법이고 그렇지 않은 법은 사법이라고 주장한다.

이 설은 통치권의 발동이 국가 권력의 대내적 발동이라는 점을 간과한 것으로, 국제법이 사법으로 된다는 모순이 있다.

5. 생활관계설

생활관계설(生活關係說)에 의하면, 인간의 생활을 공적인 국가생활관계와 사적인 사회생활관계로 나누고, 이를 표준으로 하여 정치적 생활관계 또는 권력적 생활관계를 규율하는 법을 공법이라고 하고, 민사적 생활관계 또는 개인 상호간의 생활관계를 규율하는 법을 사법이라고 보는 견해이다. 즉 공법(公法)은 국가권력이 직접지배하고 규제하는 공적 정치적 생활관계에 관한 법이며, 사법(私法)은 국가권력이 일단 후퇴하고 간접적인 지배체제하에서 어느 정도의 사적자치(私的自治)의 원칙(原則)을 용인하는 사적 경제적 또는 가족적 생활관계에 관한 법이라고 보는 설이다. 이 학설은 법률관계설, 통치권설 등이 내포하고 있는 모순을 극복하기 위하여 주장된 학설로서 오늘날의 통설이다.

6. 구별부인설

이상에서 공법과 사법의 구별에 관한 여러 학설을 살펴보았으나 공법과 사법의 구별은 사실 절대적인 것이 아니며 민법 등 사법 가운데에는 공법적인 각종의 법칙규정들이 있다. 그리하여 대두된 것이 구별부인설이다.

켈젠(Hany Kelsen)은 법을 역사 · 정치 · 경제 · 윤리 등의 모든 분야에서 분리시키는 순수 법학의 견지에서, 공법과 사법의 구별은 근대 법학에 대한 정치의 침투를 옹호하는 것이라며 공법과 사법의 구별을 반대했다.

Ⅲ. 사회법

19세기 자유방임주의(自由放任主義)하에서는 사법(私法)의 영역이 확대되었으나 20세기 복지국가(福祉國家)에서는 사적자치(私的自治)의 제한으로 공법(公法)의 영역이 확대되었다. 즉 20세기를 들어서면서 인류는 근대자본주의사회가 지닌 고질적인 병폐의 심각성을 인식하게 되면서 국가적 차원에서 기존의 자유방임적 태도를 지양하는 대신 국가는 사법영역에 적극적인 개입을 하게 되었으며, 이를 가리켜 일반적으로 '사법의 공법화 경향' 내지는 '공법의 사법에의 간섭화 현상' 등으로 표현하기도 한다. 그리고 바로 이와 같은 이념적 변화속에서 이른 바, 공법과 사법은 때로는 정리되지 않은 혼재의 모습으로 또 때로는 상호보완적인 모습으로 비쳐지며 등장하게 되었는데, 이를 가리켜 오늘날 보편적으로 공법과 사법의 중간법 영역으로서의 사회법의 등장이라고 한다.

이와 같은 사회법이 공식적으로 성문법으로 등장하게 된 대표적인 예로서는 1919년의 독일 바이마르공화국헌법을 들 수 있을 것이다. 그리고 이 바이마르공화국헌법은 오랜 시간이 지난 오늘날까지도 많은 국가들에게 사회권적기본권 내지는 생존권적기본권 보장과 관련하여 중요한 영향을 미치고 있음이 또한 사실이다.

이와 같은 사회법의 예로서는 단결권(團結權) 단체교섭권(團體交涉權) 단체행동권(團體行動權) 등을 보장하고 있는 노동관계법과 근로기준법 등의 노동법 영역과 경제법 영역 및 사회보장과 사회복지관련 법 영역 등을 대표적으로 들 수 있을 것이다.

사회법의 영역에 포함되는 법으로는 사회보장법 · 노동법 · 경제법 · 환경법 · 스포츠법 등이 있다. 이것은 자본주의의 발달에 따라 점차 늘어나는 사회적 약자 혹은 무산계급에 대하여 그들의 생존권 혹은 사회권적 기본권을 보장하기 위한 법규를 말한다.

따라서 사회법은 공법과 사법의 성질을 모두 갖는 법영역에 속한다. 그러므로 종래에 법을 공법과 사법으로 구분했던 시대는 이미 지나갔고, 오늘날은 법을 공법 · 사법 · 사회법으로 분류해야 한다.

제3절 그 외의 분류

Ⅰ. 국내법과 국제법

국내법은 한 국가에 의하여 인정되고 그 국가의 통치권이 미치는 범위 안에서만 효력을 가지는 법으로서, 국가와 공공단체, 개인과 국가 또는 공공단체, 개인과 개인간의 권리 · 의무 관계를 규율하는 법이다.

종래의 국제법은 국가간의 관계를 규율하는 법이었으나, 오늘의 국제법은 국가 · 국제조직 · 개인으로 구성되는 국제사회의 법을 말한다. 즉, 국가 · 국제조직 · 개인 상호간의 권리와 의무 관계를 규율하는 법이다.

국제법의 주체는 국가 · 국제조직 · 개인이며, 그 중 국제법을 정립할 수 있는 능동적 주체는 국가와 국제조직이며, 개인은 국제법의 수동적 주체에 불과하다.

국제법은 국제법 주체의 문서에 의한 명시적 합의인 [조약]과 법적 확신이 있는 관행인 [국제관습법]의 형식으로 존재한다. '판례' 는 그것이 [국제관습법]으로는 국제법의 존재형식이 될 수 있으나, 그 자체로는 국제법의 법원이 되지 못한다.

1. 국내법과 국제법의 구별방법

국제법의 주체는 원칙적으로 국가이며, 국가 이외의 국제 조직과 개인이 있다. 그러나 국내법의 주체는 국가와 그 국가 내에 있는 공공단체와 개인이다.

국제법은 국제법 주체 간의 명시적인 합의에 의해 정립되는 [국제조약]과 묵시적인 합의 또는 법적 확신에 의해 정립되는 [국제 관습법]으로, 국제법 주체 간의 '자율적 규범' 이다.

이에 반해 국내법은 국가의 제정 또는 승인에 의하여 성립되며 결과적으로 국가의 단독의사에 의한 것이다. 제정법의 경우는 특히 제정권력에 의하여 만들어진 법규로, 법규 주체인 국민에 대해서는 '타율적 규범' 인 것이다.

2. 국제법과 국제사법

일반적으로 국제법은 '국제공법' 과 '국제사법' 으로 구분된다고 오해하고 있으나, 국제사법은 국제법과는 성질을 달리한다. 국제법은 국가와 국가의 관계를 규율하는 것이나, 국제사법은 우리의 생활관계가 법역을 달리하는 여러 나라에 미칠 때, 그 중 어떤 나라의 법을 적용할 것이냐 하는 것을 규정하는 법이다.

국제사법은 세계각국에 보편적으로 적용되는 것은 없다. 즉, 국제법이 아니라 국내법에 속한다는 점이다. 이에 관한 우리나라의 명칭은 [섭외사법]이었으나, 2001년 7월부터 [국제사법]으로 명칭을 개정하고 그 내용도 개정하였다.

예컨대, 한국인과 일본인이 미국의 하와이에 있는 부동산을 매매하는 경우 국제사법은 어느 나라의 법을 적용할 것인가를 규정하고 있다.

II. 일반법과 특별법

이 구별은 법의 효력범위가 일반적인가 또는 특수적인가에 의한 분류로서, 일반법은 그 효력범위가 일반적 보편적인 것을 말하고 특별법(特別法)은 비교적 그 효력범위가 특정한 사람이나 사항에 제한된 것을 의미한다. 그리고 특별법은 원칙적으로 특별한 사람이나 사항에 있어서는 일반법보다 우선적으로 적용되어지며, 이를 가리켜 '특별법 우선의 원칙'이라고 한다. 이와 관련하여 몇 가지로 구분하여 살펴보면 아래와 같다.

1. 인적 기준에 의한 구별

일반적으로 볼 때에 민법과 형법은 전국민에 대하여 효력이 있음으로 이를 일반법으로 볼 수 있는 반면에 상인의 상행위에 관하여 민법보다 우선적으로 적용되는 상법은 민법의 특별법으로서, 그리고 군형법은 군인의 형사적 관계에서만 적용되므로 이 경우 형법의 특별법으로서의 지위를 가진다고 할 수 있다.

따라서 모든 국민에게 일반적으로 적용되는 일반법과는 달리 국민중에서 어떤 특정한 직업(職業)이나 신분(身分)을 가진 사람에 대해서만 적용되는 법을 특별법(特別法)이라고 구분할 수 있을 것이다.

2. 장소적 기준에 의한 구별

장소를 기준으로 일반법과 특별법의 구별을 하는 것으로서, 법이 국가의 전체영역에 대해 그 효력을 미치는 것을 일반법이라고 하는 바, 헌법과 일반적의미의 대다수의 법률 등이 여기에 포함된다. 반면에 국가영역의 특정일부에만 그 효력이 미치는 것을 특별법이라고 하며, 이 경우의 예로서는 서울특별시 조례와 같이 개별자치단체의 조례 등을 들 수 있다.

3. 사항적 기준에 의한 구별

일정한 사항을 기준으로 하는 구별로서, 흔히 민법과 형법을 일반적인 민사사항이나 형사관계에 대해 규율하는 것으로 보아 일반법으로 보는 반면에 주택임대차보호법, 성폭력범죄의처벌및피해자보호등에관한법률, 특정범죄가중처벌등에관한법률 등은 특정한 사항에 대해서만 효력을 갖는 것으로서 이를 특별법(特別法)이라 한다.

이와 같이 사항에 따른 특별법(特別法)과 일반법(一般法)을 구별하는 실익(實益)은 무엇보다도 동일한 사항에 대하여 특별법이 일반법에 우선하여 적용되는 근거가 되기 때문이다.

그러나 일반법과 특별법의 구별은 절대적인 것이 아니라 상대적인 것이다. 이를테면, 상법은 민법에 대하여서는 특별법이지만, 은행법 · 보험업법 등 상법내용 중 특수한 사항을 규정하는 법에 대하여서는 일반법의 지위에 있다. 또한 일반법과 특별법의 관계는 법전과 법전 사이에만 존재하는 것이 아니라 동일 법전 중의 규정 상호간에도 존재한다. 형법 제250조 제2항의 존속살인의 규정은 형법 제250조 제1항의 보통살인에 대한 특별규정이다.

Ⅲ. 실체법과 절차법

실체법이란 권리와 의무의 성질 · 종류 · 내용 및 권리와 의무의 발생 · 변경 · 소멸 등의 실체적 사항을 규정하는 법을 말한다. 민법 · 상법 · 형법 기타 행정법규 등 대부분의 법이 이에 속한다.

절차법이란 실체법상의 권리 · 의무의 실질적 내용을 재판에 의하여 구체적으로 실현하는 절차를 규정하는 법을 말한다. 민사소송법 · 형사소송법 · 민사집행법 · 비송사건절차법 · 파산법 등이 이에 속한다.

실체법과 절차법을 구별해야 할 필요성은, 법원은 실체법이 없다고 하여 재판을 거절할 수는 없지만, 비록 실체법이 있는 경우라도 재판에 관한 절차법이 없는 경우에는 법원이 임의로 편의적인 절차에 따라 재판을 할 수 없으며, 재판을 거절할 수 있다는 점에 있다.

사회생활에 있어서 법의 목적을 달성하기 위해서는 실체법과 절차법이 긴밀히 협조되어야 한다. 즉 실체법은 그것이 실현되어야 현실적인 의의를 가질 수 있기 때문에 절차법과 밀접한 관계를 가지고 있으며, 분쟁이 발생하면 절차법에 의하여 실체법을 현실화할 수 있고, 법의 목적을 달성하게 된다. 실체법은 절차법에 의해 그 내용이 실현되며, 절차법은 실체법의 내용을 실현하는 기능을 담당한다.

Ⅳ. 강행법과 임의법

강행법이란 당사자의 의사를 불문하고 일률적으로 적용되는 법이다. 즉, 당사자가 법의 규정과 다른 의사표시를 했다고 하더라도 그 법규정의 적용을 배제할 수 없는 법규정을 강행규정이라 한다.

예컨대, “사람은 생존하는 동안 권리 · 의무의 주체가 된다.”(민법 제3조)는 규정은 당사자가 권리 · 의무의 주체가 되지 않는다거나 이를 제한하는 내용의 법률행위를 해도 이 법률행위는 무효가 된다는 것을 의미한다.

그러나 임의법은 당사자가 다른 의사표시를 한 경우에는 그 법규를 적용하지 않는 법이다. 즉, 당사자가 법의 규정과 다른 의사표시를 하여 그 법규정의 적용을 배제할 수 있는 법을 말한다. “변제비용은 다른 의사표시가 없으면 채무자의 부담으로 한다.”(민법 제473조)는 규정은 당사자의 다른 의사로 그 적용을 배제할 수 있다는 것이다.

일반적으로 헌법 · 행정법 · 형법 · 민사소송법 · 형사소송법 등 공법은 강행법에 속하고, 민법 · 상법 등 사법은 임의법에 속한다. 그러나 민사소송법 중 임의관할에 관한 규정은 임의법이며, 민법 중 친족 · 상속에 관한 규정은 강행법에 속하므로, 반드시 공법은 강행법이고 사법은 임의법이라고 말할 수는 없다.

개개의 법규가 강행법이냐 아니냐의 판단은, 법문 중에 명시되고 있는 경우 외에는 용이하지 않다.

법문 중에 “…하여야 한다”, “…하지 아니하면, …하지 못한다.”(민법 제31조) 등을 사용하고 있는 경우에는 법문상 강행법임이 명백하다. 법문 중에 “다른 규정이 있는 때에는 그 규정에 의한다.”(민법 제78조), “다른 의사표시가 없는 때에는…”(민법 제133조) 등의 문언을 사용한 경우에는 그것이 법문상 임의법임이 명백하다.

그러나 위와 같은 명백한 규정이 없는 경우에 강행법과 임의법을 구별하는 것은 쉬운 일이 아니다. 이 경우에는 각 규정의 내용 · 성질 · 입법정신 등을 종합적으로 검토하여, 당해 규정이 주로 공익을 목적으로 하고 있는가 아니면 사익을 목적으로 하고 있는가에 의하여 강행법 · 임의법의 여부를 판정할 수 있다.

V. 상위법과 하위법

상위법이란 다른 법에 비해 상위의 법체계에 속하고 따라서 상위의 효력을 갖는 법을 말한다. 하위법은 다른 법에 비해 하위의 법체계에 속하고 따라서 하위의 효력을 갖는 법을 말한다.

예컨대, 헌법은 법률에 대해 상위법이며, 법률은 헌법에 대해 하위법이다. 양자가 충돌하게 되면 상위법이 효력을 갖고 하위법은 효력을 갖지 못하게 된다. 이를 [상위법 우선의 원칙]이라 한다.

VI. 고유법과 계수법

고유법과 계수법은 법의 성립 또는 제정자료를 기준으로 나누어진다.

고유법이란 특정 사회에서 고유하게 본래적으로 고유의 도덕 · 관습 등을 기초로 발생 · 성립한 법을 말하고, 계수법이란 다른 사회에서 발생 · 성립한 법을 그 사회에 옮겨 수용한 법을 말한다.

계수법의 연원이 된 외국법을 "모법(母法)"이라 하고, 그것을 계수한 법을 "자법(子法)"이라 한다. 계수법에는 직접계수법과 간접계수법이 있는데, 전자는 외국법을 그대로 번역하여 도입한 법이며, 후자는 외국법을 자료로 하여 자국에 맞게 변형 도입한 법이다.

서구 근대국가의 법은 대부분이 로마법을 계수한 것이다. 우리나라는 옛날에는 당률 · 명률 등 중국법을 계수하였으나, 현행법 중에는 일제시대에 일본을 통해서 독일법 · 프랑스법을 계수한 것이 많고, 최근에는 영미법을 계수한 법이 늘어나고 있다.

한 나라의 문화 발달은 타국의 문화와 밀접한 관계를 가지고 있으며, 교통과 통신의 발달은 각 나라 간의 문화교류뿐만 아니라 제도 · 법제까지도 서로 영향을 미치고 있다. 이러한 현상은 더욱 심화될 것이다.

제13장 법의 적용 및 해석

제1절 법의 적용

일반적 · 추상적인 법규정은 개별적 · 구체적 사실에 적용하여 그 효력을 발휘한다. 그러므로 법의 적용이라 함은 법의 내용 내지 효력을 구체적 사실에 대하여 실현시킴을 의미한다.

법이 그 본래의 목적을 달성하기 위해서는 그 추상적인 의미를 구체적으로 실현하지 않으면 아니 된다. 법규의 해석에 의하여 밝혀진 구체적인 지침에 따라 구체적 · 개별적인 사회현상에 대하여 보다 구체적인 법적 가치판단을 내리는 작용을 법의 적용이라고 한다.

법의 정립기관은 입법기관이며, 법의 적용기관은 행정기관과 사법기관이다. 사법형 국가에 있어서는 행정재판도 사법기관이 하게 되므로 사법기관이 최종적인 법의 적용기관이 된다. 그리고 사법기관이 법을 적용하는 것을 '재판' 이라 하고, 행정기관이 법을 적용하는 것을 '법의 집행' 이라고 부른다.

Ⅰ. 법의 적용과정

법의 적용은 3단논법에 의하게 된다. 즉 법의 적용은 추상적 · 일반적 법규를 대전제로 하고, 구체적 · 개별적 사실을 소전제로 하여, 재판(집행)이라는 결론을 이끌어 내는 것이다.

예를 들어, "상대방과 통정한 허위의 의사표시는 무효로 한다."는 일반적 · 추상적 법규가 있으면 이 법규를 대전제로 하여 이에 적용될 수 있는 구체적 · 개별적 사실을 확정해야 한다. 즉 "A가 재산을 빼돌리기 위해 B라는 친구에게 허위로 부동산 [갑]을 매매하였다."는 사실이 확인되면 이를 소전제로 하여 "부동산 [갑]은 B의 소유가 아니라 A의 소유이다."라는 판결을 내리게 된다.

이와 같이 법의 적용을 위해서는 먼저 구체적 · 개별적 사실이 어떠한가를 확정하여야 하고, 다음에 확정된 구체적 · 개별적 사실에 적용할 추상적 · 일반적 법규를 찾아서 그 법규의 진의를 밝히고, 그것을 구체적 · 개별적 사실에 맞추어 타당성이 있느냐 없느냐 하는 것을 판가름하여야 한다.

II. 사실의 확정

법을 적용하기 위해서는 그 대상인 사실을 확정해야 한다. 사실의 확정이란 법의 적용을 위해 3단논법의 소전제인 구체적 · 개별적 사실을 명백히 밝히는 것을 말한다. 사실이 확정되지 않으면 법을 적용할 수 없다. 여기서 '사실'이란 법적으로 중요한 사실을 말하며 법규에 규정되어 있는 사실에 해당되는 사실이다.

예를 들어, A가 B를 살해한 경우 A를 형법 250조의 살인죄로 처벌하기 위해서는 A가 B를 살해하였다는 사실만을 확정하면 된다. 물론 여기에서 A가 술에 취해 있었다거나 B가 A를 모욕했다거나 하는 사실은 A가 자신의 죄에 대한 판결의 형량을 감하기 위해서 주장할 수 있는 사실이고, 판사는 이러한 주장이 있으면 이것을 확정하여야 할 것이다.

그러나 A의 나이가 48세라던가, B가 여자였다거나 하는 사실은 사실의 확정에 해당되지 않는다.

이러한 사실의 확정방법으로는 증거에 의한 입증이 원칙이다. 그러나 증거 없이도 사실을 확정하는 추정과 간주의 방법도 있다.

1. 입증

입증(立證)이란 증거에 의하여 사실을 확정하는 것을 말한다. 어떤 사실의 존재 여부는 원칙적으로 증거에 의하여 증명되어야 한다. 왜냐하면 사실관계에 관하여 당사자 사이에 다툼이 없거나 누구에게나 명백한 사실일 때에는 그대로 판결의 기초로 사용해도 되지만, 다툼이 있는 경우에는 법관이 그 사실의 존재 여부를 확정하여야한다. 이때 법관의 사실에 대한 확신이 객관적이고 합리적으로 인정되어야만 재판의 신용이 유지될 수 있기 때문이다.

증거는 원칙적으로 그 사실을 주장하는 자가 입증하여야 하고, 이것을 입증책임 또는 거증책임이라고 한다. 예를 들어, A가 사망했다는 사실은 A의 시체의 발견으로 입증된다. 이 경우 A의 시체가 증거이다. 소송법상 사실의 인정을 증거에 의하여야 하는 주의를 [증거재판주의]라 한다. 우리 형사소송법과 민사소송법은 증거재판주의를 채택하고 있다.

2. 추정과 간주

사실의 확정에 반드시 증거가 필요한 것은 아니다. 또한 모든 경우에 다 사실을 입증할 수 있는 것도 아니다. 이러한 현실에서 법은 당사자 어느 일방에게 입증 책임을 지우지 않기 위해서 법으로 사실을 인정하는 의제제도(擬制制度)를 두고 있다.

의제에는 추정과 간주가 있다.

(1) 추정

추정(推定)이란 법의 규정에 의해 증거 없이 사실을 인정하는 방법으로, 그에 의해 인정된 사실이 반대증거에 의해 즉시 번복될 수 있는 의제 방법이다. 즉, 추정은 어떤 사실이 명백하지 않은 경우에 입증의 번거로움을 덜기 위하여 그 사실의 존재 혹은 부존재를 일단 인정하는 것이다. 추정은 주로 편의상의 고려에서 잠정적으로 사실의 존재여부를 인정하는 데 불과한 것이므로, 추정된 사실과 다른 사실을 주장하는 자는 반증을 들어 추정의 결과를 즉시 번복시킬 수 있다.

예를 들어, "혼인 중에 포태한 자는 부의 자로 추정한다."는 민법 제844조의 규정은 결혼기간 중에 임신한 아기는 남편과의 사이에서 생긴 자식으로 추정한다는 의미이다. 따라서 출생신고를 할 때 호적상의 남편이 아기의 친아버지임을 증명할 필요는 없다.

그러나 남편이 A형이고 부인도 A형인데 아기가 B형이라면 유전학적으로 A형인 부부 사이에서는 B형의 아기가 나올 수 없으므로 아기는 남편의 자식이 아닌 것으로 번복된다. 추정은 법문상 일반적으로 '추정한다' 라고 표시된다.

(2) 간주

간주(看做)란 법의 규정에 의하여 증거 없이 사실을 인정하는 방법으로, 반대증거가 제시되어도 즉시 번복되지 않고 간주된 사실을 번복하기 위해서는 재판을 거쳐야 한다. 즉, 사실의 진실 여부를 불문하고 법의 규정에 의하여 일정한 사실을 인정하는 것이다.

"실종선고를 받은 자는 실종기간이 만료한 때에 사망한 것으로 본다."고 규정한 민법 제28조가 그 예이다.

그러나 실종선고를 받은 자가 생환했다 해도, 그것만으로 실종선고의 효력을 전복할 수 없고, 생환한 자는 실종선고 취소판결을 청구하여 그 재판결과에 의해서만 권리를 회복할 수 있다. 간주는 법문상 '본다' 또는' 간주한다'라고 표시된다.

제2절 법의 해석

법해석의 대상은 '법'이다. 해석의 대상이 되는 '법'은 주로 성문법이지만 불문법도 해석의 대상이 되는 경우가 있다. 그러나 해석이 특히 문제가 되는 것은 주로 성문법에 관해서이다. 성문법은 원칙적으로 추상적 · 일반적인 법규로 되어 있으며 그 법규는 추상적 · 일반적인 언어와 문장으로 표현되어 있는 것이므로, 그것을 구체적 · 개별적인 사실에 적용하기 위해서는 우선 그 의미 내용을 명백히 하지 않으면 안 된다. 그리고 성문법은 국제법이든 국내법이든 불문하고, 국내법은 헌법 · 법률 · 명령 · 규칙을 불문한다.

법의 해석이란 추상적 · 일반적으로 규정되어 있는 법규의 의미내용을 명백히 하여 사실에 적용하고 실제적으로 법의 효력이 발휘될 수 있도록 하는 것을 말한다. 법을 적용하기 위해서는 먼저 구체적 사실을 확정하고, 이에 적용해야 할 법을 발견하고, 그 뒤에 발견된 법의 의미내용을 명백히 해서 사실에 적용하는 것이다.

예컨대, 형법 제250조에 "사람을 살해한 자는 사형, 무기 또는 5년 이상의 징역에 처한다."고 규정되어 있는 바, 여기서 '사람'이란 무엇을 뜻하는가, 살해한다는 것은 무엇인가를 확정해야 하는 것이다. 특히 출생과정에 있는 생명체는 언제부터 사람인가를 명백히 할 필요가 있다. 그렇지 않으면 태아를 살해하는 낙태죄와 구분이 어려울 것이다.

Ⅰ. 법의 발견

법을 해석하기 위해서는 우선 어떤 사실에 적용되는 법이 존재하는지 발견해야 한다.

법의 발견이란 구체적 사실에 적용할 법을 찾아 내는 것을 말한다. 이를 [법의 검색]이라고도 한다. 사실이 확정되면 그 사실에 적용할 법을 발견해야 한다. 여기서 발견해야 할 법에는 성문법과 관습법이 모두 포함된다.

그러나 모든 구체적 사실에 적용할 법이 있는 것은 아니다. 즉 관련 법규정이 없는 경우이다. 이런 경우를 법의 흠결이라고 한다.

법의 흠결이 특히 문제되는 것은 재판의 경우로서, 법관은 법의 흠결을 이유로 재판을 거절할 수 없다. 법규정에 흠결이 있는 경우 법관은 유추적용의 방법으로 재판해야 한다는 견해와 조리에 의해 재판해야 한다는 견해가 있다.

유추적용은 뒤에서 설명하는 유추해석과 같은 말이고, 조리란 법관이 입법자라면 어떤 모습으로 법을 정립할 것인가 하는, 사물에 대한 당연한 도리를 말한다.

그러나 유추적용이나 조리에 의한 재판은 형사재판에서는 죄형법정주의의 원칙상 인정되지 않고 민사재판 등에서만 가능하다.

II. 법해석의 본질

법해석의 본질에 관해서 그것이 입법자의 의사를 명백히 하는 것인가 또는 법문이 표시하고 있는 객관적 의미를 명백히 하는 것인가에 관해 다음과 같은 학설이 있으나, 두 가지 모두를 종합해서 해석해야 할 것이다. 특히 법 의사설(意思說)에 중점을 두고 해석해야 할 것이다.

(1) 입법자 의사설

입법자 의사설은 법을 입법자의 의사 표현으로 보고, 법해석의 본질은 법문에 표시된 객관적 의미내용을 명백히 하는 것이 아니라, 입법자의 의사에 함축된 주관적 의미내용을 명백히 하는 것이라고 한다.

이 입장에 의하면 입법과정에 나타난 실무자료, 예컨대 법안 · 이유서 · 심의록 · 의사록 등이 법해석의 중요한 기초자료로 사용된다. 이 학설은 헌법해석에 있어서 유용한 점이 많이 있으나 법 의사설의 보충적 기능으로 만족해야 할 것이다.

(2) 법 의사설

법 의사설은 법해석의 본질은 입법자의 의사와 관계없이 법문에 표시된 객관적 의미내용을 명백히 하는 것이라고 한다. 법이 일단 성립되면 입법자의 의사와 분리 · 독립되며, 법은 그 자체 객관적 존재의 의미를 가지므로, 법해석은 법 자체의 객관적 의미를 밝히는 것이라고 한다. 이 입장에 의하면 법 제정 과정에 나타난 실무자료는 법해석에 있어서 중요한 의미를 갖지 못한다.

입법자 의사설은 사회적 사실에 대한 법의 탄력을 인정할 수 없으나, 법 의사설은 새로운 사회현실에 적응할 수 있다. 입법자 의사설은 입법자료가 곧 법이라는 모순에 빠질 수 있으나, 법 의사설은 이런 위험성이 없고 법해석은 입법자의 심리적 과정 · 역사적 사실의 연구가 아니라 논리적인 가치판단이어야 하므로, 원칙적으로 법 의사설에 의하여 객관적 해석을 하고 그것으로 해석이 불가능할 때 입법자의 의사를 보충적으로 살펴보아야 할 것이다.

Ⅲ. 법해석의 방법

1. 유권해석

유권해석(有權解釋)이란 법을 적용할 권한을 가진 국가 또는 공공단체의 기관이 행하는 공적(公的)인 해석을 말하고, 그것은 공적인 구속력을 갖는다. 유권해석은 해석하는 기관에 따라 다시 다음과 같이 분류된다.

(1) 입법해석

입법해석(立法解釋)이란 입법기관이 행하는 법해석으로, [법규해석]이라고도 한다. 즉, 입법기관이 법을 제정할 때 법문으로 어떤 용어의 뜻을 정의하는 경우를 말한다. 민법 제98조에서 "본법에서 물건이라고 함은 유체물 및 전기 기타 관리할 수 있는 자연력을 말한다."고 규정하고 있는 것이 그 대표적 예이다. 입법해석은 그 자신이 법 자체이므로 본래적 의미의 법해석은 아니므로, 다른 법해석과는 달리 절대적인 구속력을 가진다.

(2) 사법해석

사법해석(司法解釋)이란 사법기관인 법원이 하는 해석으로서, 판결의 형식으로 이루어진다. 예컨대, 형법의 유기죄와 관련하여 "보호를 필요로 하는 자를 적극적으로 내다버리는 것뿐만 아니라, 소극적으로 방치하는 것도 형법 제271조의 '유기(遺棄)' 에 해당된다."는 대법원의 판결도 사법해석의 일종이다. 사법해석은 재판의 형식으로 나타나므로 [재판해석]이라고도 한다. 이 해석은 소송당사자를 구속함은 물론, 그것이 거듭되어 판례로서 굳어지면 매우 강력한 사실상의 구속력을 가지게 된다.

(3) 행정해석

행정해석(行政解釋)이란 행정관청이 법을 집행하기 위하여 하는 해석을 말한다. 행정기관이 스스로의 판단에 의하여 법을 해석 · 집행하는 경우도 있고, 상급관청이 법의 해석에 관하여 회답 · 훈령 · 지시 · 통첩 등의 형식으로 지시를 주는 경우도 있다. 어느 것이나 행정상의 유권해석으로서 일단의 구속력이 인정된다.

그러나 행정해석이 그릇되었을 경우에는 소원을 통한 상급관청의 해석에 의하거나, 행정소송을 통한 법원의 사법해석에 의해 바로잡을 수 있다.

2. 학리해석(무권해석)

법을 적용할 권한을 가진 국가 또는 공공단체의 기관이 아닌 개인이 법을 해석하는 경우가 있다. 특히 법학자들에 의한 학설의 형식으로 나타난다. 그래서 이것을 [학리해석(學理解釋)]이라고 한다. 이 해석은 국가 권력에 의한 뒷받침이 없으므로 그 자체로서는 구속력이 없다. 이런 이유로 무권해석(無權解釋)이라고도 한다. 그러나 권력에 의하여 좌우되지 않고 순수한 학문적 입장에서 하는 해석이므로 일반 여론에 대한 설득력이 강하며, 유권해석에 미치는 영향도 무시할 수 없다.

학리해석의 내용은 다음과 같다.

(1) 문리해석

문리해석(文理解釋)이란 법문의 문자와 문장을 국어적 · 문법적으로 해석하는 것을 말한다. 성문법은 문자와 문장으로 표시되므로 문리해석은 가장 중요한 해석방법이며, 법해석의 제1단계적 해석이다. 예컨대, 살인죄의 구성요건 중 '사람'의 의미를 국어적으로 해석하여 완전히 출생한 생명체만을 사람으로 보는 해석은 문리해석이다.

그러나 문리해석만으로 사회의 현실에 맞는 구체적 타당성을 가진 올바른 해석을 기대하기 곤란한 경우가 발생할 수 있다. 즉 문자에만 얽매여 입법목적을 도외시하면 법해석의 의미를 가질 수 없다는 것이다.

(2) 논리해석

논리해석(論理解釋)이란 법규의 의미를 논리적 법칙에 따라 해석하는 것을 말한다. 즉 법규의 문자나 문장의 문법적 의미에 구애받지 않고 법조문의 논리적 의미에 중점을 두어 해석하는 것을 말한다. 이는 법해석의 제2단계적 해석이다.

논리해석은 법 전체의 조직, 법질서 전체의 유기적 · 체계적 관계, 입법정신 및 연혁, 법규 적용의 효과 등을 고려하여 논리적으로 법규의 의미를 확정하는 것이다.

그러나 논리해석이라고 해도 그것은 문리해석과의 관련 아래 있는 것이며, 법문에 있어서의 자구의 의미를 무시한 자유로운 논리의 전개를 의미하는 것은 아니다. 논리해석에는 다음과 같은 여러 가지 해석방법이 있다.

(가) 확장해석

확장해석이란 법문의 자구 의미보다 확대하여 해석하는 것이다. 즉 문리해석에 의한 법문의 단순한 해석으로는 그 의미가 너무 협소해 법규의 의도를 실현할 수 없는 경우에 그 의미를 확장하여 하는 해석이다. 일명 '확대해석' 이라고도 한다.

예컨대, 형법상의 '흉기' 란 사람을 살상하는 데 사용되는 물건뿐만 아니라 사용하기에 따라서 사람을 살상할 수 있는 물건은 모두 흉기에 포함된다고 해석하는 것이다.

(나) 축소해석

축소해석이란 확대해석과는 반대로 법문의 자구 의미가 너무 넓어서 법규의 참된 의미를 밝히는 것이 불충분한 경우에, 문리해석에 의하는 것보다 그 의미를 축소 혹은 한정하여 이해하는 해석이다. 예컨대, 형법 제329조에 규정된 절도죄의 객체인 재물에는 부동산이 포함되지 않는다고 해석하는 것이다.

(다) 반대해석

반대해석이란 법문이 일정한 사항에 대하여는 일정한 효과가 귀속된다고 규정한 경우에, 그 이외의 사항에 대하여는 이 규정의 효과와는 반대의 효과를 인정하는 취지로 해석하는 것이다.

예컨대, 형법 제366조 규정 "타인의 재물을 손괴한 자는 손괴죄로 처벌한다."에서 자기의 재물을 손괴한 자는 손괴죄로 처벌하지 않는다는 해석이 반대해석이다.

(라) 물론해석

물론해석이란 법문이 일정한 사항에 대하여는 일정한 효과가 귀속된다고 규정한 경우에, 그 이외의 사항에 관하여서는 사물의 성질로 미루어 보아 당연히 그 규정에 포함되는 것으로 해석하는 방법이다.

예컨대, 교량붕괴 위험으로 인한 '우마차 통행금지' 에서, 우마차는 탱크와 불도저도 당연히 포함되어 통행이 금지된다는 해석은 물론해석이다.

(마) 보정해석

보정해석이란 법문의 규정에 명백한 잘못이 있는 경우, 법문에 규정된 자구를 보정(補正) 혹은 변경하여 참뜻에 맞도록 해석하는 것이다. 이를 '변경해석' 이라고도 한다.

예컨대, 민법 제140조에 규정된 취소권자 중에는 "하자(瑕疵:흠) 있는 의사표시를 한 자"가 포함되어 있으나 "착오로 인해 의사표시를 한 자"는 포함되어 있지 않다. 그러나 민법 제109조, 제110조는 착오 · 사기 · 강박에 인한 의사표시는 취소할 수 있다고 규정하고 있으므로 제140조의 '하자' 란 사기 · 강박 · 착오로 해석하는 것이 보정해석이다.

(바) 유추해석

유추해석이란 어떤 사항에 관해 규정이 없는 경우에 이와 가장 비슷한 사항에 관한 규정을 적용할 수 있도록 하는 해석을 말한다. 즉, 특정의 사안에 관해 유사한 법규범은 있으나, 당해 사안(事案)과 관련한 직접적 규정이 없을 경우에 사안의 실질(實質)이 동일하다면 기존의 법규정을 유추(類推)하여 적용하는 것을 말한다.

일예로는, 법인(法人) 아닌 사단(社團)의 법률관계에 사단법인(社團法人)에 관한 일반적 규정을 유추하여 적용하는 경우를 들 수 있다. 그러나 이와 같은 유추적용은 특히 죄형법정주의(罪刑法定主義)의 원칙으로 인해 형법상의 적용은 금지되어 있다.

여기서 특히 구별해야 할 것으로서 준용(準用)을 들 수 있는데, 이는 특정의 법규정을 성질이 다른 법규정에 그대로 적용할 수 있을 경우에 규정하는 것으로서, 이는 입법기술상의 한 방법으로서 동일한 내용의 법규정을 여러 번 반복하여 규정하는 비경제성을 회피함으로서 입법상의 경제성을 고려한 것으로서 이미 앞에 규정한 법규범을 새로이 반복적으로 규정하지 않고 그대로 적용하는 것을 뜻한다.

제14장 권리와 의무

제1절 법률관계

Ⅰ. 법률관계의 개념

법률관계란 우리의 생활관계 중에서 법규범에 의하여 규율되는 생활관계를 말한다. 따라서 법률관계는 종교규범이나 도덕규범에 의해 규율되는 생활관계와 구별된다. 금전을 빌리거나 가옥을 임대하는 관계는 법률관계이지만, 친구와 등산하여 정상에서 만나기로 한 약속은 법률관계가 아니다.

우리의 생활관계가 모두 법에 의하여 규제되는 것은 아니다. 그러나 인간의 생활관계가 복잡하게 됨에 따라 점차 법에 의하여 규제되는 영역이 확대되는 것은 어쩔 수 없는 현실이다. 따라서 현재에는 생활관계인 것이 미래에는 법률관계가 될 수 있는 것이 매우 많을 것이다. 법률관계는 크게 두 가지로 나누어지는데 그 하나는 [공법상의 법률관계]이고 다른 하나는 [사법상의 법률관계]이다(공법상의 법률관계와 사법상의 법률관계는 공법과 사법의 구별내용 참조).

우리의 생활관계 중 법규범의 규율을 받는 관계가 법률관계이다. 이러한 법률관계를 그 주체의 입장에서 보면 권리와 의무가 되고, 이를 제3자의 객관적 입장에서 보면 권리 · 의무관계인 것이다.

예컨대, A와 B 사이의 1,000만원 소비대차관계는 채권자인 A의 입장에서 보면 1,000만원의 채권을 갖고 있는 것이며, B의 입장에서 보면 1,000만원의 채무를 지는 것이지만, 제3자인 C의 입장에서 보면 A와 B 사이의 관계는 채권 · 채무관계인 것이다.

Ⅱ. 권리 · 의무관계의 발전

이와 같은 법률관계는 권리와 의무로 이루어져 있으므로, 법과 권리는 밀접한 관계에 있다. 권리 · 의무관계 중 어느 것이 주된 관계인가는 시대의 발전에 따라 변천되어 왔다.

상하의 신분적인 지배 · 복종의 체제였던 중세 봉건사회의 법률관계는 의무본위로 구성되어 있었다. 따라서 법률구조의 형식도 공법(公法) 위주로 나타났다. 그러나 근대사회에 와서는 자연법사상이 대두되면서 상하의 신분적 지배관계는 타파되고 모든 사람은 평등적 권리자로 인정되었다.

그에 따라서 법률관계도 권리본위로 형성되게 되었다. 의무는 권리에 따르는 반사적 효과에 불과한 것으로 인정되었다. 따라서 법률구조의 형식도 사법(私法)위주로 변화되었다. 그러나 현대의 산업사회에 와서 근대의 개인주의와 자유주의 사상에 입각한 권리본위의 법구조에 의한 빈부의 편중 등 각종 폐단을 시정하고자 권리에 따르는 의무가 다시 강조되기에 이르렀다. 따라서 중세는 의무본위의 시대, 근대는 권리본위의 시대이었으나, 현대는 권리 · 의무본위, 즉 권리 · 의무 조화의 시대라고 할 수 있다.

특히 독일의 바이마르헌법은 "소유권은 의무를 부담한다. 그 행사는 공공의 이익에 반할 수 없다."고 규정하였고, 우리나라 헌법에서도 "재산권의 행사는 공공복리에 적합하도록 하여야 한다."고 규정하여 권리는 동시에 의무를 수반하는 것으로 하였다.

제2절 권 리

Ⅰ. 권리의 개념

1. 권리의 본질

일반적으로 권리(權利)의 개념을 정의 내리려는 노력은 법철학(法哲學)에서나 실정법학(實定法學)에서 일찍부터 기울어져 왔다. 그러나 서양에서도 1400년대 이전에는 '법적(法的)' 인 권리라는 관념은 어디에도 없었고, 동양에서는 19세기말까지 권리라는 용어조차 없었다. 즉, 일예로서 우리들이 사용하는 오늘날의 '권리(權利)' 라는 용어는 사실상 100년의 역사도 갖지 못한 말이다. 동양에는 원래 권리라고 하는 말이 없었는데, 19세 말에 서양의 라이트(right)란 말을 이와 같이 '권리' 라고 번역하여 만든 것이다. 그리고 이 권리라고 하는 용어를 처음 만든 사람은 일본 메이지초기의 학자 '니시 아마네' 로 일반적으로 알려져 있다.

권리(right, Recht)의 본질에 관하여는 일찍부터 여러가지의 학설이 주장되었으나 아직도 보편타당한 견해는 없다고 말할 수 있다.

(1) 의사설

의사설(意思說)에 의하면, 권리란 법에 의하여 인정되는(~을 원한다. ~을 하고 싶다.) '생각의 힘' 혹은 '의사의 지배' 라고 한다. 이 설은 칸트와 헤겔 등이 중시한 '의사의 자유' 를 기반으로 하는 학설로, 대표자로는 19세기 독일의 유명한 사법학자였던 빈트샤이트(Windscheid)를 들 수 있다.

그러나 의사설에 의하여 권리주체가 되기 위해서는 의사, 즉 생각의 주체가 되어야 하는데, 이러한 입장에서 보면 유아나 심신상실자는 의사능력이 없는 것으로 되므로 권리를 가질 수 없게 된다. 즉, 이 설은 의사무능력자의 권리를 설명할 수 없다.

(2) 이익설

이익설은 이익을 권리의 본체라고 하는 학설이다. 이 설은 독일의 예링(Jhering)에 의하여 주장된 이익법학과 목적법학의 이론을 토대로 한 견해로서, 권리란 법에 의하여 보호되는 이익이라고 한다. 따라서 권리의 주체는 전술한 의사설에서와 같이 의사의 주체와 일치하는 것이 아니고 이익을 받을 주체와 일치하는 것이다.

이 설에 의하면 의사무능력자도 권리는 가지게 될 것이므로 의사설에 있어서와 같은 단점은 없어진다. 그러나 이익이란 어디까지나 권리의 목적이요, 이익을 얻기 위한 수단이 권리인 것이니, 이 설은 권리의 목적과 권리의 본질을 혼동하고 있으며, 이 설에 의하면 반사적 이익도 권리라고 하여야 한다는 모순이 생긴다.

(3) 법력설

법력설은 권리란 일정한 이익을 향유하기 위하여 특정인에게 부여된 법상의 힘(법이 부여한 힘)이라고 주장한다. 독일의 메르켈(J. Merkel), 레겔스베르거(Regelsberger) 등에 의해 주장되고 있다.

이 설에 의하면 법이 없는 권리는 있을 수 없으므로, 권리가 먼저 있어서 법이 그 권리를 보호하는 것이 아니라 법이 먼저 있어서 법이 권리를 부여하는 것이다. 따라서 자연법학자의 이른바 천부인권 혹은 자연권은 여기에서 말하는 권리라고 할 수 없다. 또한 법상의 힘인 권리는 폭력과 같은 사실상의 힘과 다르다.

이 설은 위의 이익설과 의사설의 결함을 잘 보충하고 있어 오늘날 통설로 되어 있다.

2. 권리의 의의

(1) 권리의 주체

권리란 법력설이 주장하는 것처럼 일정한 이익을 향유하게 하는 법상의 힘이라고 할 수 있다. 권리의 주체는 사람(人)이다. 권리의 주체란 권리의 귀속자를 말한다. 권리의 주체인 사람(人)은 자연인(自然人)과 법인(法人)을 포함한다.

(2) 권리의 목적

권리의 목적은 이익이다. 즉, 법은 인간의 생활이익을 보호하는 것이다. 여기서 생활이익이란 인간의 사회생활에서 요구되는 재화에 대한 사람의 욕구에 따라서 생기는 관계이다. 이익은 비재산적 이익과 재산적 이익을 모두 포함한다. 전자는 사회적 지위 내지 상황(생명 · 신체 · 자유 · 명예 등)을 말하고, 후자는 물체에 대한 심리관계(일반재산적 이익)를 말한다. 이러한 생활이익이 법의 보호를 받을 때 그것은 법률이익, 즉 법익이 되는 것이다.

3. 권리와 구별되는 개념

(1) 권한

권한이란 일정한 행위를 유효하게 할 수 있는 능력의 한계를 말한다. 즉 국가나 공공단체 기타 법인의 기관이 유효하게 단체를 대표할 수 있는 능력의 범위를 말한다. 장관의 권한, 이사의 권한, 대리인의 대리권 등이 그것이다. 국가 또는 지방자치단체의 기관에 대해서는 직권(職權) 또는 직무(職務)라고도 한다. 권한은 주로 국가 또는 공공단체의 공무원의 소관사무와 관련되어 중요시되고 있다.

(2) 권능

권능이란 권리 속에 포함되어 있는 하나하나의 작용을 말한다. 즉 법률상 인정되어 있는 능력 혹은 권리에서 파생하는 개개의 기능을 의미한다. 민법 제211조는 "소유자는 법률의 범위 내에서 소유물을 사용 · 수익 · 처분할 권리를 가진다."라고 규정하고 있는데, 여기서 '사용 · 수익 · 처분의 권리'란 정확히 말하면 소유권에 포함되어 있는 개개의 구체적인 권능이다.

(3) 권력

권력이란 일정한 개인이나 국가기관이 공익을 달성하기 위하여 다른 사람들을 강제 또는 지배할 수 있는 법에 의한 힘을 말한다. 다시 말해 타인과의 관계에 있어서 그 타인에게 명령을 내릴 수 있는 힘이다. 권력에는 일정한 권한이 전제되어 있다. 이것은 개인의 사적 힘 또는 폭력과 달라서 일정한 공익을 달성하기 위하여 다른 개인이나 집단을 강제로 복종시키는 법률상의 힘이다.

(4) 반사적 이익

반사적 이익이란 일정한 사회적 공공이익을 위하여 법이 특정한 단체 · 기관 또는 개인에게 어떤 약속을 한 결과 그 반사효과로 제3자가 받는 이익을 말한다. 따라서 이것은 누구에게 적극적으로 어떠한 법상의 힘을 부여하는 것이 아니라 법규정의 효과로 제3자가 아무런 이유 없이 이익을 누리게 되는 것이다.

예를 들면, 수산업법에 의하여 수산자원이 보호됨으로 인하여 어민이 이익을 얻는 것은 반사적 이익에 불과하다. 반사적 이익은 권리의 경우와 같이 어떤 힘이 부여되어 있는 것이 아니기 때문에 그 향수가 방해를 당하더라도 법적 보호를 주장하지 못한다.

II. 권리의 구분

권리는 공법과 사법의 구분에 대응하여 공권(公權)과 사권(私權)으로 대별된다.

1. 공권

공권(公權)이란 공법관계에서 당사자가 가지는 권리를 말한다. 공법이 국내공법과 국제법으로 나누어질 수 있듯이 공권 역시 국내법상의 공권과 국제법상의 공권으로 나눌 수 있을 것이다.

(1) 국내법상의 공권

국내법상 공권은 국법상의 공권이라고도 말하며, 국가 · 공공단체 및 개인이 공법관계에서 갖는 권리로서, 특히 통치관계에서 갖는 권리이다. 국가 · 공공단체가 갖는 권리를 국가적 공권이라 하고, 개인이 갖는 공권을 개인적 공권 혹은 국민적 공권이라 한다.

(가) 국가적 공권

국가적 공권은 국가나 기타 공공단체가 공법인으로서 그 자체의 존립을 위하여 가지는 권리와 국민에 대하여 가지는 권리의 양자를 포함한다. 국가적 공권은 다시 그 작용에 따라서 입법권 · 사법권 · 행정권으로 나누어지고, 또 목적에 따라서 조직권 · 경찰권 · 군정(軍政)권 · 형벌권 · 재정권 등으로 나누어지며, 내용상으로 하명권 · 강제권 · 형성권 · 기타 공법상의 지배권으로 나누어진다.

(나) 개인적 공권(국민적 공권)

개인적 공권은 국민이 국가 또는 공공단체에 대하여 가지는 공권이다. 이는 피지배자의 권리의 특색을 갖는다. 이를 국민적 공권이라고도 한다. 개인적 공권에는 자유권 · 사회권 · 청구권 · 정치권 그리고 포괄적 기본권 등이 있다.

(2) 국제법상의 공권

국제법상 공권은 국제법의 주체가 국제법상 타국과의 관계에서 갖는 권리를 말한다. 국제법상의 공권으로 주권 · 독립권 · 평등권 · 자위권 · 교통권 등이 있다.

2. 사권

사권(私權)이란 사법상의 권리, 즉, 개인 상호간에 존재하는 권리를 말한다. 또한 국가 또는 공공단체가 통치관계에서 행동하지 않고 사인(私人)과 대등한 관계(관리관계)에서 행동하는 경우에는 국가 또는 공공단체와 국민의 사이에 존재하는 권리도 사권이다. 사권도 분류방법에 따라 여러가지로 분류될 수 있다.

(1) 내용에 근거한 분류

(가) 재산권

재산권은 재화가 주는 경제적 이익을 내용으로 하는 사권을 말한다. 물권 · 채권 · 무체재산권 등이 이에 속한다. 물권이란 물건을 직접 지배하여 이익을 얻는 권리이고, 채권은 특정인에 대해서 특정한 행위를 하라고 요구할 수 있는 권리이며, 무체재산권은 저작권 · 특허 · 실용신안권 · 상표권 · 의장권 등과 같이 지적 재산권을 배타적으로 지배할 수 있는 권리를 말한다.

(나) 인격권

인격권은 권리자의 인격과 분리할 수 없는 이익을 내용으로 하는 사권이다. 인격권의 주체도 사람이고 인격권의 객체도 사람이다. 예컨대, 생명권 · 신체권 · 성명권 · 정조권 등이 인격권에 속한다.

(다) 신분권

신분권은 가족 · 부부 · 친자 · 친족 등의 일정한 신분관계에 있는 자들 사이에 신분적 이익을 내용으로 하는 권리이다. 예컨대, 친권 · 징계권 · 부부간의 동거청구권 · 협력부조권 · 친족간의 부양청구권 · 상속권 등이다. 친족권이라고도 한다.

(라) 사원권

사원권(社員權)이란 사단법인의 사원 자격에서 그 법인에 대하여 갖는 권리를 말한다. 의결권 · 업무집행권 · 감독권 등의 공익권과, 이익배당청구권 · 잔여재산분배청구권 등의 사원권이 있다.

(2) 작용에 근거한 분류

(가) 지배권

지배권이란 권리의 주체가 권리의 객체에 대하여 직접 어떤 행위를 할 수 있는 권리를 말한다. 타인의 간섭을 배제할 수 있고, 또 수익을 위하여서는 타인의 개입을 필요로 하지 아니하고 직접 자기의 의사로써 실현하는 권리이다. 예컨대, 물권 · 무체재산권 등은 이에 속한다. 지배권을 침해하는 경우 손해배상청구권 · 방해제거청구권이 생긴다.

(나) 청구권

청구권은 일정한 사람에 대하여 일정한 행위(작위 또는 부작위)를 요구할 수 있는 권리이다. 채권 · 물권적 청구권 등은 재산적 청구권이며, 부부간의 동거청구권과 친족간의 부양청구권 등은 신분적 청구권이다.

(다) 형성권

형성권(形成權)이란 권리자의 일방적인 의사표시로서, 이미 성립되어 있는 법률관계를 변경 · 소멸시키거나 또는 새로운 법적 관계를 성립시키는 권리이다. 예컨대, 취소권 · 추인권 · 해제권 · 상계권 · 철회권 등이 형성권에 속한다.

(라) 항변권

항변권이란 타인이 요구하는 청구권에 대하여 이를 거절할 수 있는 권리이다. 항변권의 행사는 상대방에게 단지 청구의 작용을 일시적으로 정지시키는 데 그친다. 즉, 그 행사를 부인하는 것이 아니라 그 행위를 배척하는 데 그친다. 예컨대, 보증인의 최고 · 검색의 항변권(민법 제437조), 쌍무계약상 동시이행의 항변권(민법 제536조) 등이 항변권에 속한다.

(3) 효력범위에 근거한 분류

(가) 절대권

절대권은 권리의 주체가 모든 타인에게 대항할 수 있는 절대적 권리이다. 모든 사람에 대하여 주장할 수 있는 권리라는 뜻에서 '대세권(對世權)' 이라고도 한다. 예컨대, 물권 · 무체재산권 · 인격권 등이 이에 속한다.

(나) 상대권

상대권은 권리의 주체가 특정인에 대해서만 주장할 수 있는 상대적 권리이다. 특정인에 대해서만 주장할 수 있는 권리라는 뜻에서 '대인권(對人權)'이라고도 한다. 예컨대, 채권 기타의 청구권이 이에 속한다.

(4) 권리주체와의 관계를 기준으로 한 분류

(가) 일신전속권

일신전속권은 그 권리의 향유 또는 행사가 권리자 그 사람에게 존속되어 분리할 수 없는 권리이다. 따라서 이를 양도 · 상속함은 허용되지 아니한다. 예컨대, 인격권 · 신분권 등이 이에 속한다.

(나) 비전속권

비전속권은 권리자 개인과 분리할 수 있는 성질을 가지며, 따라서 양도 · 상속이 허용되는 권리이다. 예컨대, 물권 · 채권 등 재산권은 이에 속하는 것이 원칙이다.

Ⅲ. 권리의 행사

1. 권리행사의 자유

권리의 내용인 이익을 실현하기 위해서는 법상 주어진 힘을 행사하여야 한다. 즉, 권리의 행사라 함은 권리의 목적인 이익을 실현하는 것을 말한다.

권리행사의 형태는 권리의 내용에 따라서 다르다. 즉, 권리의 행사는 취소권과 같은 형성권에 있어서는 의사표시를 하는 것이고, 물권과 같은 지배권에 있어서는 주로 사실행위이며, 채권과 같은 청구권에 있어서는 급부를 청구하고 수령하는 행위이다.

권리의 행사는 권리자의 자유에 속한다. 그러므로 권리를 행사하건 행사하지 아니하건 모두 권리자의 자유이다. 또한 로마법 이래로 "자기의 권리를 행사하는 자는 어느 누구도 해하지 않는다."고 하여 권리행사에는 제한이 없다고 생각되었다. 다만, "권리 위에서 잠자는 자는 권리자로서 보호할 가치가 없다."는 예링의 말처럼, 권리를 행사하지 않으면 권리가 소멸되어 획득할 수 있는 이익을 빼앗기게 되는 경우가 있다. 예컨대, 권리의 불행사에 의한 소멸시효의 제도(민법 제162조 이하)가 바로 그것이다.

2. 권리행사의 제한

권리는 오로지 권리주체의 이익만을 위하여 인정되는 것은 아니다. 권리는 그 성립의 시초부터 사회 전체의 복리와 조화되는 한도 내에서만 존재할 수 있는 것이다. 권리행사의 자유는 다른 권리행사의 자유와 접촉하면서 어떤 한계를 가질 수밖에 없다. 그러므로 권리는 그 권리가 인정되는 사회적 · 공공적 목적에 위반하지 않는 한도 내에서만 행사되어야 할 것이며, 그 한도를 넘어선 권리의 행사는 사회적 제한을 받아야 한다.

권리행사의 제한은 공권 행사의 제한과 사권 행사의 제한으로 구분해 볼 수 있으나, 주로 권리행사의 제한은 사권의 영역에서 문제된다.

(1) 재산권의 제한

우리 헌법이 "재산권의 행사는 공공복리에 적합하도록 하여야 한다. 그 내용과 한계는 법률로 정한다."고 규정한 것은 재산권 행사의 자유를 제한하기 위한 것이다. 이는 1919년 바이마르헌법이 "소유권은 의무를 부담한다. 그 행사는 동시에 공공복리에 부합하도록 하여야 한다."고 규정한 것에 영향을 받은 것이다. 또한 현대사회에서 모든 권리의 행사는 공공의 이익을 침해할 수 없는 본래적 한계가 있다.

(2) 신의성실의 원칙

우리 민법은 제2조 제1항에서 "권리의 행사는 신의에 좇아 성실히 하여야 한다."고 규정하고 있다.

신의성실이란 상대방의 믿음이 헛되이 되지 않도록 성실하게 행동하여야 한다는 사회의 일반적인 도덕의식을 가리킨다. 권리자가 권리를 행사할 때에 신의성실을 다하여야 한다는 것은 법보다 높은 차원의 사회정의에 어긋나지 않을 것을 요구하는 것이므로, 권리행사에 대한 사회적인 제약을 의미한다. 이것은 선량한 풍속 기타 사회질서와 함께 법과 도덕의 조화를 도모한 것이다.

(3) 권리남용의 금지

우리 민법은 제2조 2항에서 "권리는 남용하지 못한다."고 규정하고 있다. 권리남용이란 외형상으로는 권리행사처럼 보이나 실질적으로는 권리행사가 아니라 타인의 법익을 침해하는 데 목적을 둔 것이므로, 이는 정당한 권리행사라고 인정할 수 없다는 말이다.

권리남용의 판단기준은 권리행사의 결과가 권리를 인정한 목적에 반하는지 아닌지에 따라 판단한다. 권리남용이 되면 불법행위로 인정되는 경우도 있고, 남용의 정도가 심한 때에는 권리 자체를 박탈하는 경우도 생긴다.

제3절 의 무

Ⅰ. 의무의 개념

1. 의의

의무의 본질에 관하여는 권리의 개념에서와 같이 학설의 대립이 있다.

(1) 의사설

의사설에 의하면 의무의 본질은 법에 의하여 정하여진 생각(의사)의 구속이라고 한다.

그러나 이 설에 대하여는 의사무능력자가 의무를 지는 것을 설명할 수 없게 된다는 비판을 가할 수 있다.

(2) 책임설

책임설에 의하면 의무는 법률상의 책임이라고 한다. 따라서 책임설에 의하면 의무와 책임은 동일한 것이 된다.

그러나 책임은 의무위반에 의하여 일정한 제재를 받을 수 있는 바탕을 뜻하고 의무 그 자체와는 다르다. 따라서 의무는 원칙적으로 책임을 따르게 함으로써 그 구속성을 확보하게 하지만 그렇지 않은 경우도 있다.

(3) 법적 구속설

법적 구속설에 의하면 의무란 일정한 작위 또는 부작위를 하여야 할 법적 구속력이라고 한다. 이 설은 권리의 본질에 관한 법력설에 대응하는 견해로서 현재의 다수설이다.

의무란 자기의 의사 여부를 묻지 않고 일정한 작위 또는 부작위를 해야 할 법적 강제를 말한다. 여기에서 법적 구속은 의무자가 일정한 작위 또는 부작위를 하여야 하는 것이 법에 의하여 구속된다는 것이지, 국가 또는 개인의 강제적 제재를 말하는 것은 아니다. 예컨대, 금전을 차용한 자가 채무를 변제해야 할 의무, 국민이 국가에 대하여 세금을 납부해야 할 의무 등이다.

2. 의무와 구별되는 개념

의무는 책임과 구별되는 개념이다. 앞에서 말한 바와 같이 의무는 일정한 작위 또는 부작위를 하여야 할 법률상의 구속이지만, 책임이란 의무의 위반에 의하여 일정한 제재(형벌 · 강제집행 · 손해배상 등)를 받을 수 있는 기초를 말한다.

의무는 책임을 수반함으로써 그 구속력이 확보되는 것이므로 책임을 수반하는 것이 보통이지만, 언제나 반드시 그런 것은 아니다. 이를테면, 소멸시효 완성 후의 채무와 같은 이른바 자연채무의 경우 채무는 존재하지만 책임이나 채권은 존재하지 않는다.

II. 의무의 종류

의무도 권리와 같이 공의무(公義務)와 사의무(私義務)로 대별된다.

1. 공의무

공의무(公義務)란 공법관계에서 당사자가 지는 의무를 말한다.

(1) 국내법상 공의무

국내법상 공의무는 국내법상 공권의 주체인 국가 · 공공단체와 개인 간의 공법관계에서 부담하는 의무를 말한다. 이는 국가적 공의무와 국민적 공의무로 구분된다.

(가) 국가적 공의무

국가적 공의무는 국가적 공권에 대응하는 의무로서 국가가 국민에 대하여 지는 의무이다. 예컨대, 국민의 자유를 보장하는 의무, 국민의 평등을 확보하는 의무, 참정권을 인정하는 의무, 국민의 사회적 기본권을 확보하는 의무, 국민의 청구권적 기본권을 확보하는 의무 등이 이에 속한다.

(나) 국민적 공의무

국민적 공의무는 국가적 공권에 대응하는 의무로서 국민이 국가에 대하여 지는 의무이다. 예컨대, 납세의 의무 · 재판복종 의무 · 병역의 의무 · 근로의 의무 · 공용비용부담의 의무 등이 이에 속한다.

(2) 국제법상 공의무

국제법상 공의무는 국제법의 주체인 국가 · 국제 조직과 개인 간에 부담하는 국제법 관계에서의 의무를 말한다. 일반국제법에 의하여 지는 의무와 특수국제법에 의하여 지는 의무로 구별된다. 전자의 예로 국내문제 불간섭의 의무, 후자의 예로 한미상호방위조약상 한국과 미국의 상호원조의무를 들 수 있다.

2. 사의무

사의무(私義務)란 사권에 대응하는 사법관계에서 존재하는 사법상의 의무이다. 사의무는 개인 상호간에 존재하는 의무이다. 또한 국가 또는 공공당체가 통치관계에서 행동하지 않고 사법상의 주체로서 개인과 대등한 지위에서 행동한 경우에 국가 또는 공공단체와 개인의 사이에 존재하는 의무도 사의무이다.

Ⅲ. 의무의 이행

의무의 이행이란 의무자가 의무의 내용인 작위 · 부작위 · 용인을 실현하는 행위를 말한다. 의무의 이행도 권리의 행사와 마찬가지로 신의성실의 원칙에 따라야 한다.

신의성실의 원칙에 반한 의무의 이행은 의무의 이행으로 볼 수 없으며, 의무 불이행의 책임을 져야 할 경우가 있다.

권리의 행사는 원칙적으로 자유이므로 그의 포기가 일반적으로 인정되나, 의무의 이행은 포기할 수 없는 것이 당연하다고 하겠다.

제4절 권리와 의무의 관계

권리와 의무는 상호 대응관계에 있다. 즉, 일방에 권리가 존재하는 경우 그 타방에는 의무가 존재하는 관계를 말한다.

일정한 이익의 획득을 위하여 특정인에게 권리가 주어진다면, 반드시 이에 상응하는 다른 특정인에게는 그 권리에 대응하는 의무가 부과되는 것이 당연한 이치이다.

원칙적으로 의무는 권리에 대응한다. 예컨대, 매도인은 대금을 받을 권리가 있으며, 매수인은 대금을 지불할 의무가 있다. 국가는 세금을 징수할 권리가 있고, 국민은 이에 대해 세금을 납부할 의무를 진다.

그러나 예외적으로 권리만 있고 이에 대응하는 의무가 없는 경우도 있고, 또 의무만 있고 이에 대응하는 권리가 없는 경우도 있다. 전자의 예로 취소권 · 추인권 · 해제권 등의 형성권을 들 수 있고, 후자의 예로 법인의 각종 등기의무를 들 수 있다.

권리와 의무는 상호 공존관계에 있기도 한다. 즉, 권리는 동시에 의무를 포함하고, 의무는 동시에 권리를 포함하는 관계를 말한다.

모든 국민은 헌법상 근로의 권리와 의무를 지며, 교육을 받을 권리와 의무를 지고, 또 재산권자는 재산을 공공복리에 적합하도록 행사해야 할 의무를 진다.

제 2 편 헌법

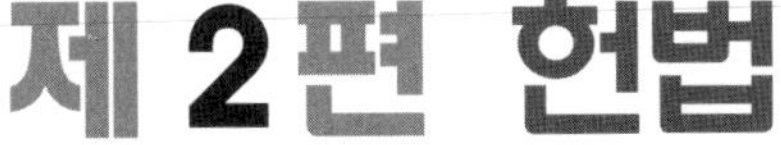

제 1 장 헌법의 기초이론

Ⅰ. 헌법의 의의

헌법은 국가의 법적 기본질서에 관한 법규범을 의미하며 국가의 통치력 및 작용의 원리를 정한 최고법이다. 구체적으로는 국가 최고기관의 창설방법, 상호관계, 권한, 그리고 국가권력에 대한 국민의 기본적 지위를 정하는 법을 말한다.

헌법은 헌법이 제정되는 현실의 관점에서 보면 헌법을 제정할 수 있는 권력의 주체가 내린 정치적 결단의 소산이라고 할 것이다.

1. 헌법개념의 다양성

헌법의 개념성은 매우 다양하여 그 구별기준에 따라서 여러가지 명칭으로 불릴 수 있다.

(1) 헌법의 내용에 의한 개념

(가) 고전적 의미의 헌법

고전적 의미의 헌법이란 고유한 의미의 헌법이라고도 하며, 넓은 의미의 헌법을 말하는 것으로서, 무릇 국가가 국가로서의 존재를 주장할 수 있기 위한 국가의 근본체제 또는 근본질서에 관한 법을 말한다. 헌법은 일반적으로 국가의 영토, 국민, 국가의 통치조

판 례

헌법의 영토조항, 특히 북한지역에 관한 판례 가운데에서 중요한 것으로 다음을 예시할 수 있다.

1. 북한지역은 대한민국의 영토에 속하는 한반도의 일부를 이루는 것이므로, 이 지역에는 대한민국의 주권이 미칠 뿐 대한민국의 주권과 부딪치는 어떠한 주권의 정치도 법리상 인정될 수 없다(대판 1961. 9. 28, 4292행상48).

2. 북한괴뢰집단은 우리 헌법상 반국가적 불법단체로서 국가로 볼 수 없으나, 간첩죄의 적용에 있어서는 이를 국가에 준하여 취급하여야 한다(대판 1983. 3. 22, 82도3036).

3. 저작재산권의 존속기간을 규정한 저작권법 제36조 제1항, 제41조, 제42조, 제47조 제1항의 효력은 대한민국헌법 제3조에 의하여 여전히 대한민국의 주권범위 내에 있는 북한지역에도 미치는 것이다(대판 1990. 9. 28, 89누6396).

직 및 작용에 관한 법규범 일체를 말하는데, 이러한 의미의 헌법은 근대 국가에 와서 비로소 인정된 것이 아니고 모든 국가가 반드시 가지는 것이라고 생각된다.

(나) 입헌주의적 헌법

입헌주의적 의미의 헌법은 근대적 의미의 헌법이라고도 하며 18세기 내지 19세기에 있어서의 입헌주의의 원리, 즉 기본권의 보장 · 권력분립 · 법치주의의 3원칙을 내용으로 하는 헌법을 말한다. 이는 근대라고 하는 특정 시대의 정치이념인 개인주의적 자유주의를 구현한 역사적 범주로서의 헌법이다. 프랑스의 인권선언(1789년) 제16조에 "모든 권리의 보장이 확립되지 않고, 권력의 분립이 규정되지 아니한 사회는 헌법을 가지는 것이 아니다."라고 한 것은 입헌주의적 의미의 헌법의 개념을 잘 나타내고 있다.

(다) 현대 복리주의 헌법

현대 복리주의 헌법은 자유민주주의 헌법이라고도 하며, 자유민주주의를 채택한 헌법을 말한다. 즉, 입헌주의의 원리 이외에 국민주권주의, 사회권의 보장, 권리의 의무화, 국제평화주의를 채택한 현대 자유민주주의 국가의 헌법을 말한다. 생존권은 1919년의 바이마르헌법에서, 평화조항은 1791년의 프랑스헌법에서 처음으로 규정되었으며, 제2차 세계대전 이후 현대 복리주의적 헌법은 거의 예외 없이 이들 규정을 두고 있다.

(라) 정보국가적 헌법

정보통신기술의 발달과 컴퓨터의 보급은 정보혁명을 초래하였다. 정보통신의 발달은 참여민주주의의 활성화를 이룩하여 직접민주주의의 가능성까지 예측되고 있다.

정보국가적 헌법은 정보권을 가장 중요한 기본권으로 삼고 있다. 즉 시민권력의 국가권력통제기능을 인정하고 참여민주주의의 확대를 인정하고 있다.

(2) 형식적 의미의 헌법과 실질적 의미의 헌법

형식적 의미의 헌법이란 특별한 형식으로 성문화된 법규범, 즉 성문헌법(헌법전)을 말한다. 성문헌법은 그 제정의 절차 · 형식에 있어서 보통의 법률과는 구별되며, 또한 그 개정에 있어서도 보통의 법률에 비하여 그 절차를 신중하고 엄격하게 하는 것이 통례이다. 영국은 형식적 의미의 헌법을 가지지 아니한 국가이다.

실질적 의미의 헌법이란 그것이 성문이건 불문이건 그 형식과는 관계없이 실질적으로, 즉 법규범의 성질과 내용으로 보아 국가의 기본법에 속하는 법규범을 말한다. 대한민국헌법, 국적법, 헌법재판소법 등은 실질적 의미의 헌법에 속한다.

2. 헌법의 특성

헌법은 국가의 법적 기본질서를 의미하며 법의 계단구조에서 최고성을 가진다. 또한 헌법은 고도의 정치성을 갖고 있으며, 정책의 기본방향을 선언하고, 국가의 최고기관을 구성한다는 점에서 조직규범이라고 볼 수 있다.

헌법은 다른 법과는 달리 그 규범대상자가 일반 국민이라기보다는 국가기관이라는 점에서 국가권력에 대한 근본규범적 성격을 가진다.

이러한 근본규범적 성격으로 인해 법률과는 달리 추상적이고 일반적인 성격을 가지고 있으며, 헌법위반에 대한 직접적 강제력이 약하고 강령적 · 계몽적인 성격이 강하다고 하겠다.

(1) 헌법의 정치성

헌법의 제정에 있어서 그 근저에는 당시의 국가를 지배하는 지배권력이 누구에게 있느냐에 따라 헌법의 내용이 바뀔 수밖에 없는 것이 현실이다. 이 때문에 헌법은 고도의 정치성을 갖고 있다. 특히 헌법의 생성과 변혁, 제정과 파괴라는 중대한 헌법현상은 곧 정치적 현상을 말하는 것이다.

헌법의 제정 혹은 개정행위는 어떤 정치세력의 승리의 결과이든 여러 정치세력 간의 타협의 결과이든 정치투쟁의 소산이다. 따라서 그 내용 역시 정치로부터 자유로울 수 없는 것이다. 칼 슈미트는 헌법을 '헌법 제정권력자의 정치적 결단'이라고 평가함으로써, 이러한 헌법의 정치성을 잘 나타내고 있다.

(2) 헌법의 역사성

헌법은 그 시대의 지배관계와 경제구조를 반영하고, 주도세력의 이데올로기를 보장하기 위해 성문화되었으므로, 그 시대의 "역사적 산물"이다.

헌법은 정치적 통제규범으로서 역사적 조건과 시대상황에 따라 제약된 역사적 가치이다. 따라서 그 당시의 이념적 성격을 면할 길이 없다. 헌법이 역사성을 갖는다는 것은 정치 · 경제 · 사상 등 역사적인 여러가지 조건과 밀접한 관련성을 갖는다는 것을 말한다.

(3) 헌법의 추상성 · 개방성

헌법은 그 당시의 지배관계와 이데올로기를 규범화하고 있지만, 미래에 대한 설계와 발전을 전제로 하고 있기 때문에 그 내용은 '추상적 성격' 을 갖지 않을 수 없다.

또한 헌법은 정치과정에서 이루어지는 타협의 산물이므로 다양한 이해관계 속에서 최대공약수만을 규범화하기 때문에 추상성을 띠지 않을 수 없다. 헌법상의 기본적인 원리 · 제도 · 가치 등은 구체적인 해석 · 적용을 통해 실현될 수 밖에 없다. 따라서 헌법은 '개방적 성격' 을 갖지 않으면 안 된다.

II. 헌법의 유형

1. 존재형식에 따른 분류(Bryce)

(1) 성문헌법

일정한 제정절차에 의하여 헌법전의 형식으로 존재하는 헌법을 의미한다. 성문헌법은 일반적으로 단일의 헌법전으로 구성되며, 세계 대부분의 나라는 성문헌법을 가지고 있다.

(2) 불문헌법

국가의 법질서가 불문의 헌법적 관행에 의해서 규율되며 통일된 헌법전을 갖지 아니한다. 단, 불문헌법국가에서도 헌법적 효력을 지닌 성문법(성문법률 등)은 존재한다.

2. 제정주체에 따른 분류

(1) 흠정헌법

흠정헌법은 군주의 일방적 의사에 의하여 제정된 헌법이다. 군주주의 사상을 기초로 한다. 이 헌법을 가지는 국가는 군주국가이다.

(2) 협약헌법

협약헌법은 군주와 국민의 합의에 의하여 제정되는 헌법이다. 군주주권과 국민주권의 타협으로 이루어진 것이다. 이 헌법을 가지는 국가는 입헌군주국가이다.

(3) 민정헌법

민정헌법은 국민이 직접적으로 국민투표에 의하여 또는 국민의 대표로서 구성되는 제헌의회가 제정한 헌법이다. 국민주권사상을 기반으로 한다. 이 헌법을 가지는 국가는 공화국이다.

(4) 국약헌법

국약헌법은 다수 국가의 조약에 의하여 제정되는 헌법이다. 연합국가에 있어 각 주의 성격을 지분국으로 이해하여 연방국가헌법을 국약헌법으로 보는 것이 다수설의 입장이다.

3. 개정절차에 따른 분류(Bryce)

헌법의 개정이 일반법률의 개정 방법과 같은가 아니면 좀더 어려운 조건을 충족해야 하는가에 따라 연성헌법과 경성헌법으로 구분된다.

(1) 연성헌법

연성헌법은 보통의 법률과 같은 절차에 의하여 개정될 수 있는 헌법이다. 불문헌법은 당연히 연성헌법이지만, 성문헌법 중에도 연성헌법의 경우가 있다. 1948년의 이탈리아 헌법, 1947년의 뉴질랜드 헌법이 그 예이다.

(2) 경성헌법

경성헌법은 그 개정절차에 있어서 보통의 법률보다 신중하고 곤란한 절차를 필요로 하는 헌법이다. 근대의 성문헌법은 일반적으로 개정곤란성을 가지는 경성헌법이다.

4. 헌법의 효력에 따른 분류(Löwenstein)

헌법전에 규정되어 있는 규범 내용이 현실에서 실제로 효력을 발휘하고 있는 정도에 따라 규범적 헌법, 명목적 헌법, 장식적 헌법으로 분류할 수 있다.

(1) 규범적 헌법

규범적 헌법이란 현실정치에서 그 효력을 백분 발휘하고 있는 헌법을 말한다. 즉, 개인의 자유와 권리의 보장을 최고이념으로 할 뿐만 아니라 현실적으로 최고규범으로서의 실효성을 발휘하고 있는 헌법을 말한다. 규범헌법은 가장 이상적인 헌법이라 하겠고, 선진국가의 헌법은 규범적 헌법인 것이 일반적이다.

(2) 명목적 헌법

명목적 헌법이란 현실정치에서 그 효력을 제대로 발휘하지 못하고 부분적으로만 발휘하고 있는 헌법이다. 즉, 명목적 헌법은 법적 타당성을 가지고 있으나, 사회의 헌법현실은 헌법에 의하여 제대로 규율되지 않는 경우의 헌법을 말한다. 일반적으로 남미의 여러 헌법 등 신생국가의 헌법은 명목적 헌법인 경우가 많다.

(3) 장식적 헌법

장식적 헌법이란 형식적 의미의 헌법만 있을 뿐 그 내용이 전혀 현실(정치)에 적용되지 않고, 오로지 우리도 헌법을 가지고 있다는 것을 과시하기 위해 만들어진 헌법을 말한다. 즉, 개인의 자유와 권리의 보장이 아니라 현재 권력을 장악하고 있는 개인 또는 집단의 지배를 안정시키고 영구화하는 데 이용되는 수단 내지 도구에 지나지 아니하는 헌법을 말한다. 독재국가의 헌법은 장식적 헌법인 것이 일반적이다.

Ⅲ. 국가

1. 의의

국가의 발생 및 본질에 관한 제 학설이 입증하듯이 그 개념 및 본질 등을 명확히 한다는 것은 보통 어려운 일이 아니다.

국가를 사회학적 입장과 법학의 입장으로 나누어 보면, 전자의 입장에서는 국가란 원시적 통치권을 갖는 정주(定住)하는 인간의 단체적 통일체라고 하고, 후자의 입장에서는 원시적 통치권력을 가진 정주하는 국민의 사단(社團)이라고 하는 국가양면설이 가장 널리 채택되고 있는 학설이다. 이 학설의 이론에 의하면 국가란 [일정한 지역을 지배영역으로 하는 고유의 통치권력 아래 결합된 인류의 단체]라고 할 수 있다.

2. 국가의 구성요소

국가는 일정한 지역을 존립요건으로 하고, 나아가 주민을 지배하는 통치단체이기 때문에 국민과 영토와 주권을 필수적인 요소로 하고 있다. 이 국민과 영토와 주권을 국가의 3요소라고 한다.

(1) 국민

국민이란 국가의 인적 요소 내지 항구적 소속원으로서, 국가의 통치권을 가지는 동시에 통치권에 복종할 의무를 가진 개개인의 전체집합을 의미한다.

국민은 그 국가 내에 있더라도 그 국가의 국적을 가지지 않은 무국적자(혹은 타국적자)와 구별되며 법률상 차이가 있다. 또한 법학적 개념으로서의 국가적 질서를 전제로 한 개념이기 때문에 '혈연을 기초로 한 문화적 · 사회학적 개념' 인 민족과 구별되고, '국가 이전의 사회의 구성원' 을 의미하는 인민과 구별된다.

(2) 영토

영토란 국가의 주권이 배타적으로 행사되는 공간을 말하여, 국가의 권력은 원칙적으로 이러한 영역에만 미친다. 국가는 인간의 집단이며 인간은 일정한 토지에 정착하여 살고 있으므로 토지는 국가의 본질적인 요소인 것이다. 우리 헌법은 "대한민국의 영토는 한반도와 부속도서로 한다."라고 규정하고 있다. 그러나 국제법적으로 북한과의 관계 등을 들어 휴전선 이남지역으로 개정해야 한다는 논의도 있다.

영토에는 영해 · 영공이 포함된다.

(3) 주권

주권은 국가권력의 최고성 · 독립성을 의미하며, 국가의사를 결정하는 최고의 원동력이며, 국가권력 그 자체 혹은 통치권의 의미로 쓰인다.

이러한 주권이 누구에게 있느냐에 따라 군주주권론, 국민주권론, 국가주권론 등이 주장되고 있으나, 현대사회의 자유민주주의 국가에서는 국민주권론을 신봉하고 있다.

3. 국가형태

국가형태란 국가의 조직에 관한 유형적 형태, 다시 말하면 국가의 정치적 통일의 형식과 모양을 의미한다. 그러나 이러한 국가형태의 분류 및 그의 기준에 대하여는 학설이 일치하지 않고 있다.

옐리네크는 국가형태를 분류함에 있어서 국가의사의 구성방법에 기준을 두어, 국가의사가 1인의 자연적 의사에 의하여 결정되는 군주국과, 다수인에 의한 기술적 방법으로 결정되는 공화국으로 분류하였다.

뢰벤슈타인은 국가권력이 통합되어 행사되는 국가를 전제정체(專制政體)라 하고, 국가권력이 분산되어 행사되는 국가를 입헌정체(立憲政體)라고 하였다.

우리 헌법은 제1조에서 "대한민국은 민주공화국이다. 대한민국의 주권은 국민에게 있고, 모든 권력은 국민으로부터 나온다."라고 규정하여 우리나라의 국가형태가 주권이 국민에게 있는 민주공화국임을 선언하고 있다.

제 2 장 헌법상 기본제도

Ⅰ. 공무원제도

1. 의의

공무원이란 일반적으로 공무를 담당하는 자로서 국민에 의하여 직접 혹은 간접적으로 선출되어 정부나 공공단체에 근로를 제공하는 자를 총칭한다.

헌법 제7조는 "공무원은 국민 전체에 대한 봉사자이며, 국민에 대하여 책임을 진다. 공무원의 신분과 정치적 중립성은 법률이 정하는 바에 의하여 보장된다."라고 규정하여 공무원의 헌법상의 지위와 직업공무원제의 보장을 명시하고 있다. 공무원에 관한 일반법으로는 국가공무원법 · 일반공무원법 등이 있고, 특별법으로는 경찰공무원법 · 교육공무원법 등이 있다.

2. 국민 전체에 대한 봉사자로서의 공무원

민주주의 국가에 있어서 공무원은 주권자인 국민에 대한 봉사자이므로 특정의 계급 · 정당 · 지역 등 부분이익을 대표하여서는 안 된다.

(1) 국민에 대한 책임

헌법 제7조 1항 후단에 규정된 공무원의 책임의 법적 성격에 대해서는 헌법적 책임설과 정치적(이념적) 책임설이 대립하고 있다. 국민의 공무원 파면권 등이 인정되지 아니하는 현행 헌법의 내용으로 보아 그 책임은 정치적 책임을 의미한다고 해석해야 할 것이다.

다만 헌법 제29조의 국가배상책임의 경우에 우선 국가가 그 손해를 배상하고 국가는 공무원에게 구상권을 행사할 수 있을 것이다.

(2) 책임의 종류

공무원의 책임은 그 성격에 따라 정치적 책임과 법적 책임으로 구분할 수 있다. 정치적 책임추궁으로는 ① 청원에 의한 책임추궁, ② 해임건의에 의한 책임추궁, ③ 선거를 통한 책임추궁 등이 있으며, 법적 책임추궁으로는 ① 손해배상책임의 추궁, ② 탄핵에 의한 책임추궁, ③ 임면권자에 의한 징계, ④ 변상 및 형사처벌 등이 있다.

3. 직업공무원제도

(1) 내용

현행 헌법 제7조 제2항의 직업공무원제도는 정당국가에 있어서 정권교체에 관계없이 행정의 독자성을 유지하기 위한 공무원제도를 말한다. 즉 헌법적 차원에서 공무원의 신분을 보장하고 있는 것이다.

이를 위하여 직업공무원의 정치적 활동이 금지된다. 다만 여기서 말하는 직업공무원의 범위는 일반직 · 특정직 · 기능직 공무원과 같은 협의의 공무원을 말하며, 선거직공무원까지 포함하는 광의의 공무원, 즉 국민 전체에 대한 봉사자로서의 공무원의 범위보다는 좁다고 보아야 할 것이다

판 례

직업공무원제도는 헌법이 보장하는 제도적 보장중의 하나임이 분명하므로, 입법자는 직업공무원제도에 관하여 '최소한 보장'의 원칙의 한계 안에서 폭넓은 입법형성의 자유를 가진다. 따라서 입법자가 동장의 임용 방법이나 직무의 특성 등을 고려하여 동장의 공직상 신분을 지방공무원법상 신분보장의 적용을 받지 아니하는 별정직공무원의 범주에 넣었다 하여 바로 그 법률조항부분을 위헌이라고 할 수는 없다(헌재결 1997. 4. 24, 95헌바48).

(2) 공무원의 기본권 제한

국가공무원법 및 지방공무원법상 신분이 보장되고 정치적 중립성이 요구되는 공무원은 정당에 가입할 수 없으며, 정치활동도 할 수 없다(국가공무원법 제65조, 지방공무원법 제57조).

또한 헌법 제33조는 "공무원인 근로자는 법률이 정하는 자에 한하여 단결권 · 단체교섭권 및 단체행동권을 가진다."라고 하여 일정 범위의 공무원에 대하여 근로3권을 제한하고 있으며, 행정법상의 권력관계로 인하여 일부 기본권이 제한받는 경우가 있을 수 있다.

판 례

경찰공무원법 제21조의 자격정지 이상의 형의 선고유예를 받은 자 등에 대한 당연퇴직규정은 입법자의 재량을 일탈하여 공무담임권, 재산권, 행복추구권, 평등권, 재판청구권 또는 적법절차의 원리를 침해하는 위헌의 법률조항이다(헌재결 1998. 4. 30, 96헌마7).

II. 정당제도

1. 의의

현행 헌법 제8조 제2항은 명문으로 정당의 개념을 규정하고 있으며, 정당법 제2조는 이를 구체화하여 "이 법에서 정당이라 함은 국민의 이익을 위하여 책임 있는 정치적 주장이나 정책을 추진하고 공직선거의 후보자를 추천 또는 지지함으로써 국민의 정치적 의사의 형성에 참여함을 목적으로 하는 국민의 자발적 조직을 말한다."라고 규정하고 있다.

2. 정당의 특권과 의무

(1) 정당의 특권

(가) 설립 · 활동 · 존립의 특권

정당법 제9조 제2항은 "중앙당창당준비위원회는 결성신고일로부터 6월 이내에 한하여 창당활동을 할 수 있다"라고 하여 결성과정에서의 특권에 대하여 규정하고 있다. 정당은 그 목적이나 활동이 민주적 기본질서에 위배되어 헌법재판소의 심판에 의하여 해산되는 경우를 제외하고는 강제해산되지 아니하기 때문에(제8조 제4항), 일반결사가 법령위반을 이유로 행정처분에 의하여 해산되는 점과 비교하여 볼 때 특권을 향유한다고 할 수 있다.

(나) 정치적 특권

정당은 공직선거에 참여하거나 여론을 형성하고 주도하는 등의 방법으로 적극적으로 국가의 정치적 의사형성에 참여할 권리(제8조 제2항), 선거공영제에 따라 선거운동에서 균등한 기회를 보장받을 권리(제116조 제1항), 선거에 관한 경비를 원칙적으로 부담하지 않을 권리(제116조 제2항) 등을 헌법에 의하여 보장받고 있다. 또한 정당은 각종 공직선거에 있어서 후보자를 추천 또는 지지하고, 그들의 당선을 위한 선거운동에 관한 특권을 보장받고 있다.

(다) 재정적 특권

정당은 다른 일반 단체와는 달리 국고로부터 정당운영자금을 보조받는 등 각종의 재정적 특권을 누린다.

헌법 제8조 제3항은 "국가는 법률이 정하는 바에 의하여 정당운영에 필요한 자금을 보조할 수 있다."라고 하여 국고로부터 정당운영자금을 보조받을 권리를 규정하고 있다. "정치자금에관한법률"은 정치자금의 종류를 정형화하여 ① 소속당원들이 납부하는 당비, ② 정당의 후원회가 지원하는 후원금, ③ 개인이나 단체가 선거관리위원회에 기탁하는 기탁금, ④ 국가가 국고에서 지원하는 보조금에 한정하고 있다.

(라) 그 밖의 특권

정당은 법률이 정하는 바에 의하여 국가의 보호를 받는다(제8조 제3항). 정당법 · 공직선거및선거부정방지법 · 국회법 등이 규정하고 있는 정당에 대한 특별한 보호로서는 각급선거관리위원회의 위원추천권 · 선거참관인의 지명권 · 정당대표자예우 등이 있다.

(2) 정당의 의무

정당의 의무로는 국가긍정의 의무, 자유민주적 기본질서의 존중 의무, 목적 · 조직과 활동의 민주화 의무 등을 들 수 있다.

3. 위헌정당의 해산

헌법 제8조 제4항은 "정당의 목적이나 활동이 민주적 기본질서에 위배될 때에는 정부는 헌법재판소에 그 해산을 제소할 수 있고, 정당은 헌법재판소의 심판에 의하여 해산된다."라고 규정하고 있다.

위헌정당의 해산제소권은 대통령의 권한에 속하지만, 대통령은 그 제소에 앞서 반드시 국무회의의 심의를 거쳐야 한다(제89조 제14호). 헌법재판소가 정당해산의 결정을 할 때에는 6인 이상의 찬성이 있어야 한다(제113조 제1항).

Ⅲ. 선거제도

1. 의의

선거란 유권자의 집합체인 선거인단이 의원이나 대통령과 같은 국민을 대표하는 국가기관을 선임하는 행위를 말한다.

선거의 정치적 기능은 단순히 의원이나 대통령과 같은 국가기관을 선출하는 데 그치는 것이 아니라, 그 밖에도 여러 가지 기능을 수행한다. 즉, 의회와 정부에서 그 대표자를 교체함으로써 입법부와 행정부의 쇄신을 기할 수 있으며, 선거민이 입법자나 정권담당자의 교체를 자유롭게 할 수 있게 되면, 선거는 민의에 의한 정치를 가능하게 할 수 있을 것이다.

또한 민의에 반하는 지배를 방지할 수 있게 되어 결국 혁명이나 쿠데타를 예방하는 기능도 있다고 말할 수 있다.

2. 선거의 기본원칙

현대 민주주의 국가에 있어서 선거의 기본원칙은 보통 · 평등 · 직접 · 비밀선거이다.

(1) 보통선거

보통선거란 성별 · 종교 · 사회적 신분 · 인종 · 교육 · 재력 · 납세액 등을 요건으로 하지 아니하고, 일정한 연령에 달한 모든 국민에게 선거권을 인정하는 제도를 말한다.

판 례

대통령선거법상의 기탁금제도는 우리 헌정사에서 집권자의 영구집권욕이 발현된 시점에 도입되었거나 부활 또는 강화된 것으로서 "돈이 있는 자"와 "없는 자"를 차별하여 "없는 자"로부터 국정이나 지방행정에 참여할 기회를 박탈하는 것이고, 보통 · 평등 · 비밀 · 자유선거제도에 반하는 것으로서 헌법이 확립하고 있는 실질적 국민주권론 · 국민대표자론 등의 헌법정신에 정면으로 반하며, 차별됨이 없이 실질적으로 보장되어야 할 참정권 · 평등권의 본질적인 내용을 침해하는 제도이다. 그리고 기탁금제도는 헌법 제116조 제2항에도 위반되며, 구시대(舊時代)의 잔재청산이라는 측면에서도 이 제도를 위헌이라고 선언함이 이 시대의 상황논리에 부합한다(헌재결 1995. 5. 25, 92헌마269).

(2) 평등선거

평등선거란 1인에게 1표를 주어 모든 선거인의 투표가치를 평등한 것이 되게 하는 제도를 말한다. 평등선거는 투표의 표면가치의 평등성만을 요구하는 것이 아니라 투표의 결과가치의 평등성까지 요구한다. 따라서 오늘날 인구비례라든지 선거구획정과 의원정수배분의 불균형에서 생기는 불평등의 문제가 특히 거론되고 있다.

(3) 직접선거

직접선거란 일반선거인이 대표자를 직접 선출하는 제도이다. 선거권은 일신전속권이며 대리투표는 허용되지 않는다.

(4) 비밀선거

비밀선거란 선거인이 누구에게 투표하였는가를 제3자가 알지 못하게 하는 제도이다. 최근 투표 후의 출구조사가 시행되고 있는데 비밀선거의 원칙을 침해할 우려가 있다.

(5) 기타

기권할 수 있는 자유가 있는가 없는가에 따라 자유선거와 강제선거로 구분할 수 있다. 자유선거라 함은 선거인이 자유롭게 선거권을 행사하고 기권의 경우에도 전혀 제재를 가하지 않는 제도를 말한다. 이에 대하여 강제선거라 함은 선거인이 정당한 이유 없이 기권한 경우에는 제재를 가하는 제도를 말한다. 우리나라는 자유선거제를 채택하고 있다.

3. 대표제와 선거구

선거제도의 주요 내용을 이루는 것은 대표제와 선거구의 획정방법이다.

(1) 대표제

대표제란 대표결정의 방식 또는 의원정수의 배분방법을 말한다.

(가) 다수대표제

다수대표제란 대표의 선출을 그 선거구에 있는 다수자의 의사에 따르게 하는 방법, 즉 다수만이 대표자를 낼 수 있고, 소수자는 대표자를 내는 것이 불가능한 제도를 말한다. 소선거구제에 의하여 한 선거구에서 최다득표를 한 1명만을 대표자로 선출하는 제도이다.

(나) 소수대표제

소수대표제란 한 선거구에서 2인 이상의 대표자를 선출하는 제도를 말하며, 소수당도 대표자를 낼 수 있도록 하기 위한 제도이다. 중대선거구제도에 의하여 시행된다.

(다) 비례대표제

비례대표제란 각 정당에게 그 득표수에 비례하여 의석을 배분하는 대표제를 말한다. 비례대표제의 종류는 3백여 종까지 있으며, 본래의 목적은 사표를 가능한 한 적게 하고 선거인의 의사를 정확하게 의회에 반영시키려고 하는 데에 있다.

(라) 직능대표제

직능대표제란 선거인을 각 직업영역으로 나누고 그 직업영역을 단위로 대표자를 선출하는 제도를 말한다.

(마) 기타

그 이외에 잘 알려져 있지는 않지만 할증제와 병용제의 제도가 있다.

할증제라 함은 일정한 득표율 이상을 득표한 정당에 대하여 득표수에 비례한 의석이 아니라 할애 또는 증감을 하여 총 의석수의 과반수를 배분하는 제도를 말한다. 정국의 안정을 이유로 다수당에게 과반수 이상의 의석을 보장하는 제도이다.

병용제라 함은 비례대표제와 다수대표제 등을 병용하는 제도를 말한다.

(2) 선거구제도

선거구란 선거인단을 나누는 지역을 말한다. 선거구제에는 그 지역에서 선출되는 대표의 수에 따라서 소선거구제, 중선거구제, 대선거구제로 나눌 수 있다.

(가) 소선거구제

소선거구제란 한 선거구에서 1인의 대표자를 선출하는 제도를 말한다. 한 후보자에게만 투표함을 원칙으로 하고 결정은 다수결에 의한다.

■ **장점** ① 양당제를 확립할 수 있고 그 결과 정국의 안정을 확보할 수 있다. ② 지역이 협소하므로 선거운동이 쉽고 경비가 절약된다. ③ 입후보자의 자격 등에 대하여 일반선거인이 잘 알고 있어 정확한 판단이 가능하다. ④ 선거인과 의원 사이의 거리감을 줄일 수 있다. ⑤ 보궐선거와 재선거를 행하기 쉽다.

■ **단점** ① 다수당에게 절대 유리하다. ② 당선인 이외의 자가 획득한 표가 사표가 된다. ③ 정당의 득표율과 의석의 배분이 불균형하게 된다. ④ 게리맨더링의 위험성이 가장 강하다. ⑤ 매수 등에 의한 부정선거의 가능성이 크다. ⑥ 지방적 소인물이 당선될 가능성이 크다.

(나) 중선거구제

중선거구제라 함은 한 선거구에서 2~4인의 대표자를 선출하는 제도를 말한다. 중선거구제는 소선거구제와 대선거구제의 장단점을 보완하고자 시행하는 제도이나 거꾸로 그 단점이 심화될 수도 있다.

(다) 대선거구제

대선거구제라 함은 한 선거구에서 5인 이상의 대표자를 선출하는 제도를 말한다.

■ **장점** ① 소선거구제에 비하여 사표가 적어진다. ② 선거간섭이나 부정선거의 효과를 감쇄할 수 있으므로 선거의 공정을 기할 수 있다. ③ 인물선택의 범위가 넓기 때문에 국민대표에 적합한 후보자를 선택할 수 있다. ④ 선거시의 쟁점은 정당의 강령이나 정책이기 때문에 후보자와 유권자의 수준도 높아질 수 있다.

■ **단점** ① 소정당의 난립으로 정국의 불안정을 초래할 위험이 있다. ② 지역이 광대하므로 선거운동이 어렵고 경비가 많이 든다. ③ 입후보자에 대한 적부판단이 어렵다. ④ 선거인들의 무관심이 나타나기 쉽다. ⑤ 보궐선거와 재선거를 행하기 어렵다.

4. 현행 헌법의 규정

(1) 선거권

19세 이상의 국민은 대통령과 국회의원의 선거권이 있다. 그리고 19세 이상의 국민으로서 선거인명부작성기준일 현재 당해 지방자치단체의 관할구역 안에 주민등록이 되어 있는 자는 그 구역에서 선거하는 지방의회의원과 지방자치단체의 장의 선거권이 있다(공직선거및선거부정방지법 제15조).

우리나라의 선거연령은 지난 48년 건국 당시 21세로 시작돼 지난 60년 민주당 정권이 들어서면서 '민법상 성인(만20세)' 으로 낮춰졌고, 2005년 8월 선거법 개정으로 연령이 만19세로 하향 조정되었다.

(2) 피선거권

40세 이상의 국민은 대통령 피선거권이 있으며, 25세 이상의 국민은 국회의원 피선거권이 있다. 그리고 선거일 현재 계속하여 60일 이상 당해 지방자치단체의 관할구역 안에 주민등록이 되어 있는 주민으로서 25세 이상의 국민은 그 지방의회의원과 지방자치단체의 장의 피선거권이 있다(동법 제16조).

(3) 선거운동기간

선거운동기간은 대통령선거의 경우는 23일, 국회의원의 선거와 지방자치단체의 의회의원 및 장의 선거는 14일이다(동법 제33조 제1항 제2호).

"선거기간"이라 함은 후보자등록마감일의 다음날부터 선거일까지를 말한다(동법 제33조 제2항).

선거운동이란 공직선거에서 특정의 후보자를 당선되게 하거나 되지 못하게 하기 위한 행위를 말한다. 헌법은 제116조에서 선거운동의 원칙으로서 기회균등과 선거경비국고부담을 원칙으로 하는 선거공영제를 규정하고 있다.

(4) 선거일

임기만료에 의한 선거의 경우, 선거일은 대통령선거의 경우는 임기만료 전 70일 이후 첫 번째 수요일로 하고, 국회의원선거의 경우는 그 임기만료 전 50일 이후 첫 번째 수요일로 하며, 지방의회의원선거와 지방자치단체의 장 선거의 경우는 임기만료 전 30일 이후 첫 번째 수요일로 한다(동법 제34조 제1항).

판 례

토론위원회가 대통령선거방송토론회에 참여할 자격을 국민여론조사결과 평균지지율 10% 이상인 후보자에 한정, 초청 토론하게 한 것은 청구인들의 공무담임권이나 평등권을 침해한 것이 아니다(헌재결 1998. 8. 27, 97헌마 372 · 398).

Ⅳ. 지방자치제도

1. 개념

국민주권주의는 국민의 자치를 이념으로 하여 직접민주주의를 이상으로 하고 있으나 국가의 거대화에 따라 국민의 자치를 실현하는 정치형식, 즉 의회제도와 지방자치제도의 도입이 필요하게 되었다. 지방자치는 근대국가에 있어서 민주주의적 요청에 의한 것이며, 지방행정은 곧 주민의 자치행정을 요구하고 있다. 그러므로 자치행정 곧 지방자치는 풀뿌리 민주주의의 기초를 의미한다.

지방자치는 [정치적 자치]와 [법률적 자치]의 두 의미를 갖고 있다.

지방자치의 '정치적 개념'은 자기통치를 기초로 한 주민자치를 말한다. 지방민에 의한 지방행정, 즉 지방세를 재원으로 하여 명예직에 의해서 행하는 행정을 말한다.

이와는 달리 지방자치의 '법률적 관념'은 지방분권을 기초로 한 공법인인 지방자치단체에 의한 행정을 말한다. 지방적인 사무의 처리는 국가가 직접 이를 행하지 않고 국가로부터 독립해 있는 단체, 단체자신의 기관이나 단체의 이름으로써 행하는 행정을 말한다.

지방자치단체의 종류는 법률로 정한다. 지방자치단체는 의결기관인 의회를 두며, 지방의회에 관한 사항과 지방자치단체의 장의 선임, 지방자치단체의 조직과 운영에 관한 사항은 법률로 정한다.

지방자치단체는 주민의 복리에 관한 사무를 처리하고 재산을 관리하며, 법령의 범위 안에서 자치에 관한 규정을 제정할 권한을 가진다(제117조 제1항).

2. 자치권

(1) 자치행정권

지방자치단체는 자치행정권을 갖는다. 지방자치단체는 주민의 복리에 관한 사무를 처리하고 재산을 관리한다. 주민의 복리에 관한 사무(고유사무) 처리권과 재산관리권을 가지는 것이다. 재산관리에 있어서는 그 단체가 존립을 유지하기 위하여 재산의 취득관리까지도 하여야 하며, 지방세를 부과 · 징수하며, 또한 사용료 · 수수료 · 부담금 · 현품을 징수할 수 있다.

(2) 자치입법권

지방자치단체는 자치입법권을 갖는다. 지방자치단체는 법령의 범위 안에서 자치에 관한 규정을 제정할 수 있다. 이것이 자치입법권이며, 자치단체가 그 지역사무에 관하여 필요한 규정을 제정할 수 있는 권한을 말한다.

이 자치입법권에 의하여 [조례]와 [규칙]이 제정된다

3. 지방의회

지방자치단체에 의회를 두며, 지방의회의 조직, 권한, 의원선거와 지방자치단체의 장의 선임방법 등의 사항은 법률로 정한다(제118조 제1항, 제2항).

제 3 장 헌법의 제정과 개정

Ⅰ. 헌법의 제정

1. 헌법 제정권력

헌법의 제정권력은 헌법제정권력자가 성문헌법을 제정하는 힘을 말한다. 헌법제정권력은 국가의 기본법이며 최고법인 헌법을 창조하는 권력이므로 그 정당성이 가장 중요하다. 따라서 헌법제정권력은 사실적 힘만이 아니고 헌법을 정당화시키는 가치를 반드시 가지고 있어야 한다.

칼 슈미트는 헌법제정권력을 "고유의 정치적 실존의 종류와 형태에 관하여 구체적인 근본 결단을 내릴 수 있는 권력이나 권위를 가진 정치적 의사"라고 표현하였다.

헌법제정권력자가 누구냐에 따라서 흠정헌법, 협약헌법, 민정헌법, 국약헌법으로 구분됨은 제1장에서 보았다.

헌법제정권력은 헌법 이전에 존재하는 것이므로 시원성 · 항구성 · 유일불가분성 등의 성격을 가진다고 하지만, 실제적 현실에 있어 그것은 정치권력의 주도권이라고 할 것이다.

현대민주국가에서는 전체 국민이 헌법제정권력자임을 인정하고 있다.

2. 대한민국헌법의 제정

1910년 한일합방조약에 의해 불법적으로 일본의 식민 통치하에 놓이게 된 한국은 1945년 8월 15일 연합국에 대한 일본의 무조건 항복으로 일본으로부터 분리 독립하게 되었다.

그러나 1945년 9월 2일 연합군최고사령부의 일반명령 제1조(General Order No.1)에 의거 38선을 경계로 남북으로 분단되게 되었다. 이에 따라 북한에는 소련군이, 남한에는 미군이 각각 점령하여 군정을 시행하였다.

1948년 5월 10일 국제연합한국위원단의 감시아래, 선거 가능한 지역인 남한에서 총선거가 실시되었고, 그 결과로 198명으로 구성되는 제헌국회가 같은 해 5월 31일에 처음으로 소집되었다. 제헌국회는 곧 국가조직의 기본이 될 헌법제정에 착수하여, 같은 해 6월 3일 헌법기초위원 30명과 자문위원 10명으로 헌법기초위원회를 구성하여 입안된 헌법초안이 6월 23일 국회에 상정되었다. 7월 12일에 대한민국헌법이 국회를 통과하고 이어 7월 17일에 당시 국회의장이었던 이승만 박사의 이름으로 공포되었으며, 이 헌법은 공포와 동시에 효력을 가지게 된 것이다.

이 제정헌법은 기본권 보장, 권력분립, 단원제 국회, 대통령중심제 등을 주요 내용으로 한 성문헌법이다.

II. 헌법의 개정

1. 헌법개정의 개념

헌법의 개정이란 성문헌법이 규정하는 개정 절차에 따라, 헌법의 동일성과 계속성을 침해하지 않는 범위 안에서, 성문헌법전 중의 어떤 조항을 수정 · 삭제 · 증보함으로써 헌법에 의식적인 변개를 가하는 것을 말한다.

칼 슈미트는 다음과 같은 개념을 헌법개정과 구별하고 있다.

(1) 헌법의 파괴

헌법의 개정은 헌법의 파괴와 구별된다. 헌법의 파괴는 헌법제정권력이 바뀌는 것을 말한다. 혁명의 경우이다.

(2) 헌법의 폐지

헌법의 개정은 헌법의 폐지와 구별된다. 헌법의 폐지는 헌법제정권력에는 변경이 없으나 국가의 기초적 · 정치적 결정을 변경하는 것을 말한다.

(3) 헌법의 침해

헌법의 개정은 헌법의 침해와 구별된다. 헌법의 침해는 헌법의 조항을 배제하거나 정지시키지 아니하고, 특정의 경우 헌법과 다른 조치를 하는 것으로 헌법의 비상조치라고도 한다.

(4) 헌법의 정지

헌법의 개정은 헌법의 정지와 구별된다. 헌법의 정지는 헌법조항 일부의 효력을 일시적으로 정지시키는 것을 말한다.

하나는 헌법이 스스로 그러한 정지를 허용하는 경우인데, 우리 헌법상 대통령의 긴급조치, 계엄 등이 그 예이다.

다른 하나는 헌법의 규정이 없거나 헌법이 규정하는 절차를 무시하고 행하여지는 경우이다.

2. 헌법 개정권력

헌법 개정권력은 헌법에 정해진 절차에 의하여 헌법을 개정할 수 있는 제도화된 권력이다. 이는 법률을 제정할 수 있는 입법권보다 우위에 있다.

헌법을 개정함에 있어서 실정법적 제한이 없는 한 어떤 조항도 개정이 가능하다는 한계부인론이 있으나, 제한 없이 헌법을 개정하는 것은 개정이 아니라 제정이라고 해야 옳을 것이다(한계긍정론).

칼 슈미트는 헌법규범은 헌법핵, 헌법개정규범, 헌법률의 단계가 있다고 헌법구조를 주장하여, 헌법개정권력은 헌법핵을 침해할 수 없다고 하여 한계긍정론을 지지하였다.

우리나라의 통설은 한계긍정론을 취하고 있고, 우리 헌법이 비록 실정법적 한계를 규정하고 있지는 않지만, 헌법의 동일성과 계속성은 유지되어야 하므로 헌법개정의 한계가 있다고 하겠다.

이 헌법내재적 한계는 칼 슈미트의 헌법제정권자의 근본결단인 헌법핵이라는 데 의견이 일치한다. 그러나 그 헌법핵의 내용에 대해서는 학자마다 약간의 견해 차이가 있다.

Ⅲ. 헌법의 보장

1. 의의

헌법의 보장이란 한 국가의 최고 규범인 헌법의 규범력과 기능이 헌법의 파괴 · 폐지 · 침해 및 정지 등에 의하여 상실 또는 변질되지 않도록 하기 위하여, 위헌적 요소를 사전에 방지하거나 사후에 배제함으로써 헌법의 실효성을 확보하려는 제도를 말한다. 여기서 헌법의 보장은 내부적 위협뿐만 아니라 외부적 위협까지도 방지하기 위한 보장을 말한다.

2. 헌법보장제도의 유형

헌법보장제도는 무엇을 기준으로 하는가에 따라서 다음과 같이 분류할 수 있다. 즉, 정치적 보장과 사법적 보장, 제도화된 보장과 제도화되지 않은 보장, 국가권력에 의한 보장과 국민(인민)에 의한 보장, 실체법적 보장과 절차법적 보장, 평상적 보장과 비상적 보장의 분류가 그것이다.

3. 우리 헌법상의 헌법보장제도

상기의 분류 방법 중 평상적 보장과 비상적 보장의 분류가 가장 의미 있는 분류라 생각되며, 이러한 분류방법에 의하여 설명하고자 한다.

(1) 평상적 헌법보장제도

(가) 사전예방적 보장

헌법의 사전예방적 보장이라 함은 헌법에 대한 침해나 파괴의 가능성을 사전에 예방하기 위한 정치적 · 법적 보장장치를 말한다.

즉, 정치적 보장은 법적 제도 이외에 정치적 방식으로 헌법을 보장하는 경우를 말하는데, ① 합리적인 정당정치의 구현, ② 국민의 투표권 행사 등에 의한 국정관여, ③ 국민의 헌법수호의식의 고양 등이 정치적 보장 내용에 해당된다.

이에 반하여 법적 보장은 법적 제도에 의하여 헌법의 권능을 보호 · 보장하는 경우를 말하는데, ① 공무원(특히 군인)의 정치적 중립성 규정, ② 침략전쟁의 부인 등 방어적 민주주의 채택 규정, ③ 3권분립의 규정, ④ 대통령의 헌법수호의무 선서 규정, ⑤ 헌법의 최고법규성 규정, ⑥ 헌법개정의 곤란성을 규정한 경성헌법 규정 등이 법적 보장 규정에 해당된다.

판 례

1. 국가보안법 제7조 제1항과 동조 제1항을 요건으로 하고 있는 동조 제5항은 각 그 소정 행위가 "국가의 존립 · 안전을 위태롭게 하거나 자유민주적 기본질서에 위해를 줄 명백한 위험성이 있는 경우"에 적용된다고 할 것이므로, 이와 같은 해석하에서는 헌법에 위반되지 아니한다(헌재결 1992. 1. 28, 89헌가8).

2. 독일연방공화국은 국민들에게 자유민주적 질서를 방어할 것을 기대하고 있으며, 이 자유민주적 질서를 반대하기 위한 목적으로 기본권을 남용하는 것을 용납하지 아니하는 민주국가이므로, 방어적 민주주의의 원칙은 연방군대 내부에서도 타당하다(독일연방헌법법원 1970년 2월 18일의 군인판결, BVerfGE 28, 36).

(나) 사후 교정적 보장

헌법의 사후 교정적 보장이라 함은 헌법이 현실적으로 이미 침해된 경우에, 그 침해행위를 제거함으로써 헌법의 최고법규성과 실효성을 회복시키기 위한 제도를 말한다.

사후 교정적 보장제도로는, ① 공무원의 책임제도, ② 국회의 국정감사 · 조사제도, ③ 국무총리 등 국무위원의 해임건의제도, ④ 탄핵제도, ⑤ 헌법소원제도, ⑥ 국회의 계엄해제 요구제도, ⑦ 위헌법령 · 처분에 대한 심사제도, ⑧ 위헌정당 해산제도 등이 있다.

(2) 비상적 헌법보장제도

비상적(非常的) 헌법보장제도는 대통령의 계엄선포권, 긴급명령권, 긴급재정 · 경제처분 및 그 명령권과 같은 국가긴급권이 있다. 그리고 국민에 의한 시민불복종과 저항권의 행사 등이 있다.

(가) 국가긴급권

국가긴급권이라 함은 내란 · 외환 · 경제공황 등과 같이 국가의 존립이나 헌법질서를 위협하는 비상사태가 발생한 경우에 정부가 국가의 안전과 헌법질서를 유지 · 회복하기 위하여 평상시의 헌법상 권한을 초월하여 비상한 조치를 강구할 수 있는 권한을 말한다.

현행 헌법에 규정되어 있는 국가긴급권에는 ① 대통령의 긴급명령권, ② 대통령의 긴급재정 · 경제처분권 및 그 명령권, ③ 대통령의 계엄선포권 등이 있다. 그러나 현실적으로 이러한 국가긴급권을 이용한 헌법침해 내지 파괴 현상이 더 많음은 우리들이 익히 알고 있는 바이다.

(나) 시민불복종과 저항권

저항권이라 함은 헌법의 기본규범인 민주주의와 법치국가성을 침해하거나 파괴하려고 하는 국가기관 또는 공권력 담당자에 대한 법적 구제수단이 없을 경우에, 주권자로서의 국민이 최후의 비상수단으로서 그 국가기관이나 공권력의 담당자에게 실력으로 대항할 수 있는 권리를 말한다.

영미법에서는 저항권 행사 이전에 시민불복종이라는 소극적 저항을 중요시하고 있으며, 시민불복종만으로 헌법의 침해 혹은 파괴현상을 바로잡을 수 없는 경우 저항권에 의한 적극적 저항이 가능하다고 하고 있다.

판 례

명백한 불법정부에 대한 저항권은 현대적 법률관에 의할 때 당연한 것으로 인정된다. 불법정부에 대해서는 통상의 법적 수단이 무용지물임을 경험으로 알고 있기 때문이다. 저항권은 법(헌법)질서의 유지 또는 회복을 위한 헌법수호수단이라는 보수적인 의미로만 인정될 수 있다. 그리고 저항권을 가지고 대항할 수 있는 불법은 명백한 것이어야 한다. 법질서에 따라 강구할 수 있는 모든 법적 수단이 유효한 구제방법이 될 수 있는 전망이 거의 없고, 저항권의 행사가 법의 유지 또는 회복을 위하여 남겨진 유일한 수단이라야 한다(독일연방헌법법원 1956년 8월 17일 BVerfGE 5, 85).

물론 실정법을 초월하는 권리인 저항권과 시민불복종을 법적 권리라고 말할 수 있느냐에 대하여는 여러 가지 이론이 있을 수 있다. 현행 헌법은 저항권을 직접 규정하고 있지 않으며, 다만 저항권의 법적 권리성을 인정하는 자연법론자들은 헌법전문의 "3 · 1운동으로 건립된 대한민국 임시정부의 법통과 불의에 항거한 4 · 19 민주이념을 계승하고…."라는 문구에서 그 근거를 찾고 있다. 제10조의 "모든 국민은 인간으로서의 존엄과 가치를 가지며, 행복을 추구할 권리를 가진다. 국가는 개인이 가지는 불가침의 기본적 인권을 확인하고 이를 보장할 의무를 진다."는 규정도 저항권을 간접적으로 규정하는 내용이라고 해석하고 있다.

그러나 실정법론자들은 "실정법을 초월하는 실정법적 권리"란 논리모순이라는 이유로, 저항권은 법적 영역을 벗어난 "도덕적 · 정의론적 의무"라고 주장하고 있다.

Ⅳ. 대한민국헌법의 개정

1. 개정절차

(1) 헌법개정의 제안

헌법개정안의 제안권은 대통령과 국회에 있다. 헌법개정은 대통령 또는 국회재적의원 과반수의 발의로 제안된다. 대통령이 헌법개정안을 제안할 때에는 반드시 국무회의의 심의를 거쳐야 한다.

(2) 헌법개정안의 공고

헌법개정안의 공고권은 대통령에게 있다. 제안된 헌법개정안은 대통령이 20일 이상의 기간 동안 이를 공고하여야 한다.

(3) 헌법개정의 의결 · 확정

헌법개정의 의결권은 국회에 있고, 헌법개정의 확정권은 국민에게 있다. 현행 헌법은 대통령이 제안한 경우와 국회의원이 제안한 경우 모두 국회의 의결을 거쳐 국민투표에 의해서 확정되도록 하고 있다.

국회는 헌법개정안이 공고된 날로부터 60일 이내에 의결하여야 하며, 국회의 의결은 재적의원의 3분의 2 이상의 찬성을 얻어야 한다.

헌법개정안은 국회가 의결한 후 30일 이내에 국민투표에 붙여 국회의원선거권자 과반수의 투표와 투표자 과반수의 찬성을 얻어야 한다.

(4) 헌법개정의 공포 · 발효

헌법개정의 공포권은 대통령에게 있다. 헌법개정이 확정되면 대통령은 즉시 이를 공포하여야 한다. 헌법개정은 원칙적으로 공포와 함께 효력을 발생한다. 특히 현행헌법에서는 대통령의 중임(重任)을 금지하고 동 조항의 실효성을 담보하기 위하여 대통령의 임기연장 내지는 중임변경을 위한 헌법개정은 제안당시의 대통령에 대하여는 효력이 없다고 규정하고 있다.

2. 헌법개정의 역사

(1) 제1차 개헌

제1차 개헌은 1952년 7월 7일에 있었다. 그 이전에 1950년 2월과 6 · 25 동란 중인 1951년 11월에 개정안이 제안되었으나 실현되지 못하였다. 제1차 개헌은 이른바 정치파동이라고 불리는 정치적 충돌의 결과로 국회측과 정부측이 제안한 2개안을 절충하여 발췌개헌이란 형식으로 통과된 것이다.

개정의 주요 내용은 정부측 제안 내용인 대통령의 국민직선제와 국회의 양원제가 채택되고, 국회측 제안 내용인 국회의 국무원 불신임권과 국무총리의 국무위원 임명제청권이 채택된 것이었다.

(2) 제2차 개헌

제2차 개헌은 1954년 11월 29일에 있었다. 이 표결에서 당시 국회재적의원 203명 중 135표의 찬성으로 가결에 필요한 3분의2에 1표가 미달하여 처음에는 부결로 선포되었으나 이후 사사오입(四捨五入)으로 가결된 것으로 번복하였다. 이 때문에 제2차 개헌을 사사오입 개헌이라고 한다. 이 개헌의 주요 내용은 주권제한 및 영토변경에 대한 국민투표제의 채택, 국무원 · 국무총리 불신임제 폐지, 초대 대통령의 중임 제한 철폐, 자유경제체제로의 경제조항 개정 등이었다.

(3) 제3차 개헌

제3차 개헌은 4 · 19 의거의 결과 1960년 6월 15일 국회를 통과, 같은 날로 공포되었다. 헌법 전반에 걸친 광범위한 개정으로 실질적으로 제2공화국 헌법의 제정이라고도 한다. 주요 내용은 기본권에 포괄적인 유보만을 두는 등 기본권보장의 강화, 의원내각제의 채택, 헌법재판소의 설치, 정당조항의 신설, 대법원장 및 대법관의 선거제, 중앙선거관리위원회의 헌법기관화, 지방자치단체장의 주민에 의한 직접선거제 등이다.

(4) 제4차 개헌

제4차 개헌은 1960년 11월 29일에 있었다. 반민주행위자의 처벌을 위한 헌법개정이었으나 소급입법금지의 법리를 무시한 경우였다. 그 내용은 3 · 15 부정선거 책임자의 처벌 · 반민주행위자의 공민권 제한 · 부정축재자 처벌 등을 위한 법을 제정할 헌법적 근거를 마련한 것이다.

(5) 제5차 개헌

제5차 개헌은 1962년 12월 26일에 있었다. 5 · 16 사태와 더불어 군(軍)이 정권을 장악하면서 국가재건비상조치법이 헌법적 효력을 대신하게 되고 이에 군사정부는 민정이양의 전단계로서 헌법개정을 단행하였는데, 이것이 곧 제5차 헌법개정이다. 1962년 11월 5일 국가재건최고회의에 의하여 발의된 헌법개정안은 12월 17일 국민투표에 의하여 확정되고 12월 26일 공포되었다.

개정된 주요내용을 보면, 헌법전문의 개정, 기본권 보장의 강화, 정당조항의 구체화, 단원제 국회로의 환원, 대통령제의 정부형태, 사법부의 권한 강화, 헌법개정에 국민투표를 하도록 한 것 등이다.

이 개헌은 헌법 전반에 걸친 전면적인 개정이었을 뿐만 아니라 실질적으로는 구 헌법의 개정절차에 따른 것이 아니기 때문에 새로운 헌법제정이라고 해야 옳다.

(6) 제6차 개헌

제6차 개헌은 1969년 10월 21일에 있었다. 같은 해 10월 17일 국민투표로 확정되고, 10월 21일 공포되었다.

그 주요 내용을 보면 대통령의 계속재임은 3기에 한하도록 한 것, 국회의원의 수는 150명 이상 250명 이하의 범위 안에서 법률로 정하도록 한 것, 국회의원은 법률이 정하는 공사의 직만을 겸할 수 있도록 한 것, 대통령에 대한 탄핵소추는 국회의원 50명 이상의 발의와 재적의원 3분의 2 이상의 찬성을 얻도록 함으로써 대통령의 경우에는 탄핵소추를 더욱 엄격하게 한 것 등이다.

(7) 제7차 개헌

제7차 개헌은 1972년 12월 27일에 있었다. 같은 해 10월 17일 대통령은 급변하는 국제정세에 능동적으로 대처하고, 평화통일이라는 우리 민족의 역사적 과업을 성취하기 위한 제도의 유신적 개혁을 다짐한다는 명목으로, 헌법 일부 조항의 효력을 중지시키는 비상조치를 선포하였다. 비상국무회의는 1972년 10월 26일 새로운 헌법개정안을 의결하였고, 동년 11월 21일 국민투표에 의하여 이 헌법개정안이 확정되고, 같은 해 12월 27일 공포되었다.

개정헌법의 주요 내용은 통일주체국민회의의 설치, 대통령의 임기 6년에 중임제한 철폐, 대통령의 긴급조치권 강화, 국회권한의 축소, 대통령에 의한 법관의 임명제, 대통령이 제안하는 개헌안의 국민투표제 채택 등이다.

이것이 곧 10월 유신에 의한 제7차 헌법개정이지만 실질적으로는 제4공화국 헌법의 제정이라고 말해야 옳다.

(8) 제8차 개헌

제8차 개헌은 1980년 10월 27일에 있었다. 1979년 10월 26일 18년 동안 집권한 박정희 대통령의 시해사건이 있은 후 민주성을 경시한 유신헌법에 대한 개정론이 활발히 전개되었다. 그리하여 각계각층에서 많은 헌법안이 제시되었으나, 1980년 봄 5 · 17 사태가 발발하여 동년 6월에 국가보위비상대책회의가 설치되면서, 정부가 설치한 헌법개정심의위원회가 헌법개정 작업을 주도하였다. 그 후 9월 1일에는 새 대통령이 취임하고 9월 29일 헌법안이 공고되었으며, 10월 22일 국민투표가 실시되어 헌법개정이 확정되고, 10월 27일 공포되어 즉시 효력을 발생하게 되었다.

그 주요 내용을 보면 평화적 정권교체의 보장과 장기집권방지, 선거인단에 의한 대통령 간접선거, 대통령의 지위 및 권한의 상대적 축소조정, 행정권과 입법권 사이의 효율적 균형, 사법권의 독립성 보장강화 등이다.

(9) 제9차 개헌

제9차 개헌은 1987년 10월 29일에 있었다. 1987년 제5공화국 헌법에 의한 대통령 단임제와 평화적 정권교체의 실현을 위하여 개헌문제를 둘러싸고 갈등과 대립 그리고 혼란을 거듭하기도 하였으나, 마침내 국민대화합을 이룩하여 역사상 처음으로 여야합의에 의하여 대통령 직선제의 헌법개정안이 제안되어 9월 22일 국민투표에 의하여 확정되었고, 10월 29일 공포되었으며, 부칙에 의하여 1988년 2월 25일부터 시행되었다.

다만, 새 헌법에 의한 대통령 및 국회의원의 선거 기타 새 헌법시행을 위한 준비는 새 헌법시행 전에 할 수 있었다.

그 주요 내용으로는 대통령 직선제와 단임제에 기초한 평화적 정권교체의 전통 확립, 국회의 권한 강화, 사법권의 독립과 헌법의 실효성의 제고, 민주적 기본권의 신장, 분배와 균형발전을 위한 경제질서 실현 등을 들 수 있다.

제 4 장 국민의 권리와 의무

Ⅰ. 기본권의 의의

1. 의의 및 성격

헌법 제2장에서 규정하고 있는 국민의 권리를 우리는 기본권이라 한다. 이는 인간이 가지고 있는 가장 기본적인 권리를 의미한다.

근대 자연법론자들은 대부분 인간이기 때문에 갖는 천부인권론을 주장하였는데, 그 대표적인 학자로는 몽테스키외(Montesquieu), 루소(Rousseau) 등을 들 수 있다. 천부인권론은 근대 각국의 인권선언과 권리장전 등에 성문화되어 나타났다.

이들은 그것을 인권 · 자연권 혹은 생래적 권리라고 하였으나, 독일 바이마르 헌법에서 처음으로 기본권(Grundrecht)이란 용어를 사용하였다. 우리나라에서 기본권이라는 용어를 사용하게 된 것도 독일의 영향을 받았다고 할 것이다.

기본권이란 헌법이 보장하는 국민의 기본적인 권리를 말한다, 인권이 인간의 본성에서 나오는 생래적 권리를 의미하는 데 대하여, 기본권은 생래적인 권리뿐만 아니라 국가 내적인 사회권적 기본권 · 청구권적 기본권 · 참정권 등을 포함하므로, 인권과 기본권은 그 내용에 있어서 반드시 일치하는 것은 아니라고 할 것이다.

기본권은 개인을 위한 주관적 공권으로서의 성격을 갖는다. 주관적 공권으로서의 기본권은 현실적이고 구체적인 권리로, 입법권, 행정권, 사법권 등 국가권력 전반에 직접적으로 구속력을 갖는다.

이러한 기본권이 자연권이냐 실정권이냐 하는 문제에 관하여는 견해가 엇갈린다. 기본권을 자연권으로 보는 경우에는 헌법은 이를 확인하고 선언하는 데 불과하지만, 실정권으로 보는 경우에는 헌법에 규정되어야 비로소 권리로서 창설되는 것이라고 보게 된다. 통설은 기본권이 전 국가적 자연권으로서 헌법에 의하여 확인되는 것으로 보고 있다.

2. 기본권의 제한과 한계

헌법상 기본권은 보장되지만 그 보장은 무제한의 것이 아니라 일정한 제한이 있다.

(1) 헌법의 규정

헌법 제37조 제2항에서 “국민의 모든 자유와 권리는 국가안전보장 · 질서유지 또는 공공복리를 위하여 필요한 경우에 한하여 법률로써 제한할 수 있으며, 제한하는 경우에도 자유와 권리의 본질적인 내용은 침해할 수 없다.”라고 규정하여 일반적 법률유보 조항을 설정하고 있다.

(2) 일반적 법률유보의 내용

(가) 제한의 대상이 되는 기본권

법률에 의해 제한될 수 있는 기본권은 평등권 · 자유권 · 생존권 · 기본권보장을 위한 기본권 등 모든 기본권이라고 하는 것이 다수설이다. 그러나 이에 대해서는 자유권만을 의미한다는 견해가 있는데, 그 이유는 다른 기본권에 대한 법률유보는 그 권리의 형성을 의미하는 절차의 유보를 의미하기 때문이라고 한다.

(나) 기본권 제한의 목적

법률에 의한 기본권 제한의 경우 국가안전보장 · 질서유지 또는 공공복리라고 하는 세 가지 목적이 있는 때에만 제한이 가능하다.

(다) 기본권 제한의 요건

법률에 의한 기본권 제한은 필요한 경우에 가능한데, 필요한 경우란 일반적으로 국가안전보장 · 질서유지 또는 공공복리를 위하여 그 제한이 불가피한 경우와 그 제한이 최소한에 그쳐야 한다는 것을 의미한다.

(라) 기본권 제한의 형식

국가안전보장 · 질서유지 또는 공공복리를 위하여 필요한 경우에 기본권을 제한하는 형식은 원칙적으로 법률의 형식을 가지고서만 가능하다. 이때의 법률이란 국회가 제정한 형식적 의미의 법률로서, 그 법률은 일반적이고 명확하고 구체적이어야 한다.

(마) 기본권 제한의 한계

법률에 의해 기본권을 제한하는 경우에도 필요한 최소한의 범위에 머물러야 할 뿐만 아니라 자유와 권리의 본질적인 내용을 침해할 수 없다. 어느 정도의 기본권 침해가 있는 경우에 위헌적인 침해가 되는가는 각 기본권의 내용 중에서 그 본질적인 요소가 무엇인가에 따라 결정될 것이다.

판 례

1. 국가보안법 제6조(잠입 · 탈출) 제2항은 그 소정의 행위가 국가의 존립 · 안전이나 자유민주적 기본질서에 해악을 끼친 명백한 위험성이 있는 경우에만 이를 적용하는 것으로 그 적용범위를 축소 제한하면 헌법에 합치된다(헌재결 1998. 8. 27, 97헌바85).

2. 부동산소유권이전등기신청의 의무화는, 부동산투기의 수단으로 이용되는 허위 · 부실등기신청행위와 부동산투기억제를 위한 거래제한 법령을 회피하려는 각종 편법 · 탈법행위를 직접적으로 규제하기 위한 전제인 동시에, 그 자체로써 부동산 거래에 대한 실체적 권리관계에 부합하는 등기가 이루어지도록 하는 불가피한 입법조치라 할 것이다. 따라서 등기권리자가 상당한 사유 없이 등기신청을 해태한 때에는 그 해태한 날 당시의 그 부동산에 대한 등록세액의 5배 이하에 상당하는 금액의 과태료에 처한다는 부동산등기특별조치법 제11조는 과잉금지의 원칙에 위배된다고 볼 수 없다(헌재결 1998. 5. 28, 96헌바83).

(3) 국가긴급권에 의한 제한

국민의 기본권은 헌법에 의해 보장되며 법률에 의해서만 제한될 수 있으나, 특별한 예외가 허용된다. 즉 대통령의 긴급재정 경제처분 및 긴급명령권과(제76조) 계엄선포권(제77조)에 의해서 기본권이 제한될 수 있다.

II. 기본권의 발달

1. 근대적 기본권

근대적 기본권은 18세기 말에 성립되었다. 그러나 기본권 보장의 원형은 영국의 1215년의 마그나카르타(Magna Carta), 1628년의 권리청원(Petition of Right), 1679년의 인신보호법(Habeas Corpus Act), 1689년의 권리장전(Bill of Rights) 등에서 발견될 수 있다.

또한 18세기 말에 제정된 미국의 독립된 여러 주의 헌법, 특히 1776년의 버지니아의 권리선언은 그 대표적인 것이다.

근대적 기본권의 특징은 국가권력의 침해로부터 개인의 자유와 권리를 수호하려고 하는 자유권적 기본권이라는 점이다. 18세기에 들어서 개인은 종교 · 사상적으로는 종교 · 사상의 자유를, 정치적으로는 집회 · 결사 · 언론 · 출판 · 신체의 자유를, 사회적으로는 거주이전 · 직업선택의 자유를, 경제적으로는 재산권의 보장을 각각 요구하여 이를 획득하게 되었다.

2. 현대적 기본권

근대적 기본권은 시민계급을 전근대적인 모든 속박으로부터 해방하고 자본주의 경제의 터전이 되어 인류세계에 비약적인 번영과 발전을 가져왔다. 그러나 근대적 기본권 사상에 의거하여 자본주의가 고도로 발달함에 따라 부의 집중 · 편재로 인한 빈부의 격차, 계급의 대립 · 투쟁의 격화, 실업자의 격증 등 많은 사회문제를 야기하였다.

이로 인해 근대적 기본권 사상은 비판을 받게 되고 무산대중의 인간다운 생존을 위해서 국가로부터의 자유보다는 국가의 적극적인 관여에 의한 실질적이며 구체적인 자유의 보장을 요청하게 된 것이다. 이와 같은 이념 아래 새로 등장된 일련의 기본권을 사회권적 기본권이라고 부른다.

현대적 인권보장의 특징은 사회권적 기본권을 보장 · 확보하려는 데 있다. 다만 그것은 18 · 19세기적인 자유권적 기본권의 부정 · 대립을 의미하는 것은 아니며, 그것을 전제로 하는 보다 고차적인 발전형태인 것이다.

Ⅲ. 국민의 기본권

1. 인간의 존엄과 가치 · 행복추구권

(1) 헌법의 규정

헌법 제10조는 "모든 국민은 인간으로서의 존엄과 가치를 가지며, 행복을 추구할 권리를 가진다. 국가는 개인이 가지는 불가침의 기본적 인권을 확인하고 이를 보장할 의무를 진다."고 규정하고 있다. 이러한 인간의 존엄과 가치 · 행복추구권은 주기본권으로서 국민의 기본적 인권 전반을 말하는 것이라고 하겠다.

(2) 내용

인간으로서의 존엄과 가치란 인간 일반에게 고유한 가치로 간주되는 존엄함, 즉 인격성을 말한다. 제10조 전단은 자유민주주의의 기본이며 모든 기본권의 전제가 되고 모든 기본권보장의 목적이 되는 기본원리에 관한 것을 규정하고 있다. 특히 그 규정을 구체화하여 국민은 행복을 추구할 권리가 있음을 새로이 명문화하고 있다.

모든 국민이 인간으로서의 존엄과 가치를 갖는다는 것은 전국가적 · 초국가적 자연권적 원리를 의미하는 것이다. 우리 헌법에 있어서 인간으로서의 존엄과 가치의 주체로서의 인간상은 극단적인 개인주의도 전체주의도 아닌 인격주의에 대응되는 사회 속의 인간을 의미한다.

헌법 제10조 후단은 인간으로서의 존엄과 가치의 보장은 국가의 의무라고 규정하고 있다. 상기의 이러한 내용을 살펴볼 때, 구체적 권리로서 생명권 · 인격권 · 알권리 등이 주장될 수 있다. 또한 헌법이 보장하는 인간의 존엄과 가치 및 행복추구권은 결코 제한될 수 없는 기본권의 본질적 내용이라 할 것이다.

판 례

1. 조세포탈범에 대하여 일정한 경우 무기징역 · 포탈세액의 5배에 상당하는 벌금의 병과 등 가중처벌하는 특정범죄가중처벌등에관한법률 제8조 제1항 등은 헌법 제11조의 평등원칙이나 헌법 제37조 제2항에서 유래하는 비례의 원칙 내지 과잉금지의 원칙에 위배된다 할 수 없고, 나아가 헌법 제10조의 인간존엄성의 이념에도 위배된다고 할 수 없다(헌재결 1998. 5. 28, 97헌바68).

2.18세 미만자의 당구장출입을 금지하는 것은 행복추구권의 한 내용인 일반적 행동자유의 침해이다(헌재결 1993. 5. 13, 92헌마80).

3.무혐의자에 대한 군검찰관의 기소유예처분은 행복추구권을 침해한 것이다(헌재결 1989. 10. 27, 89헌마56).

2. 평등권

(1) 헌법의 규정

헌법 제11조 제1항은 "모든 국민은 법 앞에 평등하다."고 평등권을 규정하고 있다. 평등은 근대민주주의의 성립기에 있어서 인간의 자유와 더불어 강조되었던 것이다. 프랑스의 인권선언 제1조가 사람은 나면서부터 권리에 있어서 평등하다고 선언한 것을 비롯하여, 근대제국의 헌법은 예외 없이 국민의 평등권을 보장하고 있다.

모든 인간에게 있어서 인격의 존엄을 인정한다는 것은 필연적으로 평등의 원칙을 그 전제로 한다. 현대 법학의 평등권은 경제적 · 사회적 · 실질적 평등을 의미한다. 이러한 의미에서, 평등권도 정치적 평등권에서 경제적 평등권으로 전환되고 있다고 보아야 할 것이다.

(2) 내용

모든 국민이 법 앞에 평등하다고 하는 것은 모든 국민이 법상 차별을 받지 아니한다는 것을 의미한다. 즉 법을 적용 · 집행함에 있어서나 법을 정립함에 있어서나 차별을 받지 아니한다는 것을 의미한다. 이는 국민의 권리인 동시에 헌법을 포함하는 모든 법질서의 기본원칙이다.

평등이라 함은 절대적 평등이 아니라, 불합리한 차별을 금하는 상대적 평등을 뜻한다. 따라서 합리적인 차별대우는 얼마든지 인정될 수 있다. 상대적 평등은 국민을 추상적 인격자로 본 것이 아니라 구체적 인격자로 본 것이다.

헌법은 차별을 해서는 안 될 사유로서 성별 · 종교 · 사회적 신분을 들고 있으나 이는 예시에 지나지 아니하며, 기타 인종 · 문벌 · 재산 등 어떠한 것도 차별의 사유가 될 수 없음은 물론이다.

사회적 특수계급의 제도는 인정되지 아니하며, 어떠한 형태로도 이를 창설할 수 없다. 훈장 등의 영전은 이를 받은 자에게만 효력이 있고, 어떠한 특권도 이에 따르지 아니한다.

판 례

검사가 청구인에 대한 명예훼손 혐의를 수사함에 있어 전파가능성을 인식하고 이를 용인하고 있었는지를 밝혀서 그 결과 범죄혐의가 인정되는 경우에 한하여 기소유예 처분을 하였어야 함에도 불구하고, 만연히 청구인의 혐의를 인정한 후 기소유예 처분한 것은 청구인의 헌법상 기본권인 평등권을 침해하였다고 할 것이다(현재결 2004.9.23, 2004헌마383).

3. 자유권적 기본권

자유권적 기본권이란 국민이 그의 자유영역에 대해서 국가권력으로부터 침해를 받지 않을 소극적인 권리이다. 자유권적 기본권은 주기본권인 일반적 행동자유권과 그 파생적인 자유권으로 구성된다. 자연법론이든, 실정법론이든, 자유권만큼은 국가 이전부터 존재한 인간 본연의 인권이라고 하는 데 어느 정도 의견의 일치를 보고 있다.

따라서 헌법규정에 열거된 자유권은 예시적 규정에 불과하고 열거되지 아니한 자유권도 인정된다. 자유권의 주요 내용을 살펴보면 다음과 같다.

(1) 신체의 자유

신체의 자유는 국가권력으로부터 신체를 침해받지 않을 자유로, 일반적인 인격의 자유 중 하나이다. 신체의 자유는 인간의 모든 자유 중 가장 기본적인 자유이다.

우리 헌법은 신체의 자유를 보장하기 위하여 다음과 같은 여러가지 제도를 규정하고 있다.

판 례

형법 제250조 제1항이 규정하고 있는 살인의 죄는 인간생명을 부정하는 범죄행위의 전형이고, 이러한 범죄에는 그 행위의 태양이나 결과의 중대성으로 미루어 보아 반인륜적 범죄라고 규정지을 수 있는 극악한 유형의 것들도 포함되어 있을 수 있다. 따라서 사형을 형벌의 한 종류로서 합헌이라고 보는 한 그와 같이 타인의 생명을 부정하는 범죄행위에 대하여 행위자의 생명을 부정하는 사형을 규정한 것은 행위자의 생명과 가치가 동일한 하나의 혹은 다수의 생명을 보호하기 위한 불가피한 수단의 선택이라고 볼 수밖에 없으므로 이를 가리켜 비례의 원칙에 반한다고 할 수 없어, 헌법에 위반되는 것이 아니다(헌재결 1996. 11. 28, 95헌바1).

(가) 죄형법정주의

죄형법정주의는 범죄와 그에 대한 형벌은 법률로 규정하여야 한다는 것이다. 누구든지 법률에 의하지 아니하고는 체포 · 구속 · 압수 · 수색 · 심문 · 처벌과 보안처분을 받지 아니한다(제12조 제1항 후단). 형의 선고에 의하지 아니하고는 강제노역을 받지 아니한다.

(나) 고문금지와 묵비권

모든 국민은 고문을 받지 아니하며, 형사상 자기에게 불리한 진술을 강요당하지 아니한다(제12조 제2항).

(다) 영장제도

영장제도는 체포 · 구속 · 압수 · 수색에는 검사의 신청에 의하여 법관이 발부한 영장을 제시하여야 하는 제도이다(제12조 제3항). 다만 예외로서 현행범인의 경우와 장기 3년 이상의 형에 해당하는 죄를 범하고 도피 또는 증거인멸의 염려가 있을 때에는 사후에 영장을 청구할 수 있다(제12조 제3항 단서). 대통령의 비상계엄이 선포된 경우에는 영장제도를 배제할 수 있다(제77조 제3항).

(라) 변호인의 조력을 받을 권리

누구든지 체포 · 구속을 당한 때에는 즉시 변호인의 조력을 받을 권리를 가진다. 다만, 형사피고인이 스스로 변호인을 구할 수 없을 때에는 법률이 정하는 바에 의하여 국가가 변호인을 붙인다(제12조 제4항). 그리고 체포 · 구속의 이유와 변호인의 조력을 받을 권리를 고지하여야 하고, 가족 등에게 그 이유 · 일시 · 장소를 지체 없이 통지하여야 한다(제12조 제5항).

(마) 구속적부심사청구권

누구든지 체포 · 구속을 당한 때에는 구속적부심사를 법원에 청구할 수 있다(제12조 제6항). 이것은 아직 기소되지 않은 형사피의자의 권리를 보장하기 위한 것이다.

(바) 자백의 증거능력 제한

피고인의 자백이 고문 · 폭행 · 협박 · 구속의 부당한 장기화 또는 기망 기타의 방법에 의하여 자의로 진술된 것이 아니라고 인정될 때, 또는 정식재판에 있어서 피고인의 자백이 그에게 불리한 유일한 증거일 때에는 이를 유죄의 증거로 삼거나 이를 이유로 처벌할 수 없다(제12조 제7항). 이것은 형사소송법이 피고인의 권리를 보장하기 위해 둔 규정(형사소송법 제309조, 제310조)에 대해 헌법적인 근거를 제시한 것으로서, 자백이 증거능력을 갖기 위해서는 임의성을 필요로 하며, 자백이 증명력을 갖기 위해서는 보강증거가 필요하다.

(사) 형벌법규 불소급의 원칙과 일사부재리의 원칙

모든 국민은 행위시의 법률에 의하여 범죄를 구성하지 아니하는 행위로 소추되지 아니하며, 동일한 범죄에 대하여 거듭 처벌을 받지 아니한다(제13조 제1항).

(아) 연좌제의 금지

모든 국민은 자기의 행위가 아닌 친족의 행위로 인하여 불이익한 처우를 받지 아니한다(제13조 제3항).

(자) 신체의 자유 보장을 위한 제도

이 밖에도 헌법은 신체의 자유를 보장하기 위하여 형사피고인의 신속한 공개재판을 받을 권리(제27조 제3항 후단), 형사보상청구권(제28조), 국가구조제도(제30조) 등을 규정하고 있다.

(2) 거주 · 이전의 자유

헌법은 거주 · 이전의 자유를 "모든 국민은 거주 · 이전의 자유를 가진다."라고 규정하고 있다(제14조). 거주의 자유란 주소 · 거소를 정하는 자유이며, 이전의 자유란 주거를 마음대로 옮기는 자유이다. 이에는 국외이주와 해외여행의 자유, 국적이탈의 자유가 포함된다.

(3) 직업선택의 자유

헌법은 직업선택의 자유를 "모든 국민은 직업선택의 자유를 가진다."라고 규정하고 있다(제15조). 직업선택의 자유는 경제생활에 있어서의 자유 중 하나이며, 근대자본주의 경제제도의 기초를 이룬다. 직업선택의 자유란 사경제적 소득활동을 자기가 원하는 바에 따라 자유로이 선택할 수 있는 자유 내지 영업의 자유를 말한다.

(4) 주거의 자유

헌법은 주거의 자유를 "모든 국민은 주거의 자유를 침해받지 아니한다. 주거에 대한 압수나 수색을 할 때에는 검사의 신청에 의하여 법관이 발부한 영장을 제시하여야 한다."라고 규정하고 있다(제16조). 주거의 불가침은 신체의 자유와 더불어 최소한의 자유로서 오늘날 형사상 · 행정상의 절차적 보장을 초월하여 프라이버시에 관한 권리의 일환이 되고 있다.

(5) 사생활의 자유

헌법은 사생활의 자유를 "모든 국민은 사생활의 비밀과 자유를 침해받지 아니한다." 라고 규정하고 있다(제17조). 현대와 같은 정보화된 사회에서는 개인의 사생활을 보호하여야 할 필요성이 지대하므로, 개인의 인격과 관련된 사생활의 비밀과 자유를 보호하기 위하여 법적 규정이 필요하다.

판 례

일반 교통에 사용되고 있는 도로는 국가와 지방자치단체가 그 관리책임을 맡고 있는 영역이며, 수많은 다른 운전자 및 보행자 등의 법익 또는 공동체의 이익과 관련된 영역으로, 그 위에서 자동차를 운전하는 행위는 더 이상 개인적인 내밀한 영역에서의 행위가 아니며, 자동차를 도로에서 운전하는 중에 좌석안전띠를 착용할 것인가 여부의 생활관계가 자기결정의 핵심적 영역 또는 인격적 핵심과 관련된다고 보기 어려워 더 이상 사생활영역의 문제가 아니므로, 운전할 때 운전자가 좌석안전띠를 착용할 의무는 청구인의 사생활의 비밀과 자유를 침해하는 것이라 할 수 없다(헌재결 2003. 10. 30, 2002헌마518).

(6) 종교의 자유

헌법은 종교의 자유를 "모든 국민은 종교의 자유를 가진다. 국교는 인정되지 아니하며, 종교와 정치는 분리된다."라고 규정하고 있다(제20조). 이 종교의 자유는 정신적 자유의 근원으로서 대체로 협의의 종교의 자유, 즉 종교선택의 자유, 신앙의 자유 등과 종교적 행위의 자유(즉 종교적 의식의 참여 · 불참의 자유), 종교적 결사의 자유(즉 종교단체를 조직할 자유) 등이 포함된다.

판 례

종교의 교리를 내세워 법률이 규정한 병역의무를 거부하는 것과 같은 이른바 '양심상의 결정'은 헌법에서 보장한 종교와 양심의 자유에 속하는 것이 아니다(대판 1992. 9. 14, 92도1534).

(7) 양심의 자유

헌법은 양심의 자유를 "모든 국민은 양심의 자유를 가진다."라고 규정하고 있다(제19조). 따라서 국민이 각기 자기 심중에 어떤 생각을 하든 자유이며, 이것을 강제 당하지 않을 뿐만 아니라 자기 심중의 생각을 발표하도록 강제당하지 아니한다. 양심의 자유는 종교의 자유와 함께 인간 내심의 자유로서 정신적 자유의 근원으로 인정되고 있다.

판 례

양심의 자유는 내심에서 우러나오는 윤리적 확신과 이에 반하는 외부적 법질서의 요구가 서로 회피할 수 없는 상태로 충돌할 때에만 침해될 수 있다. 그러므로 실정법에서 특정의 행위를 금지하거나 명령하는 것이 아니라 단지 특별한 혜택을 부여하거나 권고 내지 허용하고 있는 데에 불과하다면, 수범자는 수혜를 스스로 포기하거나 권고를 거부함으로써 법질서와 충돌하지 아니한 채 자신의 양심을 유지 보존할 수 있으므로, 양심의 자유에 대한 침해가 된다고 할 수 없다(헌재결 2002. 4. 25, 98헌마425, 99헌마170 · 498(병합).

(8) 언론 · 출판 · 집회 · 결사의 자유

헌법은 "모든 국민은 언론 · 출판의 자유와 집회 · 결사의 자유를 가진다."라고 규정하고 있다(제21조 제1항). 또한, "언론 · 출판으로 타인의 명예나 권리 또는 공중도덕이나 사회윤리를 침해한 때에 피해자는 이에 대한 피고의 배상을 청구할 수 있다."라고 규정하고 있다(제21조 제4항).

(가) 언론 · 출판의 자유

언론 · 출판의 자유는 사상 · 지식 등의 발표, 즉 표현의 자유이다.

언론이란 음성에 의한 것이고 출판이란 문자 혹은 상형에 의한 것을 의미하는 바, 그 수단이 어떠한 것이든 사상 · 지식 등에 대한 표현의 자유는 보장된다. 언론 · 출판의 자유는 외부적 표현의 자유로서 민주정치에 있어서 빼놓을 수 없는 중요한 자유이다.

판 례

저속한 간행물의 출판을 전면적으로 금지시키고 나아가 출판사의 등록을 취소할 수 있도록 규정하고 있는 출판사및인쇄소의등록에관한법률 제5조의 2 제5호는 언론 · 출판의 자유를 과도하게 제한하는 위헌적인 입법이라는 비난을 면할 수 없다. 따라서 이 사건 법률조항 중 [저속한 간행물] 부분은 헌법 제37조 제2항의 과잉금지의 원칙에 위반된다(헌재결 1998. 4. 30, 95헌가16).

(나) 집회 · 결사의 자유

집회 · 결사의 자유는 집단적인 표현의 자유를 말한다. 즉 개개인이 공동의 목적을 가지고 회합 또는 결합하는 행위에 대하여 국가권력이 그것을 제한하거나 간섭해서는 안 된다는 것을 의미한다. 이 자유는 언론 · 출판의 자유와 거주 · 이전의 자유를 전제로 하여 집단적 형태로 행해지는 광의의 사상 · 의견을 발표할 수 있는 자유의 한 형태이다.

오늘날 민주국가에서 언론 · 출판의 역할이 강조되는 것은 다른 한편으로는 그 사회적 책임성이 크다는 것을 의미하므로, 그 책임성을 강조하고, 그 남용으로 인한 피해의 구제를 철저히 하기 위하여 피해자의 배상청구권을 보장하고 있다. 언론 · 출판 · 집회 · 결사의 자유를 보장하기 위하여 우리 헌법은 언론 · 출판에 대한 허가나 검열과 집회 · 결사에 대한 허가는 인정하지 아니하고(제21조 제2항), 통신 · 방송의 시설기준과 신문의 기능을 보장하기 위하여 필요한 사항은 법률로 정하도록 규정하고 있다(제21조 제3항).

(9) 학문과 예술의 자유

헌법은 학문과 예술의 자유에 관하여 "모든 국민은 학문과 예술의 자유를 가진다. 저작자 · 발명가 · 과학기술자와 예술가의 권리는 법률로써 보호한다."라고 규정하고 있다(제22조).

학문의 자유라 함은 사상표현의 자유로서 어떠한 간섭도 받지 아니하고 자연과 사회의 변화 · 발전에 대한 진리나 진실을 탐구하고 인식하는 자유를 의미한다. 학문의 자유에는 학문연구의 자유, 연구결과발표의 자유, 교수의 자유, 학문을 위한 집회 · 결사의 자유 및 대학의 자유(자치)가 포함된다.

예술의 자유는 미적 추구의 자유를 의미하며, 예술창작의 자유, 예술표현의 자유, 예술작품의 보호 및 예술적 집회 · 결사의 자유 등을 그 내용으로 한다.

(10) 재산권의 보장

헌법은 재산권의 보장에 관하여 "모든 국민의 재산권은 보장된다. 그 내용과 한계는 법률로 정한다. 재산권의 행사는 공공복리에 적합하도록 하여야 한다. 공공필요에 의한 재산권의 수용 · 사용 또는 제한 및 그에 대한 보상은 법률로써 하되 정당한 보상을 지급하여야 한다."라고 규정하고 있다(제23조).

근대초기에 있어서는 재산권이 천부의 신성불가침한 권리로 인정되었으나, 20세기에 들어와서 자본주의의 발달로 인한 부익부 빈익빈의 폐단 때문에 개인주의적 재산권의 개념이 수정되어, 재산권도 사회 전체의 복리를 위하여 제한할 수 있게 되었다. 이에 따라 우리 헌법도 이러한 규정을 두고 있는 것이다.

이러한 재산권에 관한 사회주의 내지 단체주의적 경향은 1919년 바이마르 헌법에서 최초로 나타났다. 즉 재산권은 의무를 수반하며, 재산권의 행사는 공공복리를 위하여 해야 한다.

헌법 제23조에서 말하는 재산권에는 사법상 · 공법상의 경제적 가치가 있는 모든 권리가 포함되며, 민법상의 소유권 기타 물권 · 채권 및 특별법상의 광업권 · 어업권 · 특허권 · 저작권과 공법적 성격을 가진 수리권 · 하천점용권 등이 모두 포함된다.

특히 헌법은 재산권 침해에 대한 보상에 대하여 보상지급을 보장하고 있다.

판 례

우리의 상속법제는 법적 안정성이라는 공익을 도모하기 위하여 포괄 · 당연승계주의를 채택하는 한편, 상속의 포기 · 한정승인제도를 두어 상속인으로 하여금 그의 의사에 따라 상속의 효과를 귀속시키거나 거절할 수 있는 자유를 주고 있으며, 상속인과 피상속인의 채권자 및 상속인의 채권자 등의 이해관계를 조절할 수 있는 다양한 제도적 장치도 마련하고 있으므로, 민법 제1005조는 입법자가 입법형성권을 자의적으로 행사하였다거나 헌법상 보장된 재산권이나 사적 자치권 및 행복추구권을 과도하게 침해하여 기본권제한의 입법한계를 벗어난 것으로서 헌법에 위반된다고 할 수 없다(헌재결 2004. 10. 28, 2003헌사13).

4. 사회권적 기본권(생존권적 기본권)

사회권적 기본권은 학자에 따라 생존권적 기본권이라고도 불린다.

사회권적 기본권은 생활에 필요한 여러가지 조건을 국가권력이 적극적으로 관여하여 확보해 줄 것을 요청할 수 있는 권리라고 개념지을 수 있다. 사회권적 기본권은 주기본권인 '인간다운 생활을 할 권리' 와 그 파생적인 기본권으로 구성된다. 이러한 의미에서 사회권적 기본권은 국가권력이 적극적으로 관여함으로써 보장될 수 있는 국가에 대한 국민의 적극적 권리라고 말할 수 있다.

현대국가에서 사회권적 기본권은 궁극에 있어서 국민 각자의 문화적인 최저한도의 생활보호를 목적으로 하는 것으로서, 국가권력의 적극적인 관여에 의하여 보장되는 권리이다.

그러므로 사회권적 기본권을 보장하는 것은 국가권력의 의무인 동시에 국가권력의 내용을 이루고 있다고 하겠다.

(1) 인간다운 생활을 할 권리

헌법은 인간다운 생활을 할 권리에 대하여 "모든 국민은 인간다운 생활을 할 권리를 가진다. 국가는 사회보장 · 사회복지의 증진에 노력할 의무를 진다. 국가는 여자의 복지와 권익의 향상을 위하여 노력하여야 한다. 국가는 노인과 청소년의 복지향상을 위한 정책을 실시할 의무를 진다. 신체장애자 및 질병 · 노령 기타의 사유로 생활능력이 없는 국민은 법률이 정하는 바에 의하여 국가의 보호를 받는다. 국가는 재해를 예방하고 그 위험으로부터 국민을 보호하기 위하여 노력하여야 한다."라고 규정하고 있다(제34조).

인간다운 생활의 확보는 21세기 사회 · 경제체제하에서 개인이 직면한 가장 기본적인 과제이다. 인간다운 생활은 인간으로서의 존엄과 가치의 경제생활면에 있어서의 구체화를 의미하며, 모든 사회적 기본권의 이념적 기초가 되는 것이다. 다만, 이는 프로그램적 권리이며, 이것을 근거로 국민이 국가에 대하여 직접 생활보장을 청구할 수 있는 구체적인 권리를 가지는 것은 아니다.

(2) 교육을 받을 권리

교육을 받을 권리라 함은 교육을 받을 수 있도록 국가의 적극적인 배려를 요구할 수 있는 권리를 말한다. 우리 헌법 제31조는 "모든 국민은 능력에 따라 균등하게 교육을 받을 권리를 가진다. 모든 국민은 그 보호하는 자녀에게 적어도 초등교육과 법률이 정하는 교육을 받게 할 의무를 진다. 의무교육은 무상으로 한다. 교육의 자주성 · 전문성 · 정치적 중립성 및 대학의 자율성은 법률이 정하는 바에 의하여 보장된다. 국가는 평생교육을 진흥하여야 한다. 학교교육 및 평생교육을 포함한 교육제도와 그 운영, 교육재정 및 교원의 지위에 관한 기본적인 사항은 법률로 정한다."라고 규정하여 교육을 받을 권리 및 교육의 의무, 의무교육의 무상, 교육의 자주성 · 전문성 · 정치적 중립성 및 대학의 자율성의 보장, 평생교육의 진흥, 교육제도 등의 법률주의를 규정하고 있다.

판 례

대학입학지원자가 모집정원에 미달한 경우라도 대학이 정한 수학능력이 없는 자에 대하여 불합격처분을 한 것은 교육법 제111조 제1항에 위반되지 아니하여 무효라 할 수 없고, 또 위 학교에서 정한 수학능력에 미달하는 지원자를 불합격으로 한 처분이 재량권의 남용이라 볼 수 없다(대판 1983. 6. 28, 83누193).

(3) 근로의 권리

헌법은 근로의 권리에 관해 "모든 국민은 근로의 권리를 가진다. 국가는 사회적 · 경제적 방법으로 근로자의 고용의 증진과 적정 임금의 증진에 노력하여야 하며, 법률이 정하는 바에 의하여 최저임금제를 시행하여야 한다. 모든 국민은 근로의 의무를 진다. 국가는 근로의 의무의 내용과 조건을 민주주의원칙에 따라 법률로 정한다. 근로조건의 기준은 인간의 존엄성을 보장하도록 법률로 정한다. 여자의 근로는 특별한 보호를 받으며 고용 · 임금 및 근로조건에 있어서 부당한 차별을 받지 아니한다. 청소년의 근로는 특별한 보호를 받는다. 국가유공자 · 상이군경 및 전몰군경의 유가족은 법률이 정하는 바에 의하여 우선적으로 근로의 기회를 부여한다."라고 규정하고 있다(제32조).

현대 자본주의 헌법이 요청하고 있는 근로권이란 일반적으로 노동의 의사와 능력이 있는 자는 적당한 노동을 가질 것을 요구할 수 있으며, 이러한 노동을 가지지 못하였을 때에는 이에 갈음할 상당한 생활비의 지급을 요구할 수 있는 권리라고 말할 수 있다.

즉 근로의 권리란 근로자가 각자의 의사 · 능력 · 취미에 따라 직업 내지 근로의 종류 · 내용 · 장소 등을 선택하고, 가장 유리한 조건으로 노동력을 제공하여 그 생존을 유지하며, 타인의 방해를 받음이 없이 이러한 고용관계를 계속할 권리를 말한다.

판 례

제5공화국하에서의 언론인 강제해직조치에 따른 사직의 의사표시는 비진의의사표시에 해당하며, 이러한 의사표시에 따라 사직서를 수리하는 행위는 부당해고에 다름없는 것이다(대판 1991. 7. 12, 90다11554).

(4) 근로자의 근로3권

헌법은 "근로자는 근로조건의 향상을 위하여 자주적인 단결권 · 단체교섭권 및 단체행동권을 가진다. 공무원인 근로자는 법률이 정하는 자에 한하여 단결권 · 단체교섭권 및 단체행동권을 가진다. 법률이 정하는 주요 방위산업체에 종사하는 근로자의 단체행동권은 법률이 정하는 바에 의하여 이를 제한하거나 인정하지 아니할 수 있다."라고 규정하여 근로자의 근로3권을 보장하고 있다(제33조).

근로자란 직업의 종류를 불문하고 임금 · 급료 기타 이에 준하는 수입에 의하여 생활하는 자를 말한다.

근로3권이란 근로자가 근로조건의 향상을 위하여 단체를 조직하며, 사용주와 단체적으로 교섭을 하고, 나아가 그 교섭을 실질적으로 관철하기 위하여 시위 · 태업 · 파업 등 실력적인 행동 등을 할 수 있는 권리이다.

판 례

근로자가 회사로부터 해고를 당하였다 하더라도 상당한 기간 내에 노동위원회에 부당노동행위 구제신청을 하여 그 해고의 효력을 다투고 있었다면, 위 법규정의 취지에 비추어 노동조합원으로서의 지위를 상실한 것이라고 볼 수 없다(대판 1992. 3. 31. 91다14413).

(5) 환경권

헌법은 환경권을 "모든 국민은 깨끗한 환경에서 생활할 권리를 가지며, 국가와 국민은 환경보전을 위하여 노력하여야 한다."라고 규정하고 있다(제35조).

환경권이란 좋은 환경에서 쾌적한 생활을 누릴 수 있고 건강을 훼손당하지 않을 권리이다. 국가뿐만 아니라 국민도 이러한 환경보전을 위해서 노력할 의무도 헌법에서 함께 규정하고 있다.

환경권 사상이 등장한 것은 미국에서 비롯하였는데, 1971년 국가환경정책법이 제정되었으며, 독일에서는 1973년 1월 18일 브란트(Brandt) 수상이 "인간은 모두 인간에 적합한 환경에 대한 기본적인 권리를 가지며, 이는 헌법차원의 권리이다."라고 강조한 바 있다.

우리나라에서도 1978년 7월 1일부터 시행된 환경보전법에서 "환경을 적정하게 보전함으로써 국민보건 향상에 기여함을 목적으로…"라고 규정하고 있고, 제5공화국에서부터 헌법 제33조에 깨끗한 환경에서 생활할 권리를 규정하여 오늘에 이르렀다.

(6) 혼인과 가족생활 및 보건에 관한 권리

헌법은 혼인과 가족생활 및 보건에 관한 권리를 "혼인과 가족생활은 개인의 존엄과 양성의 평등을 기초로 성립되고 유지되어야 하며, 국가는 이를 보장한다."라고 규정하고 있다(제36조 제1항).

따라서 축첩 · 중혼 등은 금지되며, 민법상의 동거, 상호부양과 같은 부부의 의무 및 친권을 위시한 각종의 권리 및 의무는 개인의 존엄과 남녀평등을 기초로 성립된다.

혼인제도와 가족제도는 세계인권선언을 비롯해서 세계 각국의 헌법에 거의 예외 없이 규정되어 있다. 이것은 국가조직이 가족제도의 기반 위에 조직되어 있다는 사회학적 현상을 인정한 것이다.

또한 모든 국민은 보건에 관하여 국가의 보호를 받는다. 국가는 국민의 위생은 물론 건강한 생활을 하는 데 필요한 주택이라든가 환경 등에 대한 특별한 배려의 의무를 진다. 그 외에 혼인 · 가족 · 건강에 관한 권리에 모성보호의 규정이 신설되었다(제36조 제2항).

건강보호법 · 의료법 · 전염병예방법 · 예방접종법 등은 헌법 제36조에 의거한 것이다.

판 례

국가시책에 의한 가족계획은 어디까지나 임신을 사전에 방지하는 피임방법에 의할 것이고 임신 후의 낙태행위를 용인하는 것은 아니다(대법원 1965. 11. 23, 65도876).

5. 청구권적 기본권

청구권적 기본권은 국민이 국가에 대하여 적극적으로 특정한 행위를 요구하거나 국가의 보호를 요청하는 주관적 공권을 의미한다.

청구권적 기본권은 학자에 따라서는 수익권 · 권리보호청구권 · 구제적 기본권 · 기본권보장을 위한 기본권 등으로 불리고 있다. 이는 옐리네크가 말한 적극적인 지위에서 나온 수익권을 사회권적 기본권과 청구권적 기본권으로 나누어 후자의 대국가적인 적극적 청구권을 말하는 것이다.

자유권이 '국가로부터의 자유'를 의미하는 소극적 성질을 가지는 데 반하여, 청구권적 기본권은 '국가에 대한 청구'를 내용으로 하는 적극적 성질을 가진다.

즉 청구권적 기본권은 국가에 대한 국민의 적극적 지위에서 인정되는 권리로서, 국민의 기본권이 침해되었을 경우에 그에 대한 구제를 위한 절차적 기본권이다.

(1) 청원권

헌법은 청원권을 "모든 국민은 법률이 정하는 바에 의하여 국가기관에 문서로 청원할 권리를 가진다."라고 규정하고 있다(제26조 1항).

청원이란 국가의 각 기관에 대하여 그 직무사항에 관한 희망을 진술함을 말한다. 여기에서 국가의 각 기관이라 함은 입법, 행정 및 사법기관은 물론 지방자치단체의 기관까지도 포함된다. 청원은 반드시 문서로 하여야 하며, 국가는 청원에 대하여 심사할 의무를 진다(제26조 제2항). 청원의 내용은 "청원법"에 규정되어 있다.

(2) 재판청구권

헌법은 재판청구권을 "모든 국민은 헌법과 법률이 정한 법관에 의하여 법률에 의한 재판을 받을 권리를 가진다."라고 규정하고 있다(제27조 제1항).

재판을 받을 권리는 국가에 대하여 재판을 청구할 수 있는 기본권으로서, 이는 행정부의 자의적인 재판을 배제하고, 사법권의 독립이 보장된 법원에서 신분이 보장된 자격 있는 법관에 의하여 재판을 받을 권리와, 적법한 절차(due process of law)에 따르는 공정한 심판을 받을 권리를 포함하는 것이다.

또한 국민은 신속한 재판을 받을 권리와 공개재판을 받을 권리를 가진다. 군인 또는 군무원이 아닌 국민은 일정한 예외를 제외하고는 군사법원의 재판을 받지 아니한다.

판 례

통고처분은 상대방의 임의의 승복을 발효요건으로 하기 때문에 통고처분 그 자체만으로는 통고이행을 강제하거나 상대방에게 아무런 권리의무를 형성하지 않는다. 따라서 통고처분은 행정쟁송 대상으로서의 처분성이 없고 통고처분 그 자체가 위법 · 부당하여 이의가 있는 경우에 그 취소 · 변경을 구하는 행정쟁송을 제기할 수 없다고 할 것이다. 그렇다고 하여 통고처분에 대하여 불복할 수 있는 길이 전혀 없는 것은 아니다. 통고처분에 대하여 이의가 있으면 통고내용을 이행하지 않음으로써 고발되어(관세법 제232조) 형사재판절차에서 통고처분의 위법 · 부당함을 얼마든지 다툴 수 있다. 그러므로 통고처분에 대하여 어떠한 불복절차도 인정하지 않는 것과 같이 그 내용이 현저하게 불합리하여 재판청구권을 침해하거나 적법절차에 위배되는 정도에 이르지 않는 한 헌법에 위반되는 것이라고 할 수 없다(헌재결 1998. 5. 28, 96헌바4).

(3) 형사보상청구권

헌법은 형사보상청구권을 "형사피의자 또는 형사피고인으로서 구금되었던 자가 법률이 정하는 불기소처분을 받거나 무죄판결을 받을 때에는 법률이 정하는 바에 의하여 국가에 정당한 보상을 청구할 수 있다."라고 규정하고 있다(제28조).

형사피고인으로서 구금되었던 자가 확정판결에 의하여 무죄를 선고받았을 때는 물론이고, 형사피의자로서 구금되었던 자가 법률이 정하는 불기소처분을 받은 경우에도 그 손실의 보전을 국가에 청구할 수 있는 권리인 것이다. 이에 관한 법률로 "형사보상법"이 있다.

(4) 국가배상청구권

헌법은 국가배상청구권을 "공무원의 직무상 불법행위로 손해를 받은 국민은 법률이 정하는 바에 의하여 국가 또는 공공단체에 정당한 배상을 청구할 수 있다."라고 규정하고 있다(제29조 제1항).

우리 헌법은 국민의 권리보장에 만전을 기하기 위하여 공무원 자신의 책임 외에 국가 또는 공공단체의 배상책임을 인정하고 있다. 다만, 군인 · 공무원 · 경찰공무원 기타 법률로 정하는 자가 전투훈련 등 직무집행과 관련하여 받은 손해에 대하여는 법률이 정하는 보상 외에 국가 또는 공공단체에 공무원의 직무상 불법행위로 인한 배상을 청구할 수 없다. 이에 관한 법률로 "국가배상법"이 있다.

판 례

공무원이 통상적으로 근무하는 근무지로 출근하기 위하여 자기 소유의 자동차를 운행하다가 자신의 과실로 교통사고를 일으킨 경우에는, 특별한 사정이 없는 한 국가배상법 제2조 제1항 소정의 공무원이 '직무를 집행함에 당하여' 타인에게 불법행위를 한 것이라고 할 수 없으므로 그 공무원이 소속된 국가나 지방공공단체가 국가배상법상의 손해배상책임을 부담하지 않는다(대판 1996. 5. 31, 94다15271).

(5) 국가구조청구권

헌법은 국가구조청구권(國家救助請求權)을 "타인의 범죄행위로 인하여 생명 · 신체에 대한 피해를 받은 국민은 법률이 정하는 바에 의하여 국가로부터 구조를 받을 수 있다."라고 규정하고 있다(제30조).

6. 참정권적 기본권

참정권은 국민이 국가기관으로서 공무에 참여하는 능동적 권리이다. 이것은 피치자

(被治者)인 국민이 치자(治者)의 입장에서 공무원을 선거하고 공무를 담당하는 권리이기 때문에 국민주권주의 국가에서는 정치권이라고도 부른다. 참정권은 민주정치에 있어서는 필수 불가결한 권리이기에 민주적 · 정치적 권리이며, 개별적인 국민의 능동적 공권이다.

참정권은 국민 개개인의 불가양 · 불가침의 권리로서 대리행사시킬 수 없는 일신전속적인 권리이다.

헌법은 공무원선거권을 "모든 국민은 법률이 정하는 바에 의하여 공무원선거권을 가진다."라고 규정하고 있으며(제24조), 공무담임권을 "모든 국민은 법률이 정하는 바에 의하여 공무담임권을 가진다."라고 규정하고 있다(제25조).

또한, 헌법은 대통령이 회부한 국가안위에 관한 중요정책과 헌법개정안에 대한 국민투표권도 규정하고 있다(제72조, 제130조 제2항).

Ⅳ. 국민의 기본적 의무

국민의 기본적 의무라 함은 국민이 국가에 대한 수동적 지위에서 또는 개개의 국민이 통치권의 대상으로서 부담하는 갖가지 의무 중에서 헌법에 규정된 의무를 말한다.

근대 자유주의 국가에서 국민의 의무는 자유권을 보장하기 위한 수단에 불과했다. 따라서 납세의 의무는 재산권을 보장하기 위한 것이고, 국방의 의무는 신체의 자유를 보장하기 위한 소극적 성격을 갖는 것이었다.

그러나 현대 복지국가에 있어서 국민의 의무는 생활권과 관계하여 사회복지를 향상시키기 위한 의무로 이해되어야 한다. 즉, '교육을 받을 의무' 는 생활권으로서 교육을 받을 권리의 반대 효과로, '근로의 의무' 는 '근로의 권리' 의 반대효과로 각각 규정하게 된 것이므로, 이들은 적극적 의미를 갖는다.

1. 납세의 의무

헌법은 "모든 국민은 법률이 정하는 바에 의하여 납세의 의무를 진다."라고 규정하고 있다(제38조). 납세의 의무는 국방의 의무와 함께 고전적 의무의 하나이며, 양자는 근대 헌법 이래 국민의 2대 의무가 되고 있다. 납세의 의무에 있어서 조세라 함은 그 명칭의 여하를 불문하고 국가 또는 지방공공단체가 그 경비를 충당하기 위하여 아무런 보상 없이 강제적으로 부과하는 모든 경제적 부담을 말한다.

납세의 의무 부과는 다음 두 원칙에 따라야 한다. 즉, 개인의 재력에 따른 공정하고 평등한 과세, 법률에 의한 과세가 그것이다.

2. 국방의 의무

헌법은 "모든 국민은 법률이 정하는 바에 의하여 국방의 의무를 진다."라고 규정하고 있다(제39조 제1항).

국방의 의무라 함은 외국의 침략행위로부터 국가의 독립을 유지하고 영토를 보전하기 위한 국토방위의 의무를 말한다. 국방의 의무도 납세의 의무와 함께 국민의 2대 의무에 해당된다.

3. 교육의 의무

헌법은 교육을 받을 의무를 "모든 국민은 그 보호하는 자녀에게 적어도 초등교육과 법률이 정하는 교육을 받게 할 의무를 진다."라고 규정하고 있다(제31조 제2항).

교육의 의무라 함은 친권자가 그 자녀로 하여금 초등교육과 법률이 정한 교육을 받게 할 의무를 말한다.

교육의 의무는 모든 국민으로 하여금 생존에 필요한 최소한의 교양과 능력을 함양케 하는 생존권보장으로서의 성격과, 문화국가의 이념을 실현하기 위한 2세 교육이라는 성격을 갖고 있다.

4. 근로의 의무

헌법은 "모든 국민은 근로의 의무를 진다. 국가는 근로의 의무의 내용과 조건을 민주주의 원칙에 따라 법률로 정한다."라고 규정하고 있다(제32조 제2항).

근로의 의무란 근로의 능력이 있음에도 불구하고 근로하지 않는 자에 대해서는 근로의 보호, 즉 생활보호를 하지 않는다는 의미이다.

5. 재산권행사의 공공복리적합의무

헌법은 "재산권의 행사는 공공복리에 적합하도록 하여야 한다."라고 규정하고 있다(제23조 제2항).

이러한 입법례는 특히 1919년의 바이마르 헌법에서 볼 수 있다. 재산권의 사회적 의무성을 규정한 것이다.

6. 환경보전의 의무

헌법은 "국가와 국민은 환경보전을 위하여 노력하여야 한다."고 규정하고 있다(제35조 제1항 후단).

이것은 산업의 발전에 따라 환경이 파괴되고 그 결과 지구의 미래에 대한 불안으로, 국가뿐만 아니라 국민에게도 환경보전의 의무를 부과한 것이다.

제 5 장 통치기구

우리나라는 국민대표주의를 원칙으로 하며 대표자를 통하여 주권을 행사하고 있다. 우리 헌법은 제1조 제2항에서 "주권은 국민에게 있고 모든 권력은 국민으로부터 나온다."라고 규정하여 국민주권주의와 대표민주정치를 채택하고 있다.

국민주권주의에 대해서는 세계 어느 나라에서도 이를 부인하지 않는다.

주권자인 국민이 주권을 직접 행사하는 직접민주정치는 다수의 인구를 가지는 대형국가와 입법 · 행정 · 사법에 고도의 기술성을 요하는 현대국가에서는 도저히 채택될 수 없는 제도가 되고 말았다. 따라서 루소는 직접민주제를 이상으로 하면서도 부득이 대표민주제를 수락하지 않을 수 없었다.

대표민주제를 시행하면서 모든 권력을 한 사람 혹은 한 기관에게만 위임할 경우 독재의 가능성이 매우 크다. 그리하여 2개 혹은 3개의 독립된 기관에 권력을 분담시켜 상호 균형과 견제를 유지하려는 제도가 권력분립제도이다.

1690년 존 로크가 정치이론에서 2권분립(입법권, 집행권)을 주장하였고, 1748년 몽테스키외가 법의 정신에서 3권분립(입법, 사법, 행정)을 주장하였다.

최근 뢰벤슈타인은 국가권력을 동적으로 파악하여 정책결정권, 정책집행권, 정책통제권으로 분류하기도 한다.

Ⅰ. 정부형태

1. 대통령중심제

대통령중심제 또는 대통령책임제는 권력분립주의에 입각하여 행정권의 수반인 대통령이 국민에 의하여 선출되고, 의회로부터 완전히 독립한 지위를 가지는 체제를 가리킨다. 미합중국의 정부형태가 그 전형적인 것이다.

유럽제국과는 달리 역사가 일천하고 넓은 영토를 통치하기 위해서 강력한 지도자를 필요로 했던 미국에서 시작된 정부 형태이다. 정부의 빠른 의사결정과 강력한 리더쉽을 발휘할 수 있는 대통령중심제는 2차 세계대전 이후 독립한 신생국가에서 많이 채택하고 있다.

(1) 내용

대통령과 국회의원을 국민이 선출하여, 대통령과 국회는 국민에게만 책임을 진다. 국회는 정부에 대한 불신임결의를 할 수 없고, 대통령도 국회를 해산할 수 없다.

대통령은 행정부의 수반으로서 행정권을 직접 담당한다. 내각은 의결권이 없는 자문기관에 불과하며, 각료는 대통령에 대해서만 책임을 진다.

정부는 법률안 제출권도 없고, 각료의 국회출석 발언권도 인정되지 않는 것이 원칙이다. 다만 대통령에게 법률안 거부권을 주고 있다.

(2) 특징

일반적인 대통령중심제의 특징은 ① 행정부의 국회로부터 독립, ② 조직과 작용에 있어서의 행정부와 국회의 분리, ③ 상호 견제와 균형의 유지, ④ 대통령의 행정수반인 동시에 국가원수로서의 지위 등에 있다.

장점으로는 대통령의 임기 중 정부 내지 정국의 안정을 기할 수 있고, 국회 등의 정부에 대한 부당한 간섭을 억제할 수 있다는 점을 들 수 있다.

단점으로는 정부와 국회의 대립으로 인한 강력한 정책실시의 불가능 내지 국정이 정체될 우려가 있다는 점, 정부의 독선을 가져올 가능성이 있다는 점, 국정에 관한 책임이 대통령과 국회에 분산되어 있으므로 책임정치의 원칙이 확립되지 못한다는 점 등이 지적되고 있다.

2. 의원내각제

의원내각제 또는 내각책임제는 행정부가 의회의 신임을 그의 성립 · 존속의 요건으로 하는 제도이며, 영국에서 시작되어 프랑스를 거쳐서 다른 유럽 여러 국가에 보급되고 있는 제도이다.

의원내각제는 영국의 오랜 정치경험의 산물로서 입법부와 행정부의 법적인 분립을 전제로 하고, 이들 상호간의 균형을 유지하면서 서로 밀접한 관계를 가지는 정부형태이다.

(1) 내용

국왕 또는 대통령이라는 상징적 의미의 국가원수를 두고 있으나, 내각의 수반인 수상이 실권을 장악하고 있다. 내각의 성립과 존속은 전적으로 국회에 의존한다. 국회의원이 각료를 겸할 수 있으며, 각료는 국회에 출석하여 발언할 수 있다. 정부도 법률안 제출권을 가진다. 국회는 내각을 불신임할 수 있으며, 정부도 국회를 해산할 수 있다.

(2) 특징

일반적으로 의원내각제의 특징으로 ① 행정부가 그 성립 내지 조직에 있어서 국회에 의존하고 있다는 점, ② 대개 국회의 다수당이 동시에 내각 조직권을 가지기 때문에 다수당을 통하여 입법권과 행정권이 융화를 이룩할 수 있다는 점, ③ 행정부의 실권이 내각에 있으므로 이 내각과 형식적인 국가원수인 군주 또는 대통령에 의한 행정부의 이원성이 나타나는 점, ④ 국회가 법상으로 내각에 우월하다는 점 등을 들 수 있다.

의원내각제의 장점으로는 국회와 정부 간에 대립이 생긴 때에는 국회에 의한 내각불신임 또는 내각에 의한 국회해산에 의하여 신속한 해결을 할 수 있다는 점, 정부가 국회의 지지를 얻고 있는 동안은 강력한 정책을 실시할 수 있다는 점, 국정에 대한 책임이 국회의 다수당에 집중되므로 그 책임의 소재가 명백하다는 점, 국민의 의사를 반영하는 국회(특히 하원)의 신임을 정부가 얻고 있으므로 보다 더 민주적이라는 점을 들 수 있다.

단점으로는 군소 정당이 난립하고 있는 국가에서는 내각의 조직이 어렵고, 조직된 내각은 단명일 때가 많으므로 정국의 안정을 기하기 어렵다는 점, 위의 경우에 있기 쉬운 연립내각에서의 수상은 내각의 유지에 급급한 나머지 강력한 정책 수행을 할 수 없다는 점, 국회의 다수당이 행정에도 영향력을 가지므로 이를 견제할 수 있는 방법이 적고, 따라서 국권의 남용을 가져올 수 있다는 점 등이 지적되고 있다.

3. 우리나라 정부형태

(1) 제헌헌법 이후

우리나라는 제헌 당시에 의원내각제의 요소를 가미한 대통령제를 채택하였다가, 4·19 후 제2공화국 헌법은 순수한 의원내각제를 채택하였고, 제3공화국 헌법에서는 다시 대통령제로 복귀하였으며, 유신헌법은 대통령제이면서도 구헌법에 있어서 보다 대통령의 권한이 훨씬 강화된 제도로서 프랑스의 제5공화국 헌법상의 제도와 비슷한 제도를 채택하고 있었다.

(2) 제8차 개헌 이후

제8차 개헌 이후의 제5공화국의 정부형태도 대통령책임제를 채택하고 있었다. 국무회의는 의원내각제하의 내각과는 달리 대통령의 정책결정에 있어서 심의기관의 역할을 함에 불과하므로, 대통령은 그 의결에 구속을 받지 않을 뿐만 아니라 국회에 대해서 아무런 책임도 지지 않았다. 그러나 대통령이 국무총리를 임명할 경우에는 국회의 동의를 요하고, 정부도 법률안 제출권을 가지며, 국무총리와 국무위원은 국회에 출석하여 발언할 수 있고, 대통령이 국회를 해산할 수 있는 동시에 국회는 국무총리 · 국무위원의 해임을 의결할 수 있는 것 등은 의원내각제적인 요소이다.

(3) 제9차 개헌 이후

제9차 개헌에 의한 현 제6공화국의 정부형태는 대통령제를 채택하면서도 국회의 권한과 기능이 상대적으로 크게 부상하였다. 직선제와 단임제에 의한 대통령의 비상조치권 · 국회해산권이 폐지되고, 국회의 국정감사권을 부활시키는 등 국민의 대표 기관인 국회의 권한이 강화되고 그 기능이 활성화되어 국가권력의 균형과 조화를 도모하고 있다. 다만, 국회의 국무총리 · 국무위원에 대한 해임의결권을 해임건의권으로 완화하였고, 반면 대통령의 권한의 조정에 따라 국무회의의 심의사항이 변경되었다.

II. 국회

1. 국회의 헌법상 지위

(1) 국민의 대표기관

국회는 일반적으로 국민의 대표기관이라고 한다. 오늘날의 국민주권주의하에 있어서는 국민이 주권을 가지고 있으며, 헌법제정권자인 국민이 헌법제정시에 국민대표기관을 지정하고, 이 기관에게 입법권을 부여하고 있다. 국회는 민선의원으로 구성되므로 대표자를 통하여 국민의 의사를 국회에 반영시키고 또한 국회의 의결은 국민의 의사로 볼 수 있다는 의미에서, 국회는 국민의 대표기관이라고 할 수 있는 것이다.

(2) 입법기관

민주국가에서는 법률이 행정부나 사법부의 명령 · 규칙보다 그 효력이 강하다는 법률우선주의의 원칙하에 법률제정권을 의미하는 입법권을 국회에 부여하고 있다. 국민의 권리 · 의무에 관한 사항, 기타 중요한 사항을 입법사항으로 하고 반드시 국회의 의결을 거치게 하는 것이다.

(3) 국정감시 · 비판기능

국회는 국민의 대표기관이란 관념을 전제로 하여 국정을 감시하고 비판하는 기능을 가진다. 국회는 입법권 이외에 국무총리 · 국무위원 해임건의권(제63조 제1항), 탄핵소추권(제65조 제1항), 재정에 관한 권한(제54조, 제55조, 제56조, 제57조 참조), 기타 여러 가지의 동의권, 승인권을 가지고 국정을 감시 · 견제하는 기능을 하고 있다.

(4) 최고기관으로서의 지위

우리나라의 경우에는 국회의 최고기관성에 관한 규정이 없기 때문에 국회를 유일한 최고기관이라고 볼 수는 없다. 국회는 정부 · 법원과 더불어 최고기관 중의 하나이며, 이러한 점에서 국회는 정부 · 법원과 상호 견제와 균형을 이루고 있다.

2. 국회의 구성

(1) 단원제와 양원제

국회가 1개의 회의체로 구성되는 경우를 단원제, 2개의 회의체로 구성되는 경우를 양원제라고 한다. 따라서 양원제에 있어서는 두 의원은 각각 독립된 회의체이므로 양원의 의결이 일치되어야 비로소 국회의 의결로서 성립되는 것이 그 원칙이다.

단원제는 국사를 신속하게 처리할 수 있고, 국가의 경비를 절약할 수 있으며, 국민의 의사를 일원적으로 반영시킬 수 있다는 장점이 있다. 양원제는 단원에서의 경솔한 의결과 과오를 방지할 수 있으며, 국사를 신중하게 처리할 수 있고, 국회와 정부가 충돌할 경우 상원이 중재할 수 있다는 장점이 있다.

우리나라는 제2공화국에서 처음으로 양원제를 채택하였으나, 우리나라의 국가적 현실이 단원제의 장점인 국정의 신속한 처리와 경비의 절약 등을 요청하여 지금까지 계속하여 단원제를 채택하고 있다.

3. 회의와 의사

(1) 회기

회의를 위하여 국회가 활동능력을 가지고 개회 중인 기간을 회기(會期)라 한다. 국회의 연간개회일수 제한규정은 없으며 정기회와 임시회로 구분된다.

정기회는 법률이 정하는 바에 의하여 매년 1회 집회하며, 정기회의 회기는 100일을 초과할 수 없다(제47조 제1항 · 제2항).

임시회는 대통령 또는 국회재적의원 4분의1 이상의 요구로 소집하며, 회기는 30일을 초과할 수 없다(제47조 제1항 · 제2항). 대통령이 임시회의 집회를 요구할 때에는 기간과 집회요구의 이유를 명시하여야 한다(제47조 제4항). 임시회의 횟수는 제한이 없다.

(2) 의사절차

국회는 법률에 저촉되지 않는 범위 안에서 의사와 내부규율에 관한 규칙을 제정할 수 있다(제64조 제1항). 즉, 국회의 자율권에 의한 규칙제정권을 인정한 것이다. 의사규칙이란 의사절차에 관한 규칙을 말하고, 의사규율이란 내부의 질서 유지를 위한 규칙을 말한다.

헌법과 법률에 특별한 규정이 없는 한 국회는 그 재적의원 과반수의 출석과 출석의원 과반수의 찬성으로 의결한다(제49조).

그러나 법률안의 재의(제53조 제4항), 국무총리 · 국무의원의 해임건의(제63조 제2항), 국회의원의 제명(제64조 제3항), 탄핵소추의결(제65조 제2항), 헌법개정의 의결(제

13조 제1항) 등은 헌법에서 특별정족수를 규정하고 있으며, 표결 결과 가부동수인 경우에는 부결된 것으로 한다(제49조 후단).

국회의 회의는 국가의 안보보장상 필요한 경우를 제외하고는 공개함을 원칙으로 한다(제50조 제1항). 회기 중에 의결되지 않은 의안은 폐기되지 아니하는 회기계속의 원칙을 채택하고 있다(제51조). 한 회기 중 부결된 의안은 그 회기 중에 다시 제출하지 못한다(국회법 제92조).

4. 위원회와 교섭단체

(1) 위원회

국회의 위원회에는 상임위원회와 특별위원회의 2종이 있다(국회법 제35조). 상임위원회에는 국회운영 · 법제사법 · 정무 · 재정경제 · 통일외교통상 · 국방 · 행정자치 · 교육 · 과학기술정보통신 · 문화관광 · 농림해양수산 · 산업자원 · 보건복지 · 환경노동 · 건설교통 · 정보위원회 · 여성위원회 등 여러 위원회가 있다(동법 제37조). 상임위원회는 그 소관에 속한 의안과 청원 등을 심사한다. 특별위원회는 수 개의 상임위원회 소관과 관련되거나 특히 필요하다고 인정한 안건을 효율적으로 심사하기 위하여 본 회의의 의결로 두는 위원회를 말한다.

상설특별위원회는 예산결산특별위원회, 윤리특별위원회가 있고, 비상설특별위원회로는 인사청문특별위원회가 있다.

(2) 교섭단체

국회에 20인 이상의 소속의원을 가진 정당은 하나의 교섭단체가 되며, 다만 다른 교섭단체에 속하지 않은 20인 이상의 의원으로 따로 교섭단체를 구성할 수 있다(동법 제33조 제1항).

각 교섭단체의 대표의원은 그 단체의 소속의원이 연서 · 날인한 명부를 의장에게 제출하여야 한다(동법 제33조 제2항).

5. 국회의원

(1) 선거와 임기

국회의원은 국민의 보통 · 평등 · 직접 · 비밀선거에 의하여 선출된다(제41조 제1항).

국민의 직접선거에 의해 선출된 국회의원의 임기는 4년이다(제42조). 국회의원의 수와 선거구 · 비례대표제 기타 선거구에 관한 사항은 법률로 정하며, 국회의원은 200인 이상으로 한다(제41조 제2항 · 제3항).

(2) 의원자격의 발생과 소멸

국회의원의 자격은 투표의 결과에 따라 당선인의 결정과 당선인의 의원취임의 승락에 의하여 발생한다.

①국회의원은 임기의 만료에 의하여 그 자격을 잃는다. ② 국회의원은 법률에 의하여 겸직이 금지되어 있는 직에 취임할 때, 또는 피선자격을 상실한 때에는 낭연히 퇴직되며, 이 밖에 국회의원은 임의로 사직할 수 있다. ③ 국회는 의원의 자격을 심사하여 의원을 징계할 수 있고, 재적의원 3분의2 이상의 찬성에 의하여 의원을 제명할 수 있다(제64조 제2항 · 제3항). 이 처분에 대하여는 법원에 제소할 수 없다(제64조 제4항).

(3) 겸직금지

국회의원은 법률이 정하는 공사의 직을 겸할 수 없다(제43조). 구체적인 겸직금지내용은 국회법 제29조에 규정되어 있다.

(4) 국회의원의 특권

국회의원은 현행범인의 경우를 제외하고는 회기 중 국회의 동의 없이 체포 또는 구금되지 아니하며, 국회의원이 회기 전에 체포 또는 구금된 때에는 현행범이 아닌 한 국회의 요구가 있으면 회기 중 석방된다(제44조).

국회의원은 국회에서 직무상 행한 발언과 표결에 관하여 국회 밖에서 책임을 지지 아니한다(제45조). 면책이라 함은 모든 형사상 · 민사상의 책임을 의미하지만 소속정당에 의한 징계책임까지 면제되는 것은 아니다.

(5) 국회의원의 의무

국회의원은 청렴의 의무가 있으며, 국가의 이익을 우선하여 양심에 따라 직무를 행해야 한다(제46조 제1항 · 제2항).

이것은 국회의원이 정치적 · 법적으로 특수한 지위에 있으므로, 직무의 공정성을 확보하기 위해서는 청렴하고 고결한 인품을 갖추어야 하며, 자기 선거구나 소속정당의 이익을 초월하여 국민 전체의 이익을 우선하여 직무를 수행할 것을 강조한 것이다.

국회의원은 그 직위를 남용하여 국가 · 공공단체 또는 기업체와의 계약이나 그 처분에 의하여 재산상의 권리 · 이익 또는 직위를 취득하거나 타인을 위하여 그 취득을 알선할 수 없다(제46조 제3항).

6. 국회의 권한

(1) 입법에 관한 권한

(가) 법률제정권

입법권은 국회에 속하고 있으므로(제40조), 법률제정권은 국회의 가장 본질적인 권한에 속한다.

- **법률안의제출** _ 법률안은 국회의원과 정부가 제출할 수 있다(제52조). 국회의원이 법률안을 발의함에는 20인 이상의 찬성이 있어야 한다(국회법 제79조 제1항). 정부가 법률안을 제출할 때에는 국무회의의 심의를 거쳐야 한다(제89조 제3호).
- **법률안의심의 · 의결** _ 국회는 법률안을 심의 · 의결한다. 국회의장은 제안된 법률안을 본회의에 보고하고 소관상임위원회에 회부하여 그 심사를 거쳐 본회의에 부의한다(국회법 제81조 제1항). 여기서 심사한 결과는 본회의에 회부하지 아니할 수 있으며, 위원회의 결정이 본회의에 보고된 날로부터 폐회 또는 휴회 중의 기간을 제외한 7일 이내에 의원 30인 이상의 요구가 있을 때에는 그 의안을 본회의에 부의하여야 하며(국회법 제87조 제1항), 이 요구가 없을 때에는 그 의안은 폐기된다(동조 제2항). 본회의에서의 법률안의 의결은 재적의원 과반수의 출석과 출석의원 과반수의 찬성으로 통과된다.

- **서명 · 공포** _ 국회에서 의결되어 정부로 이송된 법률안은 15일 이내에 대통령이 서명 · 공포하여야 하며(제53조 제1항), 특별한 규정이 없는 한 공포한 날로부터 20일이 경과되면 그 효력이 발생한다. 그러나 이송된 법률안에 이의가 있을 때에는 대통령은 이의서를 첨부하여 국회에 환부(還付)하여 재의를 요구할 수 있다. 재의 결과 재적의원 과반수의 출석과 출석의원 3분의 2 이상의 찬성으로 의결을 하면 그 법률안은 법률로서 확정된다(동조 제2항, 제4항). 그렇지 못하면 그 법률안은 폐기되는데, 이를 대통령의 법률안거부권(veto)이라고 하며, 대통령은 일부거부 내지 수정거부는 하지 못한다(동조 제3항).

(나) 헌법개정의 권한

국회는 재적의원 과반수의 발의로 헌법개정안을 제출할 수 있고(제128조 제1항), 대통령 제안이든 국회의원 제안이든 국회 재적의원 3분의 2 이상의 찬성으로 이를 의결하며(제130조 제1항), 국회가 재적의원 3분의 2 이상의 찬성으로 의결한 후, 30일 이내에 국민투표에 붙인다(제130조 제2항).

(다) 조약체결 · 비준에 대한 동의권

헌법에 의하여 체결 · 공포된 조약과 일반적으로 승인된 국제법규는 국내법과 같은 효력을 가진다(제6조 제1항). 따라서 헌법은 중요조약에 대한 국회의 동의권을 인정하고 있다(제60조 제1항).

(2) 재정에 관한 권한

헌법은, 국가존속을 위하여 필요한 국가경비의 세입 · 세출은 국민에게 미치는 영향이 크므로 국회의 의결을 기초로 하여 행사되어야 한다는 재정의회주의를 채택하고 있다.

(가) 조세법률주의

조세의 부과는 반드시 법률에 의거해야 함을 원칙으로 하여 조세의 종목과 세율은 법률로 정한다(제59조).

(나) 예산심의확정권

정부는 회계년도마다 예산안을 편성하여 회계년도 개시 90일 전에 국회에 제출하여야 하며, 국회는 회계년도 개시 30일 전까지 이를 의결해야 한다(제54조 제2항).

국회는 예산안의 심의에 있어서 정부예산안의 수정권은 가지고 있으나, 이 수정권은 지출예산 각 항에 대하여 전액의 삭감 또는 비목의 삭제에 그치는 것이 원칙이고, 지출예산 각 항에 대하여 금액의 증액 또는 새 비목의 설치는 정부의 동의가 있을 때에만 이를 행할 수 있다(제57조).

(다) 예비비 의결과 지출승인권

예비비는 총액으로 국회의 의결을 얻어야 하며, 그 지출은 차기 국회에서 승인을 얻어야 한다(제55조 제2항).

(라) 기채동의권

정부는 국채를 모집할 때에는 미리 국회의 동의를 얻어야 한다(제58조).

국채에 대한 국회의 동의는 기채할 때마다 동의를 얻지 아니하고 연간의 예산총액에 대하여 개괄적으로 동의를 얻어도 된다.

(마) 예산 외에 국가의 부담이 될 계약에 대한 동의권

예산 외에 국가의 부담이 될 계약을 체결할 때에는 미리 국회의 동의를 얻어야 한다(제58조).

예산 외에 국가의 부담이 될 계약이라 함은 국가가 1회계년도를 지나는 기간에 걸쳐 계속되는 채무를 부담하는 계약을 말한다.

(바) 결산심사권

감사원은 세입 · 세출의 결산을 매년 검사하여 대통령과 다음 연도 국회에 그 결과를 보고하여야 한다(제99조).

국회에서 의결을 거친 예산의 집행 결과인 결산을 심사함으로써 국회의 재정에 관한 권한을 실효 있도록 하기 위한 것이다.

(3) 일반국정에 관한 권한

국회는 일반국정에 관하여 정부를 감시 · 비판하는 광범위한 권한을 가지며, 이를 대정부 견제권 또는 정부통제에 관한 권한이라 한다.

국회의 일반 국정에 관한 권한으로는 국무총리임명동의권(제86조 제1항), 국무총리 · 국무위원출석요구권 및 질문권(제62조 제2항), 국무총리 · 국무위원 해임건의권(제63조 제1항 · 제2항), 긴급재정경제처분명령 및 긴급명령사후승인권(제76조 제3항), 계엄해제요구권(제77조 제5항), 선전포고 및 국군해외파견 · 외국군 주류(駐留)에 대한 동의권(제60조 제2항), 국정감사 · 조사권(제61조), 탄핵소추권(제65조) 등이 있다.

Ⅲ. 정부

1. 대통령

헌법은 대통령의 지위에 관하여 제66조에서 "대통령은 국가의 원수이며, 외국에 대하여 국가를 대표한다. 대통령은 국가의 독립 · 영토의 보전 · 국가의 계속성과 헌법을 수호할 책무를 진다. 대통령은 조국의 평화적 통일을 위한 성실한 의무를 진다. 행정권은 대통령을 수반으로 하는 정부에 속한다."라고 규정하여 대통령제 국가에 있어서의 대통령의 지위를 밝히고 있다. 그러나 우리나라의 대통령제는 의원내각제적 요소를 많이 가미하고 있으며, 대통령의 권한도 미국의 대통령보다 월등히 크다.

(1) 대통령의 지위

(가) 국가원수로서의 지위

대통령은 국가원수로서의 지위에 있다. 이를 헌법은 "국가의 원수이며 외국에 대하여 국가를 대표한다."라고 규정하고 있다. 국가의 원수라 함은 국내법상 국가의 통일성과 항구성을 상징하며, 국내에서는 최고의 통치권을 행사하고 대외적으로는 국가를 대표하는 자격을 가진 국가기관을 말한다.

대통령이 헌법에 의하여 조약을 체결 · 비준하고 외교사절을 신임 · 접수 또는 파견하며, 선전포고와 강화를 할 외교에 관한 권한을 가지는 것은 국가원수로서의 지위에 따른 것이다.

(나) 행정수반으로서의 지위

대통령은 행정수반으로서의 지위에 있다. 헌법은 제66조 제4항에 "행정권은 대통령을 수반으로 하는 정부에 속한다."라고 규정하고 있다. 이 규정에 의해 대통령은 행정수반의 지위를 가지는 것이며, 이것은 정부가 그에 의하여 조직되고 영도되는 것을 말한다.

대통령은 정부조직권 · 행정각부 장의 임명권 · 감사원의 조직과 통할권을 가진 기관인 동시에, 국무회의의 의장으로서의 지위 및 행정각부를 통할하는 행정의 최고지휘자의 지위 등을 갖고 있다. 이는 대통령의 행정수반으로서의 지위를 나타내는 것이다.

(다) 헌법의 수호자로서의 지위 등

헌법은 제66조 제2항 제3항에 "대통령은 국가의 독립, 영토의 보전, 국가의 계속성과 헌법을 수호할 책무를 진다. 대통령은 조국의 평화적 통일을 위한 성실한 의무를 진다." 고 규정하고 있어 대통령의 국가와 헌법의 수호자로서의 지위와 평화적 통일 책무자로서의 지위를 명시하고 있다.

(2) 대통령의 선거와 임기

(가) 대통령의 선거

대통령으로 선출될 수 있는 자는, 국회의원의 피선거권이 있고 선거일 현재 40세에 달하여야 한다(제67조 제4항).

대통령의 선거 시기는 임기가 만료된 때와 궐위된 때로 나누어 규정하고 있다. 대통령의 임기가 만료되는 때에는 임기만료 70일 내지 40일 전에 후임자를 선거한다(제68조 제1항). 대통령이 궐위된 때 또는 대통령당선자가 사망하거나 판결 기타의 사유로 그 자격을 상실한 때에는 60일 이내에 후임자를 선거한다(제68조 제2항).

대통령은 국민의 보통 · 평등 · 직접 · 비밀선거에 의하여 선출하며(제67조 제1항), 선거에 있어서 최고득표자가 2인 이상인 때에는 국회의 재적인원 과반수가 출석한 공개회의에서 다수표를 얻은 자를 당선자로 한다(제67조 제2항). 따라서 득표율의 제한 없이 최다수득표자가 당선자가 된다. 대통령 후보자가 1인일 때에는 그 득표수가 선거권자 총수의 3분의 1 이상이 아니면 당선될 수 없다(제67조 제3항).

(나) 대통령의 임기

대통령의 임기는 5년이며 중임할 수 없다(제70조).

(3) 대통령의 특권 등

(가) 대통령의 특권

대통령은 형사상 특권을 갖고 있다. 대통령은 내란 또는 외환의 죄를 범한 경우를 제외하고는 재직 중 형사상의 소추를 받지 아니한다(제84조). 그러나 대통령직을 퇴직한 후에는 형사상 소추될 수 있으며, 재직 중이라도 민사상 책임은 면제되지 아니한다. 대통령은 탄핵소추의 의결을 받은 경우에는 탄핵결정이 있을 때까지 그 권한행사가 정지된다. 탄핵결정은 공직으로부터 파면함에 그친다. 그러나 이에 의해 민사상이나 형사상의 책임이 면제되는 것은 아니다(제65조).

(나) 권한대행

대통령이 궐위되거나 사고로 인하여 직무를 수행할 수 없을 때에는 1차적으로 국무총리가 그 권한을 대행하고, 2차적으로는 법률이 정한 국무위원의 순위에 따라 그 권한을 대행한다(제71조). 이때 궐위란 대통령의 사망, 탄핵결정에 의한 파면, 피선거자격의 상실, 사임 등으로 대통령이 없게 된 경우를 말하고, 사고란 대통령이 재위하면서도 신병 · 해외여행 등으로 직무를 수행할 수 없는 경우, 탄핵소추의결로 탄핵결정이 있을 때까지 권한행사가 정지된 경우 등이다.

(다) 전직대통령의 예우

헌법은 전직대통령의 신분과 예우에 관하여는 법률로 정하도록 규정하고 있다(제85조). 이에 관한 법률이 "전직대통령의예우에관한법률"이다. 직전 대통령은 국가원로자문회의의 의장이 된다(제90조 제2항).

(4) 대통령의 권한

(가) 행정에 관한 권한

- **외교에관한권한** _ 대통령의 외교에 관한 권한은 국가원수로서의 지위에 따른 권한이다. 대통령은 조약을 체결 · 비준하고 외교사절을 신임 · 접수 또는 파견하며, 선전포고와 강화를 한다(제73조). 이 권한은 행정수반으로서의 권한이며, 동시에 국가원수로서의 권한이라고 할 수 있다. 선전(宣戰)이라 함은 전쟁개시의 선언을 말하며, 강화라 함은 전쟁종결을 위한 적국과의 합의를 말한다. 우리나라는 침략전

쟁을 부인하고 있으며(제5조 제1항), 대통령이 선전포고와 강화를 할 때에는 국회의 동의를 얻어야 한다(제60조 제1항 · 제2항). 대통령은 국무회의의 심의를 거쳐 조약을 체결하는 권한을 가진다(제89조 제3호).

- **국군통수권** _ 대통령은 헌법과 법률이 정하는 바에 의하여 국군을 통수한다(제74조). 대통령의 국군통수권은 국가원수로서의 지위에 따른 권한이다. 대통령은 국군의 총지휘자로서 이른바 국군조직과 군령권을 담당하며, 헌법에 의하여 군사에 관한 중요사항은 국가안전보장회의의 자문(제91조 제1항)과 국무회의의 심의를 거쳐야 한다.
- **계엄선포권** _ 대통령은 전시, 사변 또는 이에 준하는 국가비상사태에 있어서 군사상의 필요 또는 공공의 안녕질서를 유지할 필요가 있을 때에는 법률이 정하는 바에 의하여 계엄을 선포할 수 있다(제77조 제1항). 이것은 대통령이 갖는 국가긴급권의 하나이다.
- **공무원임면권** _ 대통령은 공무원임면권(公務員任免權)을 갖는다. 대통령은 헌법과 법률이 정하는 바에 의하여 공무원을 임면한다(제78조).
- **영전수여권** _ 대통령은 법률이 정하는 바에 의하여 훈장 기타의 영전을 수여한다(제80조). 이에 관한 법률로는 "상훈법"이 있으며, 훈장을 받은 자의 특권은 인정되지 아니한다(제11조 제3항).
- **정당해산제소권** _ 대통령은 정당해산권을 갖는다. 대통령은 정당의 목적과 활동이 민주적 기본질서에 위배될 때에는 헌법재판소에 그 해산을 제소할 수 있다(제8조 제4항). 이 경우에는 그 정당의 활동 내용과 목적이 국가의 존립에 위해가 있을 경우에 한한다.
- **재정에관한권한** _ 정부는 회계년도마다 예산안을 편성하여 국회에 제출하고 국회는 이것을 심의하여 의결하여야 하며(제54조), 계속비 및 예비비의 설치(제55조), 추가경정예산안의 편성(제56조), 국채모집과 국가부담계약과의 체결(제58조) 등에 관한 권한을 가진다.

(나) 국회와 입법에 관한 권한

- **법률안제출권등** _ 대통령은 입법에 관여할 권한을 갖는다. 정부는 법률안을 제출할 수 있으며(제52조), 국회에서 의결되어 정부에 이송되어 온 법률안은 대통령이 이를 공포하며(제53조 제1항), 만약 법률안에 이의가 있는 경우에는 국회에 환부하여 재의를 요구할 수 있다(제53조 제2항).

대통령은 법률에서 구체적으로 범위를 정하여 위임받은 사항과 법률을 집행하기 위하여 필요한 사항에 관하여 대통령령을 발할 수 있다(제75조). 헌법은 이와 같이 대통령에게 일종의 준입법권을 부여하고 있는데, 이것을 위임입법이라 한다.
대통령은 국회의 임시회 소집을 요구할 수 있다. 이 경우 대통령은 집회요구의 기간과 이유를 명시하여야 한다(제47조 제3항).

■ **국회출석발언권** _ 대통령은 국회에 출석하여 발언하거나 서면으로 의사를 표시할 수 있으며(제81조), 이는 정부수반으로서의 대통령이 국정의 원활한 수행을 할 수 있도록 부여한 것이며, 그의 발언이나 서신은 국회에 대하여 법적인 구속력을 가지지 못한다.

(다) 사법에 관한 권한

■ **사면권** _대통령은 법률이 정하는 바에 의하여 사면 · 감형 · 복권을 명할 수 있다(제79조 제1항). 사면에는 일반사면과 특별사면이 있다. 헌법은 대통령의 사면권의 남용을 방지하기 위하여 일반사면의 경우에는 국회의 동의를 얻도록 규정하고 있다

■ **대법원장 · 대법관임명권** _대법원장은 국회의 동의를 얻어서 대통령이 임명하고(제104조 제1항), 대법관은 대법원장의 제청에 의하여 국회의 동의를 얻어 대통령이 임명한다(동조 제2항).

(라) 국가원수로서의 권한

■ **국민투표회부권** _대통령은 필요하다고 인정할 때에는 외교 · 국방 · 통일 · 기타 국가 안위에 관한 중요정책을 국민투표에 붙일 수 있다(제72조).

■ **헌법개정제안권** _헌법개정은 대통령의 발의로 제안될 수 있으며(제128조 제1항), 이 헌법개정안은 국회의 의결 후 국민투표에 의하여 의결되는 대로 확정되며, 대통령은 즉시 이를 공포하여야 한다(제130조 제3항).

■ 긴**급재정경제처분명령권** _ 국가의 안전보장 또는 공공의 안녕질서를 유지하기 위하여 긴급한 조치가 필요할 때 최소한의 재정 · 경제상의 처분을 하거나 법률의 효력을 가지는 명령을 발할 수 있다. 내우 · 외환 · 천재 · 지변 또는 중대한 재정 · 경제상의 위기에 국가를 보위하기 위하여 국회의 집회를 기다릴 여유가 없을 때에 한하여 최소한의 처분 · 명령을 할 수 있다(제76조 제1항). 대통령은 필요에 따라서 처분명령을 한 때에는 지체 없이 국회에 통고하고 그 승인을 얻어야 하며(동조 제3항), 승인을 얻지 못할 때에는 그 조치는 효력을 상실한다. 이 경우 그 명령에 의하

여 개정 또는 폐지되었던 법률은 그 명령이 승인을 얻지 못한 때부터 당연히 효력을 회복한다(동조 제4항).

- **긴급명령권** _ 대통령은 긴급명령권을 갖는다. 대통령은 국가의 안위에 관계되는 중대한 교전상태에 있어서 국가를 보위하기 위하여 긴급한 조치가 필요하고 국회의 집회가 불가능한 때에 한하여 법률의 효력을 가지는 명령을 발할 수 있다(제76조 제2항). 그 요건과 통제는 긴급재정경제처분명령권과 같다.

(마) 대통령의 권한행사방법

- **국무회의의심의** _ 대통령은 그의 권한을 국무회의의 심의를 거쳐서 행사한다. 대통령은 국정의 기본계획과 정부의 일반정책, 중요한 대외정책, 헌법 개정안, 재정에 관한 중요사항, 국회해산 등 일정한 사항에 관해서는 국무회의의 심의를 거쳐야 한다(제89조). 국무회의의 심의는 절차상 반드시 필요하지만 대통령은 그 심의결과에 귀속되는 것은 아니다.
- **국회의동의또는승인** _ 대통령이 그 권한을 행사하는 데 국무회의의 심의 외에 국회의 동의나 승인을 필요로 하는 경우가 있다. 즉 일정한 조약의 체결 · 비준 · 선전포고 · 국군해외파견 · 외국군 국내주류에 대한 국회의 동의(제60조), 일반사면(제79조 제2항), 국무총리(제86조 제1항)와 감사원장(제98조 제2항), 대법원장(제104조 제1항)의 임명에 있어서 국회의 동의, 긴급재정경제처분명령권 및 긴급명령권에 대한 국회의 사후승인(제76조 제3항), 예비비 지출에 대한 차기국회의 승인(제55조 제2항 후단) 등이 그것이다.
- **부서** _ 대통령의 국법상의 행위는 문서로써 하며, 이 문서에는 국무총리와 관계 국무위원이 부서하도록 하고 있다(제82조). 부서(副署)란 대통령의 권한행사에 대한 일종의 제약으로서, 한편으로는 국무총리와 국무위원에게 책임소재를 분명히 하기 위한 것이다.
- **자문** _ 대통령은 국정의 중요한 사항에 관한 대통령의 자문에 응하기 위하여 국가원로로 구성되는 국가원로자문회의를 둘 수 있으며(제90조), 평화통일정책의 수립에 관한 대통령의 자문에 응하기 위하여 민주평화통일자문회의(제92조)를 둘 수 있다. 또 대통령은 국가안전보장에 관련되는 대외정책 · 군사정책과 국내정책의 수립에 관하여 국무회의의 심의에 앞서 대통령의 자문에 응하기 위하여 국가안전보장회의를 둔다(제91조). 이러한 자문기관의 조직 · 직무범위 기타 필요한 사항은 법률로 정한다(제90조 제3항, 제91조 제3항, 제92조 제2항).

2. 행정부

(1) 국무총리와 국무위원

국무총리는 국무회의의 부의장으로서 대통령을 보좌하며, 행정관청의 지위에서 대통령의 명을 받아 행정각부를 통할한다(제86조 제2항). 그러므로 국무총리는 대통령의 제1위의 보조기관이다.

국무위원은 국무회의의 구성원으로서 국무회의에 의안을 제출할 수 있다. 국무회의에 출석 · 발언하고, 심의에 참가하는 권한을 가진다. 국무회의의 구성원으로서 국무위원의 지위는 평등하며, 그 직무의 한계도 없다.

(2) 국무회의

내각회의의 지위는 국가마다 다르다. 일반적으로 대통령중심제 국가에서는 자문기관의 지위를 가지며, 내각책임제 국가에서는 의결기관의 성격을 갖는다. 우리나라 국무회의는 심의기관으로서의 지위를 갖고 있다. 국무회의는 정부의 권한에 속하는 중요한 정책을 심의하는 최고의 정책심의기관이다.

여기서 심의라 함은 정책의 결정을 용이하게 하기 위하여 사전에 이를 준비하고 정리하는 것을 말한다. 다만, 심의의 결과는 대통령을 구속하는 법적 효력이 없다. 그러나 중요정책은 반드시 국무회의의 심의를 거쳐야 한다는 점에서 단순한 자문기관과 다르다.

국무회의는 대통령을 의장, 국무총리를 부의장으로 하고, 15~30인 이하의 국무위원으로 구성된다. 국무회의의 심의사항은 헌법 제89조에 열거되어 있다.

(3) 행정각부

행정각부라 함은 대통령을 수반으로 하는 정부의 구성단위로서 대통령 내지 국무총리가 지휘 · 통할하고 소관행정사무를 담당하는 중앙행정기관이다(제94조, 제96조, 정부조직법 제4장 참조).

(가) 행정각부의 장

행정각부의 장은 국무위원이어야 하며, 국무총리의 제청으로 대통령이 임명한다(제94조). 따라서 국무위원이 아닌 자는 행정각부의 장이 될 수 없다. 그러나 국무위원으로서 행정각부의 장이 아닌 국무위원도 있으며, 이를 정무장관이라고 한다. 행정각부의 장은 소관사무를 통할하고 소속공무원을 지휘 · 감독한다. 행정각부의 장은 독임제 행정관청으로서의 권한과 부령발포권(헌법 제95조) 등을 가진다.

판 례

부령으로 터키탕 영업자의 준수사항 및 터키탕의 이성입욕보조자의 고용을 제한하고, 다만 그 부칙의 경과조치로 일정기간 그 제한을 해제하여 사실상 직업활동을 제한하는 결과가 초래하는 경우라도 헌법 제75조 및 제95조에 의한 위임입법의 근거, 공중위생법 제12조 제2항의 위임근거, 동법시행규칙 제15조 및 부칙 제4조 제1항에서의 각각의 규정에 의하여 기본권을 제한하게 된 것이므로 공중위생법 시행규칙은 헌법 제37조 제2항의 법률유보규정에 위반된다고 볼 수 없고, 평등의 원칙에도 반하지 아니한다(헌재결 1998. 2. 27, 97헌마64).

(나) 행정각부의 통할

행정각부는 국무총리가 대통령의 명을 받아 지휘 · 감독하며, 행정각부의 명령이나 처분이 위법 또는 부당하다고 인정될 때에는 국무총리는 이를 중지 또는 취소할 수 있다. 행정각부의 설치, 조직, 직무범위는 법률로 정하며(제96조), 이에 관한 법률이 "정부조직법"이다.

(4) 감사원

(가) 지위

감사원은 독립성을 가진 대통령 직속 감독기관이다. 감사원은 독립기관이고 감독기관의 지위에 있다. 국가의 세입 · 세출의 결산, 국가 및 법률에 정한 단체의 회계감사와 행정기관 및 공무원의 직무에 관한 감찰을 하기 위하여 대통령 소속하에 감사원을 둔다(제97조). 감사원은 대통령 소속하에 있으면서 다른 정부기관과는 독립적이며, 그 직무에 관하여도 독립하여 회계 감사권과 감찰권을 행사하는 지위를 가진다(감사원법 제20조).

(나) 구성

감사원은 원장을 포함한 5인 이상 11인 이하의 감사위원으로 구성되는 합의제기관이다(제98조 제1항).

감사원장은 대통령이 국회의 동의를 얻어 임명한다(제98조 제2항 전단). 감사위원은 원장의 제청으로 대통령이 임명한다(제98조 제4항 전단). 감사원장과 감사위원의 임기는 모두 4년이며 1차에 한하여 중임할 수 있다(제98조 제2항 전단 · 제4항 후단).

(다) 권한

감사원은 세입 · 세출의 결산을 매년 검사하여 대통령과 다음 연도 국회에 그 결과를 보고하여야 한다(제99조).

감사원의 권한 중에는 결산 검사권 이외에 국가 및 법률에 정한 단체의 회계감사와 행정기관 및 공무원의 직무에 관한 감찰이 포함되지만, 결산 검사 내지 결산의 확인이 감사원의 가장 중요한 권한이다.

Ⅳ. 사법부

1. 사법권의 개념

사법권은 권력분립의 원칙에 따라 재판권을 행사하는 국가기관의 전반을 의미한다. 헌법은 제101조 제1항에서 "사법권은 법관으로 구성된 법원에 속한다."고 규정하고 있다.

입법 및 행정에 대응하여 법규를 적용하여 권리관계를 확정하고 또한 어떤 사항의 적법 · 위법을 판단함으로써 구체적 쟁송을 해결하는 국가작용을 사법(司法)이라고 하며, 그러한 국가작용을 행사하는 권능을 사법권이라 한다.

대륙법계 국가에서는 일반적으로 실질적 사법은 민사 및 형사재판권 행사에 한정되어 왔으나, 우리나라는 영미법적인 통일관할주의 아래서 민 · 형사뿐만 아니라 행정사건의 재판도 이에 포함시키고 있다.

2. 사법권의 독립

(1) 법원의 독립과 법관의 독립

(가) 법원의 독립

권력분립의 원칙상 사법부는 입법부, 행정부로부터 독립하여 존재한다. 국회는 국정조사권에 의해서도 재판에 간섭할 수 없고, 국회의원은 법관을 겸직할 수 없으며, 정부도 재판작용에는 간섭할 수 없다.

다만, 행정부의 사법부 예산편성권, 법관임명권, 법관에 대한 입법부의 탄핵소추권, 대통령의 비상조치 · 계엄선포에 의한 법원에의 특별한 조치 등은 3권 간의 상호 견제와 균형을 유지하기 위해 헌법상으로 인정된 예외라고 할 수 있다.

(나) 법관의 독립

사법권의 독립이란 시민적 법치국가의 가장 중요한 조직적 징표의 하나로서, 원래 법관의 재판상의 독립을 의미한다. 즉 법관이 어떠한 외부적 간섭도 받지 않고 헌법과 법률에 의해 그 양심에 따라 독립하여 심판한다는(제103조), 이른바 판결의 자유를 의미한다.

광의로는 법관의 신분보장, 즉 심리적 종속성까지 포함한다. 전자를 물적 독립, 후자를 인적 독립이라고 한다.

(2) 법관의 인적 독립과 물적 독립

(가) 법관의 인적 독립

법관의 인적 독립이란 법관의 물적 독립을 보장하기 위한 신분의 독립을 말한다. 예를 들면, 법관의 파면이나 면직처분의 제한, 불이익처분의 제한 등을 말한다.

우리 헌법도 "법관은 탄핵 또는 금고 이상의 형의 선고 없이는 파면되지 아니하며, 징계처분에 의하지 아니하고서는 정직 · 감봉 또는 불리한 처분을 받지 아니한다."고 하여 법관의 인적 독립을 보장하고 있으며(제106조 제1항), 법관의 퇴직도 중대한 심신상의 장해로 직무를 수행할 수 없는 경우에 법률이 정하는 바에 따라서만 가능하도록 하고 있다(제106조 제2항).

(나) 법관의 물적 독립

법관의 물적 독립이란 재판상의 독립, 즉 공정한 재판을 하기 위한 외부로부터의 독립을 말한다. 여기에는 정부, 사회권력, 소송당사자, 상급법원 등으로부터의 독립이 포함된다.

우리 헌법은 "법관은 헌법과 법률에 의하여 그 양심에 따라 독립하여 재판한다."고 하여 법관의 물적 독립을 보장하고 있다(제103조).

3. 법원의 조직

헌법은 법원의 조직에 관하여 "법원은 최고법원인 대법원과 각급 법원으로 조직된다."라고 규정하고(제101조 제2항), 대법원과 각급 법원의 조직은 법률로 정하도록 규정하고 있다(제102조 제3항).

이에 관해서는 "법원조직법"이 있는데, 이 법률에 의하면 대법원 밑에 고등법원, 지방법원, 가정법원 등이 있고, 지방법원과 가정법원은 그 사무의 일부를 처리하기 위해 그 관할구역 내에 지원(支院)을 둘 수 있도록 하고 있다(법원조직법 제3조).

이러한 3급심의 법원을 일반법원이라 하고, 특수한 내용의 사건에 대하여 심판하는 법원으로는 특별법원이 있다.

(1) 일반법원

(가) 대법원

대법원은 최고법원으로서, 부(部)를 둘 수 있으며, 대법관과 법률이 정하는 일반법관으로 구성된다(제102조).

대법원은 명령 · 규칙 · 처분이 헌법이나 법률에 위반되는 여부가 재판의 전제가 된 경우에 이를 최종적으로 심사할 권한을 가지며(제107조 제2항), 법률에 저촉되지 아니하는 범위 안에서 소송에 관한 절차, 법원의 내부규율과 사무처리에 관한 규칙제정권을 가진다(제108조).

(나) 고등법원

고등법원은 대법원 바로 하위의 법원으로서, 민사부 · 형사부 · 특별부를 두며, 그 심판권은 판사 3인으로 구성된 합의부에서 행한다. 서울 · 대전 · 대구 · 부산 · 광주 5개

고등법원이 있으며, 고등법원 안에는 특허법원이 있다.

(다) 지방법원

지방법원은 제1심법원으로서, 민사부 · 형사부를 두며, 그 심판권은 보통 단독판사가 행하지만 합의재판을 요할 때에는 판사 3인으로 구성된 합의부에서 행한다. 지방법원에서는 사무의 일부를 처리하기 위하여 그 관할구역 내에 지원과 소년부지원을 둘 수 있다.

(2) 특별법원

(가) 가정법원

가정법원은 가사사건을 관할하기 위하여 설치된 특별법원으로서, 그 구성은 지방법원과 동일하며, 그 사무의 일부를 처리하기 위하여 그 관할구역 내에 지원을 둘 수 있다.

(나) 행정법원

행정법원은 행정소송법에서 정한 행정사건과 다른 법률에 의하여 행정법원의 권한에 속하는 사항을 제1심으로 재판한다. 각 지방법원은 행정법원을 설치할 수 있다.

(다) 특허법원

특허법원은 특허법 · 실용신안법 · 의장법 · 상표법이 정하는 사건, 다른 법률에 의하여 특허법원의 권한에 속하는 사건 등을 재판한다. 이상의 사건들은 먼저 특허심판원의 심결을 거쳐야만 특허법원의 심판을 청구할 수 있으므로, 특허법원은 실질적으로 제2심 법원의 역할을 수행한다.

(라) 군사법원

군사법원이란 군사재판을 관할하기 위한 특별법원으로서, 그 상고심은 대법원에서 관할한다.

다만, 비상계엄하의 군사재판은 군인 · 군무원의 범죄나 군사에 관한 간첩죄의 경우와, 초병 · 초소 · 유해음식물공급 · 포로에 관한 죄 중 법률에 정한 경우에 한하여 단심으로 할 수 있다.

4. 법관

(1) 자격과 임기

법관의 자격은 법률로 정한다. 이에 관한 법률로 법원조직법이 있다. 대법원장의 임기는 6년으로 중임할 수 없으며, 대법관의 임기는 6년이며 법률이 정하는 바에 의하여 연임할 수 있고, 일반법관의 임기는 10년이고 법률이 정하는 바에 의하여 연임할 수 있다(제105조).

법관의 정년은 법률로 정한다.

(2) 임명

대법원장은 대통령이 국회의 동의를 얻어 임명하고, 대법관은 대법원장의 제청으로 대통령이 임명하며, 일반법관은 대법관회의의 동의를 얻어 대법원장이 임명한다(제104조).

헌법은 사법권의 물적 독립을 보장하기 위해 일반법관의 임명권을 사법부 내에 귀속시켜 대법원장에게 부여하였다.

5. 공개주의

재판의 심리와 판결은 공개한다(제109조). 재판의 공개는 재판의 공정을 확보하고 재판에 대한 국민의 신뢰를 유지하기 위하여 인정되는 원칙이다. 다만, 국가의 안전보장 또는 안녕질서를 방해하거나 선량한 풍속을 해할 염려가 있을 때에는 법원의 결정으로 심리를 공개하지 아니할 수 있다.

6. 법원의 위헌법률심사제청권 · 명령규칙심사권

(1) 법원의 위헌법률심사제청권

법원은 법률의 위헌 여부가 재판의 전제가 된 경우, 헌법재판소에 앞서서 위헌 여부를 판단하고, 법률이 위헌임을 인정한 경우에 한하여 그것을 헌법재판소에 제청할 수 있다(제107조 제1항).

이것은 위헌법률에 대한 1차적인 판단을 법원에서 행하도록 하여 법원의 권한을 실질적으로 인정한 규정이다.

(2) 법원의 명령규칙심사권

명령 · 규칙 · 처분이 헌법이나 법률에 위반되는지의 여부가 재판의 전제가 될 때에는 대법원은 이를 최종적으로 심사할 권한을 가진다(제107조 제2항).

7. 대법원의 규칙제정권

대법원은 법률에 저촉되지 아니하는 범위 내에서 소송절차나 법원의 내부규율 · 사무처리에 관한 규칙을 제정할 수 있다(제108조).

이것은 입법권으로부터 사법권의 독립을 간접적으로 보장하기 위한 것이다.

V. 헌법재판소

1. 헌법재판소의 지위

헌법재판소는 정치적 헌법보장기관의 지위에 있다. 헌법의 안정성, 특히 실효성의 보장을 위한 헌법보장을 위하여 헌법재판소는 위헌법률심판권, 정당해산심판권, 탄핵심판권, 국가기관 및 지방자치단체 상호간의 권한쟁의에 관한 심판권, 법률이 정하는 헌법소원심판권을 가지는데, 이 경우 헌법재판소는 구체적 쟁송사건에 헌법과 법률을 적용하는 정치적인 심판기관으로서의 특색을 가지고 있다.

헌법재판소는 주권행사기관의 지위에 있다. 헌법재판소는 고도의 정치적 심판권을 가지며, 헌법에 의하여 주권의 행사가 위임된 기관이다. 또한 이것은 입법 · 사법 · 행정기관에 우월하는 최고기관으로, 주권자로서의 국민과 함께 주권행사기관이라고 할 수 있다.

헌법재판소는 최종심판기관의 지위에 있다. 상기의 각종 심판은 최종적인 것으로서 구속력을 갖는다.

2. 헌법재판소의 구성

헌법재판소는 9인의 재판관으로 구성된다. 그 중 3인은 국회에서 선출한 자를, 3인은 대법원장이 제청한 자를, 나머지 3인은 대통령이 자유로이 임명하며, 재판소의 장은 재판관 중에서 대통령이 임명한다(제111조).

헌법재판소 재판관의 임기는 6년으로 하며, 법률이 정하는 바에 의하여 연임할 수 있다. 재판관은 정치적 중립성을 가지므로 정당에 가입하거나 정치에 관여할 수 없으며, 탄핵 또는 형벌에 의하지 아니하고는 파면되지 아니한다(제112조).

헌법재판소의 조직과 운영 기타 필요한 사항은 법률로 정한다(제113조). 이에 관하여는 "헌법재판소법"이 있다.

3. 헌법재판소의 권한

(1) 위헌법률심사권

헌법재판소는 위헌법률심사권을 갖는다. 헌법재판소는 법원이 제청한 사건에 대하여 위헌 여부의 심판권을 가진다. 법원은 법률이 헌법에 위반되는지의 여부가 재판의 전제가 된 경우에 법률이 헌법에 위반되는 것으로 인정한 것에 대하여 그 심판을 제청할 수 있다. 따라서 재판의 전제가 된 사건에 대해서만 법원이 제1차적으로 청구적 심사권을 가지고, 법원이 제청한 경우에만 심판을 할 수 있다.

위헌결정을 받은 법률 또는 조항은 그 결정이 있는 날로부터 효력을 상실한다. 다만 형벌에 관한 조항은 소급하여 그 효력을 상실한다.

판 례

헌법재판소법 제68조 제1항이 "공권력의 행사 또는 불행사로 인하여 기본권을 침해받은 자는 헌법소원의 심판을 청구할 수 있다."고 규정한 것은 기본권의 주체라야만 헌법소원을 청구할 수 있고, 기본권의 주체가 아닌 자는 헌법소원을 청구할 수 없다는 것을 의미한다 할 것인데, 기본권의 보장에 관한 각 헌법규정의 해석상 국민(또는 국민과 유사한 지위에 있는 외국인과 사법인)만이 기본권의 주체라 할 것이고, 국가나 국가기관 또는 국가조직의 일부나 공법인은 기본권의 수범자이지 기본권의 주체로서 그 소지자가 아니고 오히려 국민의 기본권을 보호 내지 실현해야 할 책임과 의무를 지니고 있는 지위에 있을 뿐이므로, 공법인인 지방자치단체의 의결기관인 청구인 의회는 기본권의 주체가 될 수 없고, 따라서 헌법소원을 제기할 수 있는 적격이 없다고 할 것이다(헌재결 1998. 3. 26, 96헌마345).

(2) 탄핵심판권

헌법재판소는 탄핵심판권을 갖는다. 헌법재판소는 국회가 의결한 탄핵소추사건에 대하여 심판권을 가진다. 이 결정에는 재판관 6인 이상의 찬성이 있어야 한다. 그러나 탄핵소추를 받은 자가 심판전에 파면된 경우에는 심판청구를 기각한다.

탄핵결정을 받은 자는 공직으로부터 파면되고, 이에 의한 민·형사상 책임은 면제되지 아니한다. 심판 후 5년간 공무담임권이 제한된다.

대통령령에 대한 탄핵의 경우, 국회의결 즉시 대통령의 권한행사는 정지되고 국무총리가 그 직을 대행한다.

판 례

헌법재판소는 사법기관으로서 원칙적으로 탄핵소추기관인 국회의 탄핵소추의결서에 기재된 소추사유에 의하여 구속을 받는다. 따라서 헌법재판소는 탄핵소추의결서에 기재되지 아니한 소추사유를 판단의 대상으로 삼을 수 없다. 그러나 탄핵소추 의결서에서 그 위반을 주장하는 '법규정의 판단'에 관하여 헌법재판소는 원칙적으로 구속을 받지 않으므로, 청구인이 그 위반을 주장한 법규정 외에 다른 관련 법규정에 근거하여 탄핵의 원인이 된 사실관계를 판단할 수 있다. 또한 헌법재판소는 소추사유의 판단에 있어서 국회의 탄핵소추의결서에서 분류된 소추사유의 체계에 의하여 구속을 받지 않으므로, 소추사유를 어떠한 연관관계에서 법적으로 고려할 것인가의 문제는 전적으로 헌법재판소의 판단에 달려있다(헌재결 2004. 5. 14, 2004헌나1).

(3) 정당해산심판권

헌법재판소는 정당해산심판권을 갖는다. 헌법재판소는 정부가 제소한 정당해산에 대해 심판권을 가진다. 정당의 목적이나 활동이 민주적 기본질서에 위배될 때에는 정부가 국무회의의 심의를 거쳐 법무부장관이 정부를 대표해서 헌법재판소에 해산을 제소할 수 있다.

정당의 해산결정에도 재판관 6인 이상의 찬성이 있어야 한다.

(4) 권한쟁의심판권

권한쟁의심판은 구두변론에 의하며 권한의 존부 또는 범위에 관하여 판단하며 처분 또는 부작위가 청구인의 권한을 침해한 때에는 이를 취소하거나 무효를 확인할 수 있다. 권한쟁의 결정은 재판권의 과반수의 찬성을 요한다.

(5) 헌법소원심판권

헌법소원심판의 유형에는 공권력의 행사 또는 불행사로 말미암아 헌법상 보장된 기본권을 침해당한 자가 청구하는 권리구체형 헌법소원(헌재법 제68조 제1항)과 위헌법률심판의 제청신청이 법원에 의하여 기각된 경우에 제청신청을 한 당사자가 청구하는 위헌심사형 헌법소원(헌재법 제68조 제2항)이 있다.

헌법소원 심판에서 헌법재판소가 행하는 결정에는 각하결정, 기각결정, 인용결정 등이 있다. 특히 인용결정에는 공권력의 행사를 취소하는 취소결정, 공권력의 불행사 또는 침해가 종료된 공권력의 행사에 대하여 위헌임을 확인하는 위헌확인결정, 법령에 대한 헌법소원심판에서 행하는 위헌결정이 있다.

Ⅵ. 선거관리위원회

헌법은 제114조에서 "선거와 국민투표의 공정한 관리 및 정당에 관한 사무를 처리하기 위하여 선거관리위원회를 둔다."고 규정하고 있다. 선거관리위원회는 중앙선거관리위원회와 각급선거관리위원회로 구성되며, 각급선거관리위원회의 조직과 직무범위 기타 필요한 사항을 법률로 정한다.

1. 중앙선거관리위원회의 조직

중앙선거관리위원회는 대통령이 임명하는 3인, 국회에서 선출하는 3인과 대법원장이 지명하는 3인의 위원으로 구성하며, 위원장은 위원 중에서 호선한다.

위원의 임기는 6년이며, 정당에 가입하거나 정치에 관여할 수 없고, 탄핵 또는 형벌에 의하지 아니하고는 파면되지 아니한다(제114조).

2. 중앙선거관리위원회의 권한

중앙선거관리위원회는 법령의 범위 내에서 선거관리, 국민투표관리 또는 정당사무에 관한 규칙을 제정할 수 있다(제114조 제6항).

3. 각급선거관리위원회의 권한

각급선거관리위원회는 선거와 국민투표의 공정한 관리 및 정당에 관한 사무를 처리할 수 있는데, 특히 선거인명부의 작성 등 선거사무에 관하여 관계 행정기관에 필요한 지시를 할 수 있으며, 이러한 지시를 받은 당해 행정기관은 이에 응하여야 한다(제115조).

한편 각급선거관리위원회는 항상 선거권자의 주권의식앙양에 노력하고 특히 선거가 있을 때에는 투표방법과 그 밖의 선거에 관하여 필요한 사항을 주지·계몽하여야 할 의무가 있다.

제 3 편 민법

제 1 장 민법 일반

Ⅰ. 민법의 의의

민법의 의의는 실질적 의미의 민법과 형식적 의미의 민법으로 구분하여 살펴볼 수 있다.

실질적 의미의 민법이란 우리의 생활관계 중 재산관계와 신분관계로 구성되는 사법관계를 규율하는 실체법을 말한다. 실질적 의미의 민법은 그의 존재형식을 불문한다. 따라서 이는 성문법의 형식으로도 불문법의 형식으로도 존재할 수 있으며, 민법뿐만 아니라 다른 법령에도 실질적 민법의 내용이 포함될 수 있다.

형식적 의미의 민법은 "민법"이라는 명칭이 붙은 성문의 법전을 말한다. 우리 민법은 1958년 2월 22일에 법률 제471호로 제정되어 1960년 1월 1일부터 시행되었으며, 2007년 12월 21일에 법률 제8720호로 개정되었다. 그 내용은 제1편 총칙, 제2편 물권, 제3편 채권, 제4편 친족, 제5편 상속 등 총 1118조와 부칙으로 구성되어 있다. 이 민법전을 형식적 의미의 민법이라 한다. 본 장은 주로 형식적 의미의 민법을 다루었다.

실질적 의미의 민법과 형식적 의미의 민법은 원칙적으로 일치한다. 즉, 사법(私法)관계를 규율하는 일반적인 실체법은 형식적 의미의 민법인 민법전에 포함된다.

그러나 실질적 민법이 민법전 이외의 다른 법, 예컨대 유실물법, 부동산등기법, 이자제한법 등으로 존재하는 경우도 있고, 또 민법전에 실질적 의미의 민법이 아닌 규정, 예컨대 법인의 이사에 대한 벌칙(제97조), 강제이행(제389조) 등이 포함되어 있는 경우도 있다.

Ⅱ. 민법의 성격

1. 규범으로서의 민법

민법은 규범이다. 민법은 시민의 일상생활을 규율하는 규범(규범법칙)으로, 자연계를 지배하는 자연규칙과 구별된다. 규범은 '당위(Sollen)의 법칙'이며, 자연법칙은 '존재(Sein)의 법칙'이다. 또한 민법은 강제규범이란 점에서 비강제규범인 도덕 · 관습 · 종교 등과 구별된다.

민법은 시민생활에서 개인이 지켜야 할 규범(행위규범)이고, 또 민법은 법원이 재판을 할 때 기준이 되는 규범(재판규범)이기도 한다. 이를 법의 이중적 구조라 한다.

2. 사법으로서의 민법

민법은 사법(私法)이다. 이런 점에서 공법인 헌법, 행정법, 형법과 구별된다. 개인의 생활관계는 사적 생활관계와 공적 생활관계로 대별할 수 있다. 사적 생활관계는 주로 재산관계와 신분관계이며, 공적 생활관계는 국가나 공공단체의 구성원으로서 공적인 생활관계이다.

법은 사적 생활관계를 규율하는 사법과 공적 생활관계를 규율하는 공법으로 구분되는데, 민법은 사법에 속한다.

3. 일반법으로서의 민법

민법은 민사법에 있어서 일반법에 속한다. 사법을 일반사법과 특별사법으로 구분할 때, 민법은 전자에 해당하고 상법은 후자에 해당된다. 민법은 일반법인 점에서 특별법인 상법과 구별된다. 사람 · 장소 · 사항 등에 특별한 제한 없이 일반적으로 적용되는 법을 일반법이라 하고, 제한된 사람 · 장소 · 사항에만 적용되는 법을 특별법이라 한다.

법의 적용대상에 관하여 특별법이 있을 경우에는 먼저 특별법을 적용하고 특별법이 없을 경우에는 일반법을 적용한다. 이를 [특별법 우선의 원칙]이라 한다.

4. 실체법으로서의 민법

민법은 실체법이다. 이런 점에서 절차법인 민사소송법과 구별된다.

실체법은 권리 · 의무의 발생 · 변경 · 소멸에 관하여 규정하는 법이며, 절차법은 권리 · 의무를 실현시키기 위한 방법과 절차를 규정한 법을 말한다. 절차법 없이 실체법이 실현될 수 없으므로 양자는 밀접한 관계를 갖고 있다.

Ⅲ. 민법의 구성

1. 제1편 총칙

총칙편은 형식상 물권 · 채권 · 친족 · 상속 등 각 편에 공통된 일반규정을 두고 있으나, 주로 재산법에 관한 것이다. 또한 친족 · 상속편에 관하여는 많은 예외가 인정되고 있다.

총칙편은 통칙 · 인(人: 자연인) · 법인 · 물건 · 법률행위 · 기간 · 소멸시효의 7장으로 구분되어 있다.

2. 제2편 물권

물권편은 소유권을 중심으로 하여 부동산 · 동산에 대한 각종의 지배와 그 내용을 규정하고 있다.

물권편은 총칙 · 점유권 · 소유권 · 지상권 · 지역권 · 전세권 · 유치권 · 질권 · 저당권의 9장으로 구성되어 있다.

3. 제3편 채권

채권편은 채권 자체에 관한 일반적인 규정과 계약 기타의 채권발생원인을 규정하고 있다.

채권편은 총칙 · 계약 · 사무관리 · 부당이득 · 불법행위의 5장으로 구성되어 있다.

4. 제4편 친족

친족편은 가족의 기초인 혼인을 중심으로 하여 부부 · 친자 · 후견 등의 가족관계의 성립과 그 내용에 관해 규정하고 있다. 친족편은 총칙 · 호주와 가족 · 혼인 · 부모와 자 · 후견 · 친족회 · 부양 · 호주승계의 8장으로 구성되어 있었으나, 2007년12월 21일 개정된 현행 민법은 제2장의 제목 “호주와 가족”을 “가족의 범위와 자의 성과 본”으로 수정하고 제8장 “호주 승계”를 삭제하였다.

5. 제5편 상속

상속편은 사람의 사후에 있어서의 재산관계와 유언 등에 관하여 규정하고 있다. 그 내용은 상속 · 유언 · 유류분의 3장으로 구성되어 있다.

Ⅳ. 민법의 법원

민법의 법원(法源)이란 민법의 존재형식을 말한다. 민법의 법원에는 성문법과 불문법이 있다. 대륙법계에 속하는 우리나라는 성문법주의를 채택하고 있다. 따라서 불문법은 성문법이 없을 경우에만 보충적으로 적용된다. 민법은 민법의 법원의 종류와 그 순위에 관하여 제1조에서 "민사에 관하여 법률에 규정이 없으면 관습법에 의하고 관습법이 없으면 조리에 의한다."라고 규정하고 있다.

민법 제1조에 규정된 법원은 법률 · 관습법 · 조리이지만, 그 외에 판례 · 학설 등이 민법의 법원으로 되느냐에 관해 논의가 있나. 일반적으로 판례는 그 자체 법원이 되지 못하나 그것이 관습법의 내용을 형성할 경우에는 관습법으로서 법원이 되며, 학설도 그 자체 법원이 되지 못하나 그것이 조리의 내용을 형성할 경우에는 조리로서 법원이 될 수 있다고 본다.

Ⅴ. 민법의 기본원칙

1. 근대민법의 기본원칙

근대민법의 기조적 사상은 개인주의와 자유주의이다.

개인주의란 보편주의(전체주의)에 대응하는 것이며, 사회에 있어서 가장 근원적이고 제1차적인 것은 개인이기 때문에 개인본위의 사회질서를 존중하자는 주의이다. 자유주의는 봉건질서로부터 개인을 해방시켜 개인의 자유의지에 의한 자유활동에 대하여는 국가라 하더라도 간섭하지 못한다는 국가불간섭주의를 의미한다. 이와 같이 근대적 개인주의 · 자유주의사상은 개인을 봉건적 구속에서 해방시켜 그 인격을 존중하는 것을 지상의 이념으로 하기 때문에 당연히 개인의 자유와 평등을 강조하게 된다.

이러한 사상의 기초하에서 민법의 3대 원칙이 도출되었다.

(1) 소유권 절대의 원칙

민법의 3대 원칙의 하나는 [소유권 절대의 원칙]이다.

소유권 절대의 원칙은 소유권을 중심으로 하는 사유재산권을 신성불가침의 권리로 인정하여, 국가가 이것을 침해해서는 안 되며, 자기 소유의 물건은 자기 마음대로 이용 · 처분할 수 있다는 원칙이다. 헌법은 제23조에서 기본권으로서 재산권을 보장한다고 규정하고 있다.

(2) 계약자유의 원칙

다른 하나는 [계약자유의 원칙]이다. 계약자유의 원칙은 자기의 법률관계(권리 · 의무관계)는 자기의 의사에 의하여 형성한다는 원칙이다. 이것을 [계약자유의 원칙]이라고 부르며, 법률행위 자유의 원칙, 개인의사 자치의 원칙 또는 사적 자치의 원칙이라고도 부른다. 법률행위 중에서도 가장 대표적인 것이 계약이기 때문에 보통 계약자유의 원칙이라고 한다.

(3) 자기책임의 원칙

마지막으로 [자기책임의 원칙]이다. 자기책임의 원칙은 개인이 위법한 행위를 하여 남에게 손해를 입힌 경우, 그 행위가 고의 또는 과실에 의한 것일 때에만 책임을 진다는 원칙이다. 따라서 [과실책임의 원칙]이라고도 한다. 즉 주의의무를 다하였으나 어쩔 수 없이 발생된 피해에 대해서는 법적으로 책임을 지지 않는다는 것이다.

2. 현대 민법의 기본원리

근대민법의 3대 원칙은 근대 자유주의의 경제를 발전시키는 원동력이 되었으나 빈부의 현격한 차이를 조장하여 경제적 강자와 약자의 계급적 대립을 격화시켰다. 계약의 자유는 그 미명하에 경제적 강자가 약자에게 일방적으로 불리한 계약을 강요하는 수단으로 변하였고, 소유권 절대의 원칙은 가진 자가 갖지 못한 자를 지배하는 도구로 이용되었으며, 과실책임의 원칙은 경제적 강자에게 그들의 책임을 회피하는 근거로 활용되는 등 많은 불합리를 초래하게 되었다.

그 결과 국가는 불합리한 현실을 직시하고 실질적인 자유와 실질적인 평등을 모든 사람에게 보장하기 위하여 적극적으로 사적(私的) 경제활동에 간섭하기에 이르렀으며, 민법의 기본원칙도 수정되어 다음과 같은 모습으로 변하게 되었다.

(1) 소유권 공공의 원칙

소유권은 절대불가침의 것이 아니며, 그 사회성 · 공공성에 의한 의무 또한 갖는다. 일찌기 1919년의 바이마르 헌법 제153조 제3항은 "소유권은 의무를 진다. 소유권의 행사는 공공복리를 위하여 행사되어야 한다."고 규정하여, 소유권은 사회적 · 국가적 입장에서 제한할 수 있다는 취지를 명시하였다.

우리 헌법도 모든 국민의 재산권은 보장하되 그 내용과 한계는 법률로써 정하고, 재산권의 행사는 공공복리에 적합하도록 하여야 하며, 공공의 필요가 있을 때에는 법률로써 재산권을 수용 · 사용 또는 제한할 수 있다고 규정하고 있다(헌법 제23조). 또한 민법도 소유자는 법률의 범위 안에서만 그 소유물을 사용 · 수익 · 처분할 권리가 있다고 규정함으로써(제211조) 재산권의 사회성을 인정하고 있다.

판 례

군사상의 긴급한 필요에 의하여 국민의 재산권을 수용 또는 사용할 때에는 그 수용 또는 사용이 법률상의 근거에 의하여 이루어져야 한다(대판 1966. 10. 18, 66다1715).

(2) 계약 공정의 원칙

계약자유의 원칙은 이미 절대적인 것이 아닌 것으로 되었다. 따라서 계약의 자유도 공공적 · 사회적 이익과 개인적인 이익을 조화시키려는 법률의 목적과 일치되는 범위 내에서만 인정할 필요가 있다.

민법 제2조 제1항에서 선언하고 있는 바와 같이 계약은 완전한 자유가 아니라 [신의성실 원칙]의 지배를 받게 되었으며, 특히 경제적 약자인 근로자들을 위한 헌법의 규정(헌법 제32조)을 위시하여 근로기준법 · 노동위원회법 등 많은 사회본위의 단체주의적 법률이 성립하게 되었다.

민법은 제2조에서 신의성실의 원칙을 위시하여, 제103조의 사회질서에 반하는 법률행위의 금지, 제104조의 불공정한 법률행위의 금지 등을 규정하고 있는데, 이러한 규정들은 계약자유의 제한 내지 계약공정의 원칙을 제도화한 것이다.

판 례

신의성실의 원칙에 위반된다는 이유로 그 권리행사를 부정하기 위하여는 법률관계의 당사자가 상대방의 신의에 반하여 권리를 행사하는 것이 정의관념에 비추어 용인될 수 없을 정도의 상태에 이르러야 한다(대판 1995. 12. 12, 94다42693).

(3) 무과실책임의 원칙

자기책임의 원칙 역시 절대적인 것이 아닌 것으로 되었다. 따라서 권리행사에 있어서 고의나 과실이 없더라도 타인에게 손해를 준 경우에 권리자에게 손해배상의 책임을 부담시키는 원칙이 필요하게 되었다.

자본주의의 발달에 따라 각종 재해나 위험을 내포한 대규모의 현대적 기업이나 시설에 대하여는 고의나 과실이 없더라도 불가피한 재해나 위험에 따르는 손해를 배상하여야 한다는 무과실책임의 법리가 대두되게 되었다.

이상에서 본 바와 같이 현대 민법은 근대민법의 3대 원칙을 수정하고 있으며, 한편으로는 전통적인 3대 원칙에 대한 제약 내지 수정원리로서 민법전의 첫머리에 [신의성실의 원칙]과 [권리남용금지의 원칙](제2조)을 규정하고, 그 밖에 사회질서의 원칙(제103조) 또는 거래안전의 원칙을 필요에 따라서 적용하고 있다. 이러한 여러 가지 실천원리 또는 행동원리는 종국적으로는 공공복리의 원리를 상위원리로 하여 다른 구체적 법규를 규정하고 있는 것이다.

제 2 장 총칙

Ⅰ. 권리의 주체

1. 권리능력

권리능력이란 권리의 주체가 될 수 있는 지위 또는 자격을 말한다. 즉, 구체적으로 특정한 권리의 주체가 되는 것을 의미하는 것이 아니고, 권리를 향유할 수 있는 추상적 · 잠재적 지위 또는 자격을 말하는 것이다.

예컨대, 권리능력이란 A가 승용차의 소유권자라는 뜻이 아니라 그러한 소유권자로 될 수 있는 지위 또는 자격을 말한다. 근대법은 법률관계를 주로 권리중심으로 고찰하기 때문에 일반적으로 권리능력이라고 한다. 그러나 권리를 가질 수 있는 자는 동시에 의무도 질 수 있는 자이므로 정확하게 말하면 '권리 · 의무능력'이라고 표현하는 것이 옳다. 이러한 권리능력자에는 자연인과 법인이 있다.

2. 자연인

(1) 권리능력

우리 민법은 "사람은 생존하는 동안 권리와 의무의 주체가 된다"(제3조)고 규정하고 있다. 그러므로 자연인은 모체로부터 출생하면, 살아서 출생한 이상 기형아 · 조산아 등에 관계없이 권리능력을 가지며, 사망과 동시에 권리능력은 소멸한다. "출생"이란 태아가 모체로부터 완전 분리된 때를 말한다. 이것은 우리나라의 통설이다(전부 노출설).

(가) 태아의 권리능력

우리 민법은 태아를 보호하기 위한 입법주의로서 중요한 법률관계를 열거하여 이에 관하여만 태아가 출생한 것으로 보는 입법태도를 취하고 있다(개별적 보호주의). 따라서, 우리 민법은 ① 불법행위에 의한 손해배상청구(제762조) ② 재산 상속(제100조 제3항) ③ 대습상속(제1000조 · 제1112조 ; 유류분권) ④ 유증(제1064조) · 인지(제858조)

⑤ 사인증여(제562조)의 경우에는 태아를 이미 출생한 것으로 보아서 그의 권리능력을 인정하고 있다.

판 례

태아가 특정한 권리에 있어서 이미 태어난 것으로 본다는 것은 살아서 출생한 때에 출생시기가 문제의 사건의 시기까지 소급하여 그 때에 태아가 출생한 것과 같이 법률상 보아 준다고 해석하여야 상당하므로, 그가 모체와 같이 사망하여 출생의 기회를 못가진 이상 배상청구권을 논할 여지가 없다(대판 1976. 9. 14. 76다1365).

(나) 외국인의 권리능력

모든 자연인은 국적 여하를 묻지 않고 평등하게 권리능력자로서 인정하는 것은 오늘날의 문화국가에 공통된 현상이다. 외국인에 대해서도 원칙적으로 내국인과 평등하게 권리능력을 인정하는 것이 일반적이나, 예외적으로 외국인의 권리능력이 제한되어 있는 경우(토지 소유권 · 광업권 · 선박소유권 · 각종 무체재산권의 제한)와 일정한 분야에 자격이 제한되는 경우(도선사 · 변호사 · 공증인의 자격제한)가 있다.

(2) 의사능력

의사능력이란 자기의 행위의 의미와 결과를 합리적으로 판단할 수 있는 정신적 능력을 말한다. 유아, 정신이상자, 술에 만취한 자는 의사능력이 없다. 의사능력 없는 자의 법률행위는 무효이다.

(3) 행위능력

행위능력이란 단독으로 유효한 법률행위를 할 수 있는 능력을 말한다. 모든 자연인은 권리능력을 갖지만 모든 자연인이 행위능력을 갖는 것은 아니다.

민법은 적극적으로 행위능력자를 규정하지 아니하고 소극적으로 행위능력이 없는 자를 규정하고 있다. 따라서 행위무능력자가 아닌 자연인은 모두 행위능력을 갖는다. 이와 같이 단독으로 완전히 유효한 법률행위를 할 수 있는 능력을 갖지 못한 자를 행위무능력자라 한다.

(4) 행위무능력자

(가) 미성년자

미성년자란 만 20세 미만의 자를 말한다. 미성년자가 법률행위를 함에는 법정대리인의 동의를 얻어야 하며, 법정대리인의 동의 없이 단독으로 한 법률행위는, 법정대리인은 물론이고 미성년자 자신도 단독으로 이를 취소할 수 있다(제5조).

미성년자 자신은 법정대리인의 동의 없이 완전히 유효한 법률행위를 할 수 없으나, 예외로 권리만을 얻거나 의무만을 면하는 행위, 법정대리인이 범위를 정하여 처분을 허락한 재산의 처분행위, 법정대리인의 허락을 받은 영업에 관한 행위, 임금의 청구는 단독으로 유효하게 할 수 있다(제5조~제7조).

판 례

미성년자가 법률행위를 부인하는 경우, 법정대리인의 동의가 있었다는 입증책임은 미성년자에게 있지 아니하고 이를 주장하는 상대방에게 있다(대판 1970. 2. 24, 69다1568).

(나) 한정치산자

한정치산자는 심신이 박약한 자, 또는 재산상의 낭비로 자기나 가족의 생활을 궁박하게 할 염려가 있는 자로서, 본인 · 배우자 · 4촌 이내의 친족 · 호주 · 후견인 또는 검사의 청구에 의하여 법원으로부터 한정치산선고를 받은 자이다(제9조).

한정치산자의 행위능력은 미성년자의 그것과 같다(제10조).

판 례

한정치산자의 후견인이 친족회의 동의를 얻지 않고 피후견인의 부동산을 처분한 경우, 상대방이 친족회의 동의가 있었다고 믿을만한 정당한 사유가 있는 때에는 본인인 한정치산자에게 그 효력이 미친다(대판 1997. 6. 27, 97다3828).

(다) 금치산자

금치산자(禁治産者)는 심신상실의 상태에 있는 자로서, 본인 · 배우자 · 4촌 이내의 친족 · 호주 · 후견인 또는 검사의 청구에 의하여 법원으로부터 금치산선고를 받은 자이다(제12조).

금치산자의 재산상의 법률행위는 반드시 법정대리인이 대리하여야 하며, 금치산자는 법정대리인의 동의를 얻어도 단독으로 유효한 법률행위를 할 수 없다. 따라서 금치산자 자신이 한 법률행위는 법정대리인의 동의를 얻지 않고 한 경우는 물론이고, 동의를 얻어서 한 경우라도 취소할 수 있다(제13조).

신분상의 행위는 법정대리인의 동의를 얻어서 할 수 있는 경우(혼인 · 입양)와 단독으로 할 수 있는 경우(유언)가 있다.

판 례

표의자가 법률행위 당시 심신상실이나 심신미약상태에 있어 금치산 또는 한정치산선고를 받을 만한 상태에 있었다고 하여도 그 당시 법원으로부터 금치산 또는 한정치산선고를 받은 사실이 없는 이상 그 후 금치산 또는 한정치산선고가 있어 그의 법정대리인이 된 자는 금치산 또는 한정치산자의 행위능력 규정을 들어 그 선고 이전의 법률행위를 취소할 수 없다(대판 1992. 10. 13, 92다6433).

3. 법인

법인이란 자연인 이외의 자로서 권리능력이 인정되는 법인격자를 말한다. 즉 법인은 자연인 이외의 자로서 권리 · 의무의 주체가 되는 것을 말한다.

(1) 법인의 종류

(가) 공법인과 사법인

공법인(公法人)이란 국가 또는 공공단체(지방자치단체 · 공공조합 · 영조물법인)와 같이 공공의 목적을 위하여 특별한 법적 근거에 의하여 설립된 법인을 말하며, 사법인(私法人)이란 사적 목적으로 사법의 규정에 의하여 설립된 법인을 말한다. 예컨대, 서울특별시 · 경기도 또는 의사회 · 약사회는 공법인이며, 현대건설 · 삼성증권 · 공법학회는 사법인이다.

(나) 사단법인과 재단법인

사단법인(社團法人)은 2인 이상의 자연인을 구성요소로 하여 성립되는 법인으로서, 설립자가 정한 정관의 규정에 따라 그 목적인 사업을 경영하는 법인이며, 이에는 영리를 목적으로 하는 영리사단법인과 영리를 목적으로 하지 않는 비영리사단법인이 있다. 영리사단법인은 회사 · 은행 등으로 상법에 의해 규제되며, 비영리사단법인은 학회 · 체육회 · 동창회 등으로 민법에 의해 규율된다.

재단법인(財團法人)은 일정한 목적을 위하여 기부된 재산을 구성요소로 하여 성립하는 법인으로서, 재산을 기부한 설립자가 정한 정관의 규정으로 정해진 목적을 위하여 활동한다. 재단법인에는 비영리법인만 있으며, 영리법인은 없다. 학교 · 양로원 · 고아원 등은 재단법인으로, 민법에 의해 규율된다.

(2) 법인의 능력

법인의 권리능력은 민법, 상법 기타법률의 규정에 의하여 정관에 정한 목적의 범위 내에서 인정된다. 법인에게 불법행위능력이 있느냐에 관해 논의가 있으나, 법인실재설은 이를 인정한다. 민법은 법인의 이사 기타 대표기관이 그 직무를 집행함에 있어서 타인에게 손해를 가한 때에는 법인이 그 손해배상의 책임을 져야 한다고 규정하고 있다(제35조).

판 례

1. 법인 직원의 업무상 불성실한 사적(事跡)이 비록 법인 대표자와 공동으로 이루어진 것이라고 하더라도, 법인 대표자가 법인 직원에게 업무상 불성실한 사적(事跡)이 있어 그로 말미암아 신원보증인의 책임을 야기할 염려가 있음을 알았다면, 바로 법인이 그러한 사실을 알은 것이다(대판 1999. 8. 24, 99다28340).

2. 행위의 외형상 법인 대표자의 직무행위라고 인정할 수 있는 것이라면, 설사 그것이 대표자 개인의 사적 이익을 위한 것이었거나 혹은 법령의 규정에 위배된 것이었다 하더라도 직무에 관한 행위에 해당된다(대판 1969. 8. 26, 68다2320).

(3) 법인의 기관

법인의 행위를 실행할 수 있는 권한을 갖고, 그 권한 내의 행위가 곧 법인 자신의 행위로 인정되는 법 단위를 기관이라 한다. 법인은 권리의 주체이나, 자연인과 같이 현실적으로 법률행위를 할 수 있는 실존체가 아니라 무형의 관념체에 불과하다. 따라서 법인의 행위는 현실적인 자연인을 통해서만 그 실현이 가능하게 된다.

법인이 대외적으로 활동하고 내부적으로 사무를 처리하기 위한 필수기관으로서, 사단법인에는 이사와 사원총회, 재단법인에는 이사를 두고 있다.

감사는 법인의 임의기관이다.

(가) 이사

이사(理事)는 사단법인과 재단법인의 필수기관이다. 이사는 대내적으로 법인의 사무를 집행하며, 대외적으로 법인을 대표한다. '대표한다' 는 말은 그의 행위가 법인의 행위로 인정된다는 것을 의미한다.

이사가 여러 명 있는 경우 각자가 법인을 대표하는 것이 원칙이다. 그러나 정관으로 달리 정할 수도 있다.

이러한 정관의 규정은 등기하지 않으면 제3자에게 대항할 수 없다. 대내적 사무의 집행에 있어서 여러 명의 이사가 있는 경우에는 다수결에 의함이 원칙이다(제58조). 이사와 법인의 이익이 상반되는 경우에 법원은 이해관계인의 신청으로 특별대리인을 선임하여야 한다(제64조).

판 례

사단법인의 정관은 이를 작성한 사원뿐만 아니라 그 후에 가입한 사원이나 사단법인의 기관 등도 구속하는 점에 비추어 보면, 그 법적 성질은 계약이 아니라 자치법규로 보는 것이 타당하므로, 이는 어디까지나 객관적인 기준에 따라 그 규범적인 의미 내용을 확정하는 법규해석의 방법으로 해석되어야 하는 것이지, 작성자의 주관이나 해석 당시의 사원의 다수결에 의한 방법으로 자의적으로 해석될 수는 없다할 것이어서, 어느 시점의 사단법인의 사원들이 정관의 규범적인 의미 내용과 다른 해석을 사원총회의 결의라는 방법으로 표명하였다 하더라도 그 결의에 의한 해석은 그 사단법인의 구성원인 사원들이나 법원을 구속하는 효력이 없다(대판 2000. 11. 24, 99다12437).

(나) 사원총회

사원총회는 전 사원으로 구성되는 사단법인의 최고 의사결정기관이다.

재단법인에는 사원이 없으므로 사원총회가 있을 수 없다.

사원총회의 결의절차는 일반적으로 정관으로 정해지며, 정관에 정하지 않은 경우는 총 사원 과반수의 출석과 출석사원 과반수의 찬성으로 결의한다. 정관의 변경은 총 사원 3분의 2 이상의 찬성으로 행하는 총회의 전권사항이다(제42조, 제68조 이하).

판 례

민법상의 사단법인에 있어서 비록 그 재산이 중요하고 유일한 것이라 하여도 그 처분에 있어서 사원총회의 결의를 필요로 하는 것이 아니며, 정관에 그와 같은 취지의 기재가 있다 하여도 그것은 내부관계에서 효력을 가지는 데 불과하다(대판 1975. 4. 22, 74다410).

(다) 감사

감사(監事)는 임의기관이다. 감사는 법인의 재산 상황과 이사의 업무집행 상황을 감사한다. 법인은 정관 또는 사원총회의 결의로서 감사를 둘 수 있다.

감사는 법인의 대외적 대표권이 없다. 법인이 해산되어도 감사는 퇴임되지 않는다.

감사의 성명과 주소는 등기사항이 아니다(제66조 이하 참조).

(4) 법인의 소멸

법인의 소멸이라 함은 법인이 그 권리능력을 상실하는 것을 말한다. 따라서, 재산관계를 정리하기 위하여 해산 · 청산절차를 밟아야 한다.

법인의 해산이란 법인이 본래의 목적을 달성하기 위한 적극적인 활동을 정지하고, 청산절차에 들어가는 것을 말하고, 법인의 청산이란 해산한 법인의 재산관계를 정리하는 법인소멸시까지의 절차를 말한다.

II. 권리의 객체

권리의 객체란 권리의 대상을 말한다. 권리는 일정한 생활이익을 향유할 수 있는 법률상의 힘이다. 여기에서 말하는 일정한 생활이익을 권리의 목적 또는 내용이라 한다. 권리의 내용 또는 목적이 성립하기 위해서는 일정한 대상을 필요로 하며, 이를 권리의 객체라고 한다.

권리의 객체는 권리의 목적 또는 내용에 따라 다르다. 물권에 있어서는 물건, 채권에 있어서는 특정인의 행위, 인격권에 있어서는 권리주체 자신이 권리의 객체이다. 우리 민법은 권리의 객체에 대하여 총론적인 규율을 하는 명문 규정을 두고 있지는 않다. 다만, 물건에 대한 규정을 두고 있을 뿐이다.

1. 물건의 의의

물건은 유체물 또는 전기 기타 관리할 수 있는 자연력이다(제98조). 유체물이란 공간의 일부를 점하는 유형적 존재, 즉 고체 · 액체 · 기체를 말한다. 자연력이란 전기 · 열 · 빛 · 원자력과 같은 공간의 일부를 점하지 않는 무체의 자연력을 말한다.

물건은 인간이 지배 가능한 것이어야 한다. 민법은 자연력에 관하여 이를 명언하고 있으나, 유체물에 있어서도 마찬가지이다. 지배할 수 없는 것은 현실적으로 권리의 객체가 될 수 없는 까닭이다. 따라서 태양 · 달 · 행성 등은 유체물이지만 사람이 지배할 수 없으므로 물건이 아니다.

물건은 외계의 일부이어야 한다. 그러므로 생존하는 사람의 신체의 일부는 물건이 아니다. 따라서 의족도 신체에 부착시키고 있는 동안은 물건이라 할 수 없다.

2. 물건의 종류

(1) 동산 · 부동산

부동산이란 토지와 그 정착물을 말한다. 토지는 그의 구성부분인 토사와 암석 등을 포함하는 개념이다. 정착물이라 함은 건물 · 수목 등 토지에 계속적으로 부착된 물건을 말한다. 동산은 부동산 이외의 모든 물건을 말한다(제99조).

(2) 주물 · 종물

종물(從物)은 주물(主物)에 부속되어 있는 주물의 일부분을 말하며, 주물은 종물이 부속된 물건을 말한다.

특정 물건의 소유자가 자기가 소유하고 있는 다른 물건을 항상 그 물건에 부속시켜서 사용하는 경우에 그 부속시킨 물건을 종물이라 하고, 그 주가 되는 물건을 주물이라 한다.

예컨대 시계와 시계줄, 반지와 반지에 부착된 보석, 가옥과 전등은 주물 · 종물의 관계에 있다.

종물은 당사자 간 특약이 없는 한 원칙적으로 주물의 처분에 따른다(제100조).

판 례

주물의 소유자나 이용자의 상용에 공용되고 있더라도 주물 그 자체의 효용과 직접 관계없는 물건은 종물이 아니다(대판 1994. 6. 10, 94다11606).

(3) 원물 · 과실

어떤 물건에서 수익물이 나올 때, 그 수익물을 과실(果實)이라고 하고, 그 수익을 낳는 물건을 원물(元物)이라고 한다.

과실은 천연과실과 법정과실로 분류된다.

천연과실이란 양모 · 우유 · 열매 · 달걀 등과 같이 물건의 용법에 따라 사용함으로서 자연적으로 수취되는 과실이고, 법정과실이란 이자 · 집세 등과 같이 원물을 타인에게 사용시킨 대가로 받는 과실이다(제101조).

천연과실은 그 원물로부터 분리하는 때에 이를 수취할 권리자에게 속한다(제102조 제1항). 법정과실은 수취할 권리의 존속기간 일수의 비율로 취득한다(제102조 제2항).

판 례

양도담보 목적물로서 원물인 돼지가 낳은 새끼돼지는 천연과실에 해당하고 그 천연과실의 수취권은 원물인 돼지의 사용수익권을 가지는 담보설정자에게 귀속되므로, 다른 특별한 약정이 없으면 천연과실인 새끼돼지에 대하여는 양도담보의 효력이 미치지 않는다(대판 1996. 9. 10, 96다25463)

III. 권리의 변동(법률행위)

법률효과가 부여되는 사회생활관계를 법률관계라고 하며, 법률효과를 일으키는 데 필요한 법률사실을 법률요건이라고 한다. 그리고 민법은 권리중심으로 구성되어 있으므로 민법상의 권리효과는 권리의 변동, 즉 그 발생(취득), 변경 · 소멸(상실)의 모습으로 나타난다.

권리변동, 즉 법률효과 발생의 원인이 되는 사실 전체를 법률요건이라 한다. 그리고 이 법률요건을 구성하는 개개의 사실을 법률사실이라 한다.

자동차를 빌려 주는 계약은 법률요건이고, 그 계약을 이루는 청약의 의사표시와 승낙의 의사표시는 법률사실이다. 법률요건은 법률사실의 총체이지만, 법률요건은 단일한 법률사실로서 성립되는 경우(단독행위)도 있고, 다수의 법률사실의 복합으로 성립되는 경우(계약)도 있다.

1. 법률행위

법률행위란 한 개 또는 수 개의 의사표시를 요소로 하는 법률요건이며, 법이 그 의사표시의 내용에 따라 사법상의 효과를 생기게 하는 것을 말한다.

즉 의사표시라는 법률사실을 불가결의 요소로 하는 법률요건인 것이다. 이른바 적법행위로서 법률요건 가운데 가장 중요한 것이다. 따라서 의사표시가 없는 법률행위는 있을 수 없다.

법률행위는 행위자가 원한대로 일정한 효과를 발생하도록 법이 조력하는 데에 그 본질이 있기 때문에 행위자가 원하는 대로의 효과가 생기지 않는 행위는 법률행위가 아니다.

(1) 단독행위 · 계약 · 합동행위

단독행위는 표의자 한 사람의 의사표시로 성립하는 법률행위(유언, 취소, 해제, 면제)이다. 계약은 서로 대립되는 두 개 이상의 의사표시의 합치에 의하여 성립되는 법률행위(매매 · 교환 · 임대차)이다. 합동행위는 수인의 동일한 목적을 위한 의사표시의 합치에 의하여 성립하는 법률행위(사단법인의 설립행위)이다. 합동행위는 동일한 방향으로 지향하는 수 개의 의사표시의 합치이나, 계약은 방향을 달리하는 서로 대립된 수 개의 의사표시의 합치이다.

(2) 요식행위 · 불요식행위

법률행위는 의사표시가 일정한 형식을 필요로 하느냐 아니냐에 따라 요식행위(要式行爲)와 불요식행위(不要式行爲)로 나눌 수 있다. 요식행위는 일정한 법정형식(法定形式)을 요구하는 법률행위(혼인, 입양, 유언)이며, 불요식행위는 일정한 형식을 요구하지 않는 법률행위이다.

(3) 채권행위 · 물권행위 · 준물권행위

이는 발생하는 법률효과의 종류에 의한 분류이다. 채권행위는 채권을 발생시키는 법률행위로서 이행이라는 문제를 남긴다는 점에서 물권행위나 준물권행위와 구별된다.

물권행위는 소유권의 이전 등과 같이 물권의 변동을 유발하는 의사표시를 요소로 하여 성립하는 법률행위이고, 준물권행위는 채권, 무체재산권 등과 같은 물권 이외의 권리를 변동시키고, 이행이라는 문제는 남기지 않는 채권 양도, 무체재산권 양도 등과 같은 법률행위를 말한다.

(4) 사후행위 · 생전행위

표의자의 사망에 의하여 효력이 발생하는 법률행위를 사후행위(死後行爲) 또는 사인(死因)행위라 하고, 그 이외의 행위를 생전행위(生前行爲)라 한다.

예컨대, 사인증여는 증여행위를 한 때가 아니라 증여자가 사망한 때에 효력이 발생하는 사후행위이며, 유언도 유언을 한 때에 효력이 발생하는 것이 아니라 유언을 한 자가 사망했을 때 효력이 발생하는 사후행위이다.

2. 의사표시

일정한 법률효과의 발생을 의욕하는 의사를 외부에 표시하는 행위를 의사표시라 한다.

의사표시는 법률행위를 구성하는 법률사실이며, 법률요건인 법률행위와는 구별되는 개념이다. 의사표시가 이루어지는 심리적 과정을 분석해 보면 일정한 법률효과의 발생을 의욕하는 의사, 즉 효과의사를 결정하며, 이 효과의사를 외부에 표시하려는 의사, 즉 표시의사를 가지며, 그 의사를 표시하는 행위, 즉 표시행위를 하게 된다. 외부에서 인식할 수 있는 것은 오직 표시행위뿐이다.

그러나 효과의사와 표시행위 사이에 틈이 생겨 일치하지 않는 경우가 발생할 수 있다. 그래서 표시행위가 가지는 의미를 확정하는 것이 필요한데 이것을 의사표시의 해석이라 한다.

(1) 의사와 표시의 불일치

(가) 진의 아닌 의사표시(심리유보) · 비진의 표시

진의 아닌 의사표시란 내심의 의사와 표시된 의사내용이 불일치함을 표시자 자신이 알면서 하는 의사표시를 말한다. 예컨대, 100만 원에 팔려고 하면서 10만 원에 팔겠다고 농담을 하는 경우다.

이 진의 아닌 의사표시는 원칙적으로 표시행위에 나타난 대로 효과가 발생한다. 그러나 상대방이 그 의사표시의 진의가 아니라는 것을 알았거나 알 수 있었을 때에는 무효이다. 이 무효는 선의의 제3자에게 대항할 수 없다(제107조).

판 례

비진의 의사표시에 있어서의 '진의'란 특정한 내용의 의사표시를 하고자 하는 표의자의 생각을 말하는 것이지 표의자가 진정으로 마음속에서 바라는 사항을 뜻하는 것은 아니므로, 표의자가 의사표시의 내용을 진정으로 바라지는 않았다고 하더라도 당시의 상황에서는 최선이라고 판단하여 한 의사표시는 내심의 효과의사가 결여된 비진의 의사표시라고 할 수 없다(대판 2003. 4. 25, 2002다11458).

(나) 허위표시(통정허위표시)

허위표시, 즉 통정허위표시(通情虛僞表示)는 상대방과 통모하여 하는 허위의 의사표시를 말한다. 이 허위표시는 당사자 간에 있어서는 무효이다. 예컨대, 채권자의 압류를 면하기 위하여 남편이 자기 소유의 부동산을 아내의 이름으로 이전등기하는 경우이다. 그러나 허위 표시임을 모르는 선의의 제3자에 대하여는 무효라고 주장할 수 없다(제108조).

판 례

1. 토지에 대한 매매계약이 그 토지의 점유시효취득자에 대한 소유권 이전등기의무를 면탈하기 위한 목적에서 이루어진 것이라면 통정허위표시에 해당된다(대판 1994. 10. 11, 94다16090).

2. 임대차는 임차인으로 하여금 목적물을 사용 · 수익하게 하는 것이 계약의 기본내용이므로, 채권자가 주택임대차보호법상의 대항력을 취득하는 방법으로 기존 채권을 우선 변제 받을 목적으로 주택임대차 계약의 형식을 빌려 기존 채권을 임대차보증금으로 하기로 하고 주택의 인도와 주민등록을 마침으로서 주택임대차로서의 대항력을 취득한 것처럼 외관을 만들었을 뿐 실제 주택을 주거용으로 사용 · 수익할 목적을 갖지 아니한 계약은 주택임대차 계약으로서는 통정허위표시에 해당되어 무효라고 할 것이므로 이에 주택임대차보호법이 정하고 있는 대항력을 부여할 수는 없다(대판 2002. 3. 12, 2000다24184 · 24191).

(다) 착오

착오(錯誤)는 내심의 효과의사와 외부적인 표시행위가 불일치함을 표의자 자신이 모르고 하는 의사표시를 말한다. 법률행위의 내용의 중요한 부분에 착오가 있을 때에는 표의자는 그 의사표시를 취소할 수 있다. 그러나 착오가 표의자의 중대한 과실로 인한 때에는 취소하지 못한다. 또 착오로 인한 의사표시의 취소는 선의의 제3자에게 대항할 수 없다(제109조).

판 례

1. 민법 제109조 1항 단서에서 규정하고 있는 "중대한 과실"이라 함은 표의자의 직업, 행위의 종류, 목적 등에 비추어 보통 요구되는 주의를 현저하게 결여한 것을 말한다(대판 1995. 12. 12, 94다22453).
2. '법률행위의 중요부분의 착오'라 함은 표의자가 그러한 착오가 없었더라면 그 의사표시를 하지 않았으리라고 생각될 정도로 중요한 것이어야 하고 보통 일반인도 표의자의 처지에 섰더라면 그러한 의사표시를 하지 않았으리라고 생각될 정도로 중요한 것이어야 한다(대판 1999. 4. 23, 98다45546).

(2) 하자 있는 의사표시

하자(瑕疵:흠) 있는 의사표시란 사기 혹은 강박에 의하여 내심의 의사와 다른 내용의 의사를 표시한 경우를 말한다(제110조).

(가) 사기에 의한 의사표시

사기에 의한 의사표시라 함은 타인의 고의적인 기망행위에 의하여 착오에 빠져서 한 의사표시를 말한다. 사기에 의한 의사표시는 취소할 수 있다. 제3자가 사기를 행한 경우에는 상대방이 그 사기의 사실을 알았거나 알 수 있었을 경우에 한하여 취소할 수 있다(제110조 제2항). 사기에 의한 의사표시의 취소는 선의의 제3자에게 대항할 수 없다.

(나) 강박에 의한 의사표시

강박에 의한 의사표시는 타인의 강박에 의한 공포심에서 어쩔 수 없이 하는 의사표시를 말한다. 사기의 경우와 달리 표의자의 착오가 존재하지 않는다. 강박에 의한 의사표시라고 하려면 상대방이 불법으로 어떤 불이익 또는 해악을 고지함으로써 공포를 느끼고 의사표시를 한 것이어야 한다.

강박에 의한 의사표시의 효과는 사기에 의한 의사표시의 효과와 동일하다.

판 례

강박에 의한 의사표시가 하자있는 의사표시로서 취소되는 것에 그치치 않고 나아가 무효로 되기 위하여는, 강박의 정도가 단순한 불법적 해악의 고지로 상대방으로 하여금 공포를 느끼도록 하는 정도가 아니고, 의사표시로 하여금 의사결정을 스스로 할 수 있는 여지를 완전히 박탈한 상태에서 의사표시가 이루어져 단지 법률행위의 외형만이 만들어진 것에 불과한 정도이어야 한다(대판 2003. 5. 13, 2002다73708 · 73715).

3. 대리

대리(代理)란 대리인이 본인을 위하여 상대방에게 의사표시를 하거나 또는 의사표시를 수령하여 그 법률효과를 직접 본인에게 귀속시키는 법제도이다(제114조). 대리에 있어서 의사표시는 대리인 자신의 의사이다. 따라서 이미 본인이 결정한 의사를 전달함에 불과한 사자(使者)는 대리인이 아니다.

판 례

갑이 자기 이외의 연립주택 소유자들이 매각추진위원회를 구성하여 을로 하여금 원매자를 물색하게 하고 일정대금 수준이면 매각에 동의한다는 내용의 동의서에 서명날인하였다는 말을 듣고 을을 찾아가 동의서에 서명무하여 주었다면 특별한 사정이 없는 한 을에게 자신을 대리하여 연립주택을 매도할 권한을 수여한 것이라고 보아야 한다(대판 1992. 10. 13, 92다25427).

(1) 대리의 사회적 작용

(가) 사적자치의 확장

대리제도는 사적자치(私的自治)의 범위를 확장하는 사회적 작용을 담당한다. 사적자치의 원칙에 따라 모든 행위를 자신이 스스로 하여야 한다면, 사람의 활동범위는 시간적 · 공간적 제한을 받게 된다.

그러나 대리제도를 이용한다면 본인은 대리인의 능력을 이용해서 직접 자기의 법률관계를 처리할 수 있으므로 그의 활동범위는 무한히 확대될 수 있을 것이다.

(나) 사적자치의 보충

모든 자연인은 권리능력을 갖지만 의사능력이 없는 자도 있고 또 행위능력이 없는 자도 있다. 이러한 자들이 권리능력을 발휘하기 위해서는 법정대리인의 힘을 필요로 한다. 이와 같이 대리제도는 사적자치를 보충하는 기능도 담당하고 있다.

(2) 대리의 종류

(가) 능동대리와 수동대리

능동대리는 대리인이 본인의 의사를 대리해서 표시하는 것이며, 수동대리는 대리인이 본인을 대리하여 상대방의 의사표시를 받는 대리이다. 능동대리는 대리인이 본인을 위한 것임을 표시하며, 수동대리는 상대방이 본인을 위한 것임을 표시한다.

(나) 법정대리와 임의대리

법정대리란 대리권이 직접 법률의 규정에 의하여 발생하는 대리를 말하며, 미성년자의 대리인인 친권자나 후견인의 대리가 그 예이다. 임의대리란 본인의 수권행위에 의하여 대리권이 발생하는 대리이다. 법정대리는 주로 사적자치를 보충하는 기능을 말하며, 임의대리는 사적자치를 확장하는 작용을 담당한다.

(다) 유권대리와 무권대리

유권대리(有權代理)란 대리인이 정당하게 대리권을 가진 대리이며, 무권대리(無權代理)란 대리인이 대리권을 갖지 못한 대리이다. 즉, 유권대리는 대리권이 있는 유효한 대리이나, 무권대리는 대리권이 없으면서 대리인이라고 사칭하여 의사표시를 하는 흠 있는 대리이다. 무권대리인의 행위는 본인이 추인을 하지 않는 한, 본인에게 그 효과가 귀속되지 않으며, 자칭 대리인이라고 주장한 사람에게 법률효과가 귀속된다.

■ **표현대리** _ 표현대리(表見代理)는 본인과 자칭 대리인 사이에 특수한 관계가 있어서 외관상 대리권이 있는 것으로 보일 만한 사정이 있는 경우에 상대방을 보호하고 대리제도의 의미를 살리는 뜻에서 그 의사표시의 효과를 본인에게 귀속시키는 것이다(제125조). 외관상 대리권이 있는 것으로 볼 수 있는 특수사정이 있는 경우로, 대리권을 준다고 표시했으나 아직 대리권이 주어지지 않는 경우, 대리인이 대리권이 있으나 그 범위를 넘은 경우, 대리권이 있었으나 이미 소멸한 경우가 있다.

판 례

표현대리에 해당하기 위하여는 상대방은 선의 무과실이어야 하므로, 상대방에게 과실이 있다면 표현대리를 주장할 수 없다(대판 1997. 3. 25, 96다51271).

■ **협의의무권대리** _ 무권대리인에게 전혀 대리권이 없는 경우를 협의의 무권대리라 한다. 본인이 추인하지 않는 한 협의의 무권대리인의 행위는 본인에게 귀속되지 않는다(제130조). 또한, 민법은 상대방의 불안정한 지위를 고려하여 상대방에게 철회권·최고권을 인정하고 있다(제135조).

판 례

1. 본인이 무권대리인으로부터 매매대금의 전부 또는 일부를 받았다면 무권대리인의 매매계약을 추인하였다고 봄이 타당하다(대판 1963. 4. 11, 63다64).

2. 무권대리행위는 그 효력이 불확정 상태에 있다가 본인의 추인 유무에 따라 본인에 대한 효력발생 여부가 결정되는 것으로서, 추인은 무권대리행위가 있음을 알고 그 행위의 효과를 자기에게 귀속시키도록 하는 단독행위이다(대판 2002. 10. 11, 2001다59217).

(3) 현명주의

현명주의(顯名主義)란 대리인이 대리행위를 하기 위하여는 본인을 위한 것임을 표시하여야 하는 것을 말한다. 법률행위의 효과는 행위자 자신에 대하여 발생하는 것이 원칙이기 때문에 효과를 본인에게 귀속시키기 위해서는 특히 본인을 위한 것이라는 취지를 명백히 할 필요가 있기 때문이다. 여기서 본인을 위하여 한다는 것은 본인의 이름으로 한다는 것을 의미하며, 보통 'A의 대리인 B' 라고 표시한다.

대리인이 본인을 위한 것임을 표시하지 않은 의사표시는 대리인 자신의 의사표시로 되어 대리인에게 효과가 귀속되며, 상대방이 대리인으로서 한 것임을 알았거나 알 수 있었을 때에는 대리인이 그 권한 내에서 본인을 위한 것임을 표시한 의사표시로 보아 직접 본인에 대하여 효력이 발생한다(제115조). 그러나 당사자의 개성을 문제삼지 않는 상행위에 있어서는 현명주의가 적용되지 않는다(상법 제48조).

판 례

1. 대리인의 법률행위가 본인에게 효력이 발생하자면 반드시 대리인의 본인을 위한다는 표시가 필요한 것이므로, 대리인이 이러한 표시를 하지 않고 한 의사표시는 대리인 자신을 위하여 한 것으로 간주됨은 분명하다(대판 1957. 7. 4 4290민상93).

2. 대리에 있어 본인을 위한 것임을 표시하는 이른바 현명은 반드시 명시적으로만 할 필요는 없고 묵시적으로도 할 수 있는 것이고, 채권양도통지를 함에 있어 현명을 하지 아니한 경우라도 채권양도통지를 둘러싼 여러 사정에 비추어 양수인이 대리인으로서 통지한 것임을 상대방이 알았거나 알 수 있었을 때에는 민법 제115조 단서의 규정에 의하여 유효하다(대판 2004. 2. 13, 2003다43490).

3. 상가건물 분양업체에게 그 소유자를 대리할 권한이 있고, 그 점포의 분양행위가 그 규모, 횟수, 분양기간 등에 비추어 볼 때 상법 제46조 제1호 소정의 부동산의 매매로서 본인인 상가건물 소유자의 상행위가 되는 경우, 분양업체가 수분양자와 분양계약을 체결하면서 건물 소유자의 대리인임을 표시하지 않았다 하더라도 상법 제48조에 의하여 유효한 대리행위로서 그 효과는 본인인 건물 소유자에게 귀속된다(대판 1996. 10. 25, 94다41935).

4. 무효와 취소

일반적으로 법률행위는 당사자가 의욕한 바에 따라 법률효과를 발생하지만, 경우에 따라서는 의욕한 대로 법률효과의 발생이 이루어지지 않는 때가 있다. 그것은 무효와 취소의 두 경우로 나누어진다.

(1) 무효

무효라 함은 법률효과의 발생이 처음부터 확정적으로 방해된 법률행위를 말한다. 법률행위로서의 외형이 존재하지 않으면 법률효과의 문제가 발생하지 않으므로, 법률행위의 부존재와 무효는 다르다. 무효는 누구의 주장을 기다릴 것 없이 처음부터 당연히 법률효과가 발생하지 않는 것이므로 상대방의 주장을 필요로 하는 취소와 다르다.

법률행위가 무효로 되는 행위에는 의사무능력자의 행위, 목적이 불확정한 행위, 목적이 불능인 행위, 목적이 강행법규에 위반된 행위, 목적이 사회적 타당성이 없는 행위, 허위표시 등이 있다.

판 례

무효행위를 추인한 때에는 달리 소급효를 인정하는 법률규정이 없는 한 새로운 법률행위를 한 것으로 보아야 할 것이다(대판 1995. 4. 11 94다53419).

(2) 취소

취소라 함은 일단 발생한 법률행위의 효력을 일방적으로 소멸시키는 행위를 말한다. 따라서 '취소할 수 있는 법률행위'는 취소되기 전까지는 일단 유효한 법률행위이지만, 언제 그 효력이 소멸될지 모르는 불확정한 상태에 있는 법률행위이다. 취소는 취소권자가 취소한다는 의사표시를 하지 않는 한 유효하지만, 일단 취소의 의사표시를 하면 법률행위 당시로 소급하여 법률효과가 처음부터 발생하지 않았던 것으로 된다(제141조).

법률행위가 취소될 수 있는 원인으로 행위무능력자의 행위, 착오로 인한 행위, 사기로 인한 행위, 강박에 의한 행위 등이 있다(제140조).

판 례

A가 지능이 박약한 B를 꾀어 돈을 빌려 주어 유흥비로 쓰게 하고 실제로 준 돈의 두 배 가량을 채권최고액으로 하여 자기 처 앞으로 근저당권을 설정한 경우, A의 기망행위는 소비대차, 근저당설정계약 모두에 영향을 미쳤으므로 그 전체에 대하여 취소의 효력이 있다(대판 1994. 9. 9, 93다31191).

5. 법률행위의 부관

부관(附款)이란 법률행위의 효과 발생 또는 소멸에 관하여 일정한 제한을 가하기 위하여 부가되는 약관을 말한다. 부관에는 조건과 기한이 있다.

(1) 조건

조건은 법률행위의 효력의 발생 또는 소멸을 결정함에 있어서, 도래 불확실한 장래의 사실에 의존시키는 부관이다. 도래가 불확실한 점에서 도래가 확실한 기한과 구별된다.

조건에는 정지조건과 해제조건이 있다. 정지조건은 "내일 심부름을 갔다 오면 심부름 값을 주겠다."라는 경우와 같이 즉시 법률효과가 발생하지 않고, 내일 심부름을 갔다 온다는 조건이 성취됨으로써 비로소 효력이 발생하는 경우이다. 해제조건은 "너에게 학비를 주되 학기말 성적이 B학점 이하이면 다시 되돌려받겠다."는 경우와 같이 법률행위는 즉시 효력을 발생하지만 성적이 B학점 이하라는 조건이 성취되면 그 효력이 소멸되는 경우이다.

판 례

약혼예물의 수수는 혼인 불성립을 해제조건으로 하는 증여와 유사한 성질의 것이므로, 시어머니가 며느리에게 교부한 약혼예물은 그 혼인이 성립되어 상당기간 지속된 이상 며느리의 소유라고 본 조치는 정당하다(대판 1994. 12. 27, 94므895).

(2) 기한

기한은 법률행위의 효력 발생 또는 소멸을 결정함에 있어서, 도래가 확실한 장래의 사실에 의존시키는 부관이다. '2003년 7월 25일' 이라는 식으로 그 시기가 확정되어 있는 경우를 '확정 기한' 이라 하고, '내가 죽을 때' 라는 식으로 그 시기가 확정되지는 않았지만 도래할 것이 확실한 경우를 '불확정 기한' 이라고 한다.

Ⅳ. 기간

1. 의의

기간이란 어떤 시점에서 다른 시점까지 시간의 간격을 말한다. 기간은 법률요건을 이루는 법률사실이다. 시효 · 연령 등에 있어서와 같이 기간의 경과에 의하여 권리의 발생 · 변경 · 소멸 기타의 효과가 주어지는 경우가 많으므로 민법은 그 계산방법을 규정하고 있다(제155조).

2. 기간의 계산방법

(1) 시 · 분 · 초를 단위로 하는 계산

자연적 계산방법에 의한다. 자연적 계산방법은 자연적 시간의 흐름을 순간에서 순간까지 계산한다. 약속시간 즉시를 기산점으로 계산하고, 그 정해진 시 · 분 · 초가 될 때 만료점이 된다. 예를 들어, 13시에 10시간 후라고 하면 13시부터 기산하여 10시간이 지난 23시에 만료된다.

(2) 일 · 주 · 월 · 년을 단위로 하는 기간

역법적 계산방법에 의한다. 역법적 계산방법은 역(曆)에 따라서 계산하는 방법이다. 기간의 초일은 이를 산입하지 않는다. 그러나 기간이 오전 영시부터 시작되는 때와 연령계산에 있어서는 초일을 산입한다.

기간 말일의 종료로 기간은 만료한다. 기간을 주 · 월 · 년으로 정한 때에는 이를 일(日)로 환산하지 않고 역에 의하여 계산한다. 따라서 월이나 년의 일수의 장단은 문제 삼지 않는다. 주 · 월 · 년 단위로 하는 기간의 경우 주 · 월 · 년의 처음부터 기간을 기산하지 아니하는 때에는 최후의 주 · 월 · 년에서 그 기산일에 해당하는 날의 전일에 기간은 만료한다. 또한 기간의 말일이 공휴일에 해당하는 때에는 기간은 그 다음 날 만료한다.

V. 시효제도

시효(時效)라 함은 일정한 사실상태가 일정기간 계속되었을 때, 그 사실상태가 진실한 권리관계와 일치하느냐를 묻지 않고 그 사실상태를 존중하여 그대로 법률상태로 인정하는 제도이다.

시효제도를 인정하는 이유는 일정한 사실상태가 계속될 경우 사회는 현재의 사실상태를 정당한 것으로 인식하고 이를 바탕으로 여러 가지 법률관계를 형성하기 때문에, 이러한 안정된 사실상태를 인정하지 않는다면 오히려 사회질서를 문란케 할 우려가 있기 때문이다. 또 정당한 권리관계에 관한 증거를 찾는 것도 오랜 시간이 지난 후에는 거의 불가능할 뿐 아니라, "권리 위에 잠자는 자를 법은 보호하지 않는다."는 격언도 시효제도의 존재이유로 들 수 있을 것이다.

1. 시효의 종류

시효에는 취득시효와 소멸시효가 있다. 취득시효는 타인의 물건을 일정한 기간 점유함으로써 그 물건에 대한 권리를 취득하는 시효이며, 소멸시효는 자기의 권리를 일정한 기간 행사하지 않음으로 인하여 권리를 상실하게 되는 시효이다.

2. 취득시효의 효력

취득시효는 시효의 완성으로 소유권을 취득하게 된다. 즉 "20년 간 소유의 의사로 평온·공연하게 부동산을 점유하는 자는 등기함으로써 소유권을 취득한다."는 민법 제245조의 규정이 그것이다.

판 례

취득시효완성으로 토지의 소유권을 취득하기 위하여는 그로 인하여 소유권을 상실하게 되는 시효완성 당시의 소유자를 상대로 소유권이전등기청구를 하는 방법에 의하여야 한다(대판 1997. 4. 25, 96다53420).

3. 소멸시효의 효력

소멸시효는 시효의 완성으로 권리가 소멸한다. 즉 "채권은 10년간 행사하지 않으면 소멸시효가 완성한다."는 민법 제162조의 규정과 같이, 권리를 일정기간 행사하지 않으면 권리를 상실하게 되는 것이다. 소멸시효의 효력은 그 기산시에 소급한다. 즉 소멸시효의 완성으로 권리가 소멸하는 시기는 시효기간이 만료하는 때이지만 효과는 시효기간의 개시일에 소급한다. 기산일 이후의 이자는 지급할 필요가 없으나, 시효완성 전에 상계할 수 있었던 경우에는 채권자가 시효만료 후에도 상계할 수 있다.

판 례

소멸시효 중단사유의 하나로서 민법 제174조가 규정하고 있는 '최고(催告)'는 채무자에 대하여 채무이행을 구한다는 채권자의 의사통지(준법률행위)로서, 이에는 특별한 형식이 요구되지 아니할 뿐만 아니라 행위 당시 당사자가 시효중단의 효과를 발생시킨다는 점을 알거나 의욕하지 않았다 하더라도 이로써 권리행사의 주장을 하는 취지임이 명백하다면 '최고'에 해당하는 것으로 보아야 할 것이므로 채권자가 확정판결에 기한 채권의 실현을 위하여 채무자에 대하여 민사소송법 소정의 재산관계명시신청을 하고 그 결정이 채무자에게 송달이 되었다면 거기에 소멸시효 중단사유인 '최고'로서의 효력을 인정하여야 한다(대판 1992. 2. 11, 91다41118).

제 3 장 물권

Ⅰ. 물권의 의의와 종류

1. 의의

물권(物權)은 재산권의 일종으로 물건을 직접 지배하는 배타적 권리이다. 이를 설명하면 다음과 같다. 첫째, 물권은 직접지배권이다. 직접지배란 채권과 같이 채무자의 행위를 통해서가 아니라 직접 물건을 이용한다는 뜻이다. 둘째, 물권은 배타적인 권리이다. 물권은 물건을 직접 지배하여 이익을 향유하는 권리이기 때문에, 어떤 물건 위에 한 개의 물권이 성립한 때에는 그 물권 위에 다시 이와 동일한 내용의 물권이 병존할 수 없다는 뜻이다. 이를 물권의 배타성이라고 한다. 셋째, 물권은 특정의 독립물을 객체로 하는 권리이다. 특정물이 아니면 직접 배타적인 지배로 이익을 향유할 수 없기 때문이다. 불특정물에 대하여서 채권은 성립할 수 있지만 물권은 성립할 수 없다. 또한 한 개의 물권이 성립하기 위해서는 물건의 일부 구성부분이 아닌 독립된 물건이어야 하고, 물건의 집합이 아니라 한 개의 물건이어야 한다.

2. 물권의 종류

(1) 물권법정주의

물권법정주의(物權法定主義)란 물권의 종류와 내용은 법률 또는 관습법에 의해서만 창설될 수 있다는 주의이다. 민법은 제185조에서 "물권은 법률 또는 관습법에 의하는 외에 임의로 창설하지 못한다."고 규정하고 있다. 물권은 물건을 직접 지배하는 배타성을 갖는 강력한 권리이기 때문에 당사자가 임의로 창설할 수 있게 하면, 이것을 공시하기가 곤란하므로 거래의 안전을 해할 염려가 많다. 따라서 민법은 물권을 법률 또는 관습법에 의해서만 창설할 수 있도록 하였다.

물권법정주의에 의하여 당사자가 법률 또는 관습법이 인정하지 않는 물권을 설정하는 계약을 체결하여도 이는 무효이다. 그러나 당사자 간에 채권적 효력은 발생한다.

(2) 물권의 종류

우리 민법이 규정하는 물권의 종류는 점유권, 소유권, 지상권, 지역권, 전세권, 유치권, 질권, 저당권이다. 이중 지상권, 지역권, 전세권을 용익물권이라 하고, 유치권, 질권, 저당권을 담보물권이라 한다. 용익물권과 담보물권을 제한물권이라 하고 점유권 이외의 물권을 본권이라 한다.

II. 물권의 내용

1. 점유권과 본권

(1) 점유권

점유권은 물건을 사실상 지배하는 권리이다(제192조). 즉 점유라는 사실을 법률요건으로 하여 발생하는 권리이다. 물건에 대한 사실상의 지배상태를 권리로서 보호하여 사력(私力)에 의한 교란을 금지함으로써 사회의 평화질서를 유지하려는 제도이며, 실질적인 권리인 본권과 구별된다. 따라서 A의 유실물을 B가 주워 소지하고 있는 경우, A는 개인의 힘으로 B로부터 유실물을 빼앗을 수 없고, 법적 절차에 의한 회수절차를 밟아야 한다.

판 례

사실상 지배가 있다고 하기 위하여는 반드시 물건을 현실적으로 지배하는 것만을 의미하는 것은 아니고 물건과 사람과의 시간적 · 공간적 관계와 본권과의 관계, 타인지배의 가능성 등을 고려하여 사회관념에 따라 합목적적으로 판단하여야 한다(대판 1996. 12. 23, 95다31317).

(2) 본권

본권이란 점유를 법률상 정당하게 하는 권원(權原)을 말한다. 즉 점유할 수 있는 권리를 본권이라 한다. 따라서 물건을 훔친 사람은 점유권은 갖고 있지만 본권은 없는 상태이므로, 불법점유에 해당한다.

2. 소유권

소유권은 물건을 사용 · 수익 · 처분 기타 어떤 방법으로도 지배할 수 있는 권리를 말한다(제211조). 따라서 소유권은 물건을 전면적으로 지배하는 권리라 할 수 있다. 소유권자가 어떤 작용을 타인에게 허용하면, 즉 제한물권을 설정하면 소유권을 상실하지는 않지만 허용한 범위 내에서 권리행사의 제한을 받는다. 그러나 소유권 위에 성립한 제한물권이 소멸하면 소유권은 본래의 완전한 상태로 회복된다. 이를 소유권의 탄력성이라고 한다.

소유권은 존속기간도 없고, 소멸시효에도 걸리지 않는다. 이를 소유권의 항구성이라 한다. 그러나 소유권은 절대불가침의 권리가 아니라 공공의 이익에 합치되도록 행사해야 한다. 이를 소유권의 공공성이라 한다.

판 례

토지의 원소유자가 토지의 일부를 도로부지로 무상제공함으로써 이에 대한 독점적이고 배타적인 사용수익권을 포기하고, 이에 따라 주민들이 그 토지를 무상으로 통행하게 된 이후에 그 토지의 소유권을 경매에 의해 특정승계한 자는, 그와 같은 사용수익의 제한이라는 부담이 있다는 사정을 용인하거나 적어도 그러한 사정이 있음을 알고서 그 토지의 소유권을 취득하였다고 봄이 상당하므로 도로로 제공된 토지부분에 대하여 독점적이고 배타적인 사용수익권을 행사할 수 없고, 따라서 지방자치단체가 그 토지의 일부를 도로로서 점유 · 관리하고 있다고 하더라도 그 자에게 어떠한 손해가 생긴다고 할 수 없으며 지방자치단체도 아무런 이익을 얻은 바가 없으므로 이를 전제로 부당이득반환청구를 할 수도 없다(대판 1996. 11. 29, 96다36852).

3. 제한물권

(1) 용익물권

용익물권은 타인의 물건을 일정한 범위 안에서 일정한 기간 동안 사용 · 수익할 수 있는 권리를 말한다. 즉 소유권의 전면적 지배 가운데 사용 · 수익만을 분리하여 일시적으로 이용하는 물권이다. 사용가치를 지배하는 물권이라고 말할 수 있겠다.

(가) 지상권

지상권은 타인의 토지 위에 건물 기타 공작물이나 수목을 소유하기 위하여 그 토지를 사용하는 권리이다(제279조). 예컨대, 타인의 토지 위에 가옥을 건축하고자 하는 자는 토지의 소유권자와 지상권 설정계약을 체결하고 이를 등기하여 그 토지를 이용할 수 있다.

그러나 이러한 토지 이용의 목적은 임대차계약에 의해서도 달성될 수 있으므로 지상권은 거의 이용되지 않고 있는 것이 우리나라의 실정이다. 그것은 지상권의 내용이 임차권보다 강대하여 소유자에게 불리할 뿐만 아니라, 등기라는 번거로운 절차와 경비가 들기 때문이다.

판 례

토지와 건물이 동일한 소유자에게 속하였다가 건물 또는 토지가 매매 기타 원인으로 인하여 양자의 소유자가 다르게 되었더라도, 당사자 사이에 그 건물을 철거하기로 하는 합의가 있었던 경우에는 건물 소유자는 토지 소유자에 대하여 그 건물을 위한 관습상의 법정지상권을 취득할 수 없다(대판 1999. 12. 10 98다58467).

(나) 지역권

지역권은 타인의 토지를 자기 토지의 편익을 위하여 이용하는 권리이다(제291조). 이때 편익을 받는 토지를 요역지(要役地)라 하고 편익을 주는 토지를 승역지(承役地)라 한다. 예를 들어, 요역지를 출입하기 위하여 승역지를 통행한다든지, 요역지에 물을 대기 위해 물이 승역지를 통과한다든지 하는 것이다.

(다) 전세권

전세권은 타인의 부동산을 점유하여 그 용도에 따라 사용 · 수익하는 권리이다(제303조). 전세권은 종래부터 우리나라의 도시에서 성행해 온 가옥전세의 관습을 물권화한 것인데 일반적으로 임대차계약에 의하여 실행하고 있어 전세권은 그 이용이 드물다. 가

판 례

전세권설정등기를 마친 민법상의 전세권은 그 성질상 용익물권적 성격과 담보물권적 성격을 겸비한 것으로서, 전세권의 존속기간이 만료되면 전세권의 용익물권적권능은 전세권설정등기의 말소 없이도 당연히 소멸하고 단지 전세금반환채권을 담보하는 담보물권적 권능의 범위 내에서 전세금의 반환시까지 그 전세권설정등기의 효력이 존속하고 있다 할 것인데, 이와 같이 존속기간의 경과로서 본래의 용익물권적 권능이 소멸하고 담보물권적 권능만 남은 전세권에 대해서도 그 피담보채권인 전세금반환채권과 함께 제3자에게 이를 양도할 수 있다 할 것이지만, 이 경우에는 민법 제450조 제2항 소정의 확정일자 있는 증서에 의한 채권양도절차를 거치지 않는 한 위 전세금반환채권의 압류 · 전부 채권자 등 제3자에게 위 전세보증금반환채권의 양도사실로써 대항할 수 없다(대판 2005. 3. 25, 2003다35659).

옥 임차인을 보호하기 위한 임대차보호법에 의하여 일정금액 이하의 전세보증금채권에 대하여는 우선변제권을 인정하고 있다.

(2) 담보물권

(가) 유치권

유치권은 타인의 물건 또는 유가증권을 점유하고 있는 자가 그 물건이나 유가증권에 관하여 발생한 채권이 변제기에 있을 때, 변제를 받을 때까지 그 물건 또는 유가증권을 유치하는 권리이다(제320조). 예를 들어, 시계 수리공이 수리대금을 받을 때까지 그 시계의 인도를 거부할 수 있는 권리를 말한다. 이는 질권이나 저당권과 같이 당사자 간의 계약에 의해 발생하는 약정담보물권이 아니라 법률상 당연히 발생하는 법정담보물권이다.

(나) 질권

질권은 채권의 담보로서 채권자가 채무자 또는 제3자의 물건을 점유하고, 채무의 변제가 없는 때에는 그 물건을 경매하여 대금으로부터 다른 채권자에 우선하여 변제를 받을 수 있는 권리이다(제329조). 예를 들어, 반지를 담보로 제공하고 5만 원을 차용하는 경우 채권자가 반지 위에 갖는 권리를 말한다. 질권은 당사자 간의 합의에 의해 성립하는 약정담보물권이며, 동산과 권리만이 질권의 목적이 될 수 있으며, 부동산은 질권의 목적이 될 수 없다.

(다) 저당권

저당권은 채무자 또는 제3자가 점유를 이전하지 않고 채권의 담보로 제공한 부동산에 대하여 채권자가 다른 채권자에 우선하여 자기 채권의 변제를 받을 수 있는 담보물권이다(제356조). 저당권자는 오직 등기를 통해 부동산의 교환가치를 파악하고 있을 뿐이다. 저당권은 약정담보물권이다.

판 례

여러 명의 채권자들이 동일한 채권을 담보하기 위하여 그 명의를 달리하여 순차로 담보목적물에 대하여 근저당권을 설정하였다가 먼저 설정된 근저당권이 말소된 경우, 후에 설정된 근저당권이 그 설정 시기에도 불구하고, 말소된 선순위 근저당권과 동일한 우선변제적 효력을 가지게 되는 것은 아니다(대법원 2005. 2. 17, 2003두12363).

Ⅲ. 물권의 변동

1. 물권변동의 법률요건

(1) 의의

물권의 변동이란 물권의 발생 · 변경 · 소멸을 말한다. 물권자측에서 보면 물권변동은 물권의 취득 · 변경 · 상실이 된다. 물권의 취득에는 이전의 소유주로부터 물권을 이전받음으로써 취득하는 이전취득과, 새로이 물권을 설정함으로써 취득하는 설정적 취득이 있다. 일반적으로 소유권의 취득은 이전취득의 예이고, 저당권의 취득은 설정적 취득의 예이다.

(2) 물권변동의 법률요건

물권변동이라는 법률효과를 가져오는 법률요건에는 법률행위와 법률에 규정한 사실의 발생 두 가지가 있다.

법률행위로 인한 물권변동은 당사자의 의사표시에 의하여 일어나는 것이고, 법률의 규정에 의한 물권변동은 당사자의 의사와는 관계없이 법률상 당연히 발생하는 것이다. 법률규정에 의한 물권변동에는 상속 · 시효취득 · 무주물 선점 · 유실물 습득 · 공용징수 등이 있다.

2. 물권변동에 관한 이론

(1) 의사주의

의사주의에 의하면 법률행위에 의한 물권변동은 당사자의 의사표시만으로 그 효력이 발생한다. 따라서 등기나 인도는 물권변동을 제3자에게 대항하기 위한 요건에 지나지 않는다고 한다(프랑스 · 일본 민법).

의사주의에 의하면 물권행위는 관념적인 채권계약에 흡수되어 채권계약으로부터 분화된 물권행위는 존재하지 않게 된다. 예를 들어, A가 그의 소유가옥을 B에게 양도한다는 의사표시와 B는 A 소유의 가옥을 양수한다는 의사표시만으로 A의 가옥은 B의 가옥으로 소유권이 이전되고 소유권 이전등기는 제3자에게 대항하기 위한 요건에 불과한 것이 된다.

(2) 형식주의

형식주의에 의하면 물권변동은 그것을 목적으로 하는 의사표시와 등기 또는 인도의 형식을 갖추어야 비로소 효력을 발생한다.

물권행위는 외형상 채권행위에서 독립하고 있으며 법률상으로도 그 원인인 채권계약에서 분리되어 있다. 예를 들어, A가 그의 소유가옥을 B에게 양도한다는 의사표시와 B는 A 소유의 가옥을 양수한다는 의사표시만으로 A의 가옥은 B의 가옥으로 소유권이 이전되지 아니하며, 소유권 이전등기를 하여야 B의 가옥으로 소유권이 이전된다.

우리 민법은 형식주의를 채택하고 있으나(제186조), 등기에는 공신력을 인정하지 않는다.

(3) 의사주의와 형식주의의 장단점

의사주의는 거래의 신속을 기하고 복잡한 절차와 경비를 필요로 하지 아니한다는 장점이 있으나 거래의 안전을 해할 염려가 있으며, 형식주의는 거래의 안전을 기하는 장점이 있으나 거래의 신속성을 둔화시키고, 등기 절차가 번거로우며, 등기나 점유에 공신력을 인정하게 되면 진정한 권리자의 희생이 따르게 되는 단점이 있다.

제 4 장 채권

Ⅰ. 채권의 기초개념

1. 채권과 물권의 차이

채권(債權)은 특정인이 다른 특정인에게 특정의 행위를 요구하는 청구권이다. 요구되는 특정의 행위를 지급 · 급부 또는 채권의 목적이라고 하고, 그 권리자를 채권자라 한다.

급부의 내용은 재화 또는 노무의 제공과 같은 적극적 작위일 수도 있고 일정한 행위를 하지 않는다는 소극적 부작위일 수도 있다. 이에 대하여 물권은 특정물건에 대하여 제3자 모두의 간여를 배제하는 절대적 지배권이다.

(1) 청구권과 지배권

채권은 청구권이고 물권은 지배권이다. 채권의 본질은 채권자가 채무자에게 급부를 청구하는 급부청구권이다. 채권은 사람과 사람과의 관계로서 채권의 내용이 물건의 급부인 때에도 채권자가 물건을 지배하게 되는 것은 채무자의 급부행위를 통하여 간접적으로 지배할 뿐이지만, 물권은 사람과 물건과의 관계로서 물건을 직접 지배하는 지배권이다.

(2) 배타성의 유무

물권은 배타성을 그 특색으로 하고 있으나 채권은 배타성이 없다. 물권은 물건에 대한 지배권이므로 모든 사람에게 주장할 수 있으나 채권은 청구권으로서 채무자에게만 주장할 수 있다. 따라서 물권의 경우 동일 물건 위에 동일 내용의 물권이 동시에 두 개 이상 성립할 수 없으나, 채권의 경우에는 동일인에게 동시에 동일한 급부를 내용으로 하는 여러 개의 채권이 성립할 수 있다. 그리고 그 성립의 선후로 인한 우열의 차이가 없고 그 효력은 평등하다.

(3) 공시방법의 유무

물권은 공시방법이 있으나 채권은 공시방법이 없다. 물권은 배타성이 있으므로 그 존재 · 내용이 일반인에게 알려지지 않는다면 거래를 하는 자가 뜻하지 않은 손해를 입을 수 있다. 따라서 물권에는 등기 · 인도라는 공시방법이 있으나, 채권은 배타성이 없으므로 원칙적으로 공시방법을 요하지 않는다.

(4) 권리의 종류와 내용의 한정

물권의 종류와 내용은 법정되어 있으나 채권의 종류와 내용은 그 제한이 없다. 물권의 종류와 내용은 물권법정주의에 의하여 법률이나 관습법에 의한 외에는 임의로 창설할 수 없으나, 채권의 내용은 위법이 아닌 한 계약자유의 원칙에 의하여 당사자가 자유로이 정할 수 있다.

2. 채권의 특성

(1) 상대성

채권은 채권자가 채무자에 대해서만 청구할 수 있는 대인적 권리, 즉 상대적 권리이다. 그러나 물권은 누구에게나 주장할 수 있는 절대적 권리이다.

(2) 평등성

채권은 채무자에 대한 청구권이므로 동일 내용의 것일지라도 동시에 두 개 이상 성립할 수 있다. 그리고 모든 채권은 그 효력이 동일하며, 채권 발생 선후에 따라 우열이 발생하지 않는다.

(3) 양도성

채권의 상대성은 동시에 비양도성을 의미하는 것으로 이해되었다. 그러나 채권도 재산권의 하나로서 그 성질상 양도를 허용하지 않는 경우를 제외하고는 양도성이 인정된다.

(4) 불가침성

채권은 비록 상대성을 갖는 권리이지만 채권도 재산권이므로 그 침해가 가능하고, 그 침해에 대해서는 불법행위가 성립한다.

II. 채권의 발생원인

채권의 발생원인이라 함은 법률이 채권성립의 효과를 부여하는 법률요건을 말한다. 민법은 채권의 발생원인으로 계약, 사무관리, 부당이익, 불법행위를 규정하고 있다.

1. 계약

계약(契約)은 채권발생을 목적으로 하는 법률행위이며, 그것은 서로 대립하는 두 개 이상의 의사표시의 합치로 성립한다(제527조 이하). 넓은 의미에서는 당사자의 합의로 성립하는 법률행위는 모두 계약이며 물권계약, 혼인계약, 입양계약도 계약의 범주에 속하나, 좁은 의미로는 채권계약만을 계약이라 말한다. 계약은 보통 서로 대립하는 의사표시인 청약과 승낙의 합치에 의하여 성립한다. 그 합치는 의사표시의 해석상 내용의 주요한 점에서 일치하면 족하다. 채권법에서는 사적자치의 원칙이 지배하므로, 사회질서에 반하지 않는 한 어떤 내용의 계약이라도 체결할 수 있다.

판 례

1. 계약이 성립하기 위하여는 당사자의 서로 대립하는 수 개의 의사표시의 객관적 합치가 필요하고, 객관적 합치가 있다고 하기 위하여는 당사자의 의사표시에 나타나 있는 사항에 관하여는 모두 일치하고 있어야 하는 한편, 계약 내용의 '중요한 점' 및 계약의 객관적 요소는 아니더라도 특히 당사자가 그것에 중대한 의의를 두고 계약성립의 요건으로 할 의사를 표시한 때에는 이에 관하여 합치가 있어야 계약이 적법 · 유효하게 성립한다.

계약이 성립하기 위한 법률요건인 청약은 그에 응하는 승낙만 있으면 곧 계약이 성립하는 구체적, 확정적 의사표시여야 하므로, 청약은 계약의 내용을 결정할 수 있을 정도의 사항을 포함시키는 것이 필요하다(대법원 2003. 4. 11. 2001다53059).

(1) 계약의 종류

민법은 전형적인 14종의 계약에 관하여 규정하고 있다. 증여, 매매, 교환, 소비대차, 사용대차, 임대차, 고용, 도급, 현상광고, 위임, 임치, 조합, 종신정기금, 화해가 그것이다. 최근 민법개정안(2004. 6. 24 입법예고)에 따르면, 민법의 전형계약에 여행계약과 중개계약 두 가지를 추가함으로써 16종으로 하였으며, 기본법인 민법에 오늘날 활발하게 이용되는 여행과 중개에 관한 법률관계의 기본원칙을 마련하였다.

이를 유명계약(有名契約)이라 한다. 그러나 이 밖에도 계약자유의 원칙에 의하여 사회상규에 반하지 않는 한 어떤 내용의 계약도 체결할 수 있다. 이러한 민법상의 유명계약(전형계약) 이외의 계약을 무명계약(無名契約)이라고 한다.

계약은 대가적인 채무를 당사자 쌍방이 부담하느냐, 일방만 부담하느냐에 따라 쌍무계약과 편무계약으로 분류할 수 있고, 대가적인 채무를 부담하느냐 아니냐에 따라 유상계약과 무상계약으로 분류할 수 있다.

(2) 계약의 효력

계약이 성립하면 그 효력으로서 당사자에게 여러 가지의 권리 · 의무가 발생한다. 특히 쌍무계약의 경우 두 당사자 모두에게 일정한 대가적 채무가 발생하므로, 어느 일방의 채무가 불법 혹은 불능 · 착오 등에 의하여 성립하지 않으면 상대방의 채무도 성립하지 않는다. 이것을 성립상의 견련관계라고 한다. 또한 일방 당사자는 상대방의 채무이행이 있을 때까지 자기의 채무이행을 거절할 수 있다(제536조). 이것을 동시이행의 항변권이라고 한다.

계약은 채무가 이행되어 만족을 얻게 되면 소멸하지만, 계약을 이행하지 않을 경우에는 강제이행, 계약의 해제 또는 손해배상을 청구할 수 있다.

2. 사무관리

사무관리는 계약 또는 법규에 의한 법률상의 의무 없이 타인을 위하여 사무를 관리하는 경우에, 그 사무의 성질에 좇아 본인에게 가장 이익이 되는 방법으로 관리하는 것을 말한다(제734조). 이때 관리상의 비용이 들었을 경우, 그 비용을 청구하는 것을 사무관리에 의한 비용청구권이라고 한다. 예컨대, 타인의 집을 보아 주다가 수도관이 터진 경우 이를 수리하는 것이 사무관리이다.

사회 공동생활의 이상에서 보면 특히 타인의 이익을 위한 행위는 본인의 의사에 반하지 않거나 본인을 위하여 불이익이 아닌 한 채권관계의 발생을 인정하는 것이 타당하기 때문에 사무관리제도가 인정된다. 사무관리를 시작한 자는 계속 관리할 의무가 있고, 본인 또는 그 상속인이나 법정대리인이 그 사무를 관리할 때까지 선량한 관리자의 주의의무를 가지고 그 사무를 관리할 의무를 진다. 본인은 관리자에게 보수지급의무는 없으나 필요비 또는 유익비 등을 상환할 의무를 진다. 사무관리자는 대리권이 없다.

판 례

사무관리자의 사무관리상 부주의로 인하여 화재가 발생한 경우, 손해배상의 책임이 있다(대판 1995. 9. 29, 94다13008).

3. 부당이득

부당이득이라 함은 법률상의 원인 없이 타인의 재산 또는 노무로 인하여 이익을 얻고 그로 인하여 타인에게 손해를 주는 것을 말한다(제741조). 예를 들어, A가 B에게 그의 컴퓨터를 매매하는 계약을 체결하고 컴퓨터를 인도하였으나 아직 대금은 받지 않은 상태에서 매매계약이 다른 원인으로 무효 혹은 취소가 되었을 경우 B는 부당이득으로 컴퓨터를 취득한 것이 된다.

어떤 사람이든지 정당한 이유 없이 타인의 손실로써 이득을 얻는 것은 형평의 이념에 반하는 것이므로 법은 이런 경우 이득의 반환을 규정하고 있다. 이를 부당이득 반환청구권이라고 한다.

손실자의 손해와 수익자의 이득 사이에 상당인과관계가 있을 때에 이득자는 손실자에 대하여 그 이득을 반환할 의무를 진다. 이득자가 선의인 경우에는 현재 잔존하는 이익만을 반환할 의무를 지고, 악의인 경우에는 얻은 이익에 이자까지 붙여 반환하고 손

판 례

확정된 배당표에 의하여 배당을 실시하는 것은 실체법상의 권리를 확정하는 것이 아니므로 배당을 받아야 할 자가 배당을 받지 못하고 배당을 받지 못할 자가 배당을 받은 경우에는 배당에 관하여 이의를 한 여부 또는 형식상 배당절차가 확정되었는지 여부에 관계없이 배당을 받지 못한 채권자는 배당받은 자에 대하여 부당이득 반환을 청구할 수 있다(대판 2004. 4. 9, 2003다32681).

해가 있으면 배상할 의무까지 있다.

4. 불법행위

불법행위란 고의 또는 과실로 위법하게 타인에게 손해를 가하는 행위를 말한다(제750조). 불법행위로 인하여 손해를 입은 자는 그 행위자에게 손해배상청구권을 가진다. 불법행위가 성립하기 위해서는 주관적 요건으로 고의 또는 과실 및 책임능력을 필요로 하고, 객관적 요건으로서 위법행위와 손해발생의 사실이 있어야 하며, 또한 위법행위와 손해발생 간에 인과관계가 있어야 한다. 불법행위로 인한 손해배상은 금전배상을 원칙으로 한다.

판 례

과민성이 있는 환자에게 부작용으로 인한 쇼크나 호흡억제를 일으킬 수 있는 약물을 투여한 경우, 투여 후 부작용이 없는지를 확인하지 아니하여 과민성 쇼크가 발생하여 환자가 사망하였다면 배상할 책임이 있다(대판 1997. 5. 9, 97다1815).

Ⅲ. 채권의 목적

1. 개념

채권의 목적이란 채권자가 채무자에 대하여 청구할 수 있는 채무자의 특정행위(급부)이다. 채권의 목적인 지급 또는 급부의 내용은 작위(예:가옥을 건축하는 채무 등), 부작위(예:건물에 출입하지 않을 채무 등)를 불문하며, 특정급부(예:명동 1번지 1호 대지의 이용 등)와 불특정급부(예:내년에 생산되는 사과 중 1박스의 인도 등) 모두 가능하다.

판 례

1. 특정물의 인도를 목적으로 하는 채권에 관하여 채무불이행이 있는 경우에는 법정이자를 청구할 수 없다(대판 1957. 10. 7, 4290민상413).
2. 이미 발생한 이자에 관하여 채무자가 이행을 지체한 경우에는 그 이자에 대한 지연손해금을 청구할 수 있다(대판 1996. 9. 20, 96다25302).

2. 채권의 목적요건

채권의 목적은 당사자의 의사로 자유로이 정할 수 있다. 물권처럼 법률상 일정한 종류에 대한 제한이 없다. 그러나 다음과 같은 요건은 갖추어야 한다.

첫째, 채권의 목적은 가능한 것이어야 한다. 불능한 급부를 목적으로 하는 채권은 무효이다. 가능 · 불능은 채권이 성립할 당시를 기준으로 판단한다. 불능은 물리적 불가능뿐만 아니라 사회관념상의 불가능도 포함된다. 예를 들어, 태평양 항해 중 유람선에서 떨어뜨린 반지를 찾아 올 채무는 불능에 속한다.

둘째로, 급부의 내용은 채권 성립시에 확정되어 있거나 적어도 이행시까지는 확정될 수 있는 것이어야 한다. 채권은 그 이행을 장래에 기하는 것이기 때문이다.

셋째로, 급부의 내용은 강행법규나 선량한 풍속 기타 사회질서에 반하지 않는 것이어야 한다. 예컨대, 윤락행위를 목적으로 하는 채권은 무효이다.

Ⅳ. 채권의 효력

1. 채권의 대내적 효력

채권의 대내적 효력은 채권자와 채무자 사이에 채권관계에서 인정되는 효력으로, 현실의 채무이행과 채무불이행에 따른 강제 등이 포함된다. 현실의 이행에 의한 채권의 소멸이라는 효력과, 채무불이행에 의한 손해배상 · 계약의 해제 · 강제이행 등의 효력은 채권자와 채무자 사이에만 인정되는 효력이며, 제3자에게는 관계없는 효력이다. 채권의 대내적 효력으로 문제되는 것은 주로 채무불이행에 따른 강제에 관해서이다. 채무불이행에는 이행지체, 이행불능, 불완전이행 등이 있다.

판 례

도급인이 하자(흠)의 보수나 손해배상만으로는 회복할 수 없는 정신적 고통을 입었다는 특별한 사정이 있고 수급인이 이와 같은 사정을 알았거나 알 수 있었을 경우에 한하여 정신적 고통에 대한 위자료를 인정할 수 있다(대판 1993. 11. 9, 93다19115).

2. 채권의 대외적 효력

채권의 효력은 채권자와 채무자 사이에만 미치는 것이 원칙이지만, 경우에 따라서는 그 효력이 제3자에게까지 미치는 경우가 있다. 채권의 효력이 채무자가 아닌 제3자에게까지 미치는 효력을 대외적 효력이라고 말하며, 그 내용으로 채권자대위권과 채권자취소권이 있다.

(1) 채권자대위권

채권자대위권(債權者代位權)이란 채권자가 자기의 채권을 보전하기 위하여 채무자에게 속하는 권리를 대신 행사할 수 있는 권리이다(제404조). 즉, 채권자는 자기채권의 변제를 확실히 하기 위하여 채무자의 재산을 확보할 필요성이 있다. 예를 들어, 채권자 A가 채무자 B에 대하여 임금채권을 가지고 있고, B는 제3채무자 C에 대하여 대금청구권을 가지고 있을 때, B가 C에 대한 채권을 방치한 채로 A에 대한 채무를 변제하지 않을 경우, A는 B에 갈음하여 C에 대하여 B의 채권을 행사할 수 있다.

판 례

채권자대위권은 채권자가 채무자에 대한 자기의 채권을 보전하기 위하여 필요한 경우에 채무자의 제3자에 대한 권리를 대위행사할 수 있는 권리를 말하는 것으로서, 이 때 보전되는 채권은 보전의 필요성이 인정되고 이행기가 도래한 것이면 족하고, 그 채권의 발생원인이 어떠하든 대위권을 행사함에는 아무런 방해가 되지 아니하며, 또한 채무자에 대한 채권이 제3채무자에게까지 대항할 수 있는 것임을 요하는 것도 아니다(대판 2003. 4. 11, 2003다1250).

(2) 채권자취소권

채권자취소권이란 채무자가 채권자를 해함을 알고 재산권을 목적으로 하는 법률행위를 할 때에 채권자가 이의 취소 및 원상회복을 법원에 청구하는 권리를 말한다(제406조). 이를 사해행위취소권(詐害行爲取消權)이라고도 한다.

예컨대, 채무자가 자기의 재산을 타인에게 증여하여 그의 재산을 감소시켜 채권자를 해하였을 때, 채권자는 채무자의 증여행위를 취소하여 증여된 재산을 반환시킬 수 있다.

판 례

채무자가 그의 유일한 재산인 부동산을 채권자들 가운데 어느 한 사람에게 대물변제로 제공하는 행위는 다른 특별한 사정이 없는 한 다른 채권자들에 대한 관계에서 사해행위에 해당되어 취소의 대상이 된다(대판 1996. 10. 29, 96다23207).

V. 다수당사자의 채권관계

채권자 또는 채무자가 2인 이상인 경우를 다수당사자의 채권관계라 한다. 주로 채무자가 2인 이상인 연대채무 및 보증채무가 사회에서 널리 이용되고 있다.

이 제도는 주로 채권자가 채무자의 신용 내지 재산상태를 믿을 수 없을 때 채권확보를 위해 다른 사람을 담보로 세울 것을 요구함으로써 성립된다.

1. 분할채권관계

채권의 목적물이 분할될 수 있는 경우에 발생되는 채권관계이다. 이러한 경우에는 당사자에 특별한 약정이 없는 한 각 당사자는 균등비율로 권리를 가지며 의무를 부담한다.

예컨대, 300만 원의 채권이 있고 채권자가 세 사람인 경우에는 별도의 약정이 없으면 각자가 100만 원씩 독립된 채권을 갖는 것을 말한다. 특별한 약정이 있을 경우에는 그 약정에 따름은 물론이다.

판 례

민법상 다수당사자의 채권관계는 원칙적으로 분할채권관계이고 채권의 성질상 또는 당사자의 약정에 기하여 특히 불가분으로 하는 경우에 한하여 불가분채권관계로 되는 것이다(대판 1992. 10. 27, 90다13628).

2. 불가분채권관계

채권의 목적물이 성질상 또는 당사자의 약정에 의하여 분할할 수 없는 경우이다.

예컨대, 컴퓨터 한 대의 인도와 같이 성질상 불가분인 것이 있고, 쌀 100kg의 인도의 경우와 같이 본래는 가분인 것이라도 당사자의 의사표시에 의하여 불가분인 것도 있다. 불가분채권에 있어서는 각 채권자는 단독으로 총 채권자를 위하여 이행을 청구할 수 있다. 또 채무자는 어느 채권자에 대하여도 채무이행을 할 수 있다.

이 경우에 이행한 채무자는 다른 채무자에 대하여 구상권을 가지게 된다(제409조).

3. 연대채무

연대채무(連帶債務)란 여러 사람의 채무자가 채무의 전부를 각각 독립하여 변제할 의무가 있고, 그 채무자 중의 한 사람의 변제로 다른 채무자도 모두 의무를 면하게 되는 경우를 말한다(제413조).

이 경우 채권자는 각각의 연대채무자에 대하여 동시에 또는 순차적으로 채무의 전부나 일부의 이행을 청구할 수 있다. 채무자 중의 한 사람이 변제를 한 경우에 그 채무자는 다른 채무자에 대하여 구상권(求償權)을 가진다.

연대채무는 보증채무와 같이 주종의 관계가 없으므로 그만큼 보증채무보다 강력한 것이다. 또한 연대채무관계는 보통 당사자의 의사표시에 의하여 발생하지만, 때로는 공동불법행위에 의한 연대배상책임과 같이 법률상 당연히 발생하는 경우도 있다.

예컨대, 갑 · 을 · 병 세 사람은 동업자이다. 그들은 사업자금이 모자라서 A에게 5천만 원을 빌리기로 하고 A가 누구에게든 채무이행을 요구하면 아무런 이의 없이 5천만 원 전액을 책임지고 변제하겠다고 약속했다고 하자. 이 경우 A는 갑 · 을 · 병 중 누구에게든 채무 전액을 변제하라고 요구할 수 있고, 그 요구를 받은 사람은 5천만 원 전액을 변제할 의무를 진다.

세 사람 중 한 사람이라도 A에 대한 채무를 변제하고 나면, 다른 두 사람도 채무를 면한다.

4. 보증채무

보증채무(保證債務)란 주된 채무자가 그 채무를 이행하지 않을 때에 이행의 책임을 부담하는 종적인 채무를 말하며, 주된 채무를 담보하는 작용을 한다(제428조). 그러므로 주채무(主債務)가 없으면 보증채무가 존재할 수 없고, 주채무가 소멸하면 보증채무도 소멸한다. 또한 보증채무는 주된 채무와 내용은 같으나 별개의 독립된 채무이며, 원칙적으로 주채무가 이행되지 않을 때에 비로소 이행책임을 지게 되는 제2차적인 채무이다. 이것을 보증채무의 보충성이라 한다. 이 보충성으로 인하여 채권자가 보증인에 대하여 이를 청구하였을 때 보증인은 주채무자에게 먼저 청구 또는 집행하라고 하는 최고 · 검색의 항변권을 가진다(제437조).

예컨대, '갑' 은 A에게서 사업자금 5천만 원을 빌리려고 했는데, A가 재력 있는 사람의 보증이 있어야만 빌려 줄 수 있다고 하므로, 친구 '을' 을 보증인으로 내세워 돈을 빌렸다고 하자.

이때, '갑' 을 주채무자 '을' 을 보증채무자라고 한다. 주채무자가 채무를 이행하지 않는 경우에 한해서 '을' 이 그 이행의 책임을 부담하는 채무를 말한다. 그러나 연대보증을 한 경우에는 연대보증채무가 발생하여 연대채무와 동일한 효과가 발생한다.

Ⅵ. 채권양도와 채무인수

1. 채권양도

채권양도란 채권이 그 동일성을 유지하면서 종래의 채권자로부터 제3자(양수인)에게 이전하는 계약을 말한다(제449조). 채권은 원칙적으로 양도할 수 있다. 그러나 채권의 성질이 양도를 허용하지 아니하거나(예:특정인의 초상을 그리게 하는 채권, 부작위 채권), 채권자와 채무자 사이에 양도금지의 특약이 있거나 채권이 법률에 의하여 양도가 금지된 경우(예:부양청구권, 연금청구권)에는 양도하지 못한다.

채권의 양도는 양도인과 양수인 간의 계약에 의하여 이루어지고, 그 방법이나 효과는 채권의 종류에 따라 다르다. 지명채권(指名債權)의 경우에는 양도인이 채무자에 대하여 채권양도 사실을 통지하거나 채무자의 승낙을 받아야 한다. 그렇지 않은 경우 채무자 기타 제3자에게 대항하지 못한다. 통지나 승낙은 확정일자 있는 증서에 의하여야 한다(제450조).

판 례

채권양도의 통지는 양도인이 직접 하지 아니하고 사자를 통하여 하거나 대리인이 하여도 무방하고, 이를 금지할 근거도 없다(대판 1994. 12. 27, 94다19242).

2. 채무인수

채무인수란 채무가 그의 동일성을 유지하면서 새로운 채무자인 제3자에게 이전하는 것을 목적으로 하는 계약을 말한다(제453조). 채무인수는 채권양도와는 달리 채무자의 채무이행능력의 변경을 초래하므로 채권자에게 큰 영향을 미친다.

그러나 그렇다고 하여 이를 부인할 것은 아니며, 때로는 양수인의 자력이 원채무자보다 큰 경우에는 채권자에게 유리하다. 또한 부동산 등 담보물의 양도에 있어서는 양수인이 동시에 피담보채무도 인수하는 것으로 하여야 할 필요성이 적지 않으므로 채무인수제도는 인정되어야 한다. 이와 같이 채무는 인수할 수 있음이 원칙이나, 채무의 성질이 인수를 허용하지 아니하거나 또는 채권자와 채무자 사이에 인수금지의 특약이 있는 때에는 인수할 수 없다. 채무의 인수는 채권자와의 계약에 의하는 경우와, 채무자와의 계약에 의하는 경우가 있다. 채무의 인수는 채권자의 승낙에 의하여 그 효력이 발생한다(제454조).

판 례

채권자의 승낙에 의하여 채무인수의 효력이 생기는 경우, 채권자가 승낙을 거절하면 그 이후에는 채권자가 다시 승낙하여도 채무인수로서의 효력이 생기지 않는다(대판 1998. 11. 24, 98다33765)

Ⅶ. 채권의 소멸

채권의 소멸이란 채권이 객관적으로 존재하지 않게 되는 것, 즉 절대적 소멸을 말한다. 채권양도처럼 주체가 변경되는 데 불과한 것, 즉 채권의 상대적 소멸은 채권의 이전이며, 소멸이 아니다. 채권도 일종의 권리이므로 권리 일반의 소멸원인, 즉 법률행위의 취소, 계약의 해제, 해제조건의 성취, 종기의 도래, 소멸시효의 완성 등으로 소멸한다.

그 외 특별한 소멸원인은 채권법상 명문으로 규정되어 있으며, 그 내용은 다음과 같다.

1. 변제

변제(辨濟)란 채무내용에 따른 현실제공(의무이행)을 실현하는 채무자 또는 제3자의 행위를 말한다(제460조). 그러나 채권자가 미리 변제받기를 거절하거나 채무의 이행에 채권자의 행위를 요하는 경우에는 변제준비의 완료를 통지하고 그 수령을 최고하면 된다. 따라서 변제가 있으면 채권은 그 목적을 달성하여 소멸한다. 변제의 법적 성질은 준법률행위이다.

판 례

변제 제공은 원칙적으로 현실 제공으로 하여야 하며, 다만 채권자가 미리 변제받기를 거절하거나 채무의 이행에 채권자의 행위를 요하는 경우에는 구두의 제공으로 하더라도 무방하고, 채권자가 변제를 받지 아니할 의사가 확고한 경우(이른바, 채권자의 영구적 불수령)에는 구두의 제공을 한다는 것조차 무의미하므로 그러한 경우에는 구두의 제공조차 필요없다고 할 것이다(대판 2004. 3. 12, 2001다79013).

2. 대물변제

대물변제(代物辨濟)란 채권자가 채무자의 승낙을 얻어 본래의 채무이행에 갈음하여 다른 급부를 함으로써 채권을 소멸시킴을 말한다(제466조). 예컨대, 100만원의 채무이행 대신 승용차 한 대를 급부하는 경우이다.

판 례

대물변제가 효력을 발생하려면 채무자가 본래의 이행에 갈음하여 행하는 다른 급여(급부)가 현실적이어야 하고 등기나 등록을 요하는 경우 그 등기나 등록까지 경료하여야 한다(대판 1995. 9. 15, 95다13371).

3. 공탁

공탁은 채권자가 변제의 수령을 거절하거나 수령할 수 없을 때 또는 변제자가 과실없이 채권자를 알 수 없어 변제할 수 없는 경우에, 변제자가 변제의 목적물을 채권자를 위하여 공탁소에 임치하여 채무를 면하는 것을 말한다(제487조). 공탁의 법적 성질은 계약이다.

판 례

변재공탁이 적법한 경우에는 채권자가 공탁물 출급청구를 하였는지의 여부와는 관계없이 그 공탁을 한 때에 변제의 효력이 발생한다(대판 2002. 12. 6, 2001다2846).

4. 상계

상계는 동일한 당사자 사이에 서로 같은 종류를 목적으로 하는 채권 · 채무가 있는 경우, 서로 대등한 액수에서 소멸시키는 것이다(제492조).

예컨대, A가 B에 대하여 100만 원의 채무를 부담하고 있는 경우에 A가 B에 대하여 60만원의 별도의 채권을 갖고 있다면, A가 B에 대하여 상계의 의사표시를 함으로써 양 채권은 대등액(60만원)에서 소멸하고 A에 대한 B의 40만원의 채권만 남게 된다. 그 법적 성질은 단독행위이다. 따라서 상계는 상대방에 대한 의사표시로 하며, 조건 또는 기한을 붙이지 못한다.

5. 경개

경개(更改)란 당사자 사이에 계약으로 구채무를 소멸시키고 그 대신 신채무를 성립하게 하는 계약을 말한다(제500조). 예컨대, 100만원의 채무를 피아노 한 대를 줄 채무로 바꾸는 경우이다.

대물변제에 있어서는 본래의 변제에 대신하여 다른 급부를 현실로 행하여 이행의 문제가 남지 않게 되나, 경개에 있어서는 구채무에 대신하는 새로운 채무가 성립하는 점이 다르다. 경개의 법적 성질은 계약이다.

판 례

경개계약은 신채권을 성립시키고 구채권을 소멸시키는 처분행위로서 신채권이 성립되면 그 효과는 완결되고 경개계약 자체의 이행의 문제는 발생할 여지가 없으므로 경개에 의하여 성립된 신채무의 불이행을 이유로 경개계약을 해제할 수는 없다(대판 2003. 2. 11, 2002다62333).

6. 면제

면제란 채권자가 채무자에 대하여 무상으로 채무를 소멸시키는 행위이다(제506조). 예컨대, A에게 100만원을 빌려 준 친구 B가 A의 딱한 사정을 고려하여 빌린 돈을 갚지 않아도 된다는 의사표시를 한 경우 이것은 면제에 해당한다. 면제의 법적 성질은 채권자의 단독행위이다.

7. 혼동

혼동이란 채권자의 지위가 채무자의 지위와 일치하게 되는 것을 말한다(제507조). 예컨대, 채권자가 채무자를 상속하게 되는 경우, 즉 아버지가 아들에게서 돈을 빌리고 갚지않은 상태에서 사망한 경우가 혼동에 해당한다. 혼동의 법적 성질은 사건이다.

판 례

채권과 채무가 동일인에게 귀속되는 경우라도 그 채권의 존재가 채권자 겸 채무자로 된 사람의 제3자에 대한 권리행사의 전제가 되는 관계로 채권의 존속을 인정하여야 할 정당한 이익이 있을 때에 그 채권은 혼동에 의하여 소멸하는 것이 아니라고 봄이 타당하다(대판 1995. 5. 12, 93다48373).

제 5 장 친족

Ⅰ. 친족법의 의의

1. 친족법의 특질

실질적 의미의 친족법이란 우리의 사생활 중에서 친족적 생활관계를 규율하는 일체의 사법법규를 가리킨다. 물론 민법 제4편 '친족'의 규정이 거의 이에 속하지만, 민법의 다른 규정, 가령 미성년 · 금치산 · 한정치산 등의 규정(제4조～제14조), 실종선고의 규정(제27조～제29조), 생명침해로 인한 위자료청구에 관한 규정(제751조) 등도 친족법에 속한다.

형식적 의미의 친족법은 일반적으로 민법의 친족편을 말한다. 따라서 친족편에 규정되어 있지 아니한 금치산 · 한정치산에 관한 규정 등은 형식적 의미의 친족법에서 제외된다.

친족법과 상속법을 합하여 가족법 또는 신분법이라 한다. 이는 물권법과 채권법인 재산법에 대응하는 개념이다. 가족법은 친족법에 상속법을 포함한 개념이므로 이는 친족법보다 넓은 개념인 것이다.

친족법은 혈연과 숙명으로 맺어진 가족 · 친족관계를 규율하므로 공동사회의 원리가 지배되며, 애정 · 본능이 그 밑바탕을 이루는 생활관계를 규율하므로 비합리적 · 초타산적 · 보수적이라는 특질을 갖고 있다. 따라서 친족법은 재산법에 비하여 그 시대 그 나라의 윤리 · 도덕의 지배를 크게 받는다.

2. 친족의 범위

(1) 친족의 의의

친족이란 부부, 친자, 형제, 자매 등의 신분을 가진 사람들의 관계를 가리킨다. 민법은 친족을 "배우자, 혈족 및 인척을 친족으로 한다."고 규정하고 있다(제767조).

혈족이라 함은 혈연이 있는 자를 말하는데, 이에는 직계혈족과 방계혈족이 있다. 전자는 자기의 직계비속과 직계존속을 말하고, 후자는 자기의 형제자매와 형제의 직계비속 등을 가리킨다. 인척은 혈족의 배우자, 배우자의 혈족, 배우자의 혈족의 배우자를 말한다.

(2) 친족의 범위

혼인과 혈연으로 연결되는 사람들의 범위는 무제한으로 벌어지므로 친족이라 할 때 그 범위도 무제한으로 넓어진다. 그러나 법률상으로 의미를 가지는 친족이라는 것은 일정한 범위 내에서 한계지을 것이 요구된다.

민법은 친족의 범위를 8촌 이내의 혈족, 4촌 이내의 인척, 배우자로 규정하고 있다(제777조).

II. 혼인

1. 약혼

(1) 약혼의 의의

약혼이란 장래 혼인할 것을 약속하는 한 남자와 한 여자 사이의 신분상 계약이다.

약혼은 장차 부부라는 신분을 갖게 될 당사자 간의 합의이므로 부모들이 당사자를 위해 약속하는 '정혼' 은 약혼이 아니다.

(2) 약혼의 성립요건

약혼을 하기 위해서는, ① 약혼당사자 간에 합의가 있을 것, ② 남자 18세, 여자 16세에 달할 것, ③ 미성년자나 금치산자인 당사자는 법정대리인의 동의를 얻을 것, ④ 당사자가 혼인장애가 되는 근친자 사이가 아닐 것 등의 요건을 충족하여야 하며, 일정한 형식은 요하지 않는다.

(3) 약혼의 효과

남녀가 약혼을 하면 장차 혼인할 의무가 발생한다. 그러나 혼인의 강제이행은 청구하지 못하며(제803조), 약혼자 사이에 친족관계는 발생하지 않는다. 따라서 약혼 중에 출생한 자녀는 혼인 외의 자이다. 다만 상대방은 약속불이행에 따른 위자료 등 손해배상을 청구할 수 있다.

(4) 약혼의 해제사유

약혼 중 일정한 사유가 발생하면 약혼을 해제할 수 있다. 민법은 약혼 해제사유를 다음과 같이 규정하고 있다(제804조).

① 약혼 후 자격정지 이상의 형을 선고받은 때, ② 약혼 후 금치산 또는 한정치산의 선고를 받은 때, ③ 성병 · 불치의 정신병 기타 불치의 악질(惡疾)이 있는 때, ④ 약혼 후 타인과 약혼 또는 혼인한 때, ⑤ 약혼 후 타인과 간음한 때, ⑥ 약혼 후 1년 이상 그 생사가 불명한 때, ⑦ 정당한 이유 없이 혼인을 거절하거나 그 시기를 지연하는 때, ⑧ 기타 중대한 사유가 있는 때 약혼을 해제할 수 있다.

약혼의 해제는 상대방에 대한 의사표시로 한다. 그러나 상대방에 대해 의사표시를 할 수 없는 경우에는 해제의 원인이 있음을 안 때에 해제된 것으로 본다(제805조).

2. 혼인

(1) 혼인의 의의

혼인(婚姻)은 원래 '혼인(昏姻)' 또는 '혼인(昏因)'이라 했다. 남자는 혼시(昏時)에 여자를 맞이하고, 여자는 남자로 인하여 온다는 데에서 유래하여, 부(夫)를 혼(昏)이라 하였고 처(妻)를 인(因)이라 하여 혼인이란 말이 생겼다고 한다.

혼인운 남녀간의 합의에 의하여 종생적 공동생활관계를 창설하는 법률행위 또는 그 생활관계 자체를 말한다.

혼인은 신분상의 법률행위이며 재산상의 법률행위가 아니다. 결혼은 혼인을 의미하나 그것은 법률용어가 아니다.

(2) 혼인의 성립요건

(가) 실질적 요건

혼인이 성립하기 위한 실질적 요건으로 ① 당사자 간에 혼인의사의 합치가 있을 것(제815조 제1호), ② 혼인적령, 즉 남자 18세, 여자 16세에 달할 것(제807조), ③ 미성년자는 부모의 동의를 얻을 것(제808조), ④ 중혼이 아닐 것, ⑤ 8촌 이내의 혈족(친양자의 입양 전의 혈족을 포함)이 아닐 것(개정민법 제809조 제1항) 6촌 이내의 혈족의 배우자, 배우자의 6촌 이내의 혈족, 배우자의 4촌 이내의 혈족의 배우자인 인척이거나 이러한 인척이었던 자가 아닐 것(동 제908조 제2항), 6촌 이내의 양부모계의 혈족이었던 자와 4촌 이내의 양부모계의 인척이었던 자가 아닐 것(동 제809조 제3항) 등이 있다.

(나) 형식적 요건

우리 민법은 [혼인은 호적법이 정한 바에 의하여 신고함으로써 그 효력이 생긴다]고 하여(제812조 제1항 ; 호적법 제76조) 법률혼주의를 규정하고 있다.

신고는 혼인의 형식적 요건이다. 따라서 결혼식을 거행한 후 아무리 장기간 동거생활을 해도 혼인신고를 하지 않으면 법률상의 혼인으로 인정될 수 없다.

판 례

혼인식을 올린 다음 동거까지 하였으나 성격의 불일치 등으로 계속 부부싸움을 하던 끝에 사실혼인관계를 해소하기로 합의하고 별거하는 상황하에서 당사자 일방이 상대방의 승낙 없이 자기 마음대로 혼인신고를 하였다면 그 혼인은 무효이다(대판 1986. 7. 22, 89므41).

(3) 혼인의 효과

(가) 일반적 효과(신분상 효과)

- **친족관계의발생** _ 혼인 당사자는 서로 친족이 되며(제777조 제3호), 상대방의 4촌 이내의 혈족과 혈족의 배우자 사이에 인척관계가 발생한다(제777조제2호).
- **호적의변동** _ 처는 원칙적으로 부의 가에 입적하여 부의 가의 가족이 된다. 그러나 입부혼인의 경우는 부가 처가에 입적한다(제826조제3항). 이 규정은 민법의 일부개정으로 삭제되어 2008. 1. 1부터 효력이 상실되게 되었다.
- **동거 · 부양 · 협조의무** _ 부부는 동거하며 서로 부양하고 협조하여야 할 의무가 있다(제826조). 이러한 의무는 부(남편)만이 지는 의무가 아니라 부와 처가 모두 지는 의무이다.
- **정조의의무** _ 부부는 서로 정조를 지킬 의무가 있다. 부정행위는 이혼 원인이 된다(제840조제1호).
- **성년의제(成年擬制)** _ 미성년자도 혼인하면 성년자로 의제된다. 따라서 미성년자인

부 또는 처가 한 재산상의 법률행위는 그가 단독으로 한 경우에도 이를 취소할 수 없는 법률행위로 된다(제826조의2).

(나) 재산상의 효과

- **부부별산제(夫婦別産制)** _ 부부는 각자 자기의 재산을 보유하고 이에 대하여 각자가 관리 · 사용 · 수익 · 처분한다. 그러나 부부재산계약, 즉 혼인 성립 전에 재산에 관한 특약을 한 때에는 특약에 따른다(제829조).

판 례

부부의 일방이 혼인 중에 자기명의로 취득한 재산은 그 명의자의 특유재산으로 추정되지만, 실질적으로 다른 일방 또는 쌍방이 그 재산의 대가를 부담하여 취득한 것이 증명된 때에는 특유재산의 추정은 번복되어 다른 일방의 소유이거나 쌍방의 공유라고 보아야 한다(대판 1995. 10. 12, 95다25695).

- **공유재산으로추정** _ 부부 어느 편의 재산인지 불명한 재산은 부부 공동의 재산으로 추정(推定)한다(제830조 제2항). 이 효과는 "추정"이므로 부 또는 처의 재산으로 입증되면 부 또는 처의 재산으로 되므로 절대적인 공유로 되는 것은 아니다.
- **일상가사에대한연대책임** _ 일상가사(日常家事)에 관하여 부부 일방이 제3자와 법률행위를 한 때에는 다른 일방도 연대책임을 진다(제832조). 따라서 채권자는 부 또는 처에 대하여 채권의 전부 또는 일부를 동시에 또는 순차적으로 청구할 수 있다.
- **생활비용공동부담** _ 부부공동생활의 비용은 부부가 원칙적으로 공동부담한다(제833조). 부 또는 처만이 단독으로 부담하는 것이 아니다.
- **부부간의계약취소권** _ 부부간의 계약은 혼인 계속 중 부부의 일방이 언제든지 취소할 수 있다(제828조). 그러나 혼인관계가 해소된 이후에는 이를 취소할 수 없다. 또한 계약의 취소는 제3자의 권리를 침해하지 못한다.
- **일상가사대리권** _ 부부는 일상가사에 관하여 서로 대리권을 갖는다(제827조). 따라서 부(남편)는 처(아내)의 대리인이 되고, 처는 부의 대리인이 된다. 이 대리권은 일종의 법정대리권이라 할 수 있다.

(4) 사실혼

(가) 사실혼의 의의

실질상 부부생활을 하고 있으며, 사회적 · 관습적으로는 혼인으로 인정되지만, 혼인신고를 하지 않은 까닭에 법률상 혼인의 효력이 생기지 못하는 남녀간의 결합관계를 사실혼이라 한다. 이는 법률혼주의(신고주의)를 채택한 결과의 부산물로 나타나는 것이다.

판 례

법률상의 혼인을 한 부부의 어느 한쪽이 집을 나가 장기간 돌아오지 아니하고 있는 상태에서 부부의 다른 한쪽이 제3자와 혼인의 의사로 실질적인 혼인생활을 하고 있다고 하더라도, 특별한 사정이 없는 한 이를 사실혼으로 인정하여 법률혼에 준하는 보호를 허여할 수는 없다(대판 1995. 9. 26, 94므1638).

(나) 사실혼의 성립요건

적극적 요건으로 ① 당사자 간의 혼인의사가 있을 것, ② 사실상 혼인생활을 할 것이 요구되며, 소극적 요건으로 ① 중혼이 아닐 것, ② 근친혼 금지에 어긋나지 않을 것, ③ 혼인신고를 하지 않을 것 등이 있다.

(다) 사실혼의 효과

■ **사실혼 자체의 효과**

(i) 당사자는 서로 사실혼을 유지할 의무가 있으며, 혼인신고를 할 의무도 있다.

(ii) 사실혼을 부당하게 파기하면 그 상대방은 손해배상을 청구할 수 있다.

■ **법률혼 반대의 효과**

(i) 사실혼에는 혼인신고를 전제로 한 효과는 인정되지 않는다. 사실혼의 부부가 제3자와 성관계를 해도 간통죄로 되지 아니한다.

(ii) 당사자가 제3자와 혼인해도 중혼이 되지 않으며, 이 경우 법률상 혼인이 진정한 혼인으로 인정되게 된다.

(iii) 호적의 변동이나 친족관계의 변동은 없다. 따라서 사실혼의 부(남편)의 부모는 친족이 아니며, 또 처의 부모도 친족이 아니다.

(iv) 출생자는 혼인 외의 자로 되며, 부부간에 상속권이 인정되지 않는다. 따라서 부가 사망해도 처가 부의 재산에 대한 상속권이 없다.

■ **사실혼의특별보호**

사실혼의 부부도 법률상 부부와 동일하게 보호되는 경우가 있다. 즉, 근로준법시행령(제61조), 공무원연금법(제3조 제1항 제2호), 사립학교교원연금법(제2조 제1항), 군인연금법(제3조 제1항 제4호), 군인연금법시행령(제2조 제1항), 주택임대차보험(제9조 · 제2조) 등에서는 부(남편)가 사망한 경우 사실혼의 처를 법률혼의 처와 동일하게 보호하고 있다.

Ⅲ. 이혼

1. 협의이혼

(1) 의 의

우리 현행 민법은 부부간의 이혼과 관련하여 협의이혼을 인정하고 있다. 즉 민법은 제834조에서 '부부는 협의에 의하여 이혼할 수 있다.' 라고 규정하고 있으며, 따라서 부부간의 쌍방 합의가 있을 경우에는 법원은 그 이유를 묻지 않은 채 이혼을 허가 할 수 있다.

(2) 협의이혼의 절차

협의이혼에 따른 이혼신고를 하기 위해서는 민법 제836조에 근거하여 부부쌍방 모두 해당 가정법원(家庭法院)에 출두하여 자신들의 이혼에 관한 의사를 확인받아야 만이 이혼 신고를 할 수 있다. 이를 좀더 상술하면, 즉 협의이혼에 합의한 부부는 도장과 주민등록증을 가지고 관할법원에 협의이혼의사확인신청서를 제출하여야 하며, 이후 법원에서 지정한 날짜에 판사앞에 출석하여 이혼의사에 대한 확인을 받게 된다. 그리고 이때에 발급받은 확인서등본 등의 서류를 구비하여 법원에서 이혼확인서를 받은 날로부터 3개월 이내에 구청에 부부중의 한사람이 이혼신고를 하면 이혼이 성립된다. 다만, 이혼을 원하지 않을 경우에는 관할 호적공무원에게 이혼신고가 접수되기 전에 이혼의사철회서를 제출하면 이혼신고가 수리되지 않으며, 또한 3개월이 지나도록 이혼신고를 하지 않을 경우에는 기왕의 협의이혼은 무효(無效)가 된다.

2. 재판상이혼

이혼의 또 다른 방법으로서 부부중의 일방은 이혼을 원하나 타당이 원하지 않을 경우에 이혼을 원하는 부부중의 일방은 가정법원에 재판상 이혼을 청구하여 이혼을 할 수 있는 길이 열려 있다.

(1) 재판상이혼의 사유

우리 민법은 제840조에 재판상이혼의 원인이 되는 사유를 명시하고 있다. 즉, 민법은 '배우자(配偶者)에 부정한 행위가 있었을 때, 배우자가 악의로 다른 일방을 유기한 때, 배우자 또는 그 직계존속으로부터 심히 부당한 대우를 받았을 때, 자기의 직계존속이 배우자로부터 심히 부당한 대우를 받았을 때, 배우자의 생사가 3년이상 분명하지 아니한 때, 기타 혼인을 계속하기 어려운 중대한 사유가 있을 때' 에 대하여 재판상이혼의 사유로 인정하고 있다.

이와 같은 이혼사유와 관련하여, 일반적으로 파탄(破綻)주의와 유책(有責)주의로 구분하여 살펴볼 수 있다. 즉 파탄주의란, 부부간에 더 이상의 혼인생활을 유지 할 수 없을 정도의 사실상의 파탄이 인정될 경우에 그 혼인파탄의 원인을 묻지 않고서 이혼을 인정하는 것을 말한다.

따라서 이 경우에는 혼인파탄에 있어서의 원인을 제공한 책임 있는 배우자도 이혼을 청구할 수 있게 되는 것으로서 대다수의 국가에서 인정하고 있다.

반면에 유책주의란, 법정(法定)의 이혼원인이 있는 경우에만 이혼을 인정하는 것으로서 우리나라의 경우와 같이 민법 제840조에 규정한 사유에 해당하여 더 이상의 혼인관계를 유지 할 수 없을 경우에 이혼을 인정하는 것으로서 특히, 법정의 이혼사유를 유발한 책임 있는 배우자는 이혼을 청구할 수 없으며 오직 유책한 배우자가 아닌 타방 배우자 일방만이 이혼을 청구할 수 있다.

판 례

신앙생활과 가정생활이 양립할 수 없는 객관적 상황이 아님에도 상대방 배우자가 부당하게 양자택일을 강요하기 때문에 부득이 신앙생활을 택하여 혼인관계가 파탄에 이르렀다면 그 파탄의 주된 책임은 양자택일을 강요한 상대방에게 있다고 할 것이므로 상대방의 이혼청구는 허용할 수 없다(대판 1981. 7. 14, 81므26).

(2) 재판상이혼의 절차

재판상이혼을 하려는 자는 본격적인 이혼소송을 하기 이전에 우선 가정법원에 이혼조정신청을 할 수 있다. 물론, 당사자의 의사에 따라 조정신청(調整申請) 없이 곧바로 소송을 청구할 수도 있다. 그러나 이 경우에 법원은 사안에 따라서 다시 조정에 회부할 수 있다. 이혼신청이 조정에 회부되면 당사자는 정해진 조정일에 출석하여 담당판사와 조정위원으로부터 비공개로 진행되는 조정을 받게 된다. 그리고 이와 같은 조정이 성립될 경우에는 확정판결과 동일한 효력을 가지게 된다. 따라서 당사자는 조정조서성립일로 부터 1개월이내에 조정조서등본과 송달증명원 등의 서류를 구비하여 본적지에 이혼신고를 해야 한다.

그러나 위와 같은 조정이 이루어지지 않을 경우 또는 곧바로 이혼소송을 하게 될 경우 역시 재판상 이혼판결이 확정된 날로부터 1개월 이내에 판결등본과 확정증명서 등의 서류를 구비하여 이혼신고를 하게 된다. 이 경우 기간 내에 이혼신고를 하지 않는다 하여도 이미 확정된 이혼에 대한 법적효력에는 변함이 없다는 점은 협의이혼과 다른 점이다.

3. 재산분할청구권

(1) 의　의

헌법 제36조의 양성(兩性)평등의 이념을 실현하기 위해 1990년 가족법 개정시에 민법은 재산분할청구권을 신설 규정하였다. 따라서 이와 같은 재산분할 청구권을 규정함으로서 이전에 상대적으로 이혼으로 인해 경제적으로 어려움에 처하는 경우가 잦았던 여성에게 피치 못할 경우에 있어서의 이혼에 대한 결심에 있어서 경제적인 문제로 인한 결정의 어려움을 어느 정도 해결하게 되는 긍정적인 측면을 가져왔다.

물론, 이와 같은 이혼에 있어서의 재산분할청구권의 인정은 궁극적으로 과거에 비해 이혼율의 증가와 그에 따른 사회적 문제의 증대 등 부정적인 측면 역시 간과 할 수는 없다 할 것이다. 그러나 그럼에도 불구하고 이 재산분할청구권이 가지는 보다 더 큰 의미는 실제적으로 억울한 유책배우자에 대한 배려에 있다 할 것이다.

즉, 예를 들어 혼인 후 오랜 세월동안 배우자의 부정을 참고 살던 부부의 일방이 어느 날 부정을 저질렀고 이를 이유로 이혼청구가 제기된 경우에 단 한번의 부정을 저지른

피청구인은 결과적으로 유책배우자로서 재산상의 손해배상(損害賠償)과 정신상의 위자료(慰藉料) 등을 받지 못하고 빈손으로 이혼을 당하게 된다. 바로 이와 같은 경우에 현행의 재산분할청구권을 적용할 경우에는 유책배우자라 하더라도 부부간에 공동으로 이룩한 재산에 대한 분할청구권이 인정되기 때문에 큰 의미를 가지며, 이는 특히 우리나라의 경우 여성에게 유리한 규정으로 볼 수 있다.

(2) 법적 근거

민법은 제839조의 2에서 재산분할청구권에 대해 규정하고 있다. 즉 동법 제1항은 '협의상 이혼한 자의 일방(一方)은 다른 일방에 대하여 재산분할을 청구할 수 있다.', 그리고 제2항은 '제1항의 재산분할에 관하여 협의가 되지 아니하거나 협의할 수 없는 때에는 가정법원은 당사자의 청구에 의하여 당사자 쌍방의 협력으로 이룩한 재산의 액수 기타 사정을 참작하여 분할의 액수와 방법을 정한다.' 라고 규정하고 있으며, 아울러 이와 같은 재산분할청구권은 동법 제3항에서 '이혼한 날부터 2년을 경과한 때에는 소멸' 함을 규정하고 있다.

(3) 분할청구권의 대상

기본적으로 재산분할청구권의 분할청구의 대상이 되는 재산은 혼인 후 이혼시까지 부부 당사자 쌍방이 이룩한 재산으로서 그 소유자가 누구이냐는 상관없다. 특히 여기서의 '쌍방(雙方)의 협력' 에는 부부 중 일방의 가사노동(家事勞動)도 당연히 포함된다. 따라서 혼인 후 오랫동안 가정에서 내조한 처의 노동 역시 위의 '쌍방의 협력' 에 포함되는 것이다.

다만, 부부의 공동의 협력이 아닌 일방의 특유재산으로서 일방의 부모로부터 상속 받은 재산 등은 분할의 대상이 되지 않는다. 물론, 이 같은 특유재산이라 하더라도 타방이 그 재산의 증식에 기여하였거나 감소를 방지하였다면 그 부분에 한해 재산분할의 청구대상이 될 수 있을 것이다.

4. 면접교섭권

(1) 의 의

면접교섭권제도란 1990년 가족법 개정시에 선진외국의 입법례를 참고하여 도입한 것으로서 이혼 후에 친권자나 양육자가 아니기 때문에 미성년의 자녀와 함께 거주하고 있지 않는 부모중의 일방에게 그 자녀와 왕래하고 만날 수 있는 제도이다.

다만, 알코올중독이나 기타 방탕한 생활 등으로 인해 자녀에게 악영향을 끼칠 우려가 있을 경우에는 당사자는 가정법원에 청구하여 일방의 면접교섭권을 제한하거나 배제할 수 있다.

(2) 법적근거

민법은 제837조의 2에서 면접교섭권을 규정하고 있다. 즉 동법(同法)은 제1항에서 '자를 직접 양육하지 아니하는 부모중 일방은 면접교섭권을 가진다.' 그리고 동법 제2항에서는 '가정법원은 자의 복리를 위하여 필요한 때에는 당사자의 청구 또는 직권에 의하여 면접교섭을 제한하거나 배제할 수 있다.' 라고 규정하고 있다.

Ⅳ. 친자

1. 친생자

(1) 혼인 중의 출생자

혼인 중의 출생자라 함은 법률상의 부부 사이에 출생한 자를 말한다(제844조). 아내(婦)가 혼인 중에 포태한 자녀는 출생당시 부모가 이혼으로 인하여 혼인이 해소된 경우에도 혼인 중의 출생자이다.

그러나 혼인 중에 출생한 자(子)도 아내(婦)가 혼인 전에 포태한 자는 혼인 중의 출생자가 아니다.

(2) 혼인 외의 출생자

법률상 부부가 아닌 남녀 사이에 출생한 자를 혼인 외의 자라 한다(제855조 제1항). 부가 혼인 외의 출생자를 자기의 자라고 인지하여 부가(父家)에 입적시킬 수 있으며, 부가에 입적될 수 없는 혼인 외의 자는 모가(母家)에 입적할 수 있다. 모가에 입적할 수 없으면 일가(一家)를 창립한다.

(3) 준정

혼인 외의 출생자라도 그 후에 그 생부와 생모가 법률상의 혼인을 하게 되면, 그 때부터, 즉 혼인한 때부터 혼인 중의 출생자로 된다(제855조 제2항). 이를 준정(準正)이라 한다.

2. 양자

양자(養子)제도란 사실상 혈연관계가 없으나, 법률상 혈연관계가 있는 것으로 의제하여 친자관계를 인정하는 제도이다(제866조).

(1) 입양의 요건

(ⅰ) 당사자 간에 입양의사의 합치가 있을 것. 생전양자의 경우에는 양친될 자와 양자될 자 또는 그 부모나 후견인 사이에 합의가 있어야 한다.

(ⅱ) 양친은 성년자임을 요한다(제866조). 남녀, 기혼 · 미혼, 직계비속의 유무는 불문한다.

(ⅲ) 양자는 양친의 존속 또는 연장자가 아니어야 한다(제877조 제1항).

(ⅳ) 양친과 양자는 동성동본임을 요하지 않는다.

(ⅴ) 양자될 자는 부모의 동의를 얻어야 한다. 성년자인 경우에도 동의를 얻어야 하며, 부모가 없는 경우는 직계존속이 있으면 그의 동의를 얻어야 한다(제870조 제1항).

(2) 입양의 효과

양자관계는 입양신고를 함으로써 그 효력이 발생한다.

양자는 입양한 때부터 양친의 혼인 중의 출생자로서의 신분을 취득한다.

양부의 혈족 · 인척 사이에도 친족관계가 생긴다. 그러나 이로 인하여 친생부모와의 사이에 친족관계가 소멸하는 것은 아니다.

성씨가 다른 양자의 경우 입양으로 그 성이 변하지 않는다.

(3) 파양

파양(罷養)이란 유효하게 성립한 양자관계가 일정한 사유로 장래에 대하여 소멸하는 것을 말한다(제898조). 파양에는 협의에 의한 파양과 재판에 의한 파양이 있다.

3. 친권

친권(親權)이란 부 또는 모가 미성년자인 자(子)에 대하여 가지는 신분 · 재산상의 보호 · 감독을 내용으로 하는 권리 · 의무를 말한다(제909조).

부모는 미성년자인 자의 친권자가 되며, 양자의 경우에는 양부모가 친권자가 된다(개정민법 제909조 제1항). 부모가 혼인중인 때에는 부모가 공동으로 친권을 행사한다. 다만, 부모의 의견에 일치하지 아니하는 경우에는 당사자의 청구에 의하여 가정법원이 이을 정한다(제909조 제2항). 부모의 일방이 친권을 행사할 수 없을 때에는 다른 일방이 이를 행사한다(제909조 제3항).

혼인 외의 자가 인지된 경우와 부모가 이혼한 경우에는 부모의 협의로 친권자를 정하여야 하고, 협의할 수 없거나 협의가 이루어지지 아니한 경우에는 당사자는 가정법원에 그 지점을 청구하여야 한다(개정민법 제90조 제4항)라고 규정하여 친권자지정청구를 의무화하고 있다.

그리고 혼인의 취소, 재판상 이혼 또는 인지청구의 소의 경우에 직권으로 친권자를 정한다(개정민법 제909조 제5항)라고 하여 친권자지정에 대하여 강제규정을 두고 있으며, 자의 복리를 위하여 필요하다고 인정되는 경우에는 자의 4촌 이내의 친족의 청구에 의하여 정하여진 친권자를 다른 일방으로 변경할 수 있다(개정민법 제909조 제6항)는 규정을 신설하여 친권자 변경을 규정하고 있다.

친권의 내용으로는 보호 · 교양의 권리 · 의무(제913조), 거소지정권(914조), 징계권(제915조), 자의 친권의 대행(910조), 재산상 법률행위의 대리(제5조, 제920조), 재산관리권(제916조), 소송행위의 대리권(민사소송법 제51조, 제55조), 이해상반행위에 대한 친권제한(제921조) 등이 있다.

4. 후견

후견(後見)이란 친권자가 없거나 있더라도 친권자가 대리권 및 재산관리권을 행사하지 못하는 경우, 미성년자 · 한정치산자 · 금치산자를 보호하고 이들의 법률행위를 대리하며 재산을 관리할 수 있는 자를 선정하는 제도이다(제928조). 후견인은 친족 가운데에서 선정한다.

미성년자의 후견인은 친권자와 동일한 권리 · 의무를 가지며, 후견인의 직무수행을 감독하는 기관으로 친족회와 가정법원이 있다.

제 6 장 상속

I. 의의

상속이란, 사회구성원으로서 이 세상에서 살다가 사망에 이르렀을 경우에 죽은 자와 살아있는 자간의 법률(法律)관계를 설정하는 것이다. 따라서 이와 같은 상속은 당대 시대의 가치관에 따라 다양할 수 밖에 없다.

그러나 이 같은 다양성의 가능성에도 불구하고 기본적으로 현대적 의미의 상속제도는 민법의 3대 기본원칙인 사유재산(私有財産)존중의 원칙, 사적자치(私的自治)의 원칙 및 과실책임(果實責任)의 원칙 중에서 특히 사적자치의 원칙과 관련하여 자기의 재산을 자신의 임의로 처분할 수 있는 권리에서 현대적 의미에서의 상속제도의 근원을 찾을 수 있다.

우리 민법은 1990년의 민법개정에서 그 동안 불평등하게 유지되어오던 상속제도를 매우 선진적으로 개정하였다. 즉 그 예로서 상속법상의 균분제도를 도입하였으며, 남편과 처의 상속법상의 차별철폐 및 기여분제도의 신설 및 특별연고자에 대한 분여제도의 신설 등을 들 수 있다.

II. 상속개시의 원인

상속의 개시는 민법 제997조에 근거하여 기본적으로 피(被)상속인의 사망으로 시작된다. 여기서 특히 실종(失踪)의 경우에 있어서의 실종선고 역시 실종기간의 만료에 의해 사망으로 보기 때문에 민법 제27조에 따라 보통실종의 경우에는 5년의 기간경과로, 그리고 특별실종의 경우에는 1년의 기간경과로 상속이 개시된다.

여기서의 특별실종이란, 동법 제27조 제2항에 의할 경우 '전지에 임한 자, 침몰한 선박 중에 있던 자, 추락한 항공기중에 있던 자 기타 사망의 원인이 될 위난을 당한 자의 생사가 전쟁종지 후 또는 선박의 침몰, 항공기의 추락 기타 위난이 종료한 후 1년간 분명하지 아니한 때' 라고 규정하고 있다.

Ⅲ. 상속순위

현행민법은 제1000조에서 상속의 순위에 관해 규정하고 있다. 즉 동조 제1항은 '상속에 있어서는 다음 순위로 상속인이 된다.

1. 피상속인의 직계비속과 배우자
2. 피상속인의 직계존속과 배우자
3. 피상속인의 형제자매
4. 피상속인의 4촌 이내의 방계혈족' 라고 규정하고 있다.

그리고 동조 제2항은 '전항의 경우에 동순위의 상속인이 수인인 때에는 최근친을 선순위로 하고 동친등의 상속인이 수인인 때에는 공동상속인이 된다.' 라고 하고 있으며, 특히 동조 제3항은 '태아는 상속순위에 관하여는 이미 출생한 것으로 본다.' 라고 규정함으로서 태아(胎兒)에 대한 특별보호를 규정하고 있다.

Ⅳ. 대습상속

현행민법은 제1001조에서 '상속인이 될 직계비속(直系卑屬) 또는 형제자매가 상속개시전에 사망하거나 결격자가 된 경우에 그 직계비속이 있는 때에는 그 직계비속이 사망하거나 결격된 자의 순위에 가름하여 상속인이 된다.' 라고 규정함으로서 대습상속(代襲相續)을 인정하고 있다.

이 대습상속은 피상속인의 직계비속과 형제자매가 상속 개시전에 사망하거나 결격자가 된 경우에 한정하고 있기 때문에 그 외의 여타 상속순위자에게는 적용될 여지가 없다 할 것이다.

이와 같은 대습상속제도는 상속에 있어서의 합리성과 실질적인 형평성을 제고하는 결과를 가져왔다고 볼 수 있다.

Ⅴ. 배우자의 상속순위

1990년 민법개정으로 배우자의 상속순위 역시 그 동안의 불평등한 것에서 평등하게 개정되었다. 즉, 현행민법은 제1003조에서 배우자의 상속순위에 관해 규정하고 있다.

즉 제1항은 '피상속인의 배우자는 제1000조제1항제1호와 제2호의 규정에 의한 상속인이 있는 경우에는 그 상속인과 동순위로 공동상속인이 되고 그 상속인이 없는 때에는 단독상속인이 된다.', 제2항은 '제1001조의 경우에 상속개시전에 사망 또는 결격된 자의 배우자는 동조의 규정에 의한 상속인과 동순위로 공동상속인이 되고 그 상속인이 없는 때에는 단독상속인이 된다.' 라고 규정하고 있다.

따라서 배우자가 사망하였을 경우에 그가 남편이든 처 이든지간에 살아있는 배우자 일방은 그들의 직계비속인 자녀들과 제1순위의 공동상속인이 된다. 다만, 그들 사이에 직계비속이 없을 경우에는 제2순위로서 사망한 배우자의 부모인 장인과 장모 또는 시아버지와 시어머니와 공동상속인의 지위를 가진다. 그러나 살아있는 배우자와 사망한 배우자의 사이에 직계비속이 없을 뿐만 아니라 사망한 배우자의 직계존속(부모)조차 없을 경우에는 그 배우자는 단독으로 상속인이 된다.

VI. 법정상속분

기존의 우리 전통 상속법에서는 호주로 될 자에게 특별히 5할을 가산하는 것을 인정하였다. 그러나 지난 1990년의 민법개정으로 호주승계와 재산상속을 분리하였을 뿐만 아니라, 그 결과 장차 호주를 승계하는 자이든 아니든 균등하게 재산의 상속을 하도록 하였다.

이는 헌법의 평등정신에 부합된다 할 것으로서 이와 같은 균분상속의 이면에는 상속에 직접적인 영향을 미친 제사에 대한 현대적 해석이 자리잡고 있다 할 것이다. 즉 과거에는 호주가 사실상 가문의 제사를 승계하게 되었고 이 경우 상대적으로 경제적인 부담이 컸던 것인 반면에 오늘날에는 여타의 다른 경제적 부담에 비해 제사가 차지하는 경제적 부담이 상대적으로 적은 것이 상속분에 대한 민법의 현대적 개정에 적잖은 영향을 미쳤을 것으로 볼 수 있다.

여하튼, 현행민법은 제1009조 제1항에서 '동(同)순위의 상속인(相續人)이 수인(數人)인 때에는 그 상속분은 균분(均分)으로 한다.' 라고 규정하면서 아울러 '피상속인의 배우자의 상속분은 직계비속과 공동으로 상속하는 때에는 직계비속의 상속분의 5할을 가산하고, 직계존속과 공동으로 상속하는 때에는 직계존속의 상속분의 5할을 가산한다.' 라고 하여 기존의 호주승계자에게 특별히 인정하였던 가산적 상속분을 피상속인의 배우자에게 인정하고 있다. 이는 오늘날 노령인구의 증대와 함께 핵가족화 등에 따른 홀로 남은 배우자에 대한 합리적인 배려라고 할 수 있다.

VII. 기여분제도

기여분제도란, 피상속인의 생전에 그의 재산증식에 적극적으로 기여하였거나 부양(扶養)하는 등 다른 공동상속인들에 비해 기여도가 큰 상속인을 상속분의 산정에서 특별히 고려하기 위한 제도이다. 따라서 객관적으로 피상속인의 재산 증가에 기여한 경우에는 그 기여분을 제외한 나머지 부분을 상속재산으로 보아 상속분을 나누게 되며, 또한 특별히 효도 등을 한자 역시 그에 준하는 기여분을 인정하는 제도이다.

이와 같은 기여분에 기한 상속분 산정은 기본적으로 공동상속인의 합의로 이루어지나 이것이 합의에 이르지 못할 경우에는 기여자의 청구에 의해 가정법원의 판단에 따른다.

이와 관련한 민법의 규정을 보면, 즉 동법 제1008조의 2의 제1항은 '공동상속인중에 상당한 기간 동거 간호 그 밖의 방법으로 피상속인을 특별히 부양하거나 피상속인의 재산의 유지 또는 증가에 특별히 기여한 자가 있을 때에는 상속개시 당시의 피상속인의 재산가액에서 공동상속인의 협의로 정한 그 자의 기여분을 공제한 것을 상속재산으로 보고 제1009조 및 제1010조에 의하여 산정한 상속분에 기여분을 가산한 액으로써 그 자의 상속분으로 한다.', 그리고 제2항은 '제1항의 협의가 되지 아니하거나 협의할 수 없는 때에는 가정법원은 제1항에 규정된 기여자의 청구에 의하여 기여의 시기 방법 및 정도와 상속재산의 액 기타의 사정을 참작하여 기여분을 정한다.' 라고 규정하고 있다.

이 기여분제도는 노령화사회에 접어들고 있는 우리 사회에서 독거(獨居)노인 등 노인복지와 관련하여서도 매우 중요한 의미를 가진다고 할 수 있다.

VIII. 특별수익자의 상속분

현행민법은 공동상속인 중에 피상속인으로부터 생전에 혼수, 사업자금, 유학 등을 통한 증여나 유증을 받은 경우에는 이를 특별수익으로 보아서 그 수증자(受贈者)가 이미 특별수익으로 받은 재산이 상속개시시에 그가 받을 상속분에 미치지 못할 경우에만 그 부족부분에 한해 상속분을 가진다고 규정하고 있다. 그리고 여기서의 증여에 대한 평가는 상속개시시를 기준으로 한다.

이와 같이 특별수익자에 대한 상속분에 대한 제한을 함으로서 궁극적으로 상속에 있어서의 불공평을 최소화 할 수 있기 때문이다.

이에 현행우리 민법은 제1008조에서 '공동상속인 중에 피상속인(被相續人)으로부터 재산의 증여(贈與) 또는 유증(遺贈)을 받은 자가 있는 경우에 그 수증재산(受贈財産)이 자기의 상속분(相續分)에 달하지 못한 때에는 그 부족한 부분의 한도에서 상속분이 있다.' 라고 규정하고 있다.

IX. 유류분제도

1. 의의

피상속인은 원칙적으로 자신의 재산을 자신의 임의의 판단에 따라서 자유로이 처분할 수 있다. 그러나 피상속인의 이와 같은 처분권은 오늘날에 있어서는 일정한 제한이 있다. 즉 피상속인이 유언에 의해 자신의 전재산을 상속인의 의사와 관계없이 사회에 기부한다거나 자신의 재산을 특정상속인내지 제3자에게 몰아줌으로서 그로인해 다른 공동상속인들이 경제적으로 어려움에 처하게 될 경우에 상속재산의 일부를 다른 공동상속인에게 반환 보장하는 제도이다.

이 유류분제도는 상속제도가 지니는 본질적 의미로서의 피상속인의 사망에 따른 남은 상속인들의 경제적 어려움을 경감해 주는 역할을 고려해 볼 경우에 매우 의미가 크다 할 것이다. 따라서 이와 관련하여 우리나라 역시 지난 1977년의 민법개정에 의해 유류분제도를 신설하였다.

2. 유류분청구권자와 유류분

현행민법은 제1112조에서 유류분(遺留分)의 권리자와 유류분에 관해 규정하고 있다. 즉 첫째로, 피상속인의 직계비속은 그 법정상속분의 2분의 1, 둘째로 피상속인의 배우자는 그 법정상속분의 2분의 1, 셋째로 피상속인의 직계존속은 그 법정상속분의 3분의 1, 넷째로 피상속인의 형제자매는 그 법정상속분의 3분의 1로 규정하고 있다.

3. 유류분의 산정

현행민법은 유류분의 산정에 대해 원칙적으로 동법 제1113조 제1항에서 '유류분은 피상속인의 상속개시시에 있어서 가진 재산의 가액에 증여재산의 가액을 가산하고 채무의 전액을 공제하여 이를 산정한다.' 라고 규정하고 있다.

X. 상속의 승인과 포기

일반적으로 상속이 개시될 경우에 긍정적인 측면, 즉 재산의 증대를 떠올리기 쉽다. 그러나 피상속자의 재산에는 긍정적인 부분 외에 부정적인 부분이라고 할 수 있는 빚도 상속이 된다는 사실을 간과하여서는 안된다. 따라서 상속이 개시될 경우에 상속인은 우선적으로 피상속인의 재산에 대한 확인을 한 후에 상속을 받을 것인지 등의 선택을 할 수 있도록 우리 민법은 규정하고 있다. 즉, 현행민법은 제1019조 제1항에서 '상속인은 상속개시있음을 안 날로부터 3월내에 단순승인(單純承認)이나 한정승인(限定承認) 또는 포기를 할 수 있다. 그러나 그 기간은 이해관계인 또는 검사의 청구에 의하여 가정법원이 이를 연장할 수 있다.' 라고 규정하고 있다.

그리고 여기서의 한정승인(限定承認)이란 피상속인이 남긴 재산을 한도로 하여 피상속인의 채무를 변제하는 것을 의미 하며, 상속포기란 피상속인의 재산을 포기한다는 의미, 즉 상속인의 지위를 포기한다는 의미이다. 여기서 특히 주지할 것으로는, 피상속인이 많은 빚을 남기고 사망했을 경우에는 단순히 상속포기를 한다면 다음순위의 상속인에게 상속이 되기 때문에 결과적으로 상속인들, 즉 친척들에게 불편함과 피해를 주게 될 가능성이 있다. 따라서 이 경우에는 한정승인을 통하여 제1순위 상속인의 단계에서 피상속인의 채무를 상속받은 재산의 범위내에서 정리하는 것이 결과적으로 합리적이라고 볼 수 있다.

그리고 우리 민법은 동조 제2항에서 '상속인은 제1항의 승인 또는 포기를 하기 전에 상속재산을 조사할 수 있다.' 라고 규정함과 동시에 제3항에서 '제1항의 규정에 불구하고 상속인은 상속채무가 상속재산을 초과하는 사실을 중대한 과실없이 제1항의 기간내에 알지 못하고 단순승인을 한 경우에는 그 사실을 안 날부터 3월내에 한정승인을 할 수 있다.' 라고 규정함으로서 상속으로 인한 뜻하지 않은 피해를 최소화 하고 있다.

제 4 편 형법

제 1 장 형법의 기초개념

Ⅰ. 형법의 개념

형법은 범죄와 그에 대한 법률효과로서의 형벌을 정한 법률을 말한다. 즉, 형법은 어떤 행위가 범죄로 되며, 그 범죄에 대하여 어떤 형벌을 과할 것인가를 정하는 법률이다. 사기죄를 예로 들면, 형법은 어떤 행위가 사기죄로 되며, 그 사기죄에 대해서 어떤 형을 과할 것인가 또는 벌금형을 과할 것인가를 규정하는 법률을 말한다.

이와 같이 형법은 범죄와 형벌의 관계를 규정하는 법률로, 형법상 범죄와 형벌은 상호불가분의 관계를 가진 상관개념이다. 형법은 그 성격상 국내 공법이며 형사법이고 실체법이며 사법법(司法法)의 성격을 갖는다.

1. 광의의 형법과 협의의 형법

(1) 광의의 형법

광의의 형법은 범죄와 형벌을 정한 모든 법률을 의미한다. 예컨대, 형법, 병역법, 마약법, 국가안보법, 관세법, 철도법, 경범죄처벌법, 외환관리법 등이 이에 속한다

광의의 형법은 그 명칭 여하를 묻지 않고 형벌을 정한 법률을 뜻하므로, 이를 형벌법이라고도 한다. 광의의 형법에 대해서는 특별한 규정이 없는 한 형법총칙의 적용을 받는다.

(2) 협의의 형법

협의의 형법은 형법전(刑法典)을 말한다. 즉, 협의의 형법은 위의 광의의 형법 중에서 형법이라는 명칭을 가진 법률만을 의미한다. 현행 형법은 1953년 9월 18일 제정되고, 2001년 12월 29일 개정되어 2002년 5월 29일부터 시행되고 있다.

2. 실질적 의미의 형법과 형식적 의미의 형법

(1) 실질적 의미의 형법

실질적 의미의 형법은 위법행위에 대해 형벌은 물론이고 그 이외의 제재를 과할 것을 규정한 모든 법을 말한다. 즉, 법의 위반에 대하여 법익을 박탈 · 제한하는 국가적 제재를 정한 법 모두를 뜻한다. 따라서 형법상의 형벌은 물론이고, 그 이외에 질서벌(과료) · 징계벌(파면)을 정한 일체의 법을 포함한다.

(2) 형식적 의미의 형법

형식적 의미의 형법은 법을 위반한 행위에 대해 형벌을 과할 것을 규정한 법만을 말한다. 즉, 위의 실질적 의미의 형법 중에서 형법상 형벌을 제재로 정한 법률만을 말한다. 형법상 형벌이란 형법 제41조에 규정된 사형 · 징역 · 금고 · 자격상실 · 자격정지 · 벌금 · 구류 · 과료 · 몰수를 뜻한다.

II. 범죄이론

범죄이론이란 형벌이 과하여지는 행위인 범죄가 무엇인가에 관한 이론을 말한다. 형법상 범죄의 개념을 정함에 있어서 대립되는 두 개의 학설이 있다.

그 하나는 행위로 인하여 발생한 객관적인 범죄사실을 중시하는 객관주의(범죄사실주의)이고, 다른 하나는 범죄를 범하려는 행위자의 주관적 의사를 중시하는 주관주의(의사주의)이다.

(1) 객관주의

객관주의는 범죄의 의도보다는 행위로 인하여 발생한 객관적인 범죄사실을 중요시하는 범죄이론이다. 일정한 행위로부터 결과가 발생하였을 경우에 그 행위로 인한 결과를 범죄라고 한다. 따라서 범죄사실의 결과가 발생하지 않은 행위는 원칙적으로 범죄가 되지 않으며, 설혹 그 행위가 범죄로 된다 할지라도 결과가 발생한 경우보다는 그 형이 감경된다.

객관주의 범죄이론은 개인주의와 자유주의를 사상적 배경으로 하고 있다. 즉, 객관주의 형법이론은 개인의 자유보장이라는 근대법사상을 배경으로 한다. 객관주의는 어떤 행위로 인한 결과의 발생을 범죄의 요건으로 봄으로써 국가의 형벌권 행사를 제한하고 개인의 자유와 권리를 보장하는 것이다.

객관주의는 행위의 결과로 발생한 객관적 사실을 중요시한다. 따라서 형벌은 범죄라고 하는 외부에 나타난 행위(객관적 사실)에 따라 결정되어야 한다고 주장한다.

(2) 주관주의

주관주의는 객관적 행위보다는 행위자의 주관적 의사와 성격을 중요시하는 범죄이론이다. 범죄를 범하기 위한 의사가 외부에 징표된 것이 행위이므로 범죄의사를 범죄라고 본다. 따라서 범인의 의사와 성격이 중요시되며 결과의 발생은 별로 중요하게 취급되지 않는다. 그러므로 기수(旣遂)와 미수(未遂)의 구별은 불필요한 것이 된다.

주관주의의 이론적 근거는 의사결정주의에 있다. 의사결정주의는 인간의 행위는 인간의 자유의사에 의해 결정되는 것이 아니라 개인적 소질과 사회적 환경에 의해 구체적으로 결정된다는 것이다. 즉 주관주의의 범죄행위는 행위자의 반사회적 성격이 외부에 징표되는 것이므로 결과보다는 범죄인의 반사회적 성격이 위험요소이며, 형벌은 그 위험요소를 제거하는 데 목적을 두고 있다는 것이다. 따라서 형벌의 대상과 경중은 행위자의 내부적 · 주관적 사실에 따라 결정되어야 한다고 주장한다.

(3) 객관주의와 주관주의의 실제상 차이

(가) 미수범

객관주의는 미수와 기수의 구별을 강조하고 미수는 처벌하지 않는 것이 원칙이라 한다. 그러나 주관주의는 미수와 기수의 구별을 원칙적으로 부인한다.

(나) 불능범

객관주의는 객관적으로 위험이 없으면 불능범으로 인정한다. 그러나 주관주의는 객관적으로 위험이 없고 또 주관적으로도 위험성이 없어야 불능범으로 인정한다.

(다) 실행의 착수시기

객관주의에 의하면 일반적으로 구성요건에 해당하는 행위를 개시한 때에 실행의 착수가 있다고 한다. 따라서 원인에 있어서 자유로운 행위의 실행의 착수시기는 범죄행위의 착수시기로 된다. 그러나 주관주의에 의하면 범의의 외부적 표시가 확정적으로 나타난 때 실행의 착수가 있다고 한다. 따라서 원인에 있어서 자유로운 행위의 실행의 착수시기는 원인행위의 착수시기로 된다.

(4) 우리 형법의 입장

현행 형법은 기본적으로 구파이론에 입각하고 있으며 부분적으로 신파이론을 가미하고 있다. 따라서 기본적 입장은 객관주의이론에 입각한 것이라고 할 수 있다.

객관주의에 입각하면서 부분적으로 주관주의를 채택하고 있는 우리 형법의 예로는 ① 미수범의 처벌을 임의적 감경사유로 한 것(제25조), ② 교사자의 교사행위 자체를 처벌하는 것(제31조), ③ 중지범의 처벌을 미수범의 처벌과 구별하여 필요적 감경사유로 한 것(제26조), ④ 결과적 가중범은 결과의 발생을 예견할 수 있었을 경우에만 중한 결과로 처벌하는 것(제15조 제2항), ⑤ 특수교사 · 방조를 가중처벌하는 것(제34조), ⑥ 누범을 가중처벌하는 것(제35조), ⑦ 형의 선고유예 · 형의 집행유예 · 가석방제도를 인정한 것(제59조, 제62조, 제72조) 등이 있다.

3. 형벌이론

형벌이론은 범죄에 대해서 과하는 형벌의 이론적 근거에 관한 형법이론이다. 즉, 범인에 대하여 형벌을 과하는 이유, 왜 형벌을 과하느냐에 관한 형법이론이다. 형벌의 본질에 관하여 대립되는 두 학설이 있다. 형벌은 범죄행위에 대한 응보라고 이해하는 응보형주의와 형벌은 반사회적 성격을 교화 · 개선하기 위한 교육이라고 이해하는 교육형주의의 대립이 그것이다. 이는 형벌의 본질에 관한 이론이므로 이를 형벌이론이라 한다.

(1) 응보형주의

응보형주의는 형벌의 목적을 범죄에 대한 인과응보에서 찾는 형벌이론이다. 즉, 범죄는 정의에 반하는 행위이고, 응보는 사회일반의 정의관념에 입각한 것으로 정의의 요구라고 한다.

응보형주의에 의하면 형벌의 목적은 범죄에 대한 응징 그 자체이며, 범인의 교화 등을 위한 수단은 아니라고 한다.

인과응보의 근거를 신의 의사에서 구하는 종교적 응보형주의, 실천이성의 지상명령으로 또는 부정에 대한 부정으로 이해하는 철학적 응보형주의, 경험적 · 윤리적 감정에서 구하는 윤리적 응보형주의, 경험적인 법 그 자체에서 구하는 법률적 응보형주의 등이 있다.

(2) 교육형주의

교육형주의는 범죄에 대해 형벌을 과하는 이유를 범인의 교육에서 찾으려는 형벌이론이다. 즉, 반사회적 성격을 교화 · 개선하기 위하여 행하는 교육으로 형벌을 이해한다. 교육형주의에 의하면 형벌은 그 자체가 목적이 아니라 범인의 반사회적인 성격을 교화 · 개선하기 위한 수단이다.

교육형주의의 내용은 ① 형벌은 범인의 반사회적 성격에 대한 교화 · 개선이라는 개선주의와 ② 형벌은 범죄로부터 사회를 방위하기 위한 목적으로 과한다는 사회방위주의로 이루어진다.

4. 범죄예방이론

"형벌은 누구를 대상으로 하는 것이냐?"의 문제가 범죄예방이론의 문제이다. 형벌의 궁극적 목적은 범죄의 예방에 있으며, 그 목적을 달성하는 방법으로서 사회일반인을 경고해야 한다는 일반예방주의와 범인 자신의 반사회적 성격을 교화 · 개선해야 한다는 특별예방주의가 대립된다.

(1) 일반예방주의

일반예방주의는 형벌의 대상을 일반인으로 하는 예방주의이다. 즉, 일반예방주의는 범인에 대하여 형벌을 과함으로써 사회일반인에게 경고하여 범죄예방 효과를 거두려는 것이다. 사회일반인을 형벌로 위협함으로써 범행을 미연에 예방하려는 것이다.

법률로써 형벌을 예고하고, 그 형벌은 심한 고통이라는 사실을 사회일반인에게 경고함으로써 범죄를 범하려는 자의 심리를 강제하는 것이다. 따라서 이 이론에 따르면 형벌은 가혹하여야 하며, 형의 집행도 공개함이 요청된다고 하겠다.

(2) 특별예방주의

특별예방주의는 형벌의 대상을 범인 자신으로 보는 예방주의이다. 즉, 특별예방주의는 형벌의 목적을 범인 자신에 대하여 반사회적 성격을 교육 · 개선함으로써 범인 자신의 재범을 예방하려는 것이다. 범인을 교육하여 그의 반사회적 성격을 교화 · 개선함으로써 사회적 적응자로 만드는 것이다.

따라서 모든 범인에게 획일적으로 형을 부과하는 것이 아니라, 범인을 분류하고 그 반사회적 성격에 따른 형벌의 개별화, 단기 자유형의 제한, 가석방, 집행유예, 상습범의 특별취급 등을 강조하고 있다.

Ⅲ. 죄형법정주의

죄형법정주의(罪刑法定主義)에 의하면 범죄와 그에 대한 형벌은 법률로 정하여야 한다. 즉, 어떤 행위가 범죄로 되며, 또 그 범죄에 대한 형벌은 어떤 것이 과하여질 것인가를 사전(事前)에 성문화된 법률로 명확히 정함을 요하는 형법상 기본원리로서 "법률 없으면 범죄 없고, 법률 없으면 형벌 없다"는 말로 표현된다.

죄형법정주의는 죄형전단주의(罪刑專斷主義)에 대립된다. 죄형전단주의는 범죄와 형벌을 법률로 정함이 없이 임의로 정하는 주의이다. 죄형법정주의는 법치국가의 형법상 원리임에 반하여 죄형전단주의는 전제국가의 형법상 원리이다.

죄형법정주의의 존재가치는 국가권력에 의한 무한정의 형벌권 행사를 제한하여 개인의 자유와 권리를 보장함에 있다. 이는 18 · 19세기의 개인주의적 자유사상의 표현으로, 형법상으로 나타난 법치주의를 의미한다.

1. 근거

(1) 삼권분립론

죄형법정주의는 삼권분립론에 그 이론적 근거를 두고 있다. 몽테스키외의 삼권분립론은, 사법기관인 재판소는 입법기관인 의회가 제정한 법률을 구체적인 경우에 기계적으로 적용할 것을 요구하였다. 또 국민의 자유와 권리를 제한하는 것은 국민의 대표자에 의해 제정된 법률에 의해서만 가능한 것으로 주장하였다. 즉, 국민의 자유와 권리를 보장하기 위해 범죄와 형벌을 법률로 정함이 요청되며 법률은 권력분립을 전제로 제정되는 것이다.

(2) 심리강제설

죄형법정주의는 심리강제설을 그 이론적 근거로 하고 있다. 포이에르바하에 의해 주장되는 심리강제설은 범죄를 행하면 형벌이 과하여진다는 내용이 법률상 규정되면 인간은 이익 · 불이익의 합리적 계산에 의하여 형벌로부터 나오는 고통을 피하기 위하여 범죄의 결의를 억제하게 된다는 것이다.

그러므로 심리강제설에 의하면 범죄에 대한 필연적인 효과로서의 형벌을 처음부터 법률에 규정함으로써 행위자가 합리적인 행위를 할 수 있도록 지침을 주어야 한다는 것이다.

2. 현행법상 규정

헌법 제12조 제1항은 "누구든지 법률에 의하지 아니하고는 체포 · 구속 · 압수 · 수색 또는 심문을 받지 아니하며, 법률과 적법한 절차에 의하지 아니하고는 처벌 · 보안처분 또는 강제노역을 받지 아니한다."고 규정하여 죄형법정주의를 명시하고 있다. 또한 헌법 제13조 제1항은 "모든 국민은 행위시의 법률에 의하여 범죄를 구성하지 아니하는 행위로 소추되지 아니하며…"라 규정하여 형벌불소급(刑罰不遡及)의 원칙을 규정하고 있다.

한편, 형법 제1조 제1항은 범죄의 성립과 처벌은 행위시의 법률에 의한다고 규정하여 죄형법정주의를 선언하고 있다.

3. 파생적 원칙

(1) 관습법금지의 원칙

관습법은 성문화된 법률이 아니므로 이를 근거로 처벌하게 되면 존재가 애매한 법의 적용을 통해 법관의 전단을 허용하는 결과가 된다. 따라서 죄형법정주의는 관습법의 적용을 금지한다. 이는 새로이 처벌하거나 형을 가중하는 관습법의 금지를 뜻하며, 성문형법 규정을 관습법에 의하여 폐지하거나 구성요건의 범위를 축소하거나 형을 감경하는 것은 이 원칙에 반하지 않는다.

(2) 유추해석금지의 원칙

형법의 해석에 있어서 유추해석을 허용하면 형법이 직접 규정하지 않은 사실까지 형법의 규율을 받게 되어 개인의 자유와 권리가 부당하게 침해될 염려가 있다. 따라서 죄형법정주의는 유추해석을 금지한다. 그러나 법문의 가능한 의미 내의 해석인 확장해석은 허용된다는 것이 다수의 견해이다.

(3) 부정기형금지의 원칙

부정기형은 그것이 절대적 부정기형(예컨대, 징역에 처한다)이든 상대적 부정기형(예컨대, 단기 3년, 장기 7년의 징역에 처한다)이든 형벌을 일정하게 선고하는 것이 아니므로 형벌을 법정화하여 개인의 자유와 권리를 보장하려는 죄형법정주의의 이상에 반한다. 따라서 죄형법정주의는 부정기형을 금지한다.

(4) 소급효금지의 원칙

형법의 효력을 소급하면 행위당시에는 범죄로 되지 않았던 행위가 사후적으로 제정된 법률에 의하여 범죄로 되거나 형이 가중되게 되어 개인의 자유와 권리를 보장할 수 없게 된다. 따라서 죄형법정주의는 형법의 소급효를 금지한다. 그러나, 이 원칙도 행위자에게 불리한 소급효를 금지하며 유리한 경우에는 소급 적용이 허용된다.

판 례

수질환경보전법의 시행 이전에 시작하여 시행 이후 종료된 수질오염배출행위에 대하여 수질환경보전법을 적용한 것은 행위시법주의와 법률불소급의 원칙에 반하지 아니한다(대판 1992. 12. 8, 92도407).

제 2 장 범죄론

Ⅰ. 범죄의 의의

1. 개념

범죄는 국가형벌권의 발생요건인 행위이다. 범죄 없이 형벌을 과할 수 없다는 것은 근대형법의 기본원칙인 죄형법정주의의 내용이다.

실질적 의미의 범죄는 국가에 의하여 보호되고 있는 사회질서와 법익을 침해하는 불법한 행위이고, 형식적 의미의 범죄는 특정행위에 대하여 형법상의 형벌을 과할 수 있는 행위이다. 일반적으로 형법상 범죄란 형식적 의미의 범죄를 말한다.

형법상 범죄가 성립하기 위하여는 다음과 같은 요건이 구비되어야 한다.

① 일정한 행위가 구성요건에 해당할 것(구성요건해당성), ② 구성요건에 해당한 행위가 위법일 것(위법성), ③ 행위자가 책임능력이 있고 또 고의나 과실이 있을 것(책임성)이 그것이다.

즉, 형법상 범죄가 성립함에는 구성요건해당성(構成要件該當性) · 위법성(違法性) 및 책임성(責任性), 세 개의 요건을 구비해야 한다. 이를 범죄의 성립요건 또는 범죄의 일반구성요건이라고 한다.

Ⅱ. 구성요건해당성

1. 의의

형법상 규정되어 있는 범죄를 구성하는 일정한 사실요건, 즉 추상적인 법조문 내용의 사실요건을 구성요건이라 하며, 구체적인 행위사실이 추상적인 법조문 내용에 해당(부합)하는 성질을 구성요건해당성이라 한다. 예컨대, A가 B를 살해한 구체적인 행위가 형법 제250조의 '사람을 살해한 자' 라는 추상적인 법규에 부합되는 것을 구성요건해당성이라 한다. 이는 위법성과 함께 범죄의 객관적 성립요건이다.

2. 행위

(1) 행위의 개념

'범죄는 행위이다' 라는 명제가 있고 또 형법상 범죄는 구성요건에 해당하는 위법 · 유책의 행위이므로 행위는 구성요건의 중심적 요소이다. 행위라 함은 행위자의 의사에 기한 신체적 동작 내지 태도를 말하고, 의사의 객관화 또는 외부적 실현이라고도 말할 수 있다. 이와 같이 행위는 의사의 외부적 실현이므로 먼저 주관적 면으로서 의사에 기함을 요한다(행위의 주관적 요건). 따라서 의사에 의하지 아니한 생리적 반사운동, 항거불능의 강제하의 동작 및 수면중의 동작은 행위가 아니다. 다음으로 행위는 객관적 면으로서 의사의 외부적 실현, 즉 객관적인 신체의 동작 또는 태도가 있음을 요한다(행위의 객관적 요건).

(2) 행위의 주체 · 객체

행위의 주체는 사람이다. 고대의 원시사회에서는 동물 또는 산하 · 풍수도 범죄를 범할 수 있고 또 형벌을 과할 수 있는 것이라 생각하였으나, 근대의 형사사상은 범죄의 주체는 사람에 한정한다. 예컨대, 살인죄의 구성요건 중 '사람을 살해한 자' 의 '자(者)' 가 행위의 주체이다. 법률에 법인을 처벌한다는 특별한 규정이 있으면 법인도 범죄의 주체로 된다.

행위의 객체는 범죄행위의 대상물을 의미한다. 예컨대, 절도죄에 있어서의 타인의 재물, 방화죄에 있어서 건조물 등이다. 행위의 객체는 범죄의 피해자를 의미하기도 한다. 예컨대, 살인죄에 있어서 "사람을 살해한 자는 …"에서 보는 바와 같이 행위의 객체는 사람(피해자)을 의미한다.

형법상 행위는 주관적 의사결정에 의한 객관적 신체의 동작을 말한다. 객관적 신체의 동작에는 적극적 동작과 소극적 정지가 있는데, 전자를 작위(作爲), 후자를 부작위(不作爲)라 한다.

(3) 작위범

작위(作爲)는 주관적 의사결정에 의한 객관적 신체의 동작을 말한다. 이는 신체의 동작 이외에 동작에 의해 발생된 결과까지 포함한다.

예컨대, 살인죄에 있어서 칼로 목을 찌르는 동작뿐만 아니라 사람의 사망이라는 결과까지 포함하는 개념이다. 작위는 주관적 행위의사가 객관적으로 동작을 통해 표시되는 것이다. 즉, 행위는 의사의 객관화인 외부적 동작을 요소로 한다. 따라서 내심적 작위의사의 결정만으로 작위가 될 수 없으며, 또 내심적 작위의사 없는 객관적 표현인 동작만으로 작위가 될 수 없다.

구성요건의 실현은 범죄의 결의, 범의의 외부적 표시(예비 · 음모, 실행의 착수, 범죄의 완성)의 단계로 발전한다. 형법상 범죄의 구성요건으로서의 행위는 작위로 이루어지는 것이 일반적이다.

(4) 부작위범

[부작위(不作爲)에 의해 범하는 범죄]를 부작위범이라 한다. 즉, 물리적으로는 단순한 정지를 의미하지만, 주관적 의사결정에 의한 객관적 신체의 정지동작에 의해 범하는 범죄를 부작위범이라 한다.

(가) 진정부작위범

진정부작위범(眞正不作爲犯)은 일정한 부작위 그 자체가 범죄로 되는 경우의 범죄를 말한다. 즉, [부작위에 의한 부작위범]이다. 부작위에 의한 부작위범이란 부작위를 내용으로 하는 범죄를 부작위에 의해서 범한다는 의미이다.

진정부작위범은 요구규범(명령규범)의 위반에 의해 범해진다. 예컨대 다중불해산 · 퇴거불응 · 전시군수계약불이행(戰時軍需契約不履行) 등은 구성요건 자체가 부작위로 되어 있는 것을 부작위에 의하여 범하는 것이며, 또 요구규범에 위반하는 것이므로 진정부작위범이다.

(나) 부진정부작위범

부진정부작위범(不眞正不作爲犯)은 구성요건 그 자체는 작위에 의하여 범할 것을 예상하고 규정되어 있음에도 불구하고 부작위에 의하여 그 구성요건을 실현하는 부작위범이다. 즉, 부작위에 의한 작위범이다.

부진정부작위범은 금지규범의 위반에 의하여 범해진다. 예컨대, 살인죄는 구성요건 자체가 타살 등 작위에 의하여 범할 것을 요구하지만 모(母)가 유아에게 젖을 주지 않음으로써 굶어 죽게 할 수도 있다. 이와 같이 구성요건 자체는 작위로 되어 있는 것을 부작위로 범하는 것을 부진정부작위범이라 한다.

판 례

토지에 대하여 도시계획이 입안되어 있어 장차 협의매수되거나 수용될 것이라는 사정을 매수인에게 고지하지 아니한 행위는 부작위에 의한 사기죄를 구성한다(대판 1993. 7. 13, 93도14).

3. 인과관계

어떤 행위가 구성요건에 해당되려면 그 행위가 범죄행위의 결과와 인과관계(因果關係)가 있어야 한다. 즉, 어떤 행위의 결과로 범죄사실이 발생되어야 하는 것이다.

이는 내심적 의사와 외부적 거동과의 관계가 아니라 외부적 거동과 결과와의 관계이다. 인과관계가 있다는 것은 위법성 및 책임성이 있다는 것과 구별된다. 인과관계의 문제는 사실판단의 문제이며, 위법성 및 책임성은 가치판단의 문제이다.

인과관계는 결과의 발생을 필요로 하는 실질범에서만 문제되며, 결과의 발생을 필요로 하지 않는 형식범에서는 거동 그 자체가 범죄가 되므로 인과관계를 필요로 하지 않는다.

형법 제17조는 인과관계에 관하여 "어떤 행위라도 죄의 요소가 되는 위험발생에 연결되지 아니한 때에는 그 결과로 인하여 벌하지 아니한다."라고 규정하고 있다.

판 례

피해자측에서 의료상의 과실있는 행위를 증명하고 그 결과와 사이에 의료행위 외에 다른 원인이 개재될 수 없다는 점을 증명한 경우, 의료상의 과실과 결과 사이의 인관관계를 추정하여 손해배상책임을 지울 수 있도록 입증책임을 완화하는 것이 손해의 공평·타당한 부담을 그 지도원리로 하는 손해배상제도의 이상에 맞는다(대판 2005. 9. 30, 2004다52576).

III. 위법성

1. 위법성의 의의

구성요건에 해당한 행위가 모두 범죄가 되는 것은 아니며, 그 행위가 법률상 허용되지 않는 것이어야 한다. 이와 같이 특정행위가 법률상 허용되지 않는 성질을 위법성이라 한다. 이는 구성요건과 함께 범죄의 객관적 성립요건이다. 예컨대, A가 B를 살해한 것이 법률상 허용되는 행위인 정당방위 혹은 정당행위에 의한 것인 경우에는 그 행위는 위법성이 없는 것으로 된다.

2. 위법성조각사유

형법은 구성요건에 해당하는 행위는 원칙적으로 모두 위법한 것으로 규정하고, 예외적으로 위법성이 조각되는 경우를 소극적으로 규정하고 있다.

행위가 구성요건에 해당한다는 것은 그 행위가 원칙적으로 법률상 허용되지 않는다는 인식수단을 제공하는 것이나, 그 행위가 바로 위법하다는 것을 의미하지는 않는다고 한다. 행위가 구성요건에 해당하나 예외적으로 위법하지 않은 것으로 하는 특별한 사유를 위법성조각사유(違法性阻却事由)라고 한다.

(1) 정당행위

정당행위라 함은 사회상규에 위배되지 아니하는 행위를 말한다. 형법은 제20조에서 "법령에 의한 행위 또는 업무로 인한 행위 기타 사회상규에 위배되지 아니하는 행위는 벌하지 아니한다."고 규정하고 있다.

정당행위는 사회상규에 위배되지 않는 행위인데, 법령에 의한 행위, 업무로 인한 행위 등을 사회상규에 위배되지 않는 행위의 예시로 규정하고 있다.

예컨대, 권투선수가 상대방을 가격하는 행위, 경찰관이 범인을 체포하는 행위, 군인이 적병을 살해하는 행위, 사형 집행관이 사형 언도를 받은 죄인에 대해 사형을 집행하는 행위 등은 정당행위이다.

판 례

정당행위로 인정되려면, 첫째 행위의 동기나 목적의 정당성, 둘째 행위의 수단이나 방법의 상당성, 셋째 보호법익과 침해법익의 권형성(權衡性), 넷째 긴급성, 다섯째 그 행위 이외의 다른 수단이나 방법이 없다는 보충성의 요건을 모두 갖추어야 한다(대판 1995. 10. 13, 95도1789).

(2) 정당방위

정당방위는 법익에 대한 현재의 부당한 침해를 방위하기 위하여 침해자에게 반격을 가하는 행위이다. 형법은 제21조 제1항에 "자기 또는 타인의 법익에 대한 현재의 부당한 침해를 방위하기 위한 행위는 상당한 이유가 있는 때에는 벌하지 아니한다."라고 정당방위를 규정하고 있다.

정당방위가 성립하기 위하여는 그 침해가 현재의 부당한 침해이어야 하며, 동시에 자기 또는 타인의 법익을 방위하기 위한 행위일 것, 상당성이 있을 것 등이 요구된다.

'현재의 부당한 침해'란 예컨대, A가 B를 현재 죽이겠다며 권총을 들이대는 상황의 경우에, 비록 이틀 전에 그러한 일이 있었다고 하더라도 현재에 그런 위협이 없는 상태에서 B가 A를 살해한다면 정당방위에 해당되지 않는다는 의미이다.

자기 또는 타인의 법익을 방위하기 위한 행위란, 사형 집행수가 사형수에 대한 사형집행을 막기 위하여 사형 집행수를 살해한다거나 하는 것은 정당방위가 되지 않는다는 의미이다. 즉, 위법한 행위를 방위하기 위한 행위이어야 정당방위가 된다.

상당성이란, 칼을 휘두르는 강도를 반격하여 살해하는 것은 정당방위라 할 수 있겠지만 도망가는 절도범을 쫓아가면서 권총으로 살해하는 것은 상당한 이유가 없어 살인행위에 해당한다.

판 례

1. 무릇 정당방위가 성립하려면 침해행위에 의하여 침해되는 법익의 종류, 정도, 침해의 방법, 침해행위의 완급과 방위행위에 의하여 침해될 법익의 종류, 정도 등 일체의 구체적 사정을 참작하여 방위행위가 사회적으로 상당한 것이었다고 인정할 수 있는 것이라야 한다(대판 1966. 3. 15, 66도63).
2. A녀가 정조와 신체를 지키려는 일념에서 억지로 키스를 하려는 B의 혀를 엉겁결에 깨물어 설단절상(舌斷切傷)을 입혔다면 A녀의 범행은 자기의 신체에 대한 현재의 부당한 침해에서 벗어나려고 한 행위로서 그 행위에 이르게 된 경위와 목적 및 수단, 행위자의 의사 등 제반사정에 비추어 위법성이 결여된 행위이다(대판 1989. 8. 8, 89도358).

(3) 긴급피난

긴급피난은 현재의 위난을 피하기 위하여 부득이 정당한 타인의 법익을 침해하는 행위이다. 예컨대, 자동차의 충돌을 피하기 위하여 부득이 타인의 건물에 뛰어들어 물건을 손괴한 경우, 선박충돌에 의하여 바다에 빠진 경우에 자기가 살기 위하여 타인으로부터 구명조끼를 빼앗아 입는 경우 등이 그것이다.

형법 제22조 제1항은 "자기 또는 타인의 법익에 대한 현재의 위난을 피하기 위한 행위는 상당한 이유가 있는 때에는 벌하지 아니한다."라고 규정하고 있다.

정당방위는 현재의 부당한 침해를 방위하기 위한 행위로서 [부정(不正) 대 정(正)]의 관계에 있음에 반해, 긴급피난은 위난의 성질을 불문하고 위난과 무관한 제3자의 법익을 훼손하는 [정(正) 대 정(正)]의 관계라는 점에서 정당방위와 구별된다.

판 례

피고인이 스스로 야기한 강간범행의 와중에서 피해자가 피고인의 손가락을 깨물며 반항하자 물린 손가락을 비틀며 잡아 뽑다가 피해자에게 치아 결손의 상해를 입힌 소위를 가리켜 법에 의하여 용인되는 피난행위라고 할 수 없다(대판 1995. 1. 12, 94도2781).

(4) 자구행위

형법 제23조는 "법정절차에 의하여 청구권을 보전하기 불능한 경우에 그 청구권의 실행불능 또는 현저한 실행곤란을 피하기 위한 행위는 상당한 이유가 있는 때에는 벌하지 아니한다."고 규정하고 있다. 예컨대, 강도가 재물을 탈취하여 도주하는 것을 피해자가 추격하여 강도에게 폭행을 가하고 재물을 빼앗는 행위는 자구행위(自救行爲)이다.

이와 같이 자구행위는 이미 부당한 침해가 있으나 그 피해의 구제가 급박한 경우에 인정되는 자력구제의 제도이다. 이는 긴급적 위법성 조각사유이다.

판 례

소유권의 귀속에 관한 분쟁이 있어 민사소송이 계속중인 건조물에 관하여 현실적으로 관리인이 있음에도 위 건조물의 자물쇠를 쇠톱으로 절단하고 침입한 소위는 법정절차에 의하여 그 권리를 보전하기가 곤란하고 그 권리의 실행불능이나 현저한 실행곤란을 피하기 위해 상당한 이유가 있는 행위라고 할 수 없다(대판 1985. 7. 9, 85도707).

(5) 피해자의 승낙

피해자의 승낙이라 함은 법익의 처분권능을 가진 자가 타인에 대하여 그의 법익에 대한 침해를 허락하는 것이다.

원칙적으로 피해자의 승낙에 의한 행위는 처벌하지 아니한다(제24조). 벌하지 아니하는 것은 위법성이 조각되어 죄가 되지 않기 때문이다. 그러나 법률에 특별한 규정이 있는 경우에는 처벌한다.

형법상 특별규정으로 촉탁승낙에 의한 살인죄(제252조), 동의낙태죄(제269조 제2항) 등이 있다. 해석상 13세 미만자에 대한 동의간음죄(제305조), 미성년자의 승낙에 의한 약취유인죄(제287조) 등도 이에 해당된다.

(6) 자손행위

자손행위(自損行爲)란 법익의 주체가 스스로 자신의 법익을 침해하는 행위를 말한다. 국가사회에 직접 관계가 없는 개인적 법익의 처분은 법률상 방임된다고 볼 수 있다. 예컨대, 행위자가 스스로 자기의 몸에 상해를 가하는 행위는 자손행위이다. 형법은 자손행위에 관해 아무런 규정을 두고 있지 않으나 통설은 위법성 조각사유로 본다.

그러나 자손행위는 법률에 특별한 규정이 있는 경우에는 위법성이 조각되지 않는다. 예컨대, 자기 소유의 건조물 등 방화죄(제166조 제2항), 낙태죄(제269조), 병역기피목적 자손죄(병역법 제86조) 등이 그것이다.

Ⅳ. 책임성

책임이란 형벌 그 자체를 뜻하는 경우도 있으나 일반적으로 행위자에게 형벌을 과하기 위해 필요한 주관적 요건으로, 행위자의 비난받을 만한 심리상태를 뜻한다. 즉, 범죄성립의 구성요건에 해당하고 위법성이 있다고 하더라도 비난받을 만한 상황이 있을 때에만 처벌한다는 것인데, 이런 비난가능성을 책임성이라 하며, 책임성은 범죄의 주관적 성립요건이다.

책임성이 성립하기 위해서는 행위자에게 책임능력이 있고, 책임조건으로서의 고의 또는 과실이 있으며, 기대가능성이 있어야 한다. 예컨대, 5세의 어린이가 사람을 살해한 경우 그에게는 책임성(책임능력)이 없으므로 그의 행위는 범죄를 구성하지 않게 된다.

1. 책임의 근거

책임의 근거에 관하여는 도의적 비난가능성, 사회적 비난가능성, 그리고 규범적 비난가능성에서 찾는 세 가지로 나누어져 있다.

(1) 도의적 책임론

도의적 책임론은 위법행위를 한 행위자에 대하여 윤리적인 입장에서 도의적으로 비난하기 위한 조건, 즉 도의적 비난가능성에서 그 책임의 근거를 찾으며, 모든 개인은 자유의사를 갖는다는 것을 전제한다. 행위자는 자유로운 의사결정에 기초하여 위법인 행위를 하였기 때문에 도의적 비난을 받는다고 한다. 또한 도의적 책임론은 각 개인의 행위책임에 입각하여 책임무능력자는 범죄무능력자로서 형벌을 과할 수 없다고 한다.

(2) 사회적 책임론

사회적 책임론은 책임을 행위자에 대하여 사회적으로 비난하기 위한 요건, 즉 사회적 비난가능성에서 찾는다.

사회적 책임론은 사회방위를 전제로 하여 책임은 사회가 반사회적 성격의 소유자에게 사회방위의 처분을 과할 수 있는 요건이라고 한다. 이에 의하면 반사회적 성격의 소유자 중에서 교화 · 개선이 적합한 자에게는 형벌을 가할 것이지만, 그렇지 않은 자에게는 보안처분을 하여야 한다.

사회적 책임론은 도의적 책임론의 전제가 되어 있는 자유의사는 부정하고, 범죄는 행위자의 소질과 환경에 의하여 필연적으로 지배된다고 하여, 의사결정론에 입각하고 있다. 또한 행위는 행위자의 반사회적 성격의 징표에 불과한 것이라고 하고, 개개의 구체적인 행위 가운데 표현되는 행위자의 사회적으로 위험한 성격, 즉 반사회성을 책임의 기초로 하므로 도의적 책임론의 행위책임에 대해 성격 책임에 입각한다.

결국 사회적 책임론은 행위보다 행위자에 중점을 두는 주관주의 책임론이라고 할 수 있다.

(3) 규범적 책임론

규범적 책임론은 책임의 실체가 법적 비난인 점에 착안하여 적법행위에 대한 기대가 가능함에도 불구하고 의무에 위반하여 위법적 행위를 한 점에서 책임의 본질을 찾는다. 규범적 책임론이 오늘날의 통설이다.

규범적 책임론은 객관주의 책임론을 주로 하고 주관적 책임론으로 보충하는 현대 형법이론의 결론이라 할 것이다.

2. 책임능력

(1) 의의

형법은 책임능력자를 적극적으로 규정하지 않고, 소극적으로 책임무능력자 · 한정책임능력자를 규정하고 있다. 형법의 규정에 의하면 형사미성년자(제9조)와 심신상실자(제10조 제1항)는 벌하지 아니하는 절대적 책임무능력자이며, 심신미약자(제10조 제2항)와 농아자(聾啞者)(제11조)는 형을 감경하는 상대적 책임무능력자(한정책임능력자)이다.

책임능력이란 육체적 건전성과 정신적 성숙도에 따라 사회적 행동을 할 수 있는 정신적 능력을 말한다. 즉, 행위의 사회적 · 도의적 책임을 이해하고, 또 그 이해에 기하여 의사를 결정할 수 있는 능력을 말한다.

(가) 도의적 책임론의 입장

도의적 책임론에서는 책임능력을 행위의 시비 · 선악을 변별하여 이에 따라 의사를 결정할 수 있는 능력이라고 한다. 즉, 책임능력을 의사능력 내지 범죄능력의 의미로 이해한다. 자유의사가 있는 자만이 도의적으로 비난받을 만한 행위를 할 수 있기 때문이다.

(나) 사회적 · 규범적 책임론의 입장

사회적 책임론에서는 책임능력을 사회방위의 효과인 형벌을 받을 수 있는 능력이라고 한다. 즉, 책임능력을 형벌능력 내지 형벌 적응능력으로 이해한다. 규범적 책임론에서는 법규범을 위반함으로써 초래되는 사회적 비난의 의미를 이해할 수 있는 자에게 형벌을 과하고, 그렇지 못한 자에게는 보안처분을 과한다는 입장이다. 즉, 책임능력은 형벌능력을 의미하게 된다.

(2) 절대적 책임무능력자

형법 제9조는 "만 14세가 되지 아니한 자의 행위는 벌하지 아니한다."고 규정하고 있다. 연령이 만 14세에 미달하는 자는 사실상의 능력 유무를 불문하고 일률적으로 책임무능력자로 취급된다. 따라서 아무리 천재적 소질이 있을지라도 14세 미만자는 책임무능력자로, 그의 행위는 벌하지 아니한다. 연령의 계산은 역에 따라 하며(제83조), 민법의 규정에 의한다.

형법 제10조 제1항은 "심신장애로 인하여 사물을 변별할 능력이 없거나 의사를 결정할 능력이 없는 자의 행위는 벌하지 아니한다."고 규정하고 있다. 심신상실은 심한 정신적 이상으로 사물의 선악을 변별할 수 없거나 의사결정에 따라 행위할 수 없는 상태를 말한다. 이는 일시적인 실신 · 수면 또는 최면술에 걸린 자이거나 계속적인 정신병자 · 백치 등이거나 불문한다.

(3) 한정책임능력자

형법 제10조 제2항은 심신장애로 인하여 제1항의 능력이 미약한 자의 행위는 형을 감경한다고 규정하고 있다. 미약의 정도는 생리학적 · 심리학적 · 형사정책적 견지에서 구체적으로 결정할 것이지만, 심신상실의 정도에는 이르지 않고 그것이 불완전한 경우를 말한다. 정신박약자 · 신경쇠약자 · 히스테리환자 · 과음주자 · 노쇠자 등이 이에 속한다.

형법 제11조는 "농아자(聾啞者)의 행위는 형을 감경한다."고 규정하고 있다. 농아자는 말을 하지 못하면서 동시에 듣지도 못하는 자를 말한다.

소년법상 소년은 20세 미만자로서(소년법 제2조) 특별한 배려가 되어 있다.

판 례

1. 형법 제10조에 규정된 심신장애의 유무 및 정도의 판단은 법률적 판단으로서 반드시 전문감정인의 의견에 기속되어야 하는 것은 아니고, 정신질환의 종류와 정도, 범행의 동기, 경위, 수단과 태양, 범행 전후 피고인의 행동, 반성의 정도 등 여러사정을 종합하여 법원이 독자적으로 판단할 수 있다(대판 1999. 8. 24, 99도1194).

2. 피고인이 생리기간 중에 심각한 충동조절장애에 빠져 절도 범행을 저지른 것으로 의심이 되는데도 전문가에게 피고인의 정신상태를 감정시키는 등의 방법으로 심신장애 여부를 심리하지 아니한 채 선고한 원심판결은 심리미진과 심신장애에 관한 법리오해의 위법이 있다(대판 2002. 5. 24, 2002도1541).

3. 책임조건

책임능력이 있는 자의 고의 · 과실에 의한 범죄행위에 대해서만 처벌할 수 있음은 자기책임의 원칙상 당연하다고 할 것이다. 이때 고의 · 과실을 책임조건이라고 한다.

(1) 고의

고의(故意)라 함은 범죄사실과 위법성을 인식하고 있었음에도 불구하고, 행위를 실행하고 그 결과를 의욕하였을 때 성립한다. 형법 제13조는 "죄의 성립요소인 사실을 인식하지 못한 행위는 벌하지 아니한다"고 규정하고 있다.

여기서 죄의 구성요소인 사실이라 함은 범죄의 요건이 되는 사실 또는 구성요건에 해당하는 사실을 의미한다. 고의는 구성요건에 해당하는 사실(범죄사실)을 인식하고, 이러한 사실이 결과로서 나타날 것을 의욕하였을 때 성립한다. 예를 들어, 권총을 발사하면 상대방이 살해되리라는 것을 알고(인식), 그 상대방을 죽이기 위하여(의욕) 발사함으로써 고의는 성립한다.

고의는 범죄사실에 대한 확정적인 인식과 예견이 있는 확정적 고의를 원칙으로 하지만, 범죄사실에 대한 인식 · 예견이 확정되지 않은 불확정적 고의도 가능하다. 대표적으로 미필적 고의의 경우, 결과의 발생 그 자체는 불확정적이지만 행위자가 결과발생의 가능성을 인식하면 성립된다. 예컨대, A가 B를 미워한 나머지, 맞지 않겠지만 혹시 맞아 다치거나 죽어도 상관없다고 생각하고 돌을 던져, B가 맞은 경우이다.

판 례

살인죄에 있어서의 고의는 반드시 살해의 목적이나 계획적인 살해의 의도가 있어야 하는 것은 아니고, 자기의 행위로 인하여 타인의 사망의 결과를 발생시킬 만한 가능 또는 위험이 있음을 인식하거나 예견하면 족한 것이고, 그 인식 또는 예견은 확정적인 것은 물론 불확정적인 것이더라도 소위 미필적 고의로서 살인의 범위가 인정된다(대판 2004. 6. 24, 2002도995).

(2) 과실

과실(過失)은 행위자가 부주의로 범죄사실을 인식하지 못한 경우의 책임조건을 말한다. 형법 제14조는 "정상의 주의를 태만함으로 인하여 죄의 성립요소인 사실을 인식하지 못한 행위는 법률에 특별한 규정이 있는 경우에 한하여 처벌한다."라고 과실범을 규정하고 있다. 즉, 과실이란 범죄사실의 인식이 없고 결과의 발생에 대한 의욕도 없지만, 부주의로 결과를 발생케 하는 경우를 말한다.

형법은 원칙적으로 고의범에 대해서만 처벌하고 과실범에 대해서는 예외적으로 법률에 특별한 규정이 있을 때에만 처벌한다. 예를 들어, 운전자가 부주의로 인하여 행인을 치어 죽인 경우, 살해의 고의는 없으나 주의의무를 다하지 않아 사람을 살해하는 결과가 발생하였으므로 과실치사죄가 성립하다.

판 례

의료사고에 있어서 의사의 과실을 인정하기 위해서는 의사가 결과 발생을 예견할 수 있었음에도 불구하고 그 결과 발생을 예견하지 못하였고, 그 결과 발생을 회피할 수 있었음에도 불구하고 그 결과 발생을 회피하지 못한 과실이 검토되어야 하고, 그 과실의 유무를 판단함에는 같은 업무와 직무에 종사하는 일반적 보통인의 주의 정도를 표준으로 하여야 하며, 사고 당시의 일반적인 의학의 수준과 의료 환경 및 조건, 의료행위의 특수성 등이 고려되어야 한다(대판 2003. 1. 10, 2001도3292).

(3) 착오

착오(錯誤)란 자기의 행위가 법령에 의하여 죄가 되지 않는 것으로 오인한 경우에 그 오인에 정당한 이유가 있을 때 책임을 면하여 주는 제도를 말한다. 형법상 착오에는 사실의 착오와 법률의 착오가 있다.

판 례

법률의 착오는 단순한 법률의 부지의 경우를 말하는 것이 아니고, 일반적으로 범죄가 되는 행위이지만 자기의 특수한 경우에는 법령에 의하여 허용된 행위로서 죄가 되지 아니한다고 그릇 인식하고, 그와 같이 그릇 인식함에 있어 정당한 이유가 있는 때에는 벌하지 않는다는 취지이다(대판 1995. 6. 16, 94도1793).

V. 처벌가능성

이상에서 본 바와 같이 구성요건해당성, 위법성, 책임성의 세 요소를 모두 구비한 행위가 범죄이다. 원칙적으로 모든 범죄자에 대해 형법이 정한 형벌을 부과할 수 있다. 그러나 예외적으로 범죄가 성립한 것만으로는 처벌할 수 없고, 또 다른 조건을 구비하여야만 비로소 처벌할 수 있는 범죄유형이 있다.

1. 처벌조건

범죄자를 형사처벌하기 위해 특정한 조건을 요하는 범죄가 있다. 그 조건은 객관적 처벌조건과 인적 처벌조각사유로 구분해서 살펴볼 필요가 있다.

(1) 객관적 처벌조건

형법 제129조 2항의 사전수뢰죄는 공무원 또는 중재인이 될 자가 장래에 담당하게 될 직무에 관하여 청탁을 받고 뇌물을 수수하거나 요구하는 범죄이다. 따라서 공무원임용시험에 합격하고 발령을 기다리는 A가 장래 자신이 담당할 직무에 관하여 부정한 청탁을 받고 술을 얻어 마셨다면 사전수뢰죄가 성립한다. 그러나 A가 결국 공무원에 임용되지 못하였다면 갑을 사전수뢰죄로 처벌할 수 없는 것이다. 범행 후 "공무원이 되는 것"이 사전수뢰죄의 처벌조건이기 때문이다.

판 례

시의회의장은 토지구획정리사업에 대한 시의회의 심의와 관련하여 영향을 미칠 수 있는 지위에 있으므로, 뇌물죄의 직무관련성이 인정된다(대판 1996. 11. 15, 95도114).

(2) 인적 처벌조각사유

객관적 처벌조건이 적극적 의미의 처벌조건이라면, 인적 처벌조각사유는 소극적 의미의 처벌조건이다. 즉, 행위자의 개인적 관계를 이유로 처벌을 면해 주는 범죄행위가 있는 것이다. 예컨대, 형법 151조의 범인은닉죄는 범죄자를 은닉하거나 도피시키면 처벌하는 범죄이다. 그러나 행위자가 범인의 친족, 호주 또는 동거하는 가족인 경우에는 처벌하지 않는다. 가족 간의 정의관계로 보아 동생 혹은 아들이 범죄를 저질렀다고 하더라도 그 범죄자를 신고하라는 것은 정의관념에 어긋날 뿐만 아니라 기대하기도 힘들다는 것을 인정한 것이다.

2. 소추조건

범죄자도 국민의 한 사람으로 법원의 재판을 통해서만 처벌할 수 있다. 즉 범죄혐의자를 재판하기 위해서는 소추조건(訴追條件)을 충족시켜야 하는데, 피해자의 고소가 없거나 피해자가 처벌을 원치 않으면 처벌할 수 없는 범죄가 있다. 이는 피해자의 권익보호를 위한 특수제도로서, 특별규정이 있는 경우에만 인정된다.

(1) 친고죄

피해자의 명예나 입장을 고려하여 고소가 없으면 처벌할 수 없는 범죄를 친고죄(親告罪)라 한다. 간통죄 · 모욕죄 · 혼인빙자간음죄 등이 그 예이다. 따라서 이 범죄는 피해자의 고소가 반드시 있어야 처벌할 수 있으며, 고소가 애초부터 없었거나 고소가 있었다가 차후에 합의에 의하여 고소가 취하되면 처벌할 수 없는 죄이다.

(2) 반의사불벌죄

친고죄와는 달리 고소가 없더라도 처벌할 수 있으나 피해자가 처벌을 원치 않는다는 의사를 밝히면 처벌할 수 없는 범죄를 반의사불벌죄(反意思不罰罪)라 한다. 명예훼손죄 · 폭행죄 등이 그 예이다. 교통사고처리특례법 등 특별법에 의하여 반의사불벌죄로 되는 범죄도 있다.

판 례

반의사불벌죄에 있어서 처벌을 원하지 않는다는 의사표시의 부존재는 소극적 소송조건으로서 직권조사사항이라 할 것이므로, 당사자가 항소이유로 주장하지 아니하였다고 하더라도 원심은 이를 직권으로 조사 · 판단하여야 한다(대판 2002. 3. 15, 2005도158).

Ⅵ. 범죄의 특수형태

1. 미수범과 불능범

(1) 미수범

미수범(未遂犯)이란 범죄의 실행에 착수하여 행위를 종료하지 못하였거나 결과가 발생하지 않은 범죄를 말한다. 미수에는 장애미수와 중지미수가 있으나 일반적으로 미수라고 할 때에는 장애미수만을 뜻한다.

장애미수는 실행에 착수한 행위를 외부적 원인에 의하여 실행하지 못하였거나 결과가 발생하지 않은 경우를 말한다. 예를 들어, 강도가 가정집에 침입하여 집안의 사람들을 위협하였으나 반항으로 인하여 격투를 벌이다 도망간 경우이다.

중지미수란 자의로 실행 행위를 중도에 그만두었거나 결과의 발생을 방지한 경우이다. 예를 들어, 강도가 가정집에 침입하였다가 후회가 되어 중지하고 그냥 나간 경우이다.

미수는 원칙적으로 처벌하지 않으며, 법률에 특별한 규정이 있는 경우에 한하여 처벌한다. 장애미수는 형을 기수범(旣遂犯)보다 감경할 수 있다(제25조 제2항). 중지미수는 형을 감경 또는 면제한다(제26조).

판 례

신체의 극히 일부분이 주거 안으로 들어갔지만 사실상 주거의 평온을 해하는 정도에 이르지 아니하였다면 주거침입죄의 미수에 그친다(대판 1995. 9. 15, 94도2561).

(2) 불능범

불능범(不能犯)이라 함은 범죄의 실행에 착수하였으나 행위 그 자체의 성질상 또는 행위의 대상인 객체의 성질상 결과 발생이 불가능한 범죄를 말한다.

불능범도 고의가 있고 실행에 착수하였으나 결과가 발생하지 않았다는 점에서 미수범과 같으나, 결과발생의 가능성이 없다는 점에서 미수범과 구별된다.

형법 제27조는 "실행의 수단 또는 대상의 착오로 인하여 결과의 발생이 불가능하더라도 위험성이 있는 때에는 처벌한다. 단, 형을 경감 또는 면제할 수 있다."고 규정하였다.

실행 수단의 착오란 설탕을 음복시켜 사람을 살해하려는 경우이고, 대상의 착오란 시체를 산 사람으로 오인하고 살해하는 경우이다.

2. 공범

범죄는 혼자서 실행하는 것이 보통이지만 2인 이상이 협동하여 범죄를 저지르는 경우도 있다. 공범(共犯)에는 내란죄 · 소요죄 · 뇌물죄 · 도박죄 등과 같이 2인 이상의 협력에 의해서만 성립하는 필요적 공범과, 단독범행이 가능하지만 2인 이상이 협동하여 행하는 임의적 공범이 있다.

(1) 공동정범

공동정범(共同正犯)이란 2인 이상이 공동하여 범죄를 실행하는 공범의 형태이다. 단독범은 범죄행위에 1인이 관여하고 있는 점에서 2인 이상이 가담하는 공동정범과 구별된다. 동시범도 공동정범과 같이 행위자가 복수이고 범죄를 실현하는 점에서 공동정범과 같으나, 행위자 상호간에 공동실행의 의사를 갖고 있지 않다는 점에서 공동정범과 구별된다.

공동정범이 성립되기 위해서 필요한 의사의 공동은 고의의 공동임을 요한다(범죄공동설 · 공동의사주체설). 의사의 공동을 이루는 방법은 명시 · 묵시 · 직접 · 간접을 불문한다. 의사의 공동이 있음을 요하는 시기는 실행행위 전 혹은 실행행위 중임을 요하며, 공범자 전원이 실행행위를 해야 하는 것은 아니다.

공동정범은 각자를 그 죄의 정범으로 처벌한다(제30조). 즉, 처벌에 있어서 개별주의를 취하고 있다. 따라서 구체적인 형의 양정에 있어서는 각자의 형의 가중 · 감경사유는 타공범자에게 영향을 미치지 않으므로, 공범자 간에 형량의 차이는 얼마든지 있을 수 있다.

판 례

1. 3명 이상이 절도를 공모한 후 2명 이상이 절도현장에 가고 나머지 1명은 절도현장에 가지 않았다고 하더라도 절도현장에 가지 않은 나머지 한 명도 합동절도의 공동정범으로 처벌된다(대판 1998. 5. 21, 98도321 ; 폐기판례 대판 1976. 7. 27, 75도2720).

2. 절도공모 공동정범 중 1인이 준강도행위를 한 경우 타공범자도 준강도죄의 죄책을 면할 수 없다(대판 1967. 6. 20, 67도598).

(2) 교사범

교사범(敎唆犯)이라 함은 고의가 없는 자에게 고의가 생기게 하여 특정한 범죄를 실행하게 하는 공범을 말한다. 예컨대, A가 B에게 X를 살해하도록 교사하여 실제로 B가 X를 살해하는 행위를 하고 A는 X를 살해하는 행위를 하지 아니하는 경우이다. 교사범은 스스로 실행행위를 하지 않는 무형적 공범이며, 범인을 창조한다는 점에 특색이 있다.

교사범이 성립하기 위해서는 고의 없는 자에게 고의를 발생시킬 것을 요한다. 고의를 발생케 하는 행위는 명시적 · 묵시적임을 불문한다. 지시 · 명령 · 애원 · 기망 · 감언 등 방법에 제한이 없으나 강요된 것이 아님을 요한다. 저항할 수 없는 강요의 경우는 간접정범으로 된다. 또한 특정범죄를 지시함을 요한다. 따라서 막연히 "돈이 될 만한 것을 훔쳐 와라."라는 말은 교사가 아니다.

책임무능력자에 대한 경우는 간접정범이 되는 데 불과하다. 교사행위에 의하여 피교사자가 실행행위를 함을 요한다. 피교사자가 예비 · 음모 또는 실행행위에 착수하면 족하고 반드시 기수로 됨을 요하지 않는다.

교사범은 실행자와 동일한 형으로 처벌한다(제31조 제1항). 교사자와 피교사자의 구체적 형의 양정에 있어서는, 각자의 형의 가중 · 감경사유가 상호영향을 미치지 않으므로 형량의 차이는 얼마든지 있게 된다.

효과 없는 교사(피교사자가 범죄의 실행을 승낙하고 실행에는 착수하지 않은 교사)의 경우는 교사자와 피교사자를 예비 · 음모로 처벌하며(제31조 제2항), 실패한 교사는 교사자만을 예비 · 음모로 처벌한다(제31조 제3항). 자기의 지휘 · 감독을 받는 자를 교사하여 범죄행위의 결과를 발생케 한 자(특수교사범)는 정범이 정한 형의 장기 또는 다액의 2분의1까지 가중한다(제34조 제2항).

판 례

교사범이 성립하기 위해서는 교사자의 교사행위와 정범의 실행행위가 있어야 하는 것이므로, 정범의 성립은 교사범의 구성요건의 일부를 형성하고 교사범이 성립함에는 정범의 범죄행위가 인정되는 것이 그 전제요건이 된다(대판 2000. 2. 25, 99도1252).

(3) 종범

종범(從犯)이라 함은 타인의 범죄(정범)를 방조하는 공범의 형태를 말한다. 종범은 일명 방조범(幇助犯)이라고도 한다(제32조).

방조의사는 고의에 의한 것임을 요하며, 미필적 고의에 의한 방조도 가능하다. 정범과의 의사의 상호연락은 필요로 하지 않으며 일방적 방조도 인정된다. 방조행위는 정범의 행위를 가능 · 용이하게 하는 일체의 원조행위이다. 그것은 격려하는 것과 같이 무형적이든 흉기를 대여하는 것과 같이 유형적이든 불문한다.

방조의 방법에는 제한이 없다. 작위이든 부작위이든 불문한다. 방조의 시기는 실행행위 전, 혹은 실행행위 중임을 요하고 실행행위 후의 방조, 이른바 사후방조는 인정되지 않는다.

정범의 행위는 단독정범이든 공동정범이든 불문하며, 고의에 의한 것이어야 하며, 과실에 의한 경우는 인정되지 않는다(범죄공동설). 정범의 행위가 과실에 의한 경우는 간접정범으로 되는 데 불과하다. 정범의 실행행위는 기수가 됨을 요하지 않는다. 미수로 되면 종범도 미수로 된다.

종범은 정범의 형보다 감경한다(제32조 제2항). 필요적 감경사유이다. 형의 가중 · 감경사유 등은 정범과 종범이 개별적으로 정해지므로 종범의 형량이 정범의 형량보다 많은 경우도 있을 수 있다. 특수종범은 정범의 형으로 처벌된다(제34조 제2항). 자기의 지휘 · 감독을 받는 자를 방조하여 범죄행위의 결과를 발생케 한 자는 정범의 형으로 처벌한다.

(4) 간접정범

간접정범(間接正犯)이라 함은 어떤 행위로 인하여 처벌되지 아니하는 자 또는 과실범으로 처벌되는 자를 교사 또는 방조하여 범죄행위를 실현하는 공범의 형태이다. 타인의 정당방위, 정당행위, 책임무능력자, 과실범 등의 행위를 이용하는 경우 간접정범으로 된다(제34조 제1항). 예컨대 10세의 아동을 교사하여 타인의 물품을 절취하게 하는 경우이다.

간접정범은 교사범 또는 방조범의 예에 따라 처벌된다. 즉, 간접정범자가 교사한 경우는 교사범의 예에 따라 정범과 동일한 형으로 처벌되고, 방조할 경우는 방조의 예에 따라 정범의 형보다 감경하게 된다.

간접정범자와 피이용자가 지휘 · 감독관계에 있는 경우는 특수교사 · 특수방조에 의해 처벌된다.

판 례

어느 문서의 작성권한을 갖는 공무원이 그 문서의 기재 사항을 인식하고 그 문서를 작성할 의사로써 이에 서명날인하였다면, 설령 그 서명날인이 타인의 기망으로 착오에 빠진 결과 그 문서의 기재사항이 진실에 반함을 알지 못한 데 기인한다고 하여도, 그 문서의 성립은 진정하며 여기에 하등 작성명의를 모용한 사실이 있다고 할 수는 없으므로, 공무원 아닌 자가 관공서에 허위 내용의 증명원을 제출하여 그 내용이 허위인 정을 모르는 담당공무원으로부터 그 증명원 내용과 같은 증명서를 발급받은 경우 공문서위조죄의 간접정범으로 의율할 수는 없다(대법원 2001.3.9, 2000도938).

Ⅶ. 죄수론

형법은 '한 개의 행위', '수 개의 죄'라는 말을 쓰고 있다. 그러면 한 개 또는 수 개의 행위 혹은 죄라는 것은 어떻게 결정될 것인가. 이에 대한 형법적 이론을 죄수론(罪數論)이라 한다. 죄수론은 크게 경합범과 누범으로 구분되며, 경합범은 상상적 경합범과 실체적 경합범으로 구분된다.

1. 상상적 경합범

상상적 경합범(想像的 競合犯)이라 함은 한 개의 행위가 여러 개의 죄에 해당하는 경우를 말한다.

여러 개의 죄가 그 죄명을 달리하는 경우를 이종(異種)의 상상적 경합이라 한다. 예컨대, 한 개의 폭탄을 던져 건물을 손괴하고 사람을 살해한 경우이다.

여러 개의 죄가 그 죄명이 동일한 경우를 동종의 상상적 경합이라 한다. 예컨대, 한 개의 폭탄을 던져 여러 명의 사람을 살해한 경우이다. 이종의 상상적 경합에 관하여는 이론이 없으나 동종의 상상적 경합에 관하여는 논의가 있다. 죄수의 표준에 관하여 범의설(犯意說)이 취하는 입장에서는 동종의 상상적 경합은 범의는 단일한 법조에 해당하는 단일한 것이므로 경합범을 인정하지 않으나, 구성요건설에 의하면 동종의 수 개의 범죄사실의 발생을 이유로 경합범을 인정한다.

상상적 경합범은 실질상으로는 여러 개의 죄이나 처분상 하나의 죄로 취급한다(실질적 수죄, 과형상 일죄). 이 점에서 법조경합과 비슷하지만 법조경합의 경우에는 일반법과 특별법의 경합에서와 같이 하나의 법이 적용되면 다른 법의 적용이 배제된다. 상상적 경합범은 가장 중한 죄에 정한 형으로 처벌된다(제40조). 이는 흡수주의에 입각한 것이다. 가장 중한 죄에 정한 형이란 법정형이 중한 것을 뜻한다. 형의 경중은 형법 제50조의 규정에 의한다.

판 례

상상적 경합범의 관계에 있는 수 죄(여러 개의 죄) 중 일부가 무죄인 경우, 원심이 그 수 죄를 모두 유죄로 인정한 것은 그 일부만 유죄로 인정되는 경우와의 양형조건 참작에 있어서 차이가 생기는 것이므로, 판결의 결과에 영향을 주었다고 할 수 있다. 따라서 원심을 파기한다(대판 1995. 9. 29, 94도2608).

2. 실체적 경합범

경합범이란 광의로는 실체적 경합범(實體的 競合犯)과 상상적 경합범을 말하나, 협의로는 실체적 경합범만을 말한다. 실체적 경합범이란 판결이 확정되지 아니한 수 개의 죄 또는 판결이 확정된 죄와 그 판결확정 전에 범한 죄를 말한다(제37조). 예컨대 A가 2001년 1월 1일에 B를 살해하고, 2001년 2월 2일에 C를 살해한 경우에 B를 살해한 행위와 C를 살해한 행위는 실체적 경합범이 된다. B와 C를 살해한 두 개의 사건을 동시에 판결할 때 경합범 조항이 적용된다.

판결이 확정되지 않은 수 개의 죄란 확정판결 전의 수 개의 죄를 말한다. 예컨대, A가 순차적으로 범한 X · Y · Z 3개의 죄를 동시에 재판하게 될 경우이다.

경합범의 처벌에는 흡수주의(제38조 제1항 제1호), 가중주의(제2호), 병과주의(제3호)가 있으나, 우리 형법은 가중주의를 원칙으로 하여 흡수주의, 병과주의를 가미하고 있다.

경합범이 사형 · 무기징역 · 무기금고 이외의 동종의 형인 때에는 가장 중한 죄에 정한 장기 또는 다액의 2분의 1까지 가중하되, 각 죄에 정한 형기 또는 액수를 초과할 수 없다. 과료와 과료, 몰수와 몰수는 제한 없이 병과할 수 있다(제38조 제1항 제2호). 경합범의 가장 중한 죄에 정한 형이 사형 · 무기징역 · 무기금고인 때에는 가장 중한 죄에 정한 형으로 처벌한다(동 조항 제1호). 각 죄에 정한 형이 무기징역 · 무기금고 이외의 이종의 형인 때에는 병과한다(동 조항 제3호). 징역과 금고는 동종의 형으로 간주하여 징역형으로 처벌한다(제38조 제2항).

판 례

1. 단일한 범의의 발동에 의하여 상대방을 기망하고 그 결과 착오에 빠져 있는 동일인으로부터 일정 기간 동안 동일한 방법에 의하여 금원을 편취한 경우에는 이를 포괄적으로 관찰하여 일죄로 처단하는 것이 가능할 것이나, 범의의 단일성과 계속성이 인정되지 아니하거나 범행방법이 동일하지 않은 경우에는 각 범행은 실체적 경합범에 해당한다.

2. 사기의 수단으로 발행한 수표가 지급거절된 경우 부정수표단속법위반죄와 사기죄는 그 행위의 태양과 보호법익을 달리하므로 실체적경합범의 관계에 있다(대판 2004. 6. 25, 2004도1751).

3. 누범

형법 제35조 제1항은 "금고 이상의 형을 받아 그 집행을 종료하거나 면제를 받은 후 3년 내에 금고 이상에 해당하는 죄를 범한 죄는 누범으로 처벌한다."고 규정하고 있다. 즉, 수 개의 범죄가 시간적으로 누차의 관계에 있는 경우이다. 이른바 재범 · 3범 · 4범이라 칭하여지는 경우가 그것인데, 이는 광의의 누범(累犯)이다. 이러한 광의의 누범 중에서 일정한 요건하에 형이 가중되는 경우만을 말할 때 협의의 누범이라 한다. 형법상의 누범이라고도 한다.

누범이란 범죄를 저질러 이미 한 번 이상 처벌을 받은 자가 개전하지 못하고 다시 죄를 범했다는 점에서 반사회적 위험성이 크므로 처벌을 가중하고 있다. 형법은 누범의 형을 그 죄에 정한 법정형의 2배까지 가중한다고 규정하고 있다(제35조 제2항).

판 례

원심이 피고인에서 누범에 해당하는 전과가 있음에도 불구하고 형법 제35조 제2항에 의한 누범가중을 하지 아니한 것은 위법하다고 할 것이나, 피고인으로서 위와 같은 위법을 주장하는 것은 자기에게 불이익을 주장하는 것이 되므로 이는 적법한 상고이유가 될 수 없다(대판 1994. 8. 12, 94도1591).

제 3 장 범죄의 종류

Ⅰ. 국가의 법익에 관한 죄

1. 국가의 존립에 관한 죄

(1) 내란의 죄

국토를 참절하거나 국헌을 문란할 목적으로 폭동 또는 살인을 함으로써 성립하는 죄를 말한다(제87조).

국토의 참절이란 영토권의 일부 또는 전부를 배제하는 것을 말하고, 국헌문란이란 헌법이나 법률에 정한 절차에 의하지 아니하고 헌법 또는 법률의 기능을 소멸시키거나, 헌법에 의하여 설치된 국가기관을 강압에 의하여 전복 또는 그 기능행사를 불가능하게 하는 것이다(제87조~제91조).

(2) 외환의 죄

외국과 통모하여 우리나라에 대하여 전단(戰端)을 열게 하거나 외국인과 통모하여 우리나라에 항적(抗敵)함으로써 성립하는 외환유치죄를 비롯하여 여적죄, 모병이적죄, 시설제공이적죄, 시설파괴이적죄, 간첩죄 등이 있다(제92조~제104조).

판 례

국가보안법 제4조 제1항 제2호, 형법 제98조 제1항에 의한 반국가단체의 구성원 또는 그 지령을 받은 자에 대한 간첩방조죄가 성립하기 위하여는 행위자는 그 방조의 상대방이 반국가단체의 간첩임을 인식하면서 간첩행위를 원조하여 용이하게 하는 행위가 요구된다(대판 1994. 3. 11, 93도3145).

(3) 국교에 관한 죄

대한민국에 온 외국의 원수나 외교사절에 대하여 폭행 · 협박 · 모욕 또는 명예를 훼손하거나, 외국을 모욕할 목적으로 그 나라의 공용에 공하는 국기나 국장을 손상 · 제거 또는 오욕하거나, 외국에 대해서 사전(私戰)하거나, 외국 간의 교전시 중립에 관한 명령에 위반하거나, 외교상의 기밀을 누설하는 등의 죄이다(제107조~제113조).

2. 국가의 권역과 기능에 대한 죄

(1) 국기에 관한 죄

대한민국을 모욕할 목적으로 국기 또는 국장을 침해함으로써 성립하는 범죄이며, 국기 또는 국장을 손상 · 제거 또는 오욕(汚辱)함을 내용으로 한다(제105조~제106조).

(2) 공무원의 직무에 관한 죄

공무원이 그 직무의 신성과 존엄을 모독하여 국가의 위신 · 권위를 손상시킴으로써 성립하는 죄이며, 직무유기죄를 비롯하여 직권남용죄, 불법체포감금죄, 피의사실공표죄, 뇌물죄 등이 있다(제122조~제135조).

(3) 공무방해에 관한 죄

공무원의 공무집행행위를 방해하는 죄이다. 공무원이 실시한 봉인차압 기타 강제처분의 표시 또는 공무소사용물의 사실상의 효용을 침해하는 것도 이에 해당된다. 법정 또는 국회회의장 모독죄, 공용물 파괴죄 등이 있다(제136조~제144조).

판 례

위계에 의한 공무집행방해죄가 성립되려면 자기의 위계행위로 인하여 공무집행을 방해하려는 의사가 있을 경우에 한한다고 보는 것이 상당하다(대판 1970. 1. 27, 69도2260).

(4) 도주와 범인은닉의 죄

도주의 죄는 피구금자가 스스로 도주하는 경우와 피구금자를 탈취하거나 도주하게 하는 죄이다(제145조~제150조).

범인은닉의 죄는 벌금 이상의 형에 해당하는 죄를 범한 자를 은닉하거나, 도피하게 하는 것을 내용으로 하는 죄이다(제151조).

판 례

범인도피행위는 범인을 도주하게 하는 행위 또는 도주하는 것을 직접적으로 용이하게 하는 행위에 한정된다고 봄이 상당하고, 어떤 행위가 범인도피죄에 해당하는 것처럼 보이더라도 그것이 사회적으로 상당성이 있는 행위일 때에는 이 또한 처벌을 할 수 없다고 보아야 한다(대판 1995. 3. 3, 93도3080).

(5) 위증과 증거인멸의 죄

위증죄는 법률에 의하여 선서한 증인 · 감정인 · 통역인 · 번역인이 허위의 증언 · 감정 · 번역을 하는 것을 내용으로 하고, 증거인멸죄는 타인의 형사사건 또는 징역사건에 관한 증거를 인멸 · 은닉 · 위조 또는 변조하는 것 등을 내용으로 한다(제152조~제155조).

판 례

기억이 확실하지 못하다는 사유를 숨기고 확실한 기억이 있음과 같이 진술한 경우에는 위증죄가 성립된다(대판 1968. 2. 6, 67도1455).

(6) 무고죄

무고죄(誣告罪)란 국가의 심판작용의 공정성을 침해하는 것을 내용으로 하는 범죄이다. 타인으로 하여금 형사처분 또는 징역처분을 받게 할 목적으로 공무소 또는 공무원에 대하여 허위의 사실을 신고함으로써 성립하는 목적범이다(제156조~제157조).

판 례

무고죄는 신고자가 진실하다는 확신 없는 사실을 신고함으로써 성립하고 그 신고사실이 허위라는 것을 확신할 필요는 없다(대판 1996. 5. 10, 96도324).

II. 사회의 공익에 관한 죄

1. 사회의 평온에 관한 죄

(1) 공안을 해하는 죄

공안(公安)을 해하는 죄란 사회생활의 안전과 평온을 침해하는 죄로서 범죄단체조직죄, 소요죄(騷擾罪), 다중불해산죄, 전시공수계약불이행죄(戰時公需契約不履行罪), 공무원자격사칭죄 등이 이에 속한다(제114조~제118조).

판 례

범죄단체조직죄에 있어서의 단체란 특정 다수의 공동 목적을 위한 계속적인 결합체를 의미한다(대판 1977. 5. 24, 77도1015).

(2) 폭발물에 관한 죄

폭발물을 사용하여 사람의 생명 · 신체 또는 재산을 해하거나 기타 공안을 문란케 하는 폭발물사용죄와 전쟁 또는 사변에 있어서 정당한 이유 없이 폭발물을 제조 · 수입 · 수출 · 수수 또는 소지함으로써 성립하는 죄를 말한다(제119조~제121조).

(3) 방화와 실화의 죄

방화죄는 불을 놓아 목적물을 소훼(燒毁)하는 죄이고, 실화죄는 과실로 인하여 건조물 · 기차 · 전차 · 자동차 · 선박 · 항공기 · 광갱 기타 물건을 소훼함으로써 성립된다. 방화 · 실화 이외에 진화방해, 폭발성 물건 파열, 가스전기 등 방류 · 공급 방해 등에 의해서도 성립한다(제164조~제176조).

판 례

피고인이 방화의 의사로 뿌린 휘발유가 인화성이 강한 상태로 주택주변과 피해자의 몸에 적지 않게 살포되어 있는 사정을 알면서도 라이터를 켜 불꽃을 일으킴으로써 피해자의 몸에 불이 붙은 경우, 비록 외부적 사정에 의하여 불이 방화 목적물인 주택 자체에 옮겨 붙지는 아니하였다 하더라도 현존건조물방화죄의 실행의 착수가 있었다고 봄이 상당하다(대판 2002. 3. 26, 2001도6641).

(4) 일수와 수리에 관한 죄

일수죄(溢水罪)는 고의로 일수시켜(물을 넘치게 하여) 법률에 정한 물건을 침해함으로써 성립되고, 수리방해죄(水利妨害罪)는 제방이나 수문을 파괴하거나 기타의 방법으로 타인의 수리권(물 이용권)을 방해하는 죄이다(제177조~제184조).

(5) 교통방해의 죄

육로 · 수로 · 교량을 손괴 또는 불통하게 하거나 기타 방법으로 교통을 방해함으로써 성립하는 일반교통방해죄를 비롯하여 기차 · 선박 등 교통방해죄 등이 있다(제185조~제191조).

판 례

형법 제185조의 일반교통방해죄는 일반공중의 교통 안전을 보호법익으로 하는 범죄로서 여기서의 '육로'라 함은 사실상 일반공중의 왕래에 공용되는 육성의 통로를 널리 일컫는 것으로서 그 부지의 소유관계나 통행권리관계 또는 통행인의 많고 적음 등을 가리지 않는다(대판 2002. 4. 26, 2001도6903).

2. 공공의 신용에 관한 죄

(1) 통화에 관한 죄

통화의 위조 · 변조 · 행사 · 수입 · 수출 또는 위조 · 변조한 통화의 취득을 내용으로 하는 범죄를 말한다(제207조~제213조).

(2) 유가증권 · 우표와 인지에 관한 죄

행사할 목적으로 대한민국 또는 외국의 공채증서 기타 유가증권을 위조 · 변조하거나 또는 유가증권의 권리의무에 관한 기재를 위조 · 변조하는 죄이다. 유가증권위조 · 변조죄를 비롯하여 자격모용에 의한 유가증권작성죄 등이 있다(제214조~제224조).

판 례

형법 제214조의 유기증권이란 증권상에 표시된 재산상의 권리의 행사와 처분에 그 증권의 점유를 필요로 하는 것을 총칭하는 것으로서, 재산권이 증권에 화체된다는 것과 그 권리의 행사와 처분에 증권의 점유를 필요로 한다는 두 가지 요소를 갖추면 족하지, 반드시 유통성을 가질 필요는 없고, 또한 위 유가증권은 일반인이 진정한 것으로 오신할 정도의 형식과 외관을 갖추고 있으면 되므로, 증권이 비록 문방구 약속어음 용지를 이용하여 작성되었다고 하더라도 그 전체적인 형식·내용에 비추어 일반인이 진정한 것으로 오신할 정도의 약속어음 요건을 갖추고 있으면 당연히 형법상 유가증권에 해당된다(대판 2001. 8. 24, 2004도2832).

(3) 문서에 관한 죄

행사할 목적으로 공무원·공무소의 문서나 도서를 위조 또는 변조함으로써 성립하는 죄이다. 공문서위조·변조죄, 전자기록위작·변작죄, 위조·변조공문서행사죄, 사문서위조·변조죄 등이 있다(제225조~제237조).

(4) 인장에 관한 죄

인장·서명·기명·기호에 대한 공중의 신용과 거래안전을 침해하는 죄이다. 공인(公印)위조부정사용 및 동행사죄와 사인(私印)위조부정사용 및 동행사죄가 있다(제238조~제240조).

3. 공중의 위생에 관한 죄

(1) 음용수에 관한 죄

일상의 음용에 제공되는 음료수에 오물을 혼입하여 음용하지 못하게 하거나 수도에 의하여 공중의 음용에 제공되는 음료수 또는 그 수원(水源)에 오물을 혼입하여 음용하지 못하게 하는 음료수사용방해죄를 비롯하여 음용수혼독치사상죄, 수도불통죄 등이 있다(제192조~제197조).

(2) 아편에 관한 죄

아편 · 몰핀 또는 그 화합물의 제조 · 수입 또는 판매할 목적으로 소지하는 아편등제조수입판매소지죄를 비롯하여 아편흡식기등제조죄, 세관공무원의 아편수입죄 등이 있다(제198조~제206조).

판 례

아편흡식자에 대한 양형의 기준은 최소한 그 습성의 근치(근본적 치료)를 위하여 격리 완치에 필요한 기간을 고려치 아니하면 안 되는 것이다(대판 1957. 5. 17, 4290형상82).

4. 사회도덕에 관한 죄

(1) 신앙에 관한 죄

신앙에 관한 감정을 해함으로써 성립하는 죄이다. 장례식방해죄, 사체오욕죄, 분묘발굴죄 · 사체영득죄(死體領得罪) 등이 있고, 변사자검시방해죄도 이에 속한다(제158조~제163조).

판 례

분묘발굴죄의 객체인 분묘는 사람의 사체, 유골, 유발 등을 매장하여 제사나 예배 또는 기념의 대상으로 하는 장소를 말하는 것이고, 사체나 유골이 토괴화하였을 때에도 분묘인 것이며, 그 사자가 누구인지 불명한다고 할지라도 현재 제사 숭경하고 종교적 예의의 대상으로 되어 있어 이를 수호봉사하는 자가 있으면 여기에 해당한다고 할 것이다(대법원 1990. 2. 13, 89도2061).

(2) 성풍속에 관한 죄

풍속을 해하는 죄는 국민의 성도덕에 관한 선량한 풍속을 해하는 죄이다. 간통죄, 음행매개죄, 음란물영포죄, 음란물제조죄, 공연음란죄 등이 이에 속한다(제241조~제245조).

판 례

1. 음란이란 개념 자체가 사회와 시대적 변화에 따라 변동하는 상대적이고 유동적인 것이므로 외국의 애정선정물에 대한 긍정적 평가를 그대로 우리나라에 적용할 수 없다(대판 1997. 12. 26, 97누11287).

2.고소인이 이 사건 간통 후 피고인에게 한달 후까지 금 100만원을 지급하고 고소인의 영업장소 근처에 나타나지 아니하면 피고인의 간통행위를 없었던 것으로 하여 줄 수도 있다고 말하였으나 피고인이 고소인에게 금 50만원을 지급하려 하자 고소인이 이를 거절한 사실이 있었다면 고소인이 간통행위를 용서하였다고 볼 수 없다(대판 1990. 11. 27, 90도2044).

(3) 도박과 복표에 관한 죄

우연의 사실로 인하여 재물의 득실을 결정케 하는 행위를 내용으로 하는 죄이다. 단순도박죄, 상습도박죄, 복표발매죄 등이 이에 속한다(제246조～제249조).

Ⅲ. 개인의 법익에 대한 죄

1. 생명과 신체에 관한 죄

(1) 살인의 죄

살인죄는 사람을 살해함으로써 성립하는 죄이며, 그 수단방법을 불문한다. 이에는 단순히 보통 사람을 살해하는 보통살인죄를 비롯하여 존속살해죄, 영아살해죄, 촉탁 · 승낙에 의한 살인죄, 자살관여죄, 위계 · 위력에 의한 살인죄 등이 있다(제250조～제256조).

(2) 상해와 폭행의 죄

사람을 폭행하거나 상해를 입힘으로써 성립하는 죄이다. 이 죄는 신체의 사회적 완전성 또는 생리적 안전성을 보호법익으로 하며, 타인의 신체를 상해하는 단순상해죄를 비롯하여 존속상해죄, 중상해죄, 존속중상해죄, 상해치사죄, 존속상해치사죄와 타인의 신체에 대하여 폭행을 가하는 폭행죄 및 특수폭행죄 등이 있다(제257조～제265조).

판 례

오랜 시간 동안의 협박과 폭행을 이기지 못하고 실신하여 범인들이 불러 온 구급차 안에서야 정신을 차리게 되었다면 어떤 상처가 발생하지 않았다고 하더라도 생리적 기능에 훼손을 입어 신체에 대한 상해가 있었다고 할 것이다(대판 1996. 12. 10, 96도2529).

(3) 과실치사상의 죄

과실로 인하여 타인을 사상(死傷)에 이르게 함으로써 성립하는 죄이다. 과실로 인하여 타인을 상해하는 과실상해죄를 비롯하여 과실치사죄, 업무상과실치사상죄, 중과실치사상죄 등이 있다(제266조~제268조).

판 례

과실의 유무를 판단함에는 같은 업무에 종사하는 일반적 보통인의 주의 정도를 표준으로 하여야 하며, 이에는 사고 당시의 일반적인 의학의 수준과 의료환경 및 조건, 의료행위의 특수성 등이 고려되어야 한다(대판 1996. 11. 8, 95도2710).

(4) 낙태의 죄

태아를 모체로부터 자연의 분만기 전에 분리 · 살해하는 행위에 의하여 성립한다. 포태한 부녀 자신이 약물을 사용하거나 기타 방법으로 낙태하는 자기낙태죄를 비롯하여 동의낙태죄, 업무상낙태죄, 낙태치사상죄 등이 이에 속한다. 형법에서는 진통시부터 태아는 사람이 된다(민사법에서는 완전노출설이 통설이다.)(제269조~제270조).

판 례

모자보건법이 특별한 의학적, 우생학적 또는 윤리적 적응이 인정되는 경우에 임산부와 배우자의 동의 아래 인공임신 중절수술을 허용하고 있다 하더라도, 이로써 의사가 부녀의 촉탁 또는 승낙을 받으면 일체의 낙태행위가 정상적인 행위이고 형법 제270조 제1항 소정의 업무상촉탁낙태죄에 의한 처벌을 무가치하게 되었다고 할 수는 없으며, 임산부의 촉탁이 있으면 의사로서 낙태를 거절하는 것이 보통의 경우 도저히 기대할 수 없게 되었다고 할 수도 없다고 보아 이건 낙태행위가 사회상규에 반하여 위법성이 조각되지 않는다고 판시하였다(대판 1985. 6. 11, 84도1958살인미수).

(5) 유기와 학대의 죄

유기죄(遺棄罪)란 보호의무가 있는 자가 부조를 요하는 자에 대하여 장소를 이전 · 격리하거나, 생존에 필요한 보호를 하지 않음으로써 그 생명 · 신체를 위험한 상태에 빠지게 함으로써 성립한다. 학대죄(虐待罪)란 자기의 보호 또는 감독을 받는 사람을 학대함으로써 성립한다. 이는 노환 · 질병 기타 사정으로 인하여 부조를 요하는 자를 보호할 법률상 또는 계약상의 의무가 있는 자가 유기하는 단순유기죄를 비롯하여 존속유기죄, 영아유기죄, 아동혹사죄 등이다(제271조~제275조).

2. 자유와 안전에 관한 죄

(1) 체포와 감금의 죄

사람을 불법하게 체포 또는 감시함으로써 성립하는 죄이다. 체포란 사람의 신체에 대하여 직접적이고 현실적인 구속을 가함으로써 활동의 자유를 박탈하는 것이고, 감금이란 일정기간 계속하여 일정한 구획된 장소에서 벗어나지 못하는 상태에 두는 것을 뜻한다(제276조~제282조).

판 례

감금행위는 반드시 물리적 · 유형적 장애를 사용하는 경우뿐만 아니라 심리적 · 무형적 장애에 의하는 경우도 포함한다(대판 1997. 6. 13, 97도877).

(2) 협박의 죄

사람을 협박하는 죄이다. 협박이란 해악을 고지함으로써 상대방에게 공포심을 일으키게 하는 것을 말한다. 단순히 타인을 협박하는 단순협박죄를 비롯하여 존속협박죄,

판 례

협박이라 함은 일반적으로 보아 사람으로 하여금 공포심을 일으킬 수 있을 정도의 해악을 고지하는 것을 의미하므로, 그러한 해악의 고지는 구체적이어서 해악의 발생이 일응 가능한 것으로 생각될 수 있을 정도의 것을 필요로 한다(대판 1995. 9. 29, 94도2187).

특수협박죄 등이 있다(제283조~제286조).

(3) 약취와 유인의 죄

사람을 약취 또는 유인하는 죄이다. 약취(略取) · 유인(誘引)이라 함은 타인을 현재 보호받고 있는 상태에서 이탈시켜 자기 또는 제3자의 실력적 지배 내에 두는 것을 뜻하는데, 폭행 · 협박을 수단으로 하는 경우가 약취이고, 기망 · 유혹을 수단으로 하는 경우가 유인이다(제287조~제296조).

(4) 강간과 추행의 죄

사람의 성생활의 자유를 침해함으로써 성립하는 죄를 말한다. 강간죄, 준강간죄, 강제추행죄, 유년자추행죄, 강간강제추행치사상죄, 피감호부녀간음죄, 음행죄, 상습부녀간음죄 등이 이에 속한다(제297조~제306조).

판 례

강간죄가 되기 위하여는 가해자의 폭행 또는 협박은 피해자의 항거를 불능하게 하거나 현저히 곤란하게 할 정도의 것이어야 하고, 그 폭행 또는 협박이 피해자의 항거를 불능하게 하거나 현저히 곤란하게 할 정도의 것이었는지 여부는 유형력을 행사한 당해 폭행 및 협박의 내용과 정도는 물론이고, 유형력을 행사하게 된 경위, 피해자와의 관계, 성교당시의 정황 등 제반사정을 종합하여 판단하여야 한다(대판 1992. 4. 14, 92도259).

(5) 비밀침해의 죄

봉함 기타 비밀장치한 사람의 편지 · 문서 또는 도서를 개봉하거나, 의사 · 변호사 등이 업무상 지득한 비밀을 누설함으로써 성립하는 죄를 말한다(제316조~제318조).

(6) 주거침입의 죄

사람의 주거, 관리하는 건조물이나 선박이나 항공기 또는 점유하는 방실에 침입하여 주거의 안전을 해하는 죄이다. 단체 또는 다수의 위력을 보이거나 위험한 물건을 휴대하고 침입하였을 때에는 형이 가중된다(제319조~제322조).

판 례

주거침입죄의 실행의 착수는 주거자, 관리자, 점유자 등의 의사에 반하여 주거나 관리하는 건조물 등에 들어가는 행위 즉, 구성요건의 일부를 실현하는 행위까지 요구하는 것은 아니고, 범죄구성요건의 실현에 이르는 현실적 위험성을 포함하는 행위를 개시하는 것으로 족하다.

야간에 아파트에 침입하여 물건을 훔칠 의도하에 아파트의 베란다 철제난간까지 올라가 유리창문을 열려고 시도하였다면 야간주거침입절도죄의 실행에 착수한 것으로 보아야 한다(대판 2003. 10. 24, 2003도4417).

(7) 권리행사를 방해하는 죄

타인의 점유 또는 권리의 목적이 된 자기의 물건 또는 전자기록 등 특수매체기록을 취거(取去)·은닉(隱匿)·손괴(損壞)하여 타인의 권리행사를 방해하거나, 또는 강제집행을 면할 목적으로 본인의 재산을 은닉·손괴·허위양도 또는 허위의 채무를 부담하여 채권자를 해하였을 때 성립되는 죄이다(제323조~제328조).

판 례

형법 제323조의 권리행사방해죄는 타인의 점유 또는 권리의 목적이 된 자기의 물건을 취거, 은닉 또는 손괴하여 타인의 권리행사를 방해함으로써 성립하는 것이므로, 그 취거 은닉 또는 손괴한 물건이 자기의 물건이 아니라면 권리행사방해죄가 성립할 여지가 없다(대판 2003. 5. 30, 2000도 5767).

3. 명예·신용·사업에 관한 죄

(1) 명예에 관한 죄

사실 또는 허위의 사실을 적시하며, 공연히 타인의 명예를 훼손함으로써 성립하는 명예훼손죄를 비롯하여 출판물에 의한 명예훼손죄, 모욕죄 등이 있다(제307조~제312조).

판 례

명예훼손죄의 구성요건인 공연성은 불특정 또는 다수인이 인식할 수 있는 상태를 말하고, 비록 개별적으로 한 사람에 대하여 사실을 적시하더라도 그로부터 불특정 또는 다수인에게 전파될 가능성이 있다면 공연성의 요건을 충족한다(대판 2004. 4. 9, 2004도340).

(2) 신용 · 업무와 경매에 관한 죄

사람의 경제적 생활의 안전을 침해하는 죄이다. 이에는 허위사실을 유포하거나 기타 위계로써 사람의 신용을 훼손하는 신용훼손죄를 비롯하여 업무방해죄, 경매입찰방해죄 등이 있다(제313조~제315조).

판 례

업무방해죄에 있어서의 '위력'이란 사람의 자유의사를 제압 · 혼란케 할 만한 일체의 세력을 말하고, 유형적이든 무형적이든 묻지 아니하며, 폭행 · 협박은 물론 사회적, 경제적, 정치적 지위와 권세에 의한 압박 등을 포함한다고 할 것이고, 위력에 의해 현실적으로 피해자의 자유의사가 제압되는 것을 요하는 것은 아니다(대판 2004. 5. 27, 20048447).

4. 재산에 관한 죄

(1) 절도와 강도의 죄

절도죄는 타인의 재물을 타인의 의사에 반하여 탈취함으로써 성립하는 범죄이다. 이에는 단순절도죄를 비롯하여 야간주거침입절도죄, 특수절도죄, 자동차 등 불법사용죄 등이 있다(제329조~제332조).

강도죄는 폭행 또는 협박으로 타인의 재물을 강취하거나 기타 재산상의 이익을 취득하거나 제3자로 하여금 취득하게 하는 단순강도죄를 비롯하여 특수강도죄, 강도상해치사상죄, 강도살인 · 지사죄, 강도강간죄 등이 있다(제333조~제346조).

판 례

타인의 전화기를 무단으로 사용하여 전화통화를 하는 행위는, 무형적인 이익에 불과하고 물리적 관리의 대상이 될 수 없어 재물이 아니라고 할 것이므로 절도죄의 객체가 되지 아니한다(대판 1998. 6. 23, 98도700).

(2) 사기와 공갈의 죄

사기죄는 사람을 기망하여 재물의 교부를 받거나 재산상의 이익을 얻거나, 또는 제3

자로 하여금 재물의 교부를 받게 하거나 재산상의 이익을 얻게 함으로써 성립하는 범죄이다. 사기죄와 컴퓨터 등 사용사기죄, 준사기죄, 부당이득죄, 편의시설부정이용죄 등이 있다(제347조~제349조).

공갈죄는 타인을 공갈하여 재물을 교부받거나 재산상의 이익을 얻거나, 또는 제3자로 하여금 재물의 교부를 받게 하거나 재산상의 이익을 얻게 함으로써 성립하는 죄이다(제350조~제354조).

판 례

판매하다 남은 식품에 포장을 뜯어 내고 다시 포장을 하여 당일 구입되어 가공된 신선한 것처럼 고객에게 판매한 백화점 식품담당 직원에게 사기죄를 인정한 것은 정당하다(대판 1996. 2. 13, 95도2121).

(3) 횡령과 배임의 죄

타인의 재물을 보관하는 자가 그 재물을 횡령하거나 그 반환을 거부함으로써 성립하는 단순횡령죄를 비롯하여 업무상횡령죄, 점유이탈물횡령죄, 그리고 타인의 사무를 처리하는 자가 그 임무에 위배하여 재산상의 이익을 얻거나 제3자로 하여금 얻게 하여 본인에게 손해를 가하는 단순배임죄와 업무상배임죄, 배임수증재죄 등이 이에 속한다(제355조~제361조).

판 례

내연의 처와 불륜관계를 지속하는 대가로서 부동산에 관한 소유권이전등기를 해주기로 계약한 경우, 위 부동산증여계약은 선량한 풍속과 사회질서에 반하는 것으로 무효이고, 위 증여로 인한 소유권이전등기의무가 인정되지 아니하는 이상 피고인이 타인의 사무를 처리하는 자에 해당한다고 볼 수 없어 비록 위 등기의무를 이행하지 아니하였다 하더라도 배임죄를 구성하지 않는다(대판 1986. 9. 9, 86도1382).

(4) 장물에 관한 죄

재산죄에 의하여 불법으로 영득한 재물을 취득 · 양여 · 운반 · 보관 또는 알선함으로써 성립하는 범죄이다. 장물은 재산죄에 의하여 영득한 재물로서 피해자가 법률상 이를 반환청구할 수 있는 것을 말한다(제362조~제365조).

판 례

장물이라 함은 재산죄인 범죄행위에 의하여 영득된 물건을 말하는 것으로서 절도, 강도, 사기, 공갈, 횡령 등에 의하여 취득된 물건이어야 한다.

장물취득죄에 있어서 장물의 인식은 확정적 인식임을 요하지 않으며 장물일지도 모른다는 의심을 가지는 정도의 미필적 인식으로서도 충분하고, 또한 장물인 점을 알고 있었느냐의 여부는 장물 소지자의 신분, 재물의 성질, 거래의 대가 기타 상황을 참작하여 이를 인정할 수밖에 없다(대판 2004. 12. 9, 2004도5904).

(5) 손괴의 죄

손괴죄(損壞罪)는 타인의 재물에 대한 효용을 멸각, 감소시키는 행위를 함으로써 성립한다. 이에는 타인의 재물 또는 문서 또는 전자기록 등 특수매체기록을 손괴 또는 은닉 기타 방법으로 효용을 해하는 재물손괴죄를 비롯하여 공익건조물 파괴죄, 특수손괴죄, 경계침범죄 등이 있다. 그러나 과실로 인한 손괴는 벌하지 아니한다(제366조~제372조).

제 4 장 간통죄

Ⅰ. 간통죄의 의의

형법 제241조에 근거하여 "간통죄" 란 배우자 있는 사람이 간통하거나 그와 상간(相姦)함으로써 성립되는 범죄를 말한다. 즉 간통죄는 친고죄(親告罪)이며 보호법역은 가정의 혼인생활 및 사회의 선량한 풍속이다. 배우자가 없는 상간자도 상대방이 배우자가 있다는 사실을 인지한 경우에는 처벌된다.

본죄의 주체는 법률상 혼인관계에 있는 남녀로서, 사실상의 혼인관계에 있는 내연의 남편 또는 아내는 본죄의 주체가 될 수 없으며, 또 혼인을 취소할수 있는 경우에도 혼인이 취소될 때까지는 유효하므로 일시 별거중인 남녀와 맺는 성교관계도 본죄가 성립된다. 간통죄의 미수는 처벌되지 않으며, 그 기수(旣遂)는 남녀 생식기의 결합으로 성립된다. 또한 남녀의 대립에 의하여 성립되는 범죄이기 때문에 필요적 공범 중 대립적 범죄에 속하며, 각 성교 횟수마다 독립된 범죄가 성립된다.

고소는 혼인이 해소되거나 이혼소송을 제기한 후가 아니면 할 수 없으며, 고소를 제기한 뒤 다시 혼인을 하거나 이혼소송을 취하한 때에는 고소가 취소된 것으로 간주된다. 또한 범인을 알게 된 날로부터 6개월을 경과하면 고소하지 못하며, 배우자가 간통을 종용하거나 유서(宥恕)한 때에도 고소할 수 없다. 물론 이 경우 간통행위의 위법성이 소멸되는 것이 아니라 고소권의 소멸에 해당한다.

이와 같은 간통죄에 대한 각국의 입법례를 보면, 일본, 미국, 영국, 러시아, 노르웨이, 스웨덴 등은 불벌주의(不罰主義)를 취하고 있으며, 우리 한국과 중국, 독일, 스위스, 오스트리아 등은 부부평등처벌주의를 취하고 있다. 그리고 프랑스와 이탈리아는 쌍벌주의이나 부(夫)의 간통은 범죄의 성립 및 처벌에 있어 처(妻)보다 유리하게 하고 있다. 그러나 일반적으로는 간통불벌주의가 세계 입법의 추세라고 할 수 있다.

Ⅱ. 간통죄의 존치론과 폐지론

간통죄의 처벌과 관련하여 존치론과 폐지론이 대립하고 있는 바, 이에 관해 살펴보면 다음과 같다.

1. 존치론

간통죄의 존치론은 아래와 같은 이유를 들어 간통행위를 한 자에 대한 처벌을 주장하는 견해이다.

(1) 국가형벌권의 필요

간통은 국가가 개입하여야 할 사회적인 문제라는 것이다. 즉 간통이 성의 자기결정권 영역에서 판단되거나 사생활보호 또는 신체의 자유를 침해하는 개인의 권리차원에서 보기보다는 국가가 개입해야할 사회적 영역의 대상이라는 것이다. 따라서 이에 대한 외국의 입법례와의 단순한 비교는 무리라고 할 수 있다. 즉 외국의 경우 간통죄를 규정하고 있는 경우가 적다고 하더라도 그것은 그 나라의 법환경에 따른 차이일 뿐이며 더군다나 간통을 정당화하는 것은 아니다. 일부 국가가 간통죄를 규정하고 있듯이 우리의 경우도 우리 입장에서 간통죄를 다루어야 한다는 것이다.

(2) 보호법익

간통죄는 보호법익(保護法益)을 가지고 있다는 것이다. 건전한 성생활과 평화로운 가정의 보호를 위하여 간통은 처벌되어야 한다고 보고 있는 것이다.

여기서의 보호법익은 간통행위를 한 자의 사생활이나 성적자기결정권에 대한 보호법익보다는 간통죄의 처벌을 통해 얻어지는 보호법익이 더 중요하다는 것을 전제하고 있다.

(3) 예방적 효과

간통죄의 규정은 예방적 효과가 있다고 본다. 특히 처벌이 전제가 된 간통죄의 규정은 성생활에 있어서 심리적인 억제력을 동반하게 된다.

(4) 여성의 보호

간통죄에 대한 처벌은 여성의 보호를 위해서도 필요하다고 본다. 현재까지 우리나라 여성의 사회적, 경제적 지위는 미약하며 특히 이혼한 여성이 사회적으로 적절한 대우를 받지 못함은 물론 자립할 만한 경제력이 없는 여성이 남편의 간통으로 이혼한 경우 경제적으로 충분한 보상을 받을만한 법적 근거가 마련되지 못하고 있다. 비록 법적 보호가 있다고 하더라도 실제적으로 여성들이 그 권리를 행사한다는 의식이 강하지 못하며 스스로 권리를 포기하는 경향도 있게 된다.

(5) 간통발생률의 억제

간통죄가 폐지될 경우 간통발생률의 급격한 증가를 예상할 수 있다. 그리고 간통은 성도덕상 합리화될 사항이 아님에도 불구하고 이의 폐지는 결과적으로 간통의 정당성(正當性)을 조장하거나 부추길 위험이 있으며, 아울러 간통으로 인해 가족들이 입는 피해는 물론 가정이 파탄되는 현상이 공공연히 발생될 것이며 이로 인한 사회전체의 병리현상마저 초래될 수 있을 것이다.

(6) 전통

간통은 우리의 전통(傳統)에 위반된다. 즉 우리나라 성풍속과 미풍양속은 부부간의 신의성실(信義誠實)을 미덕으로 삼아왔으며, 전통의식속에 뿌리깊이 흐르고 있다. 따라서 이런 미덕과 풍속은 우리 스스로가 승화 발전시켜야 할 것인 바, 간통행위에 대한 처벌을 부인할 경우에는 이와 같은 고유의 전통이 훼손될 수 있을 것이다.

이는 무엇보다도 오늘날의 성개방 풍조에 대한 올바른 선도의 필요성과도 관련된다 할 것으로서, 즉 오늘날의 사회현상 가운데 성개방 풍조가 있는 것이 사실이라고 할지라도 우리 사회전체가 올바른 방향으로 선도하고 건전한 풍속을 형성하도록 노력하여야 하며, 이를 위한 한 방편으로서 간통죄의 처벌은 필요하다고 할 수 있을 것이다.

2. 폐지론

간통죄의 폐지론은 아래와 같은 이유를 들어 간통행위를 한 자에 대한 처벌을 반대하는 견해이다.

(1) 기본권침해

간통은 개인의 성적자기결정권에 속하는 사항이며 개인은 성적행복추구권과 함께 사생활보호를 받을 권리를 헌법상 보장받고 있다. 따라서 개인의 성적 생활의 일부분인 간통에 대하여 국가가 간섭함은 부당한 것으로 간통죄는 폐지되어야 한다는 것이다.

(2) 여성지위의 향상

오늘날 여성의 지위는 이전에 비해 많이 향상되었다. 즉 과거에는 여성의 지위가 법률적으로나 사실상으로 남성에 비해 매우 열악하였으나, 현재는 여러 측면에서 여성의 지위가 많이 향상되었다. 특히 1989년 12월 가족법(家族法)이 개정되어 재산분할청구권이 인정되고 있으며, 여성들의 권리의식 또한 권리의 포기가 아니라 적극적인 권리행사 방향으로 변화하였다. 더욱이 사회적으로 볼 때 이혼녀를 대하는 태도도 개선되었고 사회생활을 하는데 큰 제약이 없으며 경제적인 면에서도 여성의 직업선택의 폭과 기회가 확대되었다. 따라서 이와 같이 많이 향상된 오늘날의 여성의 지위를 고려해 볼 경우에는 간통죄의 처벌을 통한 여성의 권익보호는 사실상 설득력이 부족하다는 것이다.

(3) 가정의 파탄

간통죄가 간통행위의 억제를 통한 가정의 파탄을 예방하는 효과가 있다고 하나, 또 다른 측면에서 볼 경우에는 실제적으로 간통죄로 고소할 경우 가정생활은 원천적으로 회복불능의 상태로 빠지며, 이로 인하여 당하는 가족전체의 정신적 피해 또한 크다, 즉 일례로서 자녀의 입장에서 볼 때 아버지 또는 엄마가 전과자가 되는 경우를 초래할 뿐만 아니라, 결과적으로 가족해체에 따른 자녀의 충격과 제반 사회적 문제의 발생은 결코 간과 될 수 없다 할 것이다.

(4) 여성에 불리

현실적으로 간통죄의 처벌이 있을 경우에 상간(相姦)한 여성은 남성에 비해 사회적으로 더 큰 비난을 받는 것이 우리 사회의 현상이라고 할 수 있다.

(5) 실효성의 의문

간통죄의 실효성(實效性)에 의문이 있다. 즉 우리나라 여성들이 일반적으로 이혼을 감수하면서까지 고소하기는 어렵다 할 것이며, 또한 현행법은 간통죄를 친고죄로 규정하고 있기 때문에 더욱 실효성에 의문이 있다고 할 수 있다.

그리고 간통죄가 있다고 해서 간통이 방지되거나 감소되지 않는다는 사실 역시 실효성에 의문을 가지게 한다. 즉 간통죄가 심리적인 강제력으로 작용되기는 하겠지만 그것이 반드시 간통률(姦通率)의 저하로 이어진다고 볼 수는 없다. 특히 간통은 개인의 윤리도덕의식에 의존하는 바가 크다고 볼 수 있고, 간통률의 저하를 목표로 할 경우 법보다는 윤리의식이나 성관념에 대한 교육을 우선하는 것이 효과적이라고 볼 수 있을 것이다.

(6) 성풍속의 변화

성도덕과 성풍속의 변화에 주목해야 한다. 즉 하루가 다르게 성풍속이나 의식이 바뀌어 가고 있는데 이런 측면을 무시한 채 일방적 성관념을 강요하는 것은 한계성을 띠게 될 따름이다.

(7) 외국의 입법례

외국의 입법례도 간통죄폐지의 방향으로 가고 있음에 주목해야 한다. 즉 오늘날 까지 간통죄가 있는 국가는 일부국가에 한정되며, 기존에 엄격한 처벌을 규정한 국가들의 경우도 나중에는 간통죄를 거의 폐지하였다.

제 5 편 소송법

제 1 장 재판제도

Ⅰ. 의의

재판이란, 사회 현실에서 발생하는 분쟁 등의 사안에 관해 해당 법을 적용하여 법적 쟁송을 해결함으로써 법치주의(法治主義)를 실현하는 대표적인 형태이다. 이와 같은 재판은 분쟁상태에서 판사가 객관적이고 공정한 제3자의 입장에서 당해 법의 해석(解釋) 적용(適用)을 통해 소송절차(訴訟節次)에 따라 합리적인 분쟁해결을 추구하는 일련의 과정이기 때문에 무엇보다도 법관은 일반 다른 직업과는 달리 특별히 법적전문지식을 가진 자로서 공무원의 신분을 가진다.

이와 관련하여 우리 헌법은 제27조 제1항에서 '모든 국민은 헌법과 법률에 정한 법관에 의하여 법률에 의해 재판을 받을 권리를 가진다' 라고 규정함으로써 이를 명문화 하고 있는 것이다.

그렇다면, 왜 일반 국민은 자신들의 분쟁을 법원에 위임하며 또한 법관의 판단에 복종하게 되는가? 이 물음에 대한 답은 본질적으로 국민주권주의(國民主權主義)와 대의원리(代議原理)를 통해 찾을 수 있다 할 것으로서, 즉 현실적으로 대의원리의 실현형태로서의 입법기관인 의회를 통한 법률의 제정은 결과적으로 국민주권주의의 이념에 부합하는 것으로서 민주적정당성(民主的正當性)을 가지게 되는 것이다. 따라서 이러한 연유로 인해 일반국민은 자신과 관련된 당해 분쟁에서 적용되는 법규와 그 법규를 해석하고 적용하는 재판절차와 재판기관에 대해 복종을 하게 되며, 또한 이를 요구 받게 되는 것이다.

Ⅱ. 재판의 분류

재판의 분류는 곧 재판제도(裁判制度)와 밀접한 연관을 가지는 것으로서, 각국에 따라 이 재판제도는 다양할 수밖에 없다. 따라서 어느 국가의 재판제도가 특정의 다른 국가에 비해 우월하다든가 내지는 열등하다든가 하는 식의 평가 역시 있을 수 없다.

다만, 오늘날 대다수의 국가들이 공통적으로 수용하고 인정하고 있는 공지의 가치로서의 3심제의 대원칙이 어느 정도 민주적으로 보장되고 있는가가 결과적으로 그 국가의 법치주의(法治主義)와 민주주의(民主主義)에 대한 하나의 척도가 될 수 있음은 주지할 사실이다.

현재 우리나라의 경우에는 대법원(大法院), 고등법원(高等法院), 지방법원(地方法院), 가정법원(家庭法院), 특허법원(特許法院), 행정법원(行政法院) 및 군사법원(軍事法院) 등으로 조직되어 있으며, 심급제(審級制) 역시 상소제도(上訴制度)를 통하여 보장함으로써 공정한 재판을 제도적으로 보장하고 있다.

1. 민사재판

민사재판(民事裁判)이란, 사회생활속에서 사인간에 발생하는 분쟁 내지는 이해관계의 충돌을 국기기관인 법원(法院)의 재판(裁判)을 통해 해결하는 소송절차(訴訟節次)를 뜻한다. 법관의 행위인 점에서 조서의 작성, 집행문의 부여와 같은 서기의 행위나, 강제집행 및 송달의 시행과 같은 집달관의 행위와 구별되고, 또한 관념적인 법률효과를 목적으로 하는 점에서 변론의 청취, 당사자의 신문, 증거조사와 같은 법관의 사실행위와 구별된다. 사건에 관한 종국판단의 표시만이 아니고 소송심리와 관련하여 생기는 파생적 사항의 판단, 소송지휘상의 처분, 법원이 하는 집행행위도 모두 이 의미의 재판으로 이루어진다.

민사재판은 사건의 완결 여부에 따라 종국재판과 중간재판으로 분류할 수 있고, 재판의 내용 및 효력에 따라 확인적 · 명령적 · 형성적 재판으로 분류할 수 있다. 이와 같은 민사재판은 크게 판결절차와 강제집행절차로 구별되어 진다.

2. 형사재판

형사재판(刑事裁判)이란, 형사상의 규범을 위반한 형사범죄에 대해 검사(檢事)의 공소제기(公訴提起)를 통하여 당해 법원이 판결함으로써, 범죄자에 대한 법적 처벌을 행하는 것을 뜻한다.

형사소송법상 재판은 협의로는 피고사건의 실체에 대한 공권적 판단, 즉 유죄 · 무죄의 실체판결만을 의미하나, 광의로는 실체재판과 형식재판을 모두 포함한다.

실체재판이란 피고사건의 실체에 관하여 실체적 형벌권의 존부를 판단하는 재판을 말하고, 형식재판이란 실체재판 이외의 재판을 말한다. 유죄 · 무죄의 판결은 실체재판에 해당하고 관할위반의 판결, 공소기각의 재판, 면소의 판결, 종국전재판은 형식재판에 해당한다. 한편 소송계속을 종결시키는지의 기능에 따라 종국재판과 종국전재판으로 나뉜다.

3. 행정재판

행정재판(行政裁判)이란, 일반적으로 국가기관의 행정작용과 관련하여 일어날 수 있는 다양한 분쟁에 대해 심리(審理)하고 판단(判斷)하는 소송절차를 뜻한다.

행정재판은 넓은 의미에서는 행정상의 법률관계에 관하여 분쟁이 있는 경우에 이를 일정한 소송절차에 의해 재판하는 것을 말하지만, 보통은 통상법원과 다른 행정부의 기관인 행정법원으로 하여금 관할하게 하는 제도를 말한다.

그러나 헌법은 이러한 (행정법원)제도를 인정하지 않고 일체의 법률상의 쟁송의 재판은 물론 행정사건도 포함하여 종국적으로는 법원이 관할하도록 했다. 법제상 행정재판은 행정청의 공권력 행사에 대한 불복 등에 관한 재판을 말하며, 그 절차는 행정소송법이 정한 바에 의한다.

4. 선거재판

선거재판(選擧裁判)이란, 선거의 효력과 관련한 분쟁에 대해 그 당선무효(當選無效) 내지 선거무효(選擧無效) 등에 관한 판단을 하는 것으로서, 특히 이 선거재판은 여타의 다른 재판과는 달리 대법원을 제1심법원으로 하는 단심제가 특징이다. 이는 무엇보다도 선거에 관한 소송은 다른 여타의 소송에 비해 그 결과의 신속성이 많이 요구되어지기 때문이다.

5. 헌법재판

헌법재판(憲法裁判)이란, 현행 헌법 제111조 제1항에 근거하여 제정된 헌법재판소법(憲法裁判所法)에 따라 설립된 헌법재판소에 의해 이루어지는 것으로서, 헌법과 관련한 분쟁에 대해 헌법재판소가 헌법해석을 통해 판단함으로써 궁극적으로 헌법의 가치와 이념을 보장하는 역할을 하는 것을 뜻한다.

이와 같은 헌법재판소는 특정의 법률이 헌법에 위반되는지의 여부에 관한 의문이 있을 경우에는 법원의 신청에 의해 법률의 위헌여부에 관한 심판을 하게 되며, 또한 헌법재판소는 특정의 정당(政黨)이 자유민주적 기본질서에 위반되는 지의 여부가 문제될 경우에는 정부의 청구에 의해 당해 정당의 해산여부에 관한 심판을 행한다. 또한 헌법재판소는 국가기관과 국가기관 상호간 국가기관과 지방자치단체간 지방자치단체와 지방자치단체 상호간의 권한쟁송(權限爭訟)에 있어서의 심판권과 법률이 정한 자에 대한 탄핵심판(彈劾審判) 및 국가기관의 공권력의 행사 불행사로 인한 국민의 기본권침해와 관련한 헌법소원심판(憲法訴願審判) 등의 권한을 행한다. 이중에서도 헌법소원은 국민의 기본권 침해에 있어서의 최후의 보루기관으로서의 헌법재판의 특성을 보여주는 것으로서 오늘날 그 차지하는 의미가 매우 크다 하겠다.

제 2 장 민사소송법

Ⅰ. 민사소송법의 이념

민사소송이란 민사에 관한 소송을 말한다.

여기서 '민사(民事)'란 사법상의 신분 혹은 재산상의 생활관계에서 발생하는 사건을 뜻하며, '소송'이란 국가기관인 법원이 대립되는 이해관계인의 분쟁을 권위적으로 해결하는 절차를 의미한다. 환언하면, 민사소송이란 개인 사이의 대등한 생활관계(사법관계)에서 일어나는 분쟁을 국가의 재판권에 의하여 해결하는 법적 절차이다.

민사소송은 광의로는 국가가 공권적 판단으로 추상적이고 관념적인 사법법규를 구체화하는 절차, 즉 재판절차와 공권력으로써 사법이 관념적으로 명하는 의무내용을 사실적으로 실현하는 절차, 즉 강제집행절차 및 그 부수절차를 의미한다.

협의의 민사소송은 위의 광의의 민사소송 중 재판절차만을 뜻한다.

Ⅱ. 민사소송절차

민사소송절차란 민사소송의 주체 간에 이루어지는 소송행위의 연계를 말한다. 즉, 민사소송의 목적을 달성하기 위하여 법원 · 당사자 · 제3자의 소송행위가 상호 인과관계로 연결되어 진행된다.

소송절차를 형성하는 관계인(關係人) 개개의 소송행위는 동시에 행해지는 것이 아니고 시간의 경과 속에서 순차적으로 속개된다. 시간적으로 선후하는 관계인의 행위는 서로 연속적 관계를 이루며, 서로 독립 · 무관계한 것이 아니다. 즉, 소송에 있어서는 선행행위가 있어야 비로소 후행행위가 가능하게 된다. 이러한 소송행위의 연속 절차를 소송절차라고 한다.

민사소송절차는 보통절차 · 특별절차 및 부수절차로 구분된다.

1. 보통절차

보통절차에는 재판절차와 강제집행절차가 있다.

재판절차는 사법법규를 적용하여 사법상 법률관계를 확정하는 절차이고, 강제집행절차는 사법상의 의무내용을 실현하는 절차이다. 재판절차는 협의의 소송이라 하고, 제1심 · 항소심 · 상고심 · 재심절차로 세분된다.

강제집행절차는 이행판결로 확정된 대금채권을 집행하기 위하여 채권자의 신청에 의하여 집달관이 채무자의 재산에 압류 · 경매 · 배당 등을 행하는 절차이다. 강제집행절차에 대하여는 민사집행법이 적용된다.

2. 특별절차

(1) 제소전화해

제소전화해(提訴前和解)란 정식 소송을 제기하기에 앞서 행하는 화해로, 확정판결과 동일한 효력을 갖는 소송절차를 말한다.

민사상의 쟁의에 있어서 당사자는 청구취지, 청구원인과 쟁의의 내용을 명시하여 상대방의 보통재판적(普通裁判籍) 소재지 지방법원에 화해를 신청할 수 있고, 화해기일 내에 화해가 성립되어 이를 조서에 기재하면 그 조서는 확정판결과 동일한 효력을 갖게 된다.

제소전화해는 소송에 의하지 아니하고 값싼 비용으로 신속히 채무명의를 얻을 수 있는 특별 절차이다(제385조~제389조).

판 례

제소전화해조서는 확정판결과 동일한 효력이 있어 당사자 사이에 기판력이 생기는 것이므로, 거기에 확정판결의 당연무효 사유와 같은 사유가 없는 한 설령 그 내용이 강행법규에 위반된다 할지라도 그것은 단지 제소전화해에 하자가 있음에 지나지 아니하여 준재심절차에 의하여 구제받는 것은 별문제로 하고 그 화해조서를 무효라고 주장할 수는 없다(대판 2002. 12. 6, 2002다44014).

(2) 독촉절차

독촉절차는 금전 기타 일정한 수량의 대체물이나 유가증권의 지급을 목적으로 하는 청구에 한하여 인정된 절차이며, 채무자가 다투지 않는 것으로 예상된 경우에 채권자로 하여금 통상의 판결절차보다 간이 · 신속 · 저렴하게 채무명의를 얻게 하는 절차이다(제

462조~제474조).

(3) 파산절차

파산절차란 채무자의 총재산으로 그 채무를 변제할 수 없을 때에 각각 채무자의 채권액과 순위에 좇아서 변제를 받게 하는, 이른바 일반적 집행절차이다. 파산법은 이 절차를 규정한 법률이다.

(4) 소액사건심판절차

소액사건심판절차는 경제적 · 시간적으로 소송에 요하는 부담과 번거로운 절차를 피하고 자력이 없는 자도 쉽게 이용할 수 있도록 한 소송절차이다. 소액사건심판절차는 소송물의 가액이 2,000만 원을 초과하지 아니하는 민사사건에 관하여 인정되고(소액사건의 범위는 대법원 규칙으로 정한다), 구술에 의한 소 제기의 허용을 비롯해서 기타 소송절차에 간이 · 신속을 기하기 위한 특칙을 두고 있다. 소액사건 심판법은 이 절차를 규정한 법률이다.

3. 부수절차

부수절차에는 증거보전절차, 가압류가처분절차, 소송비용액확정절차, 집행문부여절차 등이 있다.

Ⅲ. 민사소송의 주체와 대리인

1. 민사법원

광의로 민사법원이라 할 때에는 민사재판권을 관장하는 사법관서로서의 법원(法院)을 말하나, 소송법상의 용어로서의 법원이란 협의의 법원, 즉 법관으로 구성되는 재판기관(합의부와 단독판사)을 말한다.

(1) 법원의 구성

법원에는 최고 법원인 대법원과 하급 법원인 고등법원 · 지방법원, 그리고 행정법원과 가정법원이 있다. 그리고 지방법원(가정법원)은 사무의 일부를 처리하게 하기 위하여 그 관할구역 안에 지원(支院)을 둘 수 있다.

대법원의 심판권은 대법관 3분의 2 이상의 합의체나 대법관 3인 이상으로 구성되는 부에서 행한다. 고등법원의 심판권은 판사 3인으로 구성되는 합의부에서 행한다. 지방법원(가정법원) 및 그 지원의 심판권은 단독판사가 행하는 것이 원칙이지만, 합의심판을 요할 때에는 판사 3인으로 구성되는 합의부에서 행한다.

지방법원의 심판에 있어서 어떤 사건이 단독사건인지 합의사건인지는 법원조직법의 규정에 의거하여 결정된다.

(2) 심급제도

심급(審級)이라 함은 같은 사건을 거듭 심판하게 하는 경우에 법원 사이의 심판의 순서, 상하의 계층을 말한다.

우리나라도 세계적 추세에 따라 3심제를 채택하고 있다. 한 사건에 대하여 2회, 3회의 심판을 구하는 제도를 상소제도라 하며, 최초의 심급을 제1심, 제2회의 심급을 항소심, 그리고 최후의 심급을 상고심이라고 한다.

보통 제1심은 지방법원, 항소심은 고등법원, 그리고 상고심은 대법원의 관할로 되어 있다. 그러나 지방법원(또는 가정법원)의 단독사건에 대한 항소심은 지방법원(또는 가정법원) 합의부의 관할로 되어 있고, 그의 상고심은 대법원의 관할로 되어 있다.

2. 당사자

당사자란 민사소송의 원고와 피고를 말한다. 즉, 민사소송의 당사자란 법원에 대하여 자기의 이름으로 민사분쟁의 해결을 요구하는 자(원고)와 그 상대방(피고)을 말한다.

제1심에 있어서는 원고 · 피고라 하고, 제2심에 있어서는 항소인 · 피항소인, 제3심에 있어서는 상고인 · 피상고인이라고 한다.

민사소송에 있어서는 언제나 이러한 대립적 지위에 있는 두 명의 당사자를 필요로 한다. 이를 2당사자주의라 한다.

법원이 심리를 하여 사건의 실체에 대하여 판결을 내릴 수 있기 위해서는 소송의 당사자가 당사자능력, 소송능력을 갖추고 소송수행권을 가지는 정당한 당사자이어야 하며, 그 위에 변론능력도 갖추어야 한다.

(1) 당사자능력

당사자능력이란 소송의 주체로 될 수 있는 능력, 즉 소송에 있어서 원고나 피고로 될 수 있는 능력을 말한다. 법률상의 인격자(권리능력자)는 모두 당사자능력을 가진다. 다만, 법인격 없는 사단도 그 대표자나 관리자의 정함이 있으면 당사자능력이 인정되고 있다(제51조, 제52조).

판 례

서울대학교는 국가가 설립 · 경영하는 학교임은 공지의 사실이고, 학교는 법인도 아니고 대표자 있는 법인격 없는 사단 또는 재단도 아닌 교육시설의 명칭에 불과하여 인사소송에 있어 당사자능력을 인정할 수 없다(대판 2001. 6. 29, 2001다21991).

(2) 소송능력

소송능력이란 스스로 유효하게 소송행위를 하거나 받을 수 있는 능력을 말한다. 권리능력자가 모두 행위능력자가 아닌 것과 마찬가지로, 당사자능력이 있다고 하여 모두 소송능력을 가지는 것은 아니다. 소송능력도 민법의 행위능력의 규정에 의한다(제51조). 즉, 민법상의 행위능력자는 원칙적으로 소송능력을 가진다.

(3) 변호능력

변호능력이란 당사자가 소송에 있어서 자기의 이익을 주장하고 방어하기 위하여 적법한 소송행위를 할 수 있는 능력을 말한다. 소송능력자라도 구체적인 경우에 자기의 이익을 주장 · 옹호할 수 있는 변론능력이 없으면, 법원은 그 진술을 금하고 변호사의 선임을 명할 수 있다.

3. 대리인

소송법상 대리인이란 소송당사자를 대신하여 당사자의 이름으로 소송행위를 하는 자를 말한다. 민법상 법률행위에 있어서 대리제도가 마련되어 있는 것과 같이 소송행위에 있어서도 당사자가 직접 이를 행하지 아니하고 다른 사람으로 하여금 대리하여 행하게 할 수 있다.

소송법상의 대리인에는 법정대리인과 임의대리인이 있다.

법정대리인은 민법상 행위능력이 없는 것과 같이 소송법상에 있어서도 소송능력이 없는 미성년자 · 한정치산자 · 금치산자를 대리하는 자이며, 임의대리인은 소송당사자로부터 위임을 받은 자를 말한다(제55조, 제87조).

법정대리인이 될 수 있는 자는 민법 기타 소송법의 규정에 의한다. 즉, 본인(당사자)과의 신분상의 특별한 관계로 인하여 당연히 정해지는 경우와, 법원 기타 제3자의 선임에 의하는 경우가 있다.

임의대리의 경우는 당사자가 스스로 변호사에게 소송행위를 대리시킬 수 있으며, 법원은 본인소송에 있어서 변론능력이 없다고 인정할 때에는 당사자에게 대리인의 선임을 명할 수 있다. 법령에 의한 소송대리인 이외에는 원칙적으로 변호사가 아니면 소송대리인이 될 수 없다(제87조).

그러나 단독판사가 심판하는 사건에 있어서는 법원의 허가를 얻으면 친족이나 고용관계 등 당사자와 일정한 관계가 있는 자를 소송대리인으로 선임할 수 있다(제88조).

Ⅳ. 소송절차

1. 제1심 소송절차

소(訴)라 함은 원고가 피고를 상대로 하여 자기주장(소송상의 청구)의 법률적 정당성 여부에 관하여 특정한 법원의 심판을 요구하는 소송행위를 말한다.

재판절차는 소 제기에 의하여 개시하며, 그 심판의 객체(대상)는 소에 의하여 특정되고, 법원은 그 객체의 범위(청구범위)를 넘어서 재판할 수 없다(제203조). 이를 처분권주의라 한다.

(1) 소의 종류

(가) 이행의 소

이행의 소는 원고가 피고에 대하여 일정한 급부의무의 이행을 청구하는 소송이다. 이에 대한 원고 승소의 판결은 이행판결(급부판결), 즉 피고에 대하여 일정한 작위 · 부작위를 명하는 판결이다. 예컨대 금전지급판결과 같은 것이다.

(나) 확인의 소

확인의 소란 어떤 권리 또는 법률관계의 존부를 확정해 줄 것을 청구하는 소송이다. 적극적으로 권리 또는 법률관계의 존재의 확인을 구하는 경우와, 소극적으로 그 부존재를 구하는 경우가 있다. 이에 대한 판결은 확인판결이다. 예컨대, 소유권확인판결과 같은 것이다.

(다) 형성의 소

형성의 소란 기존의 법률관계의 변경 · 소멸이나 새로운 법률관계의 발생을 청구하는 소송이다. 이에 대한 판결은 형성판결이다. 예컨대, 이혼판결과 같은 것이다.

(2) 소의 제기

소의 제기는 소장을 법원에 제출함으로써 한다. 원칙적으로 피고인의 주소지를 관할하는 법원에 소송을 제기하여야 한다. 원고의 편의를 위해서 원고의 주소지 관할법원에도 제기할 수 있으며, 교통사고의 경우에는 사고발생지 관할법원에도 제기할 수 있다. 소장에는 “당사자 · 법정대리인”, “청구 취지”와 “청구 원인”을 기재하여야 한다. 이를 필요적 기재사항이라고 한다(제249조).

(ⅰ) “청구 취지”란 원고가 판결을 구하는 내용이다. 원고승소의 경우 판결의 주문이 된다. 이를테면 “피고는 원고에게 금 100만원을 지급하라.”와 같다.

(ⅱ) “청구 원인”이란 원고의 청구의 기초가 되는 법률관계 및 그 원인이 되는 사실을 말한다. 위의 예에서 금 100만원을 지급하라고 주장하는 원인으로서 피고가 원고로부터 금전을 차용했고 그 변제기일이 지났다고 하는 것과 같다.

판 례

소송당사자가 누구인가는 소장에 기재된 표시 및 청구의 내용과 원인 사실 등 소장의 전취지를 합리적으로 해석하여 확정하여야 한다(대판 2003. 3. 11, 2002두8459).

(3) 변론준비

2001년 3월부터 우리 법원에서는 소위 새로운 민사관리모델에 의하여 재판을 하고 있는데, 그 기본적인 체계는 미리 당사자 간의 서면교환을 통하여 사건의 쟁점을 확정하고 관련증거를 모두 확보한 후에 변론기일을 지정하여 가급적 적은 수의 변론기일(2회 정도)에 심리를 마치려는 것이다. 이러한 새로운 모델을 뒷받침하는 민사소송법개정안이 2001년 12월 6일 국회를 통과하였으며, 2002년 7월 1일부터 시행되고 있다. 그 개정내용은 다음과 같다(제272조~제287조).

피고가 원고의 청구를 다투는 때에는 소장의 부본을 송달받은 후 30일 내에 답변서를 제출하도록 하고, 피고가 원고의 주장을 인정하거나 기한 내에 답변서를 제출하지 아니한 경우에는 변론 없이 판결할 수 있도록 함으로써 원고의 출석부담을 줄이고 소송의 촉진을 도모하고 있다(제284조, 제287조). 소가 제기되면 재판장은 변론준비절차를 거칠 필요가 없다고 인정되는 경우를 제외하고는 모든 사건을 변론준비절차에 회부하여 사전에 쟁점과 증거를 정리하도록 함으로써 변론기일에서의 신속하고 집중적인 심리가 가능하도록 하고 있다(제287조). 소송절차를 신속하고 탄력적으로 운영하기 위하여 공격방어방법은 소송의 정도에 따라 적절한 시기에 제출하도록 하며, 그 기간을 넘길 때에는 정당한 사유를 소명하지 아니하는 한 이를 제출할 수 없도록 하는 적시제출주의(適時提出主義)를 채택하고 있다(제146조, 제147조).

(4) 구술변론

(가) 당사자의 출석

당사자가 법정에서 구술에 의하여 행하는 공격 · 방어를 구술변론이라고 한다. 구술변론은 재판장의 지휘에 따라 행해진다. 구술변론은 기일에 당사자 쌍방이 출두하여 행한다. 원고 또는 피고가 변론기일에 출석하지 않거나, 출석하여도 본안변론을 하지 아니할 때에는 그 자가 제출한 소장 · 답변서 기타의 준비서면에 기재한 사항을 진술한 것으로 보고 출석한 당사자에게 변론을 명할 수 있다(제134조~제148조).

(나) 공격 · 방어 방법

변론에 있어서 원고와 피고는 각각 자기의 주장을 이유 있게 하기 위한 법률상 · 사실상의 진술을 하며 증거신청을 한다. 이것을 보통 공격 · 방어 방법이라고 한다. 재판의 과정은 '사실의 인정'과 '법률의 적용' 2단계로 나누어지는데, 이 중 법률의 적용은 법원의 책임이지만, 판결에 필요한 사실이나 증거를 제출하는 책임은 당사자에게 있다(변론주의). 따라서 당사자가 자기에게 유리한 사실이나 증거를 제출하지 아니하면, 승소할 수 있는 소송에서 패소할 수도 있다(제149조~제164조).

판 례

청구원인 사실을 기재한 준비서면을 진술하지 아니하였다 하더라도 증인신문사항에 준비서면기재 청구원인사실이 포함되어 있으면 그 청구원인사실을 주장한 취지로 볼 수 있다(대판 1969. 9. 30, 69다1326).

(다) 변론의 종결

그리고 준비절차를 거친 사건에 있어서는 준비절차에서 제출하지 않은 소송자료는 원칙적으로 변론에서 제출하지 못한다(제285조). 변론에 의하여 소송자료가 판결을 하기에 충분하게 수집된 때에는 법원은 구술변론을 종결하고 판결을 언도한다.

(5) 증거

증거라 함은 법원이 판결의 기초가 되는 사실을 인정하기 위한 자료를 말한다. 사실인정의 자료가 될 증인이나 증서와 같은 증거방법을 가리키기도 하고, 이 증거방법에서 얻은 증언 · 증서의 취지와 같은 증거조사의 결과를 가리키기도 한다(제288조~제384조).

재판은 구체적 사실에 법규를 적용하여 판단을 내리는 것이므로, 먼저 사실을 확정하여야 하고 그 사실확정의 합리성 · 객관성을 담보하기 위해서는 전부가 명확하지 않은 것은 모두 증거에 의하여 증명되어야 한다.

이를 증거재판주의라 한다. 증거에 증거력이 있느냐의 여부에 대한 판단에 대하여 현행법은 법관의 자유판단에 일임하는 자유심증주의를 채택하고 있다(제202조).

판 례

민사소송법 제288조(구법 261조의 불요증사실) 소정의 '법원에 현저한 사실'이라 함은 법관이 직무상 경험으로 알고 있는 사실로서 그 사실의 존재에 관하여 명확한 기억을 하고 있거나 또는 기록 등을 조사하여 곧바로 그 내용을 알 수 있는 사실을 말한다(대판 1996. 7. 18, 94다20051 반대의견 있음).

(6) 판결

판결이라 함은 법원이 소송사건에 의거한 종국적 또는 중간적인 판단을 표시하기 위하여 원칙적으로 변론을 거쳐서 행하는 재판을 말한다.

(가) 판결의 종류

판결에는 중간판결과 종국판결이 있다. '중간판결'이라 함은 종국판결을 하는 준비로서 실체법상 또는 소송법상의 부분적인 쟁의에 관하여 내리는 판단을 말하며(제201조), '종국판결'이라 함은 소송사건의 전부 또는 일부에 대하여 그 심급을 완결시키는 판결을 말한다(제198조~제200조). 소송사건의 일부에 대하여 심급을 완결시키는 경우 일부판결이라 한다(제200조).

중간판결에 대해서는 독립하여 불복할 수 없고 종국판결에 합하여 상소한다.

판 례

원래 종국판결이라 함은 소 또는 상소에 의하여 계속 중인 사건의 전부 또는 일부에 대하여 심판을 마치고 그 심급을 이탈시키는 판결이라고 이해해야 할 것이다. 대법원의 환송판결도 당해사건에 대하여 재판을 마치고 그 심급을 이탈시키는 판결인 점에서 당연히 제2심의 환송판결과 같이 종국판결로 보아야 할 것이다. 따라서 위의 견해와는 달리 대법원의 환송판결을 중간판결이라고 판시한 종전의 대법원 판결은 이를 변경한다(대판 1995. 2. 14, 전원합의제 93제다27, 93제다34반소).

(나) 판결의 형식

법관이 판결내용을 법정형식에 의하여 판결원본을 작성하고(제208조), 이에 의거하여 선고를 하지 아니하면 효력을 발생하지 아니한다(제205조).

판결은 변론에 관여한 법관이 직접 행하는데(직접주의, 제204조), 당사자가 본안신청에 의하여 심판을 요구한 사항에 대해서만 판결을 하여야 한다(처분권주의, 제203조).

(다) 판결의 효력

판결은 선고에 의하여 효력이 발생한다(제205조). 판결은 법원서기가 그 정본(正本)을 당사자에게 송달하며, 송달에 의하여 상소기간이 진행된다. 상소기간 내에 상소가 제기되지 아니하는 때, 또는 당사자 쌍방이 상소권을 포기한 때에 판결은 확정된다. 이를 형식적 확정이라고 한다(제498조).

확정판결에 의하여 결정된 법률상의 효력은 그 후의 소송에 있어서 다시 당사자가 다툴 수 없고, 법원도 이에 관하여 다시 심리 · 판결할 수 없다. 판결의 이와 같은 구속력을 기판력이라고 한다(제216조~제218조).

판 례

채권자대위권을 재판상 행사하는 경우에 있어서 채권자인 원고는 그 채권의 존재사실 및 보전의 필요성, 기한의 도래 등을 입증하면 족할 것이지, 채권의 발생원인사실 또는 그 채권이 제3채무자인 피고에게 대항할 수 있는 채권이라는 사실까지 입증할 필요는 없으므로, 채권자가 채무자를 상대로 하여 그 보전되는 청구권에 기인한 이행청구의 소를 제기하여 승소판결이 확정되면 제3채무자는 그 청구권의 존재를 다툴 수 없다(대판 2000. 6. 9, 98다18155).

2. 상소제도

재판에 대한 불복신청 방법이며, 판결이 확정되기 전에 판결에 대하여 불복하는 당사자가 상급법원에 그 판결의 당부를 심사하여 다시 심판해 줄 것을 요구하는 소송행위이다. 상소(上訴)에는 항소 · 상고 · 항고가 있다.

(1) 항소

항소(抗訴)는 제1심법원이 선고한 종국판결에 대한 상소이다(제390조). 즉, 항소는 제1심법원의 판결에 대하여 불복하는 당사자의 일방이 그 판결이 확정되기 전, 즉 판결의 송달을 받은 날로부터 2주일 이내에 항소장을 원심법원에 제출함으로써 제1심의 변론을 경신 속행하여 사건에 대하여 다시 심판할 것을 요구하는 것을 말한다(제396조, 제397조).

항소심의 절차도 제1심에 준하며, 종국판결에 있어서는 제1심의 판결을 인용할 수 있다. 항소인은 항소심의 종국판결이 있기 전에 항소를 취하할 수 있다.

판 례

인신사고로 인한 손해배상청구 소송과 같이 소송물이 다른 재산적 손해와 위자료 등에 대하여 당사자 일반이 그 소송물의 범위를 특정할 수 있는 등의 특별한 사정이 없는 한 불복범위에 해당하는 재산적 손해와 위자료에 관한 청구가 모두 항소심에 이심되어 항소심의 심판 대상이 된다(대판 1996. 7. 18, 94다20051).

(2) 상고

상고(上告)는 고등법원이 선고한 종국판결과 지방법원본원합의부가 제2심으로 선고한 종국판결에 대해 대법원에 상소하는 것이다(제422조). 상고는 항소와는 달리 소송절차의 위반, 법률적용의 착오 기타 헌법 또는 법률의 명백한 위반이 있는 경우에만 할 수 있다(제423조).

상고 법원은 상고를 이유 있다고 인정한 때에는, 원심판결을 파기하여 그 사건을 원심법원에 환송 또는 동등한 다른 법원에 이송하여 다시 심판하게 하거나, 특별한 경우에 환송이나 이송을 하지 않고 그 사건에 대하여 직접 판단한다(제436조, 제437조).

판 례

전부 승소한 원심판결에 대한 불복상고는 상고를 제기할 이익이 없어 허용될 수 없다(대판 1997. 5. 23, 96다38612).

(3) 항고

항고(抗告)는 판결 이외의 재판, 즉 소송절차에 관한 신청을 기각한 결정 또는 명령에 대한 상소제도이다(제439조). 항고에는 일반항고 이외에 준항고, 재항고, 즉시항고, 특별항고 등이 있다.

판 례

항고신청 전에 항고권을 포기하면 항고권을 상실하여 항고신청할 수 있는 기간 내라도 항고신청을 할 수 없고 이를 무시한 항고신청은 부적법한 것으로 각하되어야 할 것이다(대판 1964. 4. 10, 64마110).

3. 재심

재심(再審)이라 함은 확정된 종국판결로 일단 종료한 소송사건에 대하여 특별한 사유가 있음을 이유로 당사자가 신청하였을 때, 변론을 재개하고 그 내용인 소나 상소에 관하여 새로이 심판하는 절차를 말한다(제451조). 이 절차는 소의 형식으로 개시되므로 재심신청을 '재심의 소'라고 한다.

재심의 소는 당사자가 판결확정 후 재심의 사유를 안 날로부터 30일 내에 재기하여야 하며, 판결확정 후 5년을 경과한 때에는 재심의 소를 제기할 수 없다(제456조).

판 례

재심의 소는 확정판결을 취소하여 그 기판력을 배제하는 데 목적이 있는 것이므로 확정판결에 표시되어 있는 변론종결 직후의 일반 또는 특정승계인도 재심의 소에 대한 당사자적격이 있는 것이라고 봄이 상당하다(대판 1974. 5. 28, 73다1842).

V. 강제집행

1. 강제집행의 의의

강제집행(强制執行)이란 사법상 청구권의 목적인 급부를 국가권력에 의하여 강제적으로 실현하기 위한 절차를 말한다. 민사소송절차에 있어서는 우선 민사분쟁 당사자 사이의 권리·의무를 관념적으로 형성하는 판결절차와 이를 사실적으로 실현하는 강제집행절차의 두 부분으로 나뉜다.

다시 말하면 강제집행절차는 판결절차에서 확정된 권리·의무의 내용을 전제로 하여 이를 강제적으로 실현하는 절차이다.

강제집행법규는 과거에는 민사소송법 제7편 이하에 규정되어 있었다. 그러나 2002년 7월 1일부터 시행되는 "민사집행법"이 이를 대체하는 단행법률로 시행되고 있으며, 이 법은 4편 312조 부칙으로 구성되어 있다. 민사집행법은 채무자의 보호, 신속한 집행, 경제적 집행, 부당집행의 방지, 집행 책임자 간의 공평 등을 이념으로 한다. 강제집행은 급부판결에 대하여만 행해지며 확인판결·형성판결과 같은 집행력이 없는 경우에는 강제집행을 할 수 없다.

2. 강제집행의 방법

강제집행은 강제집행 대상채권의 종류에 따른 구분과 그 집행방법에 따른 구분으로 나누어 설명할 수 있다.

(1) 채권의 종류에 따른 구분

(가) 금전채권에 기초한 강제집행

금전채권이란 금전, 즉 화폐의 지급을 목적으로 하는 채권을 말한다. 이 경우의 집행방법은 채무자의 재산을 압류하여 경매 기타의 방법에 의하여 이를 금전화하여 채권자에게 변제하는 방법이다. 이것은 직접강제의 일종이다(민사집행법 제61조~ 제256조).

(나) 금전 이외의 채권에 기초한 강제집행

동산 · 부동산과 같은 유체물의 인도를 목적으로 하는 채권의 경우에는 집행관이 직접 그 목적물의 점유권을 빼앗아 채권자에게 인도하는 직접강제의 방법에 의하고, 채무자의 작위 또는 부작위를 목적으로 하는 경우에는 간접강제 또는 대집행의 방법에 의한다(동법 제257조~제263조).

(2) 집행방법에 따른 구분

(가) 직접강제

직접강제란 의무자의 의사 여하를 불문하고 집행기관의 권력에 의하여 급부내용 자체를 강제적으로 실현하는 집행방법을 말한다. 금전채권 기타의 급부를 목적으로 하는 청구권의 집행에는 이러한 방법이 취해진다.

(나) 간접강제

간접강제란 의무자에게 일정한 불이익(손해배상 · 구금 등)을 가함으로써 그 의사를 억압하여 급부의 이행을 강제하는 집행방법을 말한다(동법 제261조). 대체할 수 없는 작위의무에 대한 집행방법으로서 이 방법이 취해진다.

(다) 대체집행

대체집행이란 채무자의 비용부담하에 채권자 또는 제3자로 하여금 급부내용을 실현하도록 하는 집행방법을 말한다. 대체할 수 있는 작위의무에 대한 집행방법으로서 이 방법이 취해진다(동법 제260조).

제 3 장 형사소송법

Ⅰ. 형사소송법의 개념

형사소송법이란 형사소송에 관한 절차를 규정한 법률을 말한다. 즉, 형벌권의 행사방법을 규정한 법률을 말한다. 국가는 형법에 추상적으로 범죄와 이에 대한 형벌을 규정하고 있으나, 범죄가 구체적으로 발생할 경우에는 이를 수사 · 심판하고 또 선고된 형벌을 집행하여야 한다. 이와 같이 국가의 형벌권의 행사방법을 정한 법을 형사소송법이라 한다.

형식적 의미에 있어서 형사소송법이라 함은 특히 "형사소송법"이라는 이름으로 공포 · 시행되는 법전을 말한다. 1954년 9월 23일 제정되고 수차에 걸쳐 개정된 현행 형사소송법은 5편 493조 부칙으로 되어 있다.

실질적 의미에 있어서 형사소송법이라 함은 형사소송절차를 규정한 법률체계의 전체를 지칭한다. 형사절차에 관한 중요 부분은 형사소송법전에 규정되어 있으나 이 밖에 다른 법률에 의해서도 규정되어 있다. 예컨대, 조세범처벌절차법, 법원조직법, 검찰청법, 즉결심판에관한절차법, 형사소송에관한특별조치법 등은 실질적 의미의 형사소송법에 속한다.

Ⅱ. 형사소송의 주체

1. 형사법원

재판권을 행사하는 법원에 최고법원인 대법원과 하급법원인 고등법원과 지방법원(형사지방법원)이 있고, 지방법원의 사무 일부를 처리하기 위하여 그 관할구역 내에 지방법원지원이 설치된다. 이 밖에 특별법원으로서 군사법원이 있다.

법원의 구성은 단독제와 합의제가 있다. 단독제는 1인의 법관으로 구성되고, 합의제는 여러 명(대법원을 제외하고는 보통 3인)으로 구성되는데 이 가운데 한 사람이 재판장이 된다.

2. 당사자

(1) 검사

검사(檢事)는 각각 독립된 관청으로서 범죄를 수사하고 공소권(公訴權)을 행사한다. 그리고 검사는 범죄수사에 관하여 사법경찰관을 지휘 · 감독하여 소송을 제기하고, 그 유지에 필요한 행위를 한다. 그리고 재판이 확정되면 그 집행을 지휘 · 감독하게 되는 것이다.

검사는 전국적으로 통일적인 조직을 이루고 있으며, 그 직무를 수행함에 있어서도 일체불가분의 동일체로서 활동하게 되는데, 이를 [검사동일체의 원칙]이라고 한다. 또 검찰청장 · 검사장 및 지청장은 소속 검사의 직무를 자신이 처리할 수 있으며, 자신의 권한에 속하는 직무의 일부 또는 소속 검사의 직무를 다른 소속 검사로 하여금 처리하게 할 수 있다.

검찰사무를 통할하는 검찰청은 대검찰청 · 고등검찰청 및 지방검찰청으로 되어 있으며, 각각 대법원 · 고등법원 및 지방법원에 대치한다. 지방법원지원이 설치된 지역에는 지방검찰청지청을 둘 수 있다(검찰청법 제3조).

(2) 피고인

피고인(被告人)은 검사로부터 공소를 제기당한 자이다. 반드시 유효한 공소임을 요치 않으므로 당사자능력의 유무 또는 진범인지의 여부와는 관계가 없다. 범죄의 혐의를 받아 검사 또는 사법경찰관의 조사를 받는 자는 공소의 제기가 없는 한 '피의자(被疑者)'이며, 공소의 제기에 이르면 비로소 피고인이 된다. 여러 명이 동시에 동일소송절차에서 피고인이 되는 경우가 있는데, 이를 '공동피고인' 이라고 한다.

피고인은 검사의 일방적인 취조의 대상이 아니다. 피고인은 검사와 대립하는 소송의 주체로서 검사의 공격에 대하여 스스로 방어하는 지위에 있다. 이와 같은 지위를 피고인의 '당사자로서의 지위' 라고 하며, 피고인이 당사자로서 원고인 검사에 대하여 대등한 지위에 있는 원칙을 [당사자대등주의]라고 한다. 그러나 현실에서 피고인에게 검사와 맞설 수 있는 대등한 방어력을 기대할 수 없기 때문에 직업 변호사가 피고인의 방어력을 보충 · 보조하는 것이 일반적이다.

Ⅲ. 형사소송법의 절차

1. 수사

(1) 의의

수사는 수사기관이 공소의 제기 및 그 유지를 위하여 필요한 자료를 수집함을 목적으로 하는 수사기관의 합목적적 활동을 말한다. 수사는 주로 공소제기 전에 행하여야 할 것이나 공소제기 후에도 할 수 있음은 물론이다. 전자를 "공소제기를 위한 수사"라 하고, 후자를 "공소유지를 위한 수사"라 한다.

수사의 주체는 검사이고, 사법경찰관리는 그 지휘를 받아 수사를 보조하는 보조기관이다.

(2) 수사의 개시

수사의 개시사유는 현행범 또는 준현행범의 체포 · 변사자의 검시 · 경찰관의 불심검문 등 수사기관 자신이 직무에 의하는 경우도 있고, 고소 · 고발 · 자수 등 타인의 행위에 의하는 경우도 있다. 수사의 개시사유를 수사의 단서라고도 한다. 현행범의 체포는 수사개시의 가장 확실한 단서가 된다. 수사기관이 범죄의 혐의가 있다고 인정하면 수사를 하여야 한다(제195조).

(가) 현행범인

현행범인이라 함은 범죄의 실행 중에 있거나 실행 직후에 있는 자를 말한다(제211조). 현행범인은 누구든지 영장 없이 체포할 수 있다(제212조). 다만 검사 또는 사법경찰관리가 아닌 자가 현행범인을 체포한 때에는 즉시 검사 또는 사법경찰관리에게 인도하여야 한다(제213조 제1항).

(나) 고소

고소(告訴)라 함은 범죄의 피해자 또는 그와 일정한 관계가 있는 고소권자가 수사기관에 대하여 범죄사실을 신고하여 그 소추를 구하는 의사표시를 말한다. 자기 또는 배우자의 직계존속은 고소하지 못한다(제224조). 고소는 일반 범죄에 있어서는 수사의 단서가 되는 데 불과하지만, 친고죄에 있어서는 공소의 유효요건이 된다. 친고죄에 대하여는 범인을 알게 된 날로부터 6월을 경과하면 고소하지 못한다(제230조). 고소는 제1심판결의 선고 전까지는 취소할 수 있다. 그러나 고소를 취소한 자는 다시 고소하지 못한다(제232조).

판 례

형사소송법 제230조 제1항에서 말하는 '범인을 알게 된 날'이란 범죄행위가 종료된 후에 범인을 알게 된 날을 가리키는 것으로서, 고소권자가 범죄행위가 계속되는 도중에 범인을 알았다 하여도, 그 날부터 곧바로 위 조항에서 정한 친고죄의 고소기간이 진행된다고는 볼 수 없고, 이러한 경우 고소기간은 범죄행위가 종료된 때부터 계산하여야 하며, 동종행위의 반복이 당연히 예상되는 영업범 등 포괄일죄의 경우에는 최후의 범죄행위가 종료한 때에 전체 범죄행위가 종료된 것으로 보아야 한다(대판 2004. 10. 28, 2004도5014).

(다) 고발

고발(告發)이라 함은 범죄와 관련이 없는 자 또는 고소권 없는 자가 수사기관에 대하여 범죄사실을 신고함으로써 그 소추를 요구하는 의사표시를 말한다. 누구든지 범죄의 혐의가 있다고 인정될 때에는 고발할 수 있다. 공무원은 그 직무를 행함에 있어서 범죄가 있다고 생각될 때에는 반드시 고발하여야 한다(제234조).

(라) 자수

자수(自首)라 함은 범인이 스스로 수사기관에 대하여 자기의 범죄사실을 신고하여 그 수사와 소추를 구하는 의사표시를 말한다(형법 제52조).

(마) 변사자의 검시

변사자 또는 변사의 의심 있는 시체가 있는 때에는 그 소재지를 관할하는 지방검찰청 검사가 검시하여야 한다(제222조).

(2) 수사의 방법

수사의 절차에는 수사를 받는 자의 승낙을 전제로 하는 임의수사와 강제처분에 의한 강제수사가 있다. 강제수사는 형사소송법에 특별한 규정이 있는 경우에만 할 수 있으므로, 형사소송법은 임의수사를 원칙으로 하고 있다고 해석된다.

(가) 임의수사

임의수사라 함은 강제력을 행사하지 않고 상대방의 동의 또는 승낙을 전제로 한 수사를 말한다. 임의수사에는 피의자신문, 참고인조사, 감정, 통역 또는 번역 등이 있다. 피의자신문이라 함은 검사 또는 사법경찰관이 수사에 필요한 때에는 피의자의 출석을 요구하여 진술을 듣는 것을 말하며, 참고인조사라 함은 피의자 아닌 자의 출석을 요구하여 진술을 듣는 것을 말한다.

(나) 강제수사

강제수사라 함은 상대방의 의사 여하를 불문하고 강제적으로 실시하는 수사를 말한다. 형사소송법은 수사단계에 있어서도 가능한 한 당사자주의인 소송구조를 구현하기 위하여, 임의수사를 원칙으로 하고 강제수사는 특별한 규정이 없는 한 할 수 없도록 규정하고 있다. 강제수사에는 체포 · 구속 · 압수 · 수색 · 검증 등의 방법이 있다.

■ **영장주의**

ⓐ 원칙 : 강제수사는 수사의 목적을 달성하기 위한 부득이한 것이지만, 상대방의 동의 여부를 불문하고 물리력을 행사하는 것이므로 상대방의 인권을 침해하기 쉽다. 따라서 헌법과 형사소송법은 수사기관이 강제수사를 함에는 원칙적으로 사전에 법관의 영장을 요구하는 영장주의를 채택하고 있다.

피의자가 죄를 범하였다고 의심할 만한 상당한 이유가 있고, 피의자가 일정한 주거가 없거나, 증거인멸의 염려가 있거나, 도망 또는 도망의 염려가 있을 때에 검사는 관할지방법원판사에게 청구하여 구속영장을 받아 피의자를 구속할 수 있다(제201조).

사법경찰관이 피의자를 구속한 때에는 10일 이내에 피의자를 검사에게 인치(引致)하지 아니하면 석방하여야 한다(제202조). 검사가 피의자를 구속한 때 또는 사법경찰관으로부터 피의자를 인치받은 때에는 10일 이내에 공소를 제기하지 아니하면 석방하여야 한다(제203조). 다만 지방법원판사는 검사의 신청에 의하여 수사를 계속함에 상당한 이유가 있다고 인정한 때에는 10일을 초과하지 아니하는 한도에서 검사의 구속기간의 연장을 1차에 한하여 허가할 수 있다(제205조).

판 례

구속은 무죄추정을 받고 있는 사람에 대하여 만부득이 인정되고 있는 제도이므로 구속이 도망의 방지나 증거인멸의 방지라는 목적을 넘어서 수사편의나 재판편의를 위하여 이용되어서는 아니 된다(헌재결 1992. 1. 28, 헌마111).

ⓑ 예외 : 검사 또는 사법경찰관은 피의자가 사형 · 무기 또는 장기 3년 이상의 징역이나 금고에 해당하는 죄를 범하였다고 의심할 만한 상당한 이유가 있고, 피의자가 증거를 인멸할 염려가 있는 때, 피의자가 도망하거나 도망할 염려가 있는 때(제70조 제1항 각호), 또는 긴급을 요하여 지방법원판사의 체포명령을 받을 수 없는 경우에는 그 사유를 알리고 영장 없이 피의자를 체포할 수 있다(제200조의3).

(3) 수사의 종결

수사절차는 공소를 제기할 것인가 아닌가를 판단할 수 있을 정도로 피의사건이 해명되었을 때 종결된다. 수사는 검사의 공소제기, 불기소처분, 타관송치 등으로 종결된다. 불기소처분에는 협의의 불기소처분(혐의 없음, 죄가 안 됨, 공소권 없음)과 기소유예 및 기소중지가 있다.

2. 공소

(1) 송치

경찰이 사건수사를 담당한 경우에는, 수사를 마친 다음에 관계서류와 피의자의 신병을 검찰에 송치(送致)한다.

검찰에서 직접 수사하는 경우에는 수사담당 검찰청에서 직접 공소를 제기하는 것이 일반적이므로 송치절차가 필요 없음은 물론이다.

(2) 공소제기

공소제기(公訴提起)라 함은 검사가 수사의 결과 일정한 소송요건이 구비되면 수사를 종결하고 법원에 대하여 피의자의 유죄를 신청하는 소송행위이다. 즉 공소는 검사가 형사사건에 관하여 법원에 재판을 요구하는 행위이다.

검사만이 공소제기의 권한을 가지는 것을 [기소독점주의] 혹은 [국가소추주의]라고 한다. 수사의 결과 범죄의 혐의가 인정되더라도 검사는 재량에 의하여 불기소처분할 수 있다.

(가) 불기소

범죄의 혐의가 없거나, 혐의가 있더라도 처벌할 수 없는 경우에는 불기소처분(不起訴處分)을 한다. 이를 협의의 불기소라 한다. 불기소처분 이외에 기소유예, 기소중지는 광의의 불기소에 해당한다.

기소유예란 범죄 혐의가 있고 처벌할 수도 있지만, 검사의 판단에 의하여 기소하지 않는 것을 말한다. 기소중지란 범죄 혐의는 인정되지만 범인의 소재를 확인할 수 없는 경우에 잠정적으로 내리는 처분이다.

(나) 기소

기소(起訴)에는 정식재판을 청구하는 경우와 약식재판을 청구하는 경우가 있다.

죄가 비교적 가볍기 때문에 징역형이나 금고형에 처하는 것보다 벌금형에 처하는 것이 적당하다고 생각하는 경우에 검사는 약식기소를 할 수 있다. 약식기소란 법원에 대해서 벌금형에 처해 달라고 청구하는 것이다. 법원은 약식절차에 의하여 벌금형을 부과할 수 있다.

(다) 준기소

준기소(準起訴)라 함은 형법 제123조 내지 제125조의 죄(직권남용죄, 불법체포죄, 불법감금죄, 폭행가혹행위죄)를 이유로 한 고소 · 고발에 대하여 검사가 불기소처분을 한 경우에, 고소인 또는 고발인이 그 당부에 관한 재정을 고등법원에 신청하는 제도이다. 신청이 이유 있다고 인정될 때에는 고등법원은 이를 관할지방법원의 심판에 회부하고 변호사 중에서 검사의 직무를 대리할 자를 지정한다. 이를 준기소라고 한다.

3. 공판절차

(1) 의의

공소제기로부터 판결선고에 이르는 모든 절차를 공판절차(公判節次)라 한다.

공판절차에는 공개주의, 구두변론주의, 공판중심주의, 직접심리주의가 적용된다. 개인의 인권보장과 실체적 진실의 발견에 소홀함이 있어서는 안 될 것이므로 공판절차는 원칙적으로 공개한다. 또한 재판은 당사자의 구두(口頭)에 의한 공격방어를 그 근거로 하도록 하였다. 모든 소송자료를 공판에 집중시켜 공판에서 형성된 심증으로써 재판을 하도록 하고, 법원은 공판정에서 직접 조사한 증거만으로써 유죄의 자료로 해야 하며, 그 밖에 수사기관이 작성한 증거서류 등은 증거자료로 할 수 없다.

(2) 공판준비절차

공판절차는 공판준비 · 공판심리 · 공판종결의 절차로 대별할 수 있다. 즉 먼저 수소법원 · 재판장 · 수명법관 또는 수탁판사가 공판기일에 있어서 심리를 신속 원활하게 진행하기 위하여 공판기일 이전에 공소장부본의 송달 · 공판기일의 지정과 통지 · 피고인의 소환 · 증거조사 등의 공판준비절차를 수행한다.

판 례

검사가 공판기일의 통지를 받고 2회나 출석하지 아니하여 검사의 출석 없이 개정하였다고 하여 위법이라 할 수 없고, 동 공판에서 다음 기일을 고지한 이상 그 기일고지는 그 명령을 받은 소송관계인 전원에게 효력이 있다(대판 1967. 2. 21, 66도1710).

(3) 공판심리절차

다음으로 법원은 공판기일에 법정에서, 모두절차 · 증거조사절차 · 논고와 최후진술의 순서로 공판심리절차를 진행한다. 즉 먼저 재판장이 인정신문(人定訊問)으로 피고인을 확인하고, 그 다음 검사가 모두진술(冒頭陳述)로 기소의 요지를 설명한다(제284조, 제285조).

검사의 모두진술이 끝나면 검사와 변호인은 순차로 피고인에게 필요한 사항을 직접 신문할 수 있으며, 또 이들의 신문이 끝나면 법원도 피고인에게 신문할 수 있다.

증거조사는 당사자의 신청에 의하는 것을 원칙으로 하고, 법원은 다만 보충적으로 직권에 의하여 증거조사를 할 수 있다.

모든 증거는 원칙적으로 증거능력이 있는 것으로 인정되나, 고문 · 폭행 · 협박 · 구속 또는 기망에 의한 자백(의제자백)은 증거능력이 없고, 또 체험자로부터 그 체험을 전해 들은 제2의 진술(전문증거)도 증거능력이 없다. 이와 같이 증거능력, 즉 증거의 자격은 법정되어 있으나 증거의 실질적 평가, 즉 증명력은 법관의 자유판단에 의한다(자유심증주의).

판 례

1. 수사기관이 피의자를 신문하면서 피의자에게 진술거부권을 고지하지 아니한 경우에는 그 자백의 임의성이 인정되는 경우에도 위법수집 증거배제의 법칙에 의하여 그 자백의 증거능력을 부정하여야 한다(대판 1992. 6. 23, 92도982).

2. 국가보안법 제7조(찬양 · 고무) 및 제10조(불고지)의 죄는 구성요건이 특별히 복잡한 것도 아니고 사건의 성질상 증거수집이 더욱 어려운 것도 아님에도 불구하고 국가보안법 제19조가 제7조 및 제10조의 범죄에 대하여서까지 형사소송법상의 수사기관에 의한 피의자구속기간 30일보다 20일이나 많은 50일을 인정한 것은, 국가형벌권과 국민의 기본권과의 상충관계 형평을 잘못하여 불필요한 장기구속을 허용하는 것이어서 결국 헌법 제37조 제2항의 기본권제한 입법의 원리인 과잉금지의 원칙을 현저하게 위배하여 피의자의 신체의 자유, 무죄추정의 원칙 및 신속한 재판을 받을 권리를 침해한 것이다(헌재결 1992. 4. 14, 90헌마82).

증거조사가 끝나면 당사자는 변론을 행한다.

즉 검사는 범죄사실과 법률적용 및 형의 양정에 관하여 의견을 진술하고 또 피고인이나 변호인도 최후 진술을 할 수 있다.

(4) 종국판결

이상의 공판심리절차가 끝나면 법원은 당해 소송사건에 법률을 적용해서 그 심급에서 소송절차가 종결되는 종국재판을 하여야 한다.

종국재판에는 공소기각의 재판 · 관할위반의 재판 등의 소송절차를 대상으로 하는 형식적 종국재판과, 유죄판결(형의 선고 · 형의 선고유예 · 형의 면제 등) 및 무죄판결 등의 실질적 종국재판이 있다.

종국재판이 확정되면 그 재판은 기판력이 생겨 다시 동일한 사건에 대하여 실체적 재판을 할 수 없게 된다. 이를 일사부재리의 원칙이라고 한다.

판 례

판결의 이유설명과 주문이 서로 저촉되어 이유명시에 흠결이 있는 경우 판결절차에 위법이 있다고 할 것이다(대판 1971. 6. 30, 71도734).

4. 상소제도

상소에는 항소 · 상고 · 항고가 있다. 항소는 제1심 판결에 대한 상소이며, 상고는 항소심에 대한 상소이고, 결정에 대한 상소가 항고이다. 상고를 할 수 있는 자는 검사와 피고인 및 피고인의 법정대리인이다.

판 례

변호인은 피고인을 위하여 피고인의 상소권을 대리행사할 수 있을 따름이므로 변호인이 상소한 후에 피고인이 상소권을 포기하면 변호인이 낸 상소는 취하의 효력이 발생한다(대판 1972. 8. 31, 72모55).

(1) 항소

항소(抗訴)는 제1심 법원의 판결에 대하여 불복이 있는 경우에 지방법원 단독판사가 선고한 사건에 대하여는 지방법원본원합의부에, 지방법원합의부가 선고한 사건에 대하여는 고등법원에 각각 항소할 수 있다(제357조). 항소를 함에는 판결의 선고일로부터 7일 이내에 항소장을 원심법원에 제출하여야 한다.

판 례

항소이유서는 적법한 기간 내에 항소법원에 도달하면 되는 것으로, 그 도달은 항소법원의 지배권 안에 들어가 사회통념상 일반적으로 알 수 있는 상태가 있으면 되고, 항소법원의 내부적인 업무처리에 따른 문서의 접수, 결재과정 등을 필요로 하는 것은 아니다(대판 1997. 4. 25, 96도3325).

(2) 상고

상고(上告)는 제2심 판결에 대하여 불복이 있는 경우에 대법원의 심판을 구하는 상소이다(제371조). 제2심 판결에 대하여 불복이 있는 자는 대법원에 상고할 수 있으며, 이때 상고장을 원심법원에 제출하여야 한다.

다음과 같은 경우에는 제1심 판결에 항소를 거치지 않고 바로 상고할 수 있는데 이를 "비약적 상고"라 한다. 즉, 원심판결이 인정한 사실에 대하여 법령을 적용하지 않았거나 법령의 적용에 착오가 있을 때라든지 원심판결이 있은 후 형의 폐지나 변경 또는 사면이 있는 경우이다(제372조).

판 례

검사가 1심판결에 불복하여 비약상고를 하고 뒤따라 피고인이 항소를 제기한 경우에는 불이익변경금지의 원칙에 의거하여 1심판결 이상의 형을 과할 수 없다(대판 1971. 2. 9, 71도28).

(3) 항고

항고(抗告)는 법원의 결정에 대하여 불복이 있을 때의 상소제도이다(제402조). 항고를 함에는 항고장을 원심법원에 제출하여야 한다. 법원의 명령에 대하여 불복이 있을 때에는 일정한 경우에 준항고가 인정되어 있다.

판 례

대법원이 한 결정에 대하여는 이유 여하를 불문하고 불복항고할 수 없는 것이고 항고법원이나 고등법원의 결정에 대하여는 형사소송법 제415조에 따라 헌법 법률 명령 위반을 이유로 하여 대법원에 즉시항고할 수 있으나 대법원의 결정에 대하여는 성질상 위와 같은 이유로 항고할 수 없다(대판 1967. 2. 20, 67로1).

5. 재심과 비상상고

(1) 재심

재심은 확정판결에 대하여 주로 사실오인의 부당을 구제하기 위하여 인정하는 비상구제 절차이다(제420조).

재심은 확정판결에 대한 것이며, 또 원판결을 한 법원이 이를 관할하는 점에 있어서 미확정 재판에 대해 상소법원에 제기하는 상소와 다르다.

판 례

형사소송법 제420조 제2호 소정의 '원판결의 증거된 증언'이 나중에 확정판결에 의하여 허위인 것이 증명된 이상, 그 허위증언 부분을 제외하고서도 다른 증거에 의하여 그 죄로 되는 사실이 유죄로 인정될 것인지 여부에 관계없이 동조 동호의 재심사유가 있는 것으로 보아야 한다(대판 1997. 1. 16, 95모38).

(2) 비상상고

비상상고란 판결이 확정된 후 그 사건의 심판이 법령에 위반한 것을 이유로 인정되는 비상구제절차이다(제441조). 비상상고는 법령해석의 통일을 주목적으로 하며, 나아가서 법령을 유지 · 옹호하고자 하는 제도인 것이다. 판결확정 후의 구제제도인 점에서 재심과 동일하다.

판 례

형사소송법 제441조는 "검찰총장은 판결이 확정된 후 그 사건의 심판이 법령에 위반한 것을 발견한 때에는 대법원에 비상상고를 할 수 있다"고 규정하고 있는바, 이러한 비상상고 제도는 법령 적용의 오류를 시정함으로서 법령의 해석 · 적용의 통일을 도모하려는 데에 주된 목적이 있는 것이므로, '그 사건의 심판이 법령에 위반한 것'이라고 함은 확정판결에서 인정한 사실을 변경하지 아니하고 이를 전제로 한 실체법의 적용에 관한 위법 또는 그 사건에 있어서의 절차법상의 위배가 있음을 뜻하는 것이므로, 단순히 그 법령 적용의 전제사실을 오인함에 따라 법령위반의 결과를 초래한 것과 같은 경우는 법령의 해석적용을 통일한다는 목적에 유용하지 않으므로 '그 사건의 심판이 법령에 위반할 것'에 해당하지 않는다고 해석함이 상당하다(대판 2005. 3. 11, 2004오2).

6. 약식절차

약식절차는 지방법원의 관할에 속하는 사건에 관하여 공판절차에 의지하지 아니하고 서면심리에 의하여 벌금 · 과료 또는 몰수를 선고하는 절차이다(제448조).

지방법원은 그 판결에 속하는 사건에 관하여 검사의 청구가 있을 때에는 공판 절차를 거치지 않고 피고인에 대하여 벌금 · 과료 또는 몰수를 부과할 수 있다. 검사의 약식명령 청구가 있을 때에도 법원은 반드시 이에 구애되지 않으며, 약식명령이 부적당하다든지 또는 할 수 없는 경우에는 공판절차에 의하여 심판한다. 검사 또는 피고인은 약식명령의 고지를 받은 날로부터 7일 이내에 정식재판을 청구할 수 있다.

판 례

약식명령에 대하여 정식재판을 청구한 경우에는 상소의 경우와 같은 불이익변경의 금지는 적용되지 아니한다(대판 1968. 9. 3, 68도895).

제 6 편 사회일반법

제 1 장 사회법의 기초개념

Ⅰ. 사회법의 개념

산업혁명 이후 자본주의가 고도로 발전함에 따라 빈부의 격차가 심해지고 빈익빈 · 부익부 현상이 고착화되는 현상이 나타나자 각 국가에서는 경제적 · 사회적 약자의 생존권을 보호하기 위하여 사법(私法)영역에 간섭을 하는 법제도가 등장하게 되었다. 즉 [소유권절대의 원칙], [계약자유의 원칙], 그리고 [자기책임의 원칙(과실책임의 원칙)]을 기본으로 하는 개인 본위의 법원리를 수정하는 법체계가 등장하게 된 것이다.

이것은 개인주의 사상을 토대로 한 시민법원리가 지배되는 자본주의 법질서 속에서 시민사회와 이질적 특성을 가진 사회집단의 존재를 인정하고 이러한 사회집단을 규율 대상으로 하는 법이 나타난 것인데, 그 대표적인 법이 노동법이다.

따라서 사회법은 경제적 약자계급으로 형성되는 사회집단에 대한 권리의무를 규율할 것을 목적으로 하는 법률이라고 할 수 있을 것이다. 즉 생존권의 위협을 받고 있는 노동자 집단의 생활현실을 인정하고, 이러한 현실 속에서 생존권의 확립을 보장하려는 사회작용에 입각한 규범원리가 요청되어 형성된 것이 사회법인 것이다.

따라서 사회법은 그 주체와 객체가 되는 노동자계급을 중심으로 한 사회집단을 대상으로 하며, 근대시민법이 지닌 부의 편재와 형식적 평등으로 인한 실질적 불평등 현상 등 각종 부작용의 해결을 연구과제로 하고 있는 것이다. 그것은 자유방임의 경제체제 내에서 발생한 각종 독과점에 의한 폐해를 시정하지 않고는 노동자 집단의 생존권 박탈 현상을 막을 수 없기 때문이다.

또한 노동자계급과는 직접 관련이 없지만 기존의 공법과 사법의 영역에서는 규율할 수 없는 새로운 영역의 법규들이 생성되었다.

Ⅱ. 사회법의 특성과 형태

시민법적 법질서하에서는 공법과 사법이 확연히 구별되고 또 그 한계가 명백하였으나, 사회가 발전하면서 공법과 사법이 상호 교차하는 새로운 법질서가 나타났으니 이것이 곧 사회법이다. 따라서 사회법의 가장 큰 특성은 공법과 사법의 교차성이라 할 것이다. 카스켈(Walter Kaskel)은 사회법이 공법과 사법의 경계선상에 있는 법이라고 표현하였다.

그러므로 사회법의 특질을 논함에 있어서는 시민법과의 비교가 필수적이다.

첫째, 시민법이 근대시민사회의 법이었다면, 사회법은 현대사회의 법이다.

둘째, 시민법이 초기자본주의 시대의 법이었다면, 사회법은 고도자본주의 또는 현대자본주의 시대의 법이다.

셋째, 시민법이 시민계급 또는 유산계급의 법이었다면, 사회법은 노동자계급 또는 무산계급을 위한 법이다.

넷째, 시민법의 지도원리가 '소유권절대의 원칙', '계약자유의 원칙', '과실책임의 원칙'인 데 대하여, 사회법의 지도원리는 '소유권 공공의 원칙', '계약공정의 원칙', '무과실책임의 원칙'으로 발전시켰다.

여기서 주의할 점은 시민법이 사회법으로 전향했다고 하여 현대에 있어서 시민법의 원리와 사상이 모두 없어진 것이 아니라는 사실이다. 오히려 법적인 발전을 이루어 현대사회에서 사회법과 함께 공존하며 사회생활을 규율하고 있다고 하여야 옳을 것이다.

오늘날 사회법이라고 할 때에는 그 형태로 노동법, 경제법, 사회보장법을 들고 있다. 노동법과 경제법을 사회법의 한 형태로 봄에는 이론이 거의 없으나, 사회보장법이 사회법에 속하느냐에 관하여는 약간의 논의가 있다.

그러나 필자의 생각으로는 사회법이 공법과 사법의 두 영역을 넘나드는 특성을 갖고 있는 법이라면, 사회법의 범위를 보다 넓혀서 사회보장법뿐만 아니라 환경법, 스포츠법 등 다양한 형태의 법들을 사회법의 범주에 포함시켜야 할 것이다.

아무튼 사회법 중 가장 핵심적인 법은 역시 노동법이다.

제 2 장 노동법

Ⅰ. 노동법의 기초개념

자본주의가 발달하면서 빈부의 차가 생겨 사회적 존재로서의 구체적인 개인은 결코 평등하지 않다는 것이 입증되었다. 또한 자본주의사회에 있어서 자본가는 최소의 비용으로 최대의 이익을 얻으려고 하기 때문에 임금 · 노동시간 기타의 노동조건은 근로자에게 매우 불리하며, 자본가에 의하여 거의 일방적으로 결정되었다.

그러나 노동조건이 근로자에게 불리하다고 하여 근로자는 노동력을 제공하지 않을 수 없었다. 근로자는 노동력이 유일한 생활의 수단이며, 노동력은 노동시장에서 항상 풍부히 넘쳐나고 있었다. 따라서 자본가는 그 중에서 특히 값싼 노동력을 선택할 수 있었던 것이다. 이러한 사정을 볼 때, 자본가와 근로자는 법적 · 형식적으로는 평등하지만, 경제적 · 실질적으로는 매우 불평등하다는 것을 알 수 있다. 이와 같은 양자 사이의 불평등은 결국 노동문제를 낳게 되어 사회불안을 일으키게 되었다.

이러한 사회불안을 일으키는 노동문제를 해결하기 위하여 국가는 계약자유의 원칙에 대하여 일부 제한하는 법규를 제정하고, 이를 강행법규로 하여 근로자와 사용자 모두 이를 지키게 할 필요가 있었다. 이와 같이 경제적 약자인 근로자를 보호하기 위하여 노동조건 등에 관하여 제정한 법규가 바로 노동법이다.

따라서 노동법은 사회법의 하나로서 자본주의사회에서 계약에 의한 종속적 노동관계를 규제하는 법이며, 동시에 노동자의 생존을 확보하는 것을 목적으로 하는 법이라고 말할 수 있을 것이다.

그러므로 노동법은 자본주의사회를 전제로 한 법이며, 근로자와 자본가인 사용자간의 종속적 노동관계를 규율대상으로 하는 법이며, 근로자의 생존을 확보하는 것을 목적으로 하는 법이라고 말할 수 있다.

1. 자본주의 사회를 전제로 한 법이다

노동법은 자본주의 경제질서 내지 법질서를 전제로 하는 법이다.

노동법은 기본적으로는 사유재산제도, 특히 생산수단의 사적 소유를 전제로 하여 생산수단을 이용하는 경영자로서의 사용자의 존재와, 이에 대응하여 노동력을 공급하는 근로자의 존재를 사실상 인정한다. 다만, 생산수단과 노동력이 결합할 때 사용자와 근로자의 대등한 계약을 유지하기 위하여 일정한 기준을 정하여 준다.

2. 종속노동관계를 규율하는 법이다

사용자는 자기가 소유하는 자본을 이용하여 생산활동을 하기 위해서 노동력을 필요로 한다. 또한 근로자는 생계를 유지하기 위하여 노동력을 사용자에게 팔지 않으면 안 된다. 이와 같은 노동력의 수급관계는 시민법상으로는 자유롭고 평등한 사람들 사이의 고용계약이라고 설명되고 있다. 그러나 현실적으로 볼 때 사용자와 노동자의 관계는 결코 평등한 관계가 아니라 종속관계에 해당한다.

즉 일단 고용된 근로자는 사용자의 계획 아래 조직적 · 통일적으로 편성 · 정리되어 그 지휘와 명령을 받아 노동력을 제공하지 않으면 안 된다. 다시 말해 노동법은 사용자의 지휘 · 감독권을 인정하고 있는 것이다. 노동법은 이와 같이 종속근로관계에서 발생하는 부자유 · 불평등을 시정 · 조정하려는 법이다.

3. 근로자의 생존권 확보를 위한 법이다

노동법은 노동의 제공자 내지 담당자인 근로자의 생존권 · 인격권의 확보를 목적으로 하는 법이다. 근대시민사회에 있어서 근로자로서의 존재가 실질적으로 승인되는 이상, 근로자가 인간으로서의 인격의 완성을 갖추도록 한다는 것은 당연한 사회적인 요청이다.

그러나 시민법시대의 현실은 형식적 평등만이 보장되었을 뿐 실질적인 불평등을 당연시하였다. 그리하여 노동법은 실질적 평등을 통한 근로자의 생존권 확보를 목적으로 한다.

II. 노동법의 구성

노동법은 사용자와 근로자의 법률관계를 규율하고, 노동자를 보호하기 위한 수많은 법령으로 이루어져 있다. 따라서 이것들을 체계적 · 논리적으로 해석 · 적용하기 위해서는 합리적으로 분류 · 정리할 필요가 있다. 이를 위하여 학계에서는 노동법을 '개별적 근로관계법' 과 '집단적 노사관계법' 으로 크게 분류하는 것이 현재의 일반적 경향이다.

1. 개별적 근로관계법

개별적 근로관계법이란 국민 개개인에게 취업의 기회를 제공하는 한편, 근로자 개인과 사용자 사이의 근로계약체결 및 근로관계의 내용변경 및 종료절차 등에 관하여 규정한 법규들을 말한다. 헌법 제32조(근로의 권리), 근로기준법, 최저임금법, 산업안전보건법, 남녀고용평등법, 고용정책기본법, 직업안정법, 근로자직업훈련촉진법, 고용보험법, 고령자고용촉진법, 장애인고용촉진등에관한법률 등이 이에 속한다.

2. 집단적 노사관계법

집단적 노사관계법이란 노동조합 또는 근로자대표 등 근로자 집단과 사용자 사이의 노사관계를 규정한 법규들을 말한다. 구체적으로는 노동조합의 조직과 운영, 사용자와의 단체교섭 등에 관해 규정한 법규로, 헌법 제33조(노동 3권), 노동조합및노동관계조정에관한법률, 근로자참여및협력증진에관한법률, 노동위원회법 등이 이에 속한다.

Ⅲ. 근로기본권

1. 근로의 권리

헌법 제32조에서는 모든 국민은 근로의 권리를 가진다고 선언함으로써 이른바 근로권을 보장하고 있으며 그 구체적 내용을 각 항에서 규정하고 있다.

(ⅰ)국가는 사회적 · 경제적 방법으로 근로자의 고용 증진과 적정임금의 보장에 노력하여야 하며, 법률이 정하는 바에 따라 최저임금을 시행해야 한다(제1항). 이 규정에 의하여 제정된 법률로 직업안정법 · 최저임금법 등이 있다.

(ⅱ) 근로조건의 기준은 인간의 존엄성을 보장하도록 법률로 정한다(제3항). 이 규정에 의하여 제정된 법률이 근로기준법이다.

(ⅲ)여자의 근로는 특별한 보호를 받으며, 고용 · 임금 및 근로조건에 있어서 부당한 차별을 받지 아니한다(제4항). 이 규정에 근거하여 제정된 법률이 남녀고용평등법 · 남녀차별금지및구제에관한법률 등이다.

(ⅳ) 연소자의 근로는 특별한 보호를 받는다(제5항).

(ⅴ) 국가유공자 · 상이군경 등 전몰군경의 유가족은 법률이 정하는 바에 의하여 우선적으로 근로의 기회를 부여받는다(제6항). 국가유공자예우등에관한법률, 독립유공자예우에관한법률 등은 이 규정에 근거한 법률이라고 할 수 있다.

2. 노동3권

헌법 제33조 제1항에서 "근로자는 근로조건의 향상을 위하여 자주적인 단결권 · 단체교섭권 및 단체행동권을 가진다."고 함으로써 이른바 노동3권 또는 근로3권을 보장하고 있다.

(1) 단결권

근로자가 근로조건을 유지 · 개선하기 위하여 노동조합을 결성하거나 가입 또는 탈퇴할 권리를 말한다. 이는 사용자와 대등하게 협상하기 위하여, 노동자의 의견을 통일하는 것이 필수적이기 때문에 인정되는 권리로, 노동3권의 첫 번째 권리에 해당한다.

(2) 단체교섭권

근로자가 근로조건을 유지 · 개선하기 위하여 노동조합을 통해 사용자와 교섭할 권리를 말한다. 단체협약을 맺기 위해 교섭할 권리와 단체협약을 맺을 권리를 모두 포함한다.

(3) 단체행동권

근로자가 근로조건을 유지 · 개선하기 위한 단체교섭이 결렬되었을 때, 단체행동을 통해 이를 관철시키는 권리를 말한다. 파업 · 태업 등의 쟁위행위뿐만 아니라, 자동차 생산라인의 노동자들이 현장에서 넥타이를 착용하는 것과 같은 집단적 행동도 모두 단체행동권에 속한다.

제 3 장 근로기준법

근로기준법은 근로자가 인간으로서 생활하는 데 필요한 근로조건을 확보할 수 있도록 하기 위하여 최소한의 근로기준을 규정하는 법을 말한다.

근로기준법은 그 목적을 제1조에서 "이 법은 헌법에 의거하여 근로조건의 기준을 정함으로써 근로자의 기본적 생활을 보장 · 향상시키며, 균형 있는 국민경제의 발전을 도모함을 목적으로 한다."고 규정하고 있다.

Ⅰ. 적용범위

근로기준법은 동법의 적용범위를 "이 법은 상시 5인 이상의 근로자를 사용하는 모든 사업 또는 사업장에 적용한다."고 규정하고 있다(제11조).

그리고 동법은 국가, 특별시 · 광역시 · 도, 시 · 군 · 구, 읍 · 면 · 동 기타 이에 준한 것에 대하여서도 적용된다.

이는 그 적용범위가 과도하게 광범위하다는 감이 있지만, 모든 근로자에게 인간다운 근로조건의 유지를 도모한다는 점에 있어서 적절하다 할 것이다. 다만 동거의 친족만을 사용하는 사업 또는 사업장과, 가사사용인(家事使用人)에 대하여는 근로기준법을 적용하지 아니한다.

판 례

근로기준법은 대한민국의 국민간에 서로의 고용계약에 의한 근로자인 이상 그 취업장소가 국내이거나 국외임을 가리지 않고 적용될 성질의 법률이라고 할 것이다(대판 1970. 5. 26, 70다523,524).

Ⅱ. 근로기준법의 기본원칙

근로관계의 내용은 원칙적으로 사용자와 근로자가 개별적으로 정하는 것이 원칙이다. 그러나 현대 노동법은 개별근로계약을 불신하고 점차 이를 제한하는 방향으로 성숙하여 왔다. 따라서 오늘날 그 내용은 단체협약이나 취업규칙에 의하여 정하는 것이 보통이다. 물론 그 최저기준은 근로기준법에서 규정하고 있다.

1. 근로자의 기본생활보장의 원칙

근로기준법 제1조는 [이 법은 헌법에 따라 근로조건의 기준을 정함으로써 근로자의 기본적 생활을 보장, 향상시키며 균형 있는 국민경제의 발전을 꾀하는 것을 목적으로 한다]고 규정함으로써 이 법의 기본원칙이 근로자의 기본생활의 보장에 있음을 밝히고 있다. 근로조건의 기준을 확보하는 것이 근로자의 인간다운 생활을 영위하기 위한 필요불가결한 조건이라는 점에서 이는 너무나 당연한 규정이다. 그러므로 근로관계의 당사자는 근로기준법상의 근로조건이 최저기준이라는 것을 이유로 근로조건을 저하시킬 수 없으며, 언제나 그 향상에 노력하지 않으면 안 된다. 바로 여기에 근로기준법의 근로조건 개선적 성격이 있고, 또 헌법 제32조 3항이 [근로조건의 기준은 인간의 존엄성을 보장하도록 법률로 정한다]고 규정한 의미가 있다.

2. 근로조건의 결정 및 준수의 원칙

근로기준법은 근로조건이 근로자와 사용자가 동등한 지위에서 자유의사에 의하여 결정되도록 규정하고 있다. 또한 근로자와 사용자가 단체협약 · 취업규칙과 근로계약을 준수하여야 하며, 각자가 이를 성실히 이행하여야 한다고 규정하고 있다.

판 례

사용자가 취업규칙을 근로자에게 일방적으로 불이익하게 변경하려면 종전 취업규칙의 적용을 받은 근로자집단의 결정방법에 의한 동의를 요하고, 그 동의방법은 노동조합이 있는 경우에는 그 노동조합의 동의, 조합이 없는 경우에는 근로자들의 회합방식에 의한 과반수의 동의가 있어야 하며 그러한 동의가 없는 한 취업규칙 변경으로서의 효력을 가질 수 없고 개인적으로 동의한 근로자에 대하여도 효력이 없다(대판 1977. 9. 28, 77다681)

3. 균등대우의 원칙

근로기준법은 사용자는 근로자에 대하여 남녀의 차별적 대우를 하지 못하며, 국적 ·

신앙 또는 사회적 신분을 이유로 근로조건에 대한 차별적 대우를 금지하고 있다.

4. 강제근로 및 폭행의 금지

사용자는 폭행 · 협박 · 감금 기타 정신상 또는 신체상의 자유를 부당하게 구속하여 근로를 강요하지 못한다. 사용자는 사고발생 기타 어떠한 이유로도 근로자에게 폭행 · 구타행위를 하지 못한다.

5. 중간착취의 배제

누구든지 법률에 의하지 아니하고는 영리로 타인의 취업에 개입하거나 중간인으로서 이익을 취득하지 못한다.

6. 공민권 행사의 보장

사용자는 근로자가 근로시간 중에 선거권 기타 공민권의 행사 또는 공적인 직무를 집행하기 위하여 필요한 시간을 청구하는 경우에는 거부하지 못한다. 다만 그 권리행사 또는 공적인 직무를 집행함에 지장이 없는 범위 내에서 청구한 시각을 변경할 수 있다.

Ⅲ. 개별적 세부규정 내용

1. 근로계약

사용자는 근로계약 체결시에 근로자에 대하여 임금 · 근로시간 기타의 근로조건을 명시하여야 한다. 또 사용자는 근로계약 불이행에 대한 위약금 또는 손해배상액을 예정하는 계약을 체결하지 못하며, 강제저금과 전차금상쇄(前借金相殺)는 금지되며 퇴직금제도 등을 설정해야 한다. 근로기준법에 정한 기준에 미치지 못하는 근로조건을 정한 근로계약은 그 부분에 한하여 무효이다.

사용자는 근로자에 대하여 정당한 이유 없이 해고 · 휴직 · 정직 · 전직 · 감봉 기타 징벌을 하지 못한다. 그렇지만 경영상의 이유로 인한 정리해고는 사실상 허용되고 있다.

근로자를 해고할 때에는 적어도 30일 이전에 예고하여야 하며, 예고하지 않은 때에는 30일분 이상의 통상임금을 지급하여야 한다. 부당하게 해고 등의 불이익처분을 받은 근로자는 노동위원회에 구제를 신청할 수 있다.

판 례

회사가 구미시에 있는 회사 생산부 보일러공으로 종사하여 온 근로자에 대하여 서울출장소의 영업부에서 근무하도록 한 조치는 중대한 근로조건의 변경으로서, 근로자의 사전동의가 없는 한 무효이다(대판 1994. 2. 8, 92다893).

2. 임금

(1) 의의

임금의 지불은 매월 1회 이상 일정한 기일을 정하여 지불해야 하며, 비상시(출산 · 질병 · 재해 등)와 휴업시에도 임금을 지불하여야 한다. 임금의 소멸시효기간은 3년이다.

퇴직하는 근로자에게는 근속년수 1년에 대하여 30일분 이상의 평균임금을 퇴직금으로 지급하여야 한다. 퇴직시의 임금채권은 다른 채권에 우선하여 변제되어야 한다. 특히 최종 3개월분의 임금, 최종 3년간의 퇴직금, 재해보상금은 최우선적으로 변제되어야 한다.

일반적으로 임금(賃金)이란 사용자가 근로자의 노동에 대한 대가(代價)로 지급하는 봉급 등의 일체의 금품이라고 할 수 있다.

물론, 사용자(使用者)가 근로자에게 그 근로의 대가로 지급하는 것이면 그 명칭이나 형식 등은 문제가 되지 않는다. 따라서 식사, 유급휴일과 휴가시 지급되는 급여, 가족수당, 체력단련비, 학비보조금, 차량유지비, 회사사택거주제공 및 자사주식의 제공 역시 임금의 일종으로 보아야 한다. 그러나 출장비, 해외근무수당, 정보비, 각종축의금, 조위금 등은 임금으로 볼 수 없다는 것이 일반적이다.

(2)최저임금제(最低賃金制)

최저임금제란 근로자의 최저임금을 보장함으로서 최소한의 생계를 보호하는데에 그 목적이 있다. 즉 국가는 노사간(勞使間)의 임금결정과정에 개입하여 임금의 최저수준을 정하고, 사용자에게 이 수준 이상의 임금을 지급하도록 법률적인 강제를 통하여 궁극적으로 근로자를 보호하는 것이다.

이와 같은 최저임금제는 우리나라의 경우 1953년에 당시의 근로기준법 제정을 통해 동법 제34조와 제35조에서 근거규정을 두었으나, 당시의 경제적 여건의 미성숙으로 실질적인 시행을 보류하여 왔으나 1986년 이후 우리 경제의 수용능력의 제고(提高) 등으로 인해 동년 12월 31일에 마침내 최저임금법을 제정 공포하여 1988년 1월 1일부터 본격적으로 실시하게 되었다.

이 최저임금제의 결정과 관련하여 노동부장관은 다음년도 최저임금을 최저임금위원회의 심의를 거쳐 매년 8. 5까지 결정하여 고시하게 되며, 이를 통해 다음 연도 1월 1일부터 12월 31일까지 효력을 가지게 된다. 그리고 이 최저임금액은 시간, 일, 주 또는 월 단위로 결정하되 반드시 시간급을 명시하여야 하며 이를 위반할 경우에는 3년 이하의 징역 또는 2천만원 이하의 벌금을 부과할 수 있다.

현재 2009년 1월 1일부터 12월 31일까지의 최저임금은 1시간당 4,000원에 1일 32,000원(8시간 기준)이다.

3. 근로시간과 휴식

근로시간은 휴식시간을 제하고 1일에 8시간 1주일에 40시간을 초과할 수 없다. 당사자 간의 합의가 있는 경우에는 2주간을 평균하여 1주간의 근로시간이 40시간을 초과하지 아니하는 범위 내에서 특정일에 대하여 8시간, 특정 주에 대하여 40시간을 초과하여 근로를 시킬 수 있고 특별한 사정이 있는 경우에는 노동부장관의 허가를 얻어 시간을 연장할 수 있다.

4시간에 30분 이상, 8시간에 1시간 이상의 휴식을 주어야 하며, 기타 휴일제도, 시간외 · 야간 및 휴일근무와 연차유급 휴가에 대한 기준이 있다.

판 례

연차유급휴가는 1년간 개근 내지 정근한 근로자에 대하여 그가 청구하는 시기에 통상임금 또는 평균임금을 지급하면서 휴가를 주는 것이므로, 만약 근로자가 그 휴가를 이용하지 않고 계속 근로한 경우에 근로자는 사용자에 대하여 그 휴가일수에 해당하는 임금을 더 청구할 수 있다(대판 1971. 12. 28, 71다1713).

4. 여성과 소년

15세 미만자는 근로자로 사용하지 못한다. 다만, 대통령이 정하는 기준에 따라 노동부 장관의 취업인가증을 소지한 자는 예외이다.

여성과 18세 미만자는 도덕상 또는 보건상 유해 · 위험한 사업에 사용하지 못하고, 하오 10시부터 상오 6시까지의 사이에 근로시키지 못하며, 또 휴일근무에 종사시키지 못한다. 그러나 노동부장관의 허가를 얻은 경우에는 예외이다. 여성에게는 생리휴가 · 산전산후 휴가 · 육아시간(1일 2회 각 30분 이상의 유급수유시간)을 주어야 한다.

5. 안전과 보건

사용자는 작업상 위험 또는 보건상 유해한 시설에 대하여 그 위험방지 또는 근로자의 건강 · 풍기와 생명의 보호 · 유지에 필요한 조치를 강구해야 한다.

근로자의 안전과 보건에 관하여는 산업안전보건법이 정하는 바에 의한다.

6. 기능습득

사용자는 양성공 · 수습 기타 명칭을 불문하고 기능의 습득을 목적으로 하는 근로자를 혹사시키거나 가사(家事) 기타 기술습득에 관계없는 업무에 종사시키지 못한다. 특정기능자를 양성할 필요가 있는 경우에는 그 교습방법 · 사용자 자격 · 계약기간 · 근로시간과 임금에 관한 규정을 노동위원회에 자문하여 제정된 대통령령의 규정에 따라야 한다.

7. 재해보상

근로자가 업무수행 중 부상 · 질병에 걸린 경우 사용자는 그 요양비를 부담해야 하고, 또 부상 · 질병에 걸려 완치 후 신체에 장해가 있는 경우에 사용자는 그 장해 정도에 따라 일정한 장해보상을 해야 한다. 기타 유족보상과 장례비를 지급해야 한다.

8. 취업규칙

상시 10인 이상의 근로자를 사용하는 사용인은 취업규칙을 작성하여 노동부장관에게 신고하여야 한다. 그 사항은 다음과 같다.

(i) 시업 · 종업의 시각, 휴식시간, 휴일, 휴가 및 교대근무에 관한 사항
(ii) 임금의 결정 · 계산 · 지급방법, 임금의 산정기간 · 지급시기 및 승급에 관한 사항
(iii) 가족수당의 계산과 지급방법에 관한 사항
(iv) 퇴직에 관한 사항
(v) 퇴직금 · 상여 및 최저임금에 관한 사항
(vi) 근로자의 식비 · 작업용품 등 부담에 관한 사항
(vii) 근로자를 위한 교육시설에 관한 사항
(viii) 안전과 보건에 관한 사항
(ix) 업무상과 업무 외의 재해부조(災害扶助)에 관한 사항
(x) 표창과 제재에 관한 사항
(xi) 기타 당해 사업 또는 사업장의 근로자 전체에 적용될 사항

판 례

취업규칙 변경 후에 근로관계를 갖게 된 근로자에 대하여는 변경된 취업규칙이 적용되고, 다만 기득이익을 침해하게 되는 기존의 근로자에 대하여는 종전의 취업규칙이 적용될 뿐이다(대판 1997. 7. 11, 97다14934).

9. 기숙사

사용자는 사업 또는 사업장의 부속 기숙사에 기숙하는 근로자의 사생활의 자유를 침범하지 못하며, 기숙사 규칙을 작성하여야 한다.

10. 근로감독관

근로조건의 기준을 확보하기 위하여 노동부 및 그 소속기관에 감독기관으로서 근로감독관을 둔다. 감독관의 권한은 사업장 · 기숙사 기타 부속 건물에 임검(臨檢)하고, 장부와 서류의 제출을 요구할 수 있으며, 또 사용자와 근로자에 대하여 심문(尋問)할 수 있다. 의사인 근로감독관은 취업의 금지를 하여야 할 질병에 걸릴 의심이 있는 근로자에 대하여 검진을 할 수 있다. 근로감독관은 사법경찰관의 직무를 수행한다.

제 4 장 경제법

Ⅰ. 경제법의 개념

1. 의의

경제법이란 국민경제에 관하여 국가가 어떤 계획을 수립 · 지도 · 조정 또는 규제하는 법규 전체를 말한다. 즉 자유경제체제하에서의 시민법이 각종 실질적 불평등을 초래하는 것을 막고 경제정의를 실현하기 위한 법을 경제법이라 말하는 것이다.

경제법을 위와 같이 정의해 보았으나 실은 경제법의 정의에 관한 학설은 지극히 다양하여 그 정설이 없다. 그것은 경제법이 비교적 새로운 법분야이고 또 경제현상은 광범위하고 또 부단히 변천하고 있기 때문이다.

2. 성격

경제법은 개인과 개인 사이의 평등관계를 규율하는 사법도 아니요, 국가와 국민 간의 권력복종관계를 규율하는 공법도 아니고, 제3의 법분야인 사회법에 속하는 것으로 보는 것이 일반적이다.

민법은 자본주의 사회의 보편적 기초법으로서 자본주의 사회의 기초구조에 대한 법리적 표현이고, 상법은 산업자본 혹은 영리생활 · 기업생활 관계에 대한 특수한 법으로서, 그 체계적 · 실천적 기능을 발휘함에 있어 역시 자본법적인 역사적 성격을 내포하고 있다. 그러나 경제법은 국가 총자본의 입장에서 국민경제의 독점자본주의적 구조 및 활동에 관한 법질서이므로, 상법과는 긴밀한 관계를 가지면서도 양자 사이에 규제태도에 있어서 차이가 있다.

즉, 상법은 거래 활성화에 초점을 맞추고 있으나, 경제법은 거래의 공정성에 초점을 맞추고 있다.

경제법의 특성으로서 다음의 몇 가지를 들 수 있다.

첫째, 경제법은 경제생활 · 기업활동을 대상으로 하는 경제성을 띤 경제활동에 대한 공권력의 작용을 규율하는 법이다. 둘째, 경제의 성질상 기술적이고 합리적 성격을 가진 법이다. 셋째, 경제관계를 규율하기 때문에 변동성이 강하다. 넷째, 국민경제의 이익을 위하는 법이므로 공공성을 띠고 있다. 다섯째, 경제법은 그 제정의 목적에서도 알 수 있듯이 국민경제의 입장에서 기업활동을 사회집단적으로 통제하기 위한 것이기 때문에 그 규율대상을 지도하고 조직 · 통제하는 지도성을 가지고 있다.

3. 경제법의 발생

자본주의적 사회체제는 자유와 형식적(절대적) 평등을 기반으로 하여 눈부신 경제의 발전과 문화의 발달을 가져 왔다. 그러나 경제활동의 자유방임은 대자본 · 대기업의 경제적 폭력하에 근로자는 물론 일반대중이 경제적 약자로서 법의 보호 밖으로 방기되는 결과를 초래하였다. 또한 경제의 무계획성은 공황과 불황 그리고 실업이라는 사회적 악을 가져와 전 국민경제를 파탄시키는 결과를 초래하였다.

이런 이유로 경제에 대한 국가의 적극적 간섭, 강력한 통제가 요구되게 되었다. 이러한 사회적 기반 위에서 자유주의경제의 모순을 극복하고 국민경제에 대한 권력적 통제를 목적으로 하는 입법이 요구되어 경제법이 생성된 것이다.

II. 우리나라의 경제법

우리 헌법은 제119조 제2항에서 "국가는 균형 있는 국민경제의 성장 및 안정과 적정한 소득의 분배를 유지하고, 시장의 지배와 경제력의 남용을 방지하며, 경제주체 간의 조화를 통한 경제의 민주화를 위하여 경제에 관한 규제와 조정을 할 수 있다."고 규정하여 경제법의 헌법적 근거를 명시하고 있다.

이러한 근거에 의하여 우리나라가 제정 · 공포한 주요 경제법은 다음과 같은 것들이 있다.

독점규제및공정거래에관한법률, 제조물책임법, 소비자보호법, 할부거래에관한법률, 방문판매등에관한법률, 약관의규제에관한법률, 농지개혁법, 물가안정에관한법률, 양곡관리법, 시장법, 특정외래품판매금지법, 부정경쟁방지법, 중소기업협동조합법, 자본시장육성에관한법률, 철도법, 농업기본법, 무역거래법, 외자도입법, 기업공개촉진법, 공공차관의도입및관리법, 산림개발법, 축산업협동조합법, 농어민후계자육성기금법, 택지개발촉진에관한법 등이다.

1. 독점규제및공정거래에관한법률

흔히 독점규제법 혹은 공정거래법이라 부르고 있다. 독점규제법은 공정하고 자유로운 경쟁을 촉진함으로써, 창의적인 기업활동을 보장하고, 소비자를 보호하며, 국민경제의 균형 있는 발전을 도모함을 목적으로 한다.

독점규제법은 불공정행위에 대한 규제를 위해 시장지배적 지위의 남용 금지, 기업결합의 제한, 경제력집중 억제, 부당한 공동행위 금지, 불공정거래행위 금지, 재판매가격유지행위 금지, 부당한 국제계약체결 제한 등의 규정을 두고 있다.

또한 불공정거래행위에 의한 피해를 구제하기 위하여 공정거래위원회를 두고 있다.

2. 소비자보호법

소비자보호법은 소비자의 기본권익을 보호하기 위하여 국가 · 지방자치단체 및 사업자의 의무와 소비자 및 소비자단체의 역할을 규정하고, 소비자보호시책의 종합적 추진을 위한 기본적 사항을 규정하여, 소비생활의 향상과 합리화를 이룩함을 목적으로 한다.

소비자보호법은 이러한 목적을 달성하기 위해 소비자정책심의위원회, 한국소비자보호원, 소비자분쟁조정위원회 등을 두고 있다.

3. 제조물책임법

제조물책임법은 제조물의 결함으로 인하여 발생한 손해에 대하여 제조업자 등의 손해배상책임을 규정함으로써 피해자의 보호를 도모하고 국민생활의 안전향상과 국민경제의 건전한 발전에 기여함을 목적으로 한다.

2002년 7월 제조물책임법의 시행으로 제조자의 무과실책임을 인정하게 되었다.

4. 약관의규제에관한법률

약관의규제에관한법률은 사업자가 그 거래상의 지위를 남용하여 불공정한 내용의 약관을 작성 · 통용하는 것을 방지하고, 불공정한 내용의 약관을 규제하여 건전한 거래질서를 확립함으로써 소비자를 보호하고 국민경제의 균형 있는 향상을 도모함을 목적으로 한다.

약관이란 계약의 일방당사자가 다수의 상대방과 계약을 체결하기 위하여 일정한 형식에 따라 미리 마련해 둔 계약의 내용을 말하며, 약관의규제에관한법률은 약관의 일반원칙 및 각종 금지조항을 규정하고 있다.

5. 방문판매등에관한법률

일반적 거래는 매도인의 점포에서 이루어지는 것이 보통이지만, 최근에는 방문판매, 통신판매, 다단계판매, 인터넷판매 등의 특수한 거래형태가 많이 활용되고 있다. 이러한 특수한 거래형태를 규율하는 법률이 바로 방문판매등에관한법률이다.

방문판매 등의 거래는 충동구매가 많은 각종의 폐해가 발생할 수 있으므로, 이에 대한 피해구제를 위해 매수인철회권 등을 규정하고 있다.

제 5 장 사회보장법

Ⅰ. 사회보장법의 개념

1. 의의

사회보장법은 사회법의 일분야로서 국민생활의 사회적 안정을 목적으로 하는 법 전체를 말한다. 이에는 공적부조, 사회보험, 근로보험, 특별원호, 사회복지 등에 관한 법이 포함된다.

2. 성격

헌법에 규정되어 있는 사회권적 기본권은 그 법적 성격이 구체적 권리라고 인정되고 있지만, 법률의 제정 없이는 그 내용이 현실적으로 실현될 수 없는 난점을 갖고 있다. 따라서 사회보장법은 헌법에 규정된 사회권적 기본권을 구체화하는 법률로서 구체성을 특성으로 한다.

Ⅱ. 우리나라의 사회보장법

1. 헌법의 근거

우리나라 헌법은 제34조에서 "모든 국민은 인간다운 생활을 할 권리를 가진다. 국가는 사회보장 · 사회복지의 증진에 노력할 의무를 진다."고 규정하고 있다. 그리고 "생활능력이 없는 국민은 법률이 정하는 바에 의하여 국가의 보호를 받는다."라고 규정하여 사회보장법의 입법 근거를 명시하고 있다.

2. 사회보장법의 종류

우리나라가 제정 · 공포한 사회보장에 관한 개별적 법률 중 중요한 것은 다음과 같다.

사회보장기본법, 고용보험법, 생활보호법, 보건소법, 군인보험법, 재해구호법, 공해방지법, 의료보험법, 국민복지연금법, 아동복지법, 모자복지법, 노인복지법, 장애인복지법, 직업훈련기본법, 군사원호보상법, 사회복지사업법, 사회복지사업기금법, 공무원연금법, 사립학교교원연금법, 직업안정법 등이다.

제 6 장 스포츠법

Ⅰ. 스포츠법의 개념

1. 의의

최근 스포츠법이라는 새로운 영역이 발생하여 논의가 활발히 진행되고 있다. 그러나 아직까지 스포츠법에 대한 개념정의는 확립되지 않은 상태이며, 스포츠에 관련된 법(스포츠관계법)과 스포츠 규범(스포츠 내부법)을 포괄하는 개념으로 봄이 일반적인 것 같다.

즉 스포츠 관계법(국민체육진흥법, 체육시설의설치 · 이용에관한법률 등)과 스포츠 내부법(경기규칙, 대회규정 등)을 스포츠법의 내용으로 보고 있으며, 더 나아가 기타 일반 법령 중 스포츠와 관련된 조항까지도 그 연구의 대상으로 삼고 있다.

2. 성격

생활패턴이 선진국형으로 바뀌면서 각종 레저스포츠에 대한 관심이 높아지고 그에 따른 법적 문제(레크리에이션 활동 중의 부상, 학교 운동선수의 합숙훈련, 국가대표선수의 선수촌 입촌 의무, 프로선수의 단체행동 · 이적(移籍) · 연봉협상 등)의 발생이 빈발하게 되었다.

스포츠법은 이러한 문제의 해결에 있어서 관행적 · 자의적 해결에서 벗어나, 법규에 의한 법률적 · 확정적 해결을 도모하기 위하여 발생한 것이다. 따라서 스포츠법은 헌법상의 스포츠권 등 공법분야뿐만 아니라 프로선수의 이적문제 등 사법분야까지 연구의 대상으로 삼음으로써 사회법적 성격을 띠고 있다고 할 것이다.

Ⅱ. 스포츠 관계 국가법

1. 국민체육진흥법

국민체육진흥법은 스포츠 관계법의 기본법이라고 할 수 있다.

국민체육진흥법은 제1조에서 "이 법은 국민체육을 진흥함으로써 국민의 체력을 증진하고 건전한 정신을 함양하여 명랑한 국민생활을 영위하게 하며, 나아가 체육을 통하여 국위선양에 이바지함을 목적으로 한다."고 규정하고 있다. 이는 국민체육진흥법이 생활체육과 엘리트체육의 진흥을 동시에 추구하고 있으며 생활체육과 엘리트체육의 조화를 강조하고 있다는 것을 잘 나타내 주고 있다.

이 법은 체육진흥을 위하여 학교체육진흥 등 각종 진흥조치, 투표권발행 등 기금조성방법, 체육단체의 육성 등에 대하여 규정하고 있다.

2. 체육시설의설치 · 이용에관한법

체육시설의설치 · 이용에관한법은 체육활동을 위하여 제공되는 체육시설에 대한 각종 규제 및 지원을 목적으로 하는 법률이다. 이 법은 제1조에서 "체육시설의 설치 · 이용을 장려하고 체육시설업을 건전하게 발전시켜 국민의 건강증진과 여가선용에 이바지함을 목적으로 한다."고 규정하고 있다. 이는 특히 생활체육에 중점을 두고 있음을 잘 나타내 주고 있는 것이다.

이 법은 전문체육시설 · 생활체육시설 등 공공체육시설과 이러한 체육시설을 설치하여 영리를 목적으로 제공하는 자에 관한 규정을 두고 있다.

3. 기타 스포츠 관계법

기타 스포츠 관계법으로는 상기의 두 법률만 있는 것이 아니다. 운동선수 혹은 스포츠시설, 운동경기 등 각종 스포츠활동 중 야기될 수 있는 문제와 관련된 각종 법규는 행복추구권, 인간다운 생활을 할 권리 등 헌법의 규정을 위시하여 형법, 민법, 형사소송법, 민사소송법 등 개별 법률에 그 내용이 산재해 있다.

최근의 프로스포츠선수의 이적문제, 연봉협상문제, 학교 체육시간 사고에 대한 처리문제 등은 개별 법률에 의하여 처리될 것이지만 일반의 경우와는 다른 특징을 갖고 있다.

즉 각종의 스포츠활동은 부상 및 사고를 예견하고 있으며 권투, 태권도 등의 경우 상대방을 가격하는 것을 정당화하고 있으므로 그로 인한 사고의 처리는 일반법규와는 다른 법리에 의하여 해결되어야 할 것이다.

Ⅲ. 스포츠 내부(고유)법

1. 경기규칙

스포츠 내부법에서 가장 중요한 내용이 경기규칙에 관한 내용이다. 즉 경기규칙이 실정법의 내용에 저촉될 때 어디까지 인정할 것인가 하는 문제이다.

일반적으로 국제적으로 공인된 스포츠종목의 경기규칙은 실정법에 저촉된다 하더라도 정당행위로서 합법성을 인정하는 것이 일반적이다. 그러나 격투기 등 공인되지 않은 종목의 경기 중 사고가 발생하였을 경우에는 상대방의 승낙에 의한 형사상의 위법성 조각 및 민사상의 손해배상 면책 등을 어떻게 판단할 것인지가 문제가 될 수 있다.

이러한 것을 판단할 때에는 결국 사회상규상 상당하다고 인정되는 범위를 상정하여 판단해야 할 것이다.

2. 내부규약 등

각종 프로스포츠에는 한국야구위원회 등 내부규약이 있는데, 이는 프로선수들의 입단과 이적, 연봉책정, 대회규정 등 다양한 내용을 포함하고 있다. 그러나 이러한 대회규정 및 규약 등은 공정거래법, 약관의규제에관한법률 등에 의한 제재를 받으며 그 범위내에서 정당성을 인정받게 된다.

그러나 이 역시 스포츠의 특성에 의하여 일반 약관과는 그 정당성 여부의 판단기준이 다르게 적용되고 있다

부 록

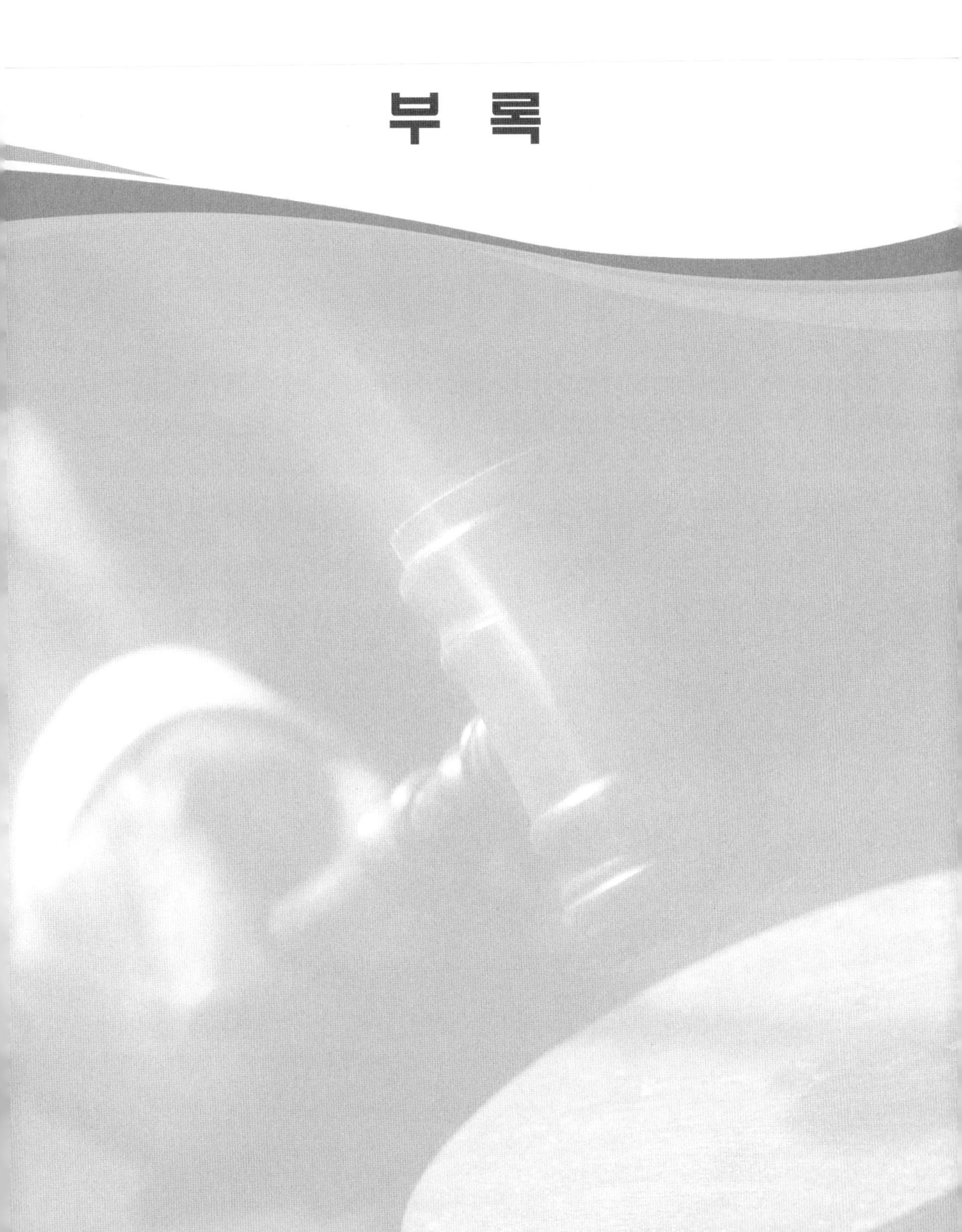

大韓民國憲法

제 정	48. 7. 17	전문개정	62. 12. 26
일부개정	52. 7. 7	일부개정	69. 10. 21
일부개정	54. 11. 29	전문개정	72. 12. 27
전문개정	60. 6. 15	전문개정	80. 10. 27
일부개정	60. 11. 29	전문개정	87. 10. 29

【前 文】

悠久한 歷史와 傳統에 빛나는 우리 大韓國民은 3·1運動으로 建立된 大韓民國臨時政府의 法統과 不義에 抗拒한 4·19民主理念을 계승하고, 祖國의 民主改革과 平和的 統一의 使命에 입각하여 正義·人道와 同胞愛로써 民族의 團結을 공고히 하고, 모든 社會的 弊習과 不義를 타파하며, 自律과 調和를 바탕으로 自由民主的 基本秩序를 더욱 확고히 하여 政治·經濟·社會·文化의 모든 領域에 있어서 各人의 機會를 균등히 하고, 能力을 最高度로 발휘하게 하며, 自由와 權利에 따르는 責任과 義務를 완수하게 하여, 안으로는 國民生活의 균등한 향상을 기하고 밖으로는 항구적인 世界平和와 人類共榮에 이바지함으로써 우리들과 우리들의 子孫의 安全과 自由와 幸福을 영원히 확보할 것을 다짐하면서 1948年 7月 12日에 制定되고 8次에 걸쳐 改正된 憲法을 이제 國會의 議決을 거쳐 國民投票에 의하여 改正한다.

(1987년 10월 29일)

第1章 總綱

第1條 ① 大韓民國은 民主共和國이다.

② 大韓民國의 主權은 國民에게 있고, 모든 權力은 國民으로부터 나온다.

第2條 ① 大韓民國의 國民이 되는 요건은 法律로 정한다.

② 國家는 法律이 정하는 바에 의하여 在外國民을 보호할 義務를 진다.

第3條 大韓民國의 領土는 韓半島와 그 附屬島嶼로 한다.

第4條 大韓民國은 統一을 指向하며, 自由民主的 基本秩序에 입각한 平和的 統一 政策을 수립하고 이를 추진한다.

第5條 ① 大韓民國은 國際平和의 유지에 노력하고 侵略的 戰爭을 否認한다.

② 國軍은 國家의 安全保障과 國土防衛의 神聖한 義務를 수행함을 使命으로 하며, 그 政治的 中立性은 준수된다.

第6條 ① 憲法에 의하여 체결訴矣令 條約과 一般的으로 승인된 國際法規는 國內法과 같은 效力을 가진다.

② 外國人은 國際法과 條約이 정하는 바에 의하여 그 地位가 보장된다.

第7條 ① 公務員은 國民全體에 대한 奉仕者이며, 國民에 대하여 責任을 진다.

② 公務員의 身分과 政治的 中立性은 法律이 정하는 바에 의하여 보장된다.

第8條 ① 政黨의 設立은 自由이며, 複數政黨制는 보장된다.

② 政黨은 그 目的·組織과 活動이 民主的이어야 하며, 國民의 政治的 意思形成에 참여하는데 필요한 組織을 가져야 한다.

③ 政黨은 法律이 정하는 바에 의하여 國家의 보호를 받으며, 國家는 法律이 정하는 바에 의하여 政黨運營에 필요한 資金을 補助할 수 있다.

④ 政黨의 目的이나 活動이 民主的 基本秩序에 違背될 때에는 政府는 憲法裁判所에 그 解散을 提訴할 수 있고, 政黨은 憲法裁判所의 審判에 의하여 解散된다.

第9條 國家는 傳統文化의 계승·발전과 民族文化의 暢達에 노력하여야 한다.

第2章 國民의 權利와 義務

第10條 모든 國民은 人間으로서의 尊嚴과 價値를 가지며, 幸福을 追求할 權利를 가진다. 國家는 개인이 가지는 不可侵의 基本的 人權을 확인하고 이를 보장할 義務를 진다.

第11條 ① 모든 國民은 法 앞에 平等하다. 누구든지 性別·宗敎 또는 社會的 身分에 의하여 政治的·經濟的·社會的·文化的 生活의 모든 領域에 있어서 차별을 받지 아니한다.

② 社會的 特殊階級의 制度는 인정되지 아니하며, 어떠한 形態로도 이를 創設할 수 없다.

③ 勳章등의 榮典은 이를 받은 者에게만 效力이 있고, 어떠한 特權도 이에 따르지 아니한다.

第12條 ① 모든 國民은 身體의 自由를 가진다. 누구든지 法律에 의하지 아니하고는 逮捕·拘束·押收·搜索 또는 審問을 받지 아니하며, 法律과 適法한 節次에 의하지 아니하고는 處罰·保安處分 또는 强制勞役을 받지 아니한다.

② 모든 國民은 拷問을 받지 아니하며, 刑事上 자기에게 不利한 陳述을 强要당하지 아니한다.

③ 逮捕·拘束·押收 또는 搜索을 할 때에는 適法한 節次에 따라 檢事의 申請에 의하여 法官이 발부한 令狀을 제시하여야 한다. 다만, 現行犯人인 경우와 長期 3年 이상의 刑에 해당하는 罪를 범하고 逃避 또는 證據湮滅의 염려가 있을 때에는 事後에 令狀을 請求할 수 있다.

④ 누구든지 逮捕 또는 拘束을 당한 때에는 즉시 辯護人의 助力을 받을 權利를 가진다. 다만, 刑事被告人이 스스로 辯護人을 구할 수 없을 때에는 法律이 정하는 바에 의하여 國家가 辯護人을 붙인다.

⑤ 누구든지 逮捕 또는 拘束의 이유와 辯護人의 助力을 받을 權利가 있음을 告知받지 아

니하고는 逮捕 또는 拘束을 당하지 아니한다. 逮捕 또는 拘束을 당한 者의 家族등 法律이 정하는 者에게는 그 이유와 日時·場所가 지체없이 통지되어야 한다.

⑥ 누구든지 逮捕 또는 拘束을 당한 때에는 適否의 審査를 法院에 請求할 權利를 가진다.

⑦ 被告人의 自白이 拷問·暴行·脅迫·拘束의 부당한 長期化 또는 欺罔 기타의 방법에 의하여 自意로 陳述된 것이 아니라고 인정될 때 또는 正式裁判에 있어서 被告人의 自白이 그에게 不利한 유일한 증거일 때에는 이를 有罪의 증거로 삼거나 이를 이유로 處罰할 수 없다.

第13條 ① 모든 國民은 行爲時의 法律에 의하여 犯罪를 구성하지 아니하는 행위로 訴追되지 아니하며, 동일한 犯罪에 대하여 거듭 處罰받지 아니한다.

② 모든 國民은 遡及立法에 의하여 參政權의 제한을 받거나 財産權을 剝奪당하지 아니한다.

③ 모든 國民은 자기의 행위가 아닌 親族의 행위로 인하여 불이익한 處遇를 받지 아니한다.

第14條 모든 國民은 居住·移轉의 自由를 가진다.

第15條 모든 國民은 職業選擇의 自由를 가진다.

第16條 모든 國民은 住居의 自由를 침해받지 아니한다. 住居에 대한 押收나 搜索을 할 때에는 檢事의 申請에 의하여 法官이 발부한 令狀을 제시하여야 한다.

第17條 모든 國民은 私生活의 秘密과 自由를 침해받지 아니한다.

第18條 모든 國民은 通信의 秘密을 침해받지 아니한다.

第19條 모든 國民은 良心의 自由를 가진다.

第20條 ① 모든 國民은 宗敎의 自由를 가진다.

② 國敎는 인정되지 아니하며, 宗敎와 政治는 分離된다.

第21條 ① 모든 國民은 言論·出版의自由와 集會·結社의 自由를 가진다.

② 言論·出版에 대한 許可나 檢閱과 集會·結社에 대한 許可는 인정되지 아니한다.

③ 通信·放送의 施設基準과 新聞의 機能을 보장하기 위하여 필요한 사항은 法律로 정한다.

④ 言論·出版은 他人의 名譽나 權利 또는 公衆道德이나 社會倫理를 침해하여서는 아니된다. 言論·出版이 他人의 名譽나 權利를 침해한 때에는 被害者는 이에 대한 被害의 賠償을 請求할 수 있다.

第22條 ① 모든 國民은 學問과 藝術의 自由를 가진다.

②著作者·發明家·科學技術者와 藝術家의 權利는 法律로써 보호한다.

第23條 ① 모든 國民의 財産權은 보장된다. 그 내용과 限界는 法律로 정한다.

② 財産權의 행사는 公共福利에 적합하도록

하여야 한다.

③ 公共必要에 의한 財産權의 收用·사용 또는 제한 및 그에 대한 補償은 法律로써 하되, 정당한 補償을 支給하여야 한다.

第24條 모든 國民은 法律이 정하는 바에 의하여 選擧權을 가진다.

第25條 모든 國民은 法律이 정하는 바에 의하여 公務擔任權을 가진다.

第26條 ① 모든 國民은 法律이 정하는 바에 의하여 國家機關에 文書로 請願할 權利를 가진다.

② 國家는 請願에 대하여 審査할 義務를 진다.

第27條 ① 모든 國民은 憲法과 法律이 정한 法官에 의하여 法律에 의한 裁判을 받을 權利를 가진다.

② 軍人 또는 軍務員이 아닌 國民은 大韓民國의 領域안에서는 중대한 軍事上 機密·哨兵·哨所·有毒飮食物供給·捕虜·軍用物에 관한 罪중 法律이 정한 경우와 非常戒嚴이 宣布된 경우를 제외하고는 軍事法院의 裁判을 받지 아니한다.

③ 모든 國民은 신속한 裁判을 받을 權利를 가진다. 刑事被告人은 상당한 이유가 없는 한 지체없이 公開裁判을 받을 權利를 가진다.

④ 刑事被告人은 有罪의 判決이 확정될 때까지는 無罪로 推定된다.

⑤ 刑事被害者는 法律이 정하는 바에 의하여 당해 事件의 裁判節次에서 陳述할 수 있다.

第28條 刑事被疑者 또는 刑事被告人으로서 拘禁되었던 者가 法律이 정하는 不起訴處分을 받거나 無罪判決을 받은 때에는 法律이 정하는 바에 의하여 國家에 정당한 補償을 請求할 수 있다.

第29條 ① 公務員의 職務上 不法行爲로 損害를 받은 國民은 法律이 정하는 바에 의하여 國家 또는 公共團體에 정당한 賠償을 請求할 수 있다. 이 경우 公務員 자신의 責任은 免除되지 아니한다.

② 軍人·軍務員·警察公務員 기타 法律이 정하는 者가 戰鬪·訓練 등 職務執行과 관련하여 받은 損害에 대하여는 法律이 정하는 報償외에 國家 또는 公共團體에 公務員의 職務上 不法行爲로 인한 賠償은 請求할 수 없다.

第30條 他人의 犯罪行爲로 인하여 生命·身體에 대한 被害를 받은 國民은 法律이 정하는 바에 의하여 國家로부터 救助를 받을 수 있다.

第31條 ① 모든 國民은 能力에 따라 균등하게 教育을 받을 權利를 가진다.

② 모든 國民은 그 보호하는 子女에게 적어도 初等教育과 法律이 정하는 教育을 받게 할 義務를 진다.

③ 義務教育은 無償으로 한다.

④ 教育의 自主性灑琛十雛政治的 中立性 및 大學의 自律性은 法律이 정하는 바에 의하여 보장된다.

⑤ 國家는 平生教育을 振興하여야 한다.

⑥ 學校教育 및 平生教育을 포함한 教育制度와 그 운영, 教育財政 및 教員의 地位에 관한 基本的인 사항은 法律로 정한다.

第32條 ① 모든 國民은 勤勞의 權利를 가진다. 國家는 社會的·經濟的 방법으로 勤勞者의 雇傭의 增進과 適正賃金의 보장에 노력하여야 하며, 法律이 정하는 바에 의하여 最低賃金制를 施行하여야 한다.

② 모든 國民은 勤勞의 義務를 진다. 國家는 勤勞의 義務의 내용과 조건을 民主主義原則에 따라 法律로 정한다.

③ 勤勞條件의 基準은 人間의 尊嚴性을 보장하도록 法律로 정한다.

④ 女子의 勤勞는 특별한 보호를 받으며, 雇傭刷·賃金 및 勤勞條件에 있어서 부당한 차별을 받지 아니한다.

⑤ 年少者의 勤勞는 특별한 보호를 받는다.

⑥ 國家有功者·傷痍軍警 및 戰歿軍警의 遺家族은 法律이 정하는 바에 의하여 優先的으로 勤勞의 機會를 부여받는다.

第33條 ① 勤勞者는 勤勞條件의 향상을 위하여 自主的인 團結權·團體交涉權 및 團體行動權을 가진다.

②公務員인 勤勞者는 法律이 정하는 者에 한하여 團結權·團體交涉權 및 團體行動權을 가진다.

③法律이 정하는 主要防衛産業體에 종사하는 勤勞者의 團體行動權은 法律이 정하는 바에 의하여 이를 제한하거나 인정하지 아니할 수 있다.

第34條 ① 모든 國民은 人間다운 生活을 할 權利를 가진다.

② 國家는 社會保障·社會福祉 增進에 노력할 義務를 진다.

③ 國家는 女子의 福祉와 權益의 향상을 위하여 노력하여야 한다.

④ 國家는 老人과 靑少年의 福祉向上을 위한 政策을 실시할 義務를 진다.

⑤ 身體障碍者 및 疾病·老齡 기타의 사유로 生活能力이 없는 國民은 法律이 정하는 바에 의하여 國家의 보호를 받는다.

⑥ 國家는 災害를 豫防하고 그 위험으로부터 國民을 보호하기 위하여 노력하여야 한다.

第35條 ① 모든 國民은 건강하고 快適한 環境에서 生活할 權利를 가지며, 國家와 國民은 環境保全을 위하여 노력하여야 한다.

② 環境權의 내용과 행사에 관하여는 法律로 정한다.

③ 國家는 住宅開發政策등을 통하여 모든 國民이 快適한 住居生活을 할 수 있도록 노력하여야 한다.

第36條 ① 婚姻과 家族生活은 개인의 尊嚴과 兩性의 平等을 기초로 成立되고 유지되어야 하며, 國家는 이를 보장한다.

② 國家는 母性의 보호를 위하여 노력하여야 한다.

③ 모든 國民은 保健에 관하여 國家의 보호를 받는다.

第37條 ① 國民의 自由와 權利는 憲法에 열거되지 아니한 이유로 輕視되지 아니한다.

② 國民의 모든 自由와 權利는 國家安全保障·秩序維持 또는 公共福利를 위하여 필요한 경우에 한하여 法律로써 제한할 수 있으며, 제한하는 경우에도 自由와 權利의 本質的인 내용을 침해할 수 없다.

第38條 모든 國民은 法律이 정하는 바에 의하여 納稅의 義務를 진다.

第39條 ① 모든 國民은 法律이 정하는 바에 의하여 國防의 義務를 진다.
② 누구든지 兵役義務의 이행으로 인하여 불이익한 處遇를 받지 아니한다.

第3章 國會

第40條 立法權은 國會에 속한다.

第41條 ① 國會는 國民의 普通·平等·直接·秘密選擧에 의하여 選出된 國會議員으로 구성한다.
國會議員의 數는 法律로 정하되, 200人 이상으로 한다.
③ 國會議員의 選擧區와 比例代表制 기타 選擧에 관한 사항은 法律로 정한다.

第42條 國會議員의 任期는 4年으로 한다.

第43條 國會議員은 法律이 정하는 職을 겸할 수 없다.

第44條 ① 國會議員은 現行犯人인 경우를 제외하고는 會期중 國會의 同意없이 逮捕 또는 拘禁되지 아니한다.
② 國會議員이 會期전에 逮捕 또는 拘禁된 때에는 現行犯人이 아닌 한 國會의 요구가 있으면 會期중 釋放된다.

第45條 國會議員은 國會에서 職務上 행한 發言과 表決에 관하여 國會외에서 責任을 지지 아니한다.

第46條 ① 國會議員은 淸廉의 義務가 있다.
② 國會議員은 國家利益을 우선하여 良心에 따라 職務를 행한다.
③ 國會議員은 그 地位를 濫用하여 國家·公共團體 또는 企業體와의 契約이나 그 處分에 의하여 財産上의 權利·利益 또는 職位를 취득하거나 他人을 위하여 그 취득을 알선할 수 없다.

第47條 ① 國會의 定期會는 法律이 정하는 바에 의하여 매년 1回 集會되며, 國會의 臨時會는 大統領 또는 國會在籍議員 4分의 1 이상의 요구에 의하여 集會된다.
② 定期會의 會期는 100日을, 臨時會의 會期는 30日을 초과할 수 없다.
③ 大統領이 臨時會의 集會를 요구할 때에는 期間과 集會要求의 이유를 명시하여야 한다.

第48條 國會는 議長 1人과 副議長 2人을 選出한다.

第49條 國會는 憲法 또는 法律에 특별한 規定이 없는 한 在籍議員 過半數의 출석과 出席議員 過半數의 贊成으로 議決한다. 可否同數인 때에는 否決된 것으로 본다.

第50條 ① 國會의 會議는 公開한다. 다만, 出席議員 過半數의 贊成이 있거나 議長이 國家의 安全保障을 위하여 필요하다고 인정할 때에는 公開하지 아니할 수 있다.
② 公開하지 아니한 會議內容의 公表에 관하여는 法律이 정하는 바에 의한다.

第51條 國會에 제출된 法律案 기타의 議案은 會期중에 議決되지 못한 이유로 폐기되지 아니한다. 다만, 國會議員의 任期가 만료된 때에는 그러하지 아니하다.

第52條 國會議員과 政府는 法律案을 제출할 수 있다.

第53條 ① 國會에서 議決된 法律案은 政府에 移送되어 15日 이내에 大統領이 公布한다.

② 法律案에 異議가 있을 때에는 大統領은 第1項의 期間내에 異議書를 붙여 國會로 還付하고, 그 再議를 요구할 수 있다. 國會의 閉會중에도 또한 같다.

③ 大統領은 法律案의 일부에 대하여 또는 法律案을 修正하여 再議를 요구할 수 없다.

④ 再議의 요구가 있을 때에는 國會는 再議에 붙이고, 在籍議員過半數의 출석과 出席議員 3分의 2 이상의 贊成으로 前과 같은 議決을 하면 그 法律案은 法律로서 확정된다.

⑤ 大統領이 第1項의 期間내에 公布나 再議의 요구를 하지 아니한 때에도 그 法律案은 法律로서 확정된다.

⑥ 大統領은 第4項과 第5項의 規定에 의하여 확정된 法律을 지체없이 公布하여야 한다. 第5項에 의하여 法律이 확정된 후 또는 第4項에 의한 確定法律이 政府에 移送된 후 5日 이내에 大統領이 公布하지 아니할 때에는 國會議長이 이를 公布한다.

⑦ 法律은 특별한 規定이 없는 한 公布한 날로부터 20日을 경과함으로써 效力을 발생한다.

第54條 ① 國會는 國家의 豫算案을 審議·확정한다.

② 政府는 會計年度마다 豫算案을 編成하여 會計年度 開始 90日전까지 國會에 제출하고, 國會는 會計年度 開始 30日전까지 이를 議決하여야 한다.

③ 새로운 會計年度가 開始될 때까지 豫算案이 議決되지 못한 때에는 政府는 國會에서 豫算案이 議決될 때까지 다음의 目的을 위한 經費는 前年度 豫算에 準하여 執行할 수 있다.

1. 憲法이나 法律에 의하여 設置된 機關 또는 施設의 유지·운영
2. 法律上 支出義務의 이행
3. 이미 豫算으로 승인된 事業의 계속

第55條 ① 한 會計年度를 넘어 계속하여 支出할 필요가 있을 때에는 政府는 年限을 정하여 繼續費로서 國會의 議決을 얻어야 한다.

② 豫備費는 總額으로 國會의 議決을 얻어야 한다. 豫備費의 支出은 次期國會의 승인을 얻어야 한다.

第56條 政府는 豫算에 變更을 加할 필요가 있을 때에는 追加更正豫算案을 編成하여 國會에 제출할 수 있다.

第57條 國會는 政府의 同意없이 政府가 제출한 支出豫算 各項의 金額을 增加하거나 새 費目을 設置할 수 없다.

第58條 國債를 모집하거나 豫算외에 國家의 부담이 될 契約을 체결하려 할 때에는 政府는 미리 國會의 議決을 얻어야 한다.

第59條 租稅의 種目과 稅率은 法律로 정한다.

第60條 ① 國會는 相互援助 또는 安全保障에 관한 條約, 중요한 國際組織에 관한 條約, 友好通商航海條約, 主權의 制約에 관한 條約, 講和條約, 國家나 國民에게 중대한 財政的 부담을 지우는 條約 또는 立法事項에 관한 條約의 체결·批准대한 同意權을 가진다.

② 國會는 宣戰布告, 國軍의 外國에의 派遣 또는 外國軍隊의 大韓民國 領域안에서의 駐留에 대한 同意權을 가진다.

第61條 ① 國會는 國政을 監査하거나 특정한 國政事案에 대하여 調査할 수 있으며, 이에 필요한 書類의 提出 또는 證人의 출석과 證言이나 의견의 陳述을 요구할 수 있다.

② 國政監査 및 調査에 관한 節次 기타 필요한 사항은 法律로 정한다.

第62條 ① 國務總理·國務委員 또는 政府委員은 國會나 그 委員會에 출석하여 國政處理狀況을 보고하거나 의견을 陳述하고 質問에 응답할 수 있다.

② 國會나 그 委員會의 요구가 있을 때에는 國務總理·國務委員 또는 政府委員은 출석·답변하여야 하며, 國務總理 또는 國務委員이 出席要求를 받은 때에는 國務委員 또는 政府委員으로 하여금 출석·답변하게 할 수 있다.

第63條 ① 國會는 國務總理 또는 國務委員의 解任을 大統領에게 建議할 수 있다.

②第1項의 解任建議는 國會在籍議員 3分의 1 이상의 發議에 의하여 國會在籍議員 過半數의 贊成이 있어야 한다.

第64條 ① 國會는 法律에 저촉되지 아니하는 범위안에서 議事와 內部規律에 관한 規則을 制定할 수 있다.

② 國會는 議員의 資格을 審査하며, 議員을 懲戒할 수 있다.

③ 議員을 除名하려면 國會在籍議員 3分의 2 이상의 贊成이 있어야 한다.

④ 第2項과 第3項의 處分에 대하여는 法院에 提訴할 수 없다.

第65條 ① 大統領·國務總理·國務委員·行政各部의 長·憲法裁判所 裁判官·法官·中央選擧管理委員會 委員·監査院長·監査委員 기타 法律이 정한 公務員이 그 職務執行에 있어서 憲法이나 法律을 違背한 때에는 國會는 彈劾의 訴追를 議決할 수 있다.

② 第1項의 彈劾訴追는 國會在籍議員 3分의 1 이상의 發議가 있어야 하며, 그 議決은 國會在籍議員 過半數의 贊成이 있어야 한다. 다만, 大統領에 대한 彈劾訴追는 國會在籍議員 過半數의 發議와 國會在籍議員 3分의 2 이상의 贊成이 있어야 한다.

③ 彈劾訴追의 議決을 받은 者는 彈劾審判이 있을 때까지 그 權限行使가 정지된다.

④ 彈劾決定은 公職으로부터 罷免함에 그친다. 그러나, 이에 의하여 民事上이나 刑事上의 責任이 免除되지는 아니한다.

第4章 政府

第1節 大統領

第66條 ① 大統領은 國家의 元首이며, 外國에 대하여 國家를 代表한다.

②大統領은 國家의 獨立·領土의 保全·國

家의 繼續性과 憲法을 守護할 責務를 진다.

③大統領은 祖國의 平和的 統一을 위한 성실한 義務를 진다.

④行政權은 大統領을 首班으로 하는 政府에 속한다.

第67條 ① 大統領은 國民의 普通·平等·直接·秘密選擧에 의하여 選出한다.

② 第1項의 選擧에 있어서 最高得票者가 2人 이상인 때에는 國會의 在籍議員 過半數가 출석한 公開會議에서 多數票를 얻은 者를 當選者로 한다.

③ 大統領候補者가 1人일 때에는 그 得票數가 選擧權者 總數의 3分의 1 이상이 아니면 大統領으로 當選될 수 없다.

④ 大統領으로 選擧될 수 있는 者는 國會議員의 被選擧權이 있고 選擧日 현재 40歲에 達하여야 한다.

⑤ 大統領의 選擧에 관한 사항은 法律로 정한다.

第68條 ① 大統領의 任期가 만료되는 때에는 任期滿了 70日 내지 40日전에 後任者를 選擧한다.

② 大統領이 闕位된 때 또는 大統領 當選者가 死亡하거나 判決 기타의 사유로 그 資格을 喪失한 때에는 60日 이내에 後任者를 選擧한다.

第69條 大統領은 就任에 즈음하여 다음의 宣誓를 한다.

"나는 憲法을 준수하고 國家를 保衛하며 祖國의 平和的 統一과 國民의 自由와 福利의 增進 및 民族文化의 暢達에 노력하여 大統領으로서의 職責을 성실히 수행할 것을 國民 앞에 엄숙히 宣誓합니다."

第70條 大統領의 任期는 5年으로 하며, 重任할 수 없다.

第71條 大統領이 闕位되거나 事故로 인하여 職務를 수행할 수 없을 때에는 國務總理, 法律이 정한 國務委員의 順序로 그 權限을 代行한다.

第72條 大統領은 필요하다고 인정할 때에는 外交·國防·統一 기타 國家安危에 관한 重要政策을 國民投票에 붙일 수 있다.

第73條 大統領은 條約을 체결·批准하고, 外交使節을 信任·접수 또는 派遣하며, 宣戰布告와 講和를 한다.

第74條 ① 大統領은 憲法과 法律이 정하는 바에 의하여 國軍을 統帥한다.

②國軍의 組織과 編成은 法律로 정한다.

第75條 大統領은 法律에서 구체적으로 범위를 정하여 委任받은 사항과 法律을 執行하기 위하여 필요한 사항에 관하여 大統領令을 발할 수 있다.

第76條 ① 大統領은 內憂·外患·天災·地變 또는 중대한 財政·經濟上의 危機에 있어서 國家의 安全保障 또는 公共의 安寧秩序를 유지하기 위하여 긴급한 措置가 필요하고 國會의 集會를 기다릴 여유가 없을 때에 한하여 최소한으로 필요한 財政·經濟上의 處分을 하거나 이에 관하여 法律의 效力을 가지는 命令을 발할 수 있다.

② 大統領은 國家의 安危에 관계되는 중대한 交戰狀態에 있어서 國家를 保衛하기 위하여 긴급한 措置가 필요하고 國會의 集會가 불가능한 때에 한하여 法律의 效力을 가지는 命令을 발할 수 있다.

③ 大統領은 第1項과 第2項의 處分 또는 命令을 한 때에는 지체없이 國會에 보고하여 그 승인을 얻어야 한다.

④ 第3項의 승인을 얻지 못한 때에는 그 處分 또는 命令은 그때부터 效力을 喪失한다. 이 경우 그 命令에 의하여 改正 또는 廢止되었던 法律은 그 命令이 승인을 얻지 못한 때부터 당연히 效力을 회복한다.

⑤ 大統領은 第3項과 第4項의 사유를 지체없이 公布하여야 한다.

第77條 ① 大統領은 戰時·事變 또는 이에 準하는 國家非常事態에 있어서 兵力으로써 軍事上의 필요에 응하거나 公共의 安寧秩序를 유지할 필요가 있을 때에는 法律이 정하는 바에 의하여 戒嚴을 宣布할 수 있다.

② 戒嚴은 非常戒嚴과 警備戒嚴으로 한다.

③ 非常戒嚴이 宣布된 때에는 法律이 정하는 바에 의하여 令狀制度, 言論·出版·集會·結社의 自由, 政府나 法院의 權限에 관하여 특별한 措置를 할 수 있다.

④ 戒嚴을 宣布한 때에는 大統領은 지체없이 國會에 통고하여야 한다.

⑤ 國會가 在籍議員 過半數의 贊成으로 戒嚴의 解除를 요구한 때에는 大統領은 이를 解除하여야 한다.

第78條 大統領은 憲法과 法律이 정하는 바에 의하여 公務員을 任免한다.

第79條 ① 大統領은 法律이 정하는 바에 의하여 赦免·減刑 또는 復權을 命할 수 있다.

② 一般赦免을 命하려면 國會의 同意를 얻어야 한다.

③ 赦免·減刑 및 復權에 관한 사항은 法律로 정한다.

第80條 大統領은 法律이 정하는 바에 의하여 勳章 기타의 榮典을 수여한다.

第81條 大統領은 國會에 출석하여 發言하거나 書翰으로 의견을 표시할 수 있다.

第82條 大統領의 國法上 행위는 文書로써 하며, 이 文書에는 國務總理와 관계 國務委員이 副署한다. 軍事에 관한 것도 또한 같다.

第83條 大統領은 國務總理·國務委員·行政各部의 長 기타 法律이 정하는 公私의 職을 겸할 수 없다.

第84條 大統領은 內亂 또는 外患의 罪를 범한 경우를 제외하고는 在職 중 刑事上의 訴追를 받지 아니한다.

第85條 前職大統領의 身分과 禮遇에 관하여는 法律로 정한다.

第2節 行政府

第1款 國務總理와 國務委員

第86條 ① 國務總理는 國會의 同意를 얻어 大統領이 任命한다.

② 國務總理는 大統領을 補佐하며, 行政에 관하여 大統領의 命을 받아 行政各部를 統轄한다.

③ 軍人은 現役을 免한 후가 아니면 國務總理로 任命될 수 없다.

第87條 ① 國務委員은 國務總理의 提請으로 大統領이 任命한다.

② 國務委員은 國政에 관하여 大統領을 補佐하며, 國務會議의 構成員으로서 國政을 審議한다.

③ 國務總理는 國務委員의 解任을 大統領에게 建議할 수 있다.

④ 軍人은 現役을 免한 후가 아니면 國務委員으로 任命될 수 없다.

第2款 國務會議

第88條 ① 國務會議는 政府의 權限에 속하는 중요한 政策을 審議한다.

② 國務會議는 大統領·國務總理와 15人 이상 30人 이하의 國務委員으로 구성한다.

③ 大統領은 國務會議의 議長이 되고, 國務總理는 副議長이 된다.

第89條 다음 사항은 國務會議의 審議를 거쳐야 한다.

1. 國政의 基本計劃과 政府의 一般政策
2. 宣戰·講和 기타 중요한 對外政策
3. 憲法改正案·國民投票案·條約案·法律案 및 大統領令案
4. 豫算案·決算·國有財産處分의 基本計劃·國家의 부담이 될 契約 기타 財政에 관한 중요사항
5. 大統領의 緊急命令·緊急財政經濟處分 및 命令 또는 戒嚴과 그 解除
6. 軍事에 관한 중요사항
7. 國會의 臨時會 集會의 요구
8. 榮典授與
9. 赦免·減刑과 復權
10. 行政各部間의 權限의 劃定
11. 政府안의 權限의 委任 또는 配定에 관한 基本計劃
12. 國政處理狀況의 評價·分析
13. 行政各部의 중요한 政策의 수립과 調整
14. 政黨解散의 提訴
15. 政府에 제출 또는 회부된 政府의 政策에 관계되는 請願의 審査
16. 檢察總長·合同參謀議長·各軍參謀總長·國立大學校總長·大使 기타 法律이 정한 公務員과 國營企業體管理者의 任命
17. 기타 大統領·國務總理 또는 國務委員이 제출한 사항

第90條 ① 國政의 중요한 사항에 관한 大統領의 諮問에 응하기 위하여 國家元老로 구성되는 國家元老諮問會議를 둘 수 있다.

② 國家元老諮問會議의 議長은 直前大統領이 된다. 다만, 直前大統領이 없을 때에는 大統領이 指名한다.

③ 國家元老諮問會議의 組織·職務範圍 기타 필요한 사항은 法律로 정한다.

第91條 ① 國家安全保障에 관련되는 對外政策·軍事政策과 國內政策의 수립에 관하여 國務會議의 審議에 앞서 大統領의 諮問에 응하기 위하여 國家安全保障會議를 둔다.

② 國家安全保障會議는 大統領이 主宰한다.

③ 國家安全保障會議의 組織·職務範圍 기타 필요한 사항은 法律로 정한다.

第92條 ① 平和統一政策의 수립에 관한 大統領의 諮問에 응하기 위하여 民主平和統一諮問會議를 둘 수 있다.

② 民主平和統一諮問會議의 組織·職務範圍 기타 필요한 사항은 法律로 정한다.

第93條 ① 國民經濟의 발전을 위한 重要政策의 수립에 관하여 大統領의 諮問에 응하기 위하여 國民經濟諮問會議를 둘 수 있다.

② 國民經濟諮問會議의 組織·職務範圍 기타 필요한 사항은 法律로 정한다.

第3款 行政各部

第94條 行政各部의 長은 國務委員 중에서 國務總理의 提請으로 大統領이 任命한다.

第95條 國務總理 또는 行政各部의 長은 所管事務에 관하여 法律이나 大統領令의 委任 또는 職權으로 總理令 또는 部令을 발할 수 있다.

第96條 行政各部의 設置·組織과 職務範圍는 法律로 정한다.

第4款 監査院

第97條 國家의 歲入·歲出의 決算, 國家 및 法律이 정한 團體의 會計檢査와 行政機關 및 公務員의 職務에 관한 監察을 하기 위하여 大統領 所屬下에 監査院을 둔다.

第98條 ① 監査院은 院長을 포함한 5人 이상 11人 이하의 監査委員으로 구성한다.

② 院長은 國會의 同意를 얻어 大統領이 任命하고, 그 任期는 4年으로 하며, 1次에 한하여 重任할 수 있다.

③ 監査委員은 院長의 提請으로 大統領이 任命하고, 그 任期는 4年으로 하며, 1次에 한하여 重任할 수 있다.

第99條 監査院은 歲入·歲出의 決算을 매년 檢査하여 大統領과 次年度國會에 그 결과를 보고하여야 한다.

第100條 監査院의 組織·職務範圍·監査委員의 資格·監査對象公務員의 범위 기타 필요한 사항은 法律로 정한다.

第5章 法院

第101條 ① 司法權은 法官으로 구성된 法院에 속한다.

② 法院은 最高法院인 大法院과 各級法院으로 組織된다.

③ 法官의 資格은 法律로 정한다.

第102條 ① 大法院에 部를 둘 수 있다.

② 大法院에 大法官을 둔다. 다만, 法律이 정하는 바에 의하여 大法官이 아닌 法官을 둘 수 있다.

③ 大法院과 各級法院의 組織은 法律로 정한다.

第103條 法官은 憲法과 法律에 의하여 그

良心에 따라 獨立하여 審判한다.

第104條 ① 大法院長은 國會의 同意를 얻어 大統領이 任命한다.

② 大法官은 大法院長의 提請으로 國會의 同意를 얻어 大統領이 任命한다.

③ 大法院長과 大法官이 아닌 法官은 大法官會議의 同意를 얻어 大法院長이 任命한다.

第105條 ① 大法院長의 任期는 6年으로 하며, 重任할 수 없다.

② 大法官의 任期는 6年으로 하며, 法律이 정하는 바에 의하여 連任할 수 있다.

③ 大法院長과 大法官이 아닌 法官의 任期는 10年으로 하며, 法律이 정하는 바에 의하여 連任할 수 있다.

④ 法官의 停年은 法律로 정한다.

第106條 ① 法官은 彈劾 또는 禁錮 이상의 刑의 宣告에 의하지 아니하고는 罷免되지 아니하며, 懲戒處分에 의하지 아니하고는 停職·減俸 기타 不利한 處分을 받지 아니한다.

② 法官이 중대한 心身上의 障害로 職務를 수행할 수 없을 때에는 法律이 정하는 바에 의하여 退職하게 할 수 있다.

第107條 ① 法律이 憲法에 위반되는 여부가 裁判의 前提가 된 경우에는 法院은 憲法裁判所에 提請하여 그 審判에 의하여 裁判한다.

② 命令·規則 또는 處分이 憲法이나 法律에 위반되는 여부가 裁判의 前提가 된 경우에는 大法院은 이를 最終的으로 審査할 權限을 가진다.

③ 裁判의 前審節次로서 行政審判을 할 수 있다. 行政審判의 節次는 法律로 정하되, 司法節次가 準用되어야 한다.

第108條 大法院은 法律에 저촉되지 아니하는 범위안에서 訴訟에 관한 節次, 法院의 內部規律과 事務處理에 관한 規則을 制定할 수 있다.

第109條 裁判의 審理와 判決은 公開한다. 다만, 審理는 國家의 安全保障 또는 安寧秩序를 방해하거나 善良한 風俗을 해할 염려가 있을 때에는 法院의 決定으로 公開하지 아니할 수 있다.

第110條 ① 軍事裁判을 관할하기 위하여 特別法院으로서 軍事法院을 둘 수 있다.

② 軍事法院의 上告審은 大法院에서 관할한다.

③ 軍事法院의 組織·權限 및 裁判官의 資格은 法律로 정한다.

④ 非常戒嚴下의 軍事裁判은 軍人·軍務員의 犯罪나 軍事에 관한 間諜罪의 경우와 哨兵·哨所·有毒飮食物供給·捕虜에 관한 罪중 法律이 정한 경우에 한하여 單審으로 할 수 있다. 다만, 死刑을 宣告한 경우에는 그러하지 아니하다.

第6章 憲法裁判所

第111條 ① 憲法裁判所는 다음 사항을 管掌한다.

1. 法院의 提請에 의한 法律의 違憲與否 審判

2. 彈劾의 審判

3. 政黨의 解散 審判

4. 國家機關 相互間, 國家機關과 地方自治團體間 및 地方自治團體 相互間의 權限爭議에 관한 審判

5. 法律이 정하는 憲法訴願에 관한 審判

② 憲法裁判所는 法官의 資格을 가진 9人의 裁判官으로 구성하며, 裁判官은 大統領이 任命한다.

③ 第2項의 裁判官중 3人은 國會에서 選出하는 者를, 3人은 大法院長이 指名하는 者를 任命한다.

④ 憲法裁判所의 長은 國會의 同意를 얻어 裁判官중에서 大統領이 任命한다.

第112條 ① 憲法裁判所 裁判官의 任期는 6年으로 하며, 法律이 정하는 바에 의하여 連任할 수 있다.

② 憲法裁判所 裁判官은 政黨에 加入하거나 政治에 관여할 수 없다.

③ 憲法裁判所 裁判官은 彈劾 또는 禁錮 이상의 刑의 宣告에 의하지 아니하고는 罷免되지 아니한다.

第113條 ① 憲法裁判所에서 法律의 違憲決定, 彈劾의 決定, 政黨解散의 決定 또는 憲法訴願에 관한 認容決定을 할 때에는 裁判官 6人 이상의 贊成이 있어야 한다.

② 憲法裁判所는 法律에 저촉되지 아니하는 범위안에서 審判에 관한 節次, 內部規律과 事務處理에 관한 規則을 制定할 수 있다.

③ 憲法裁判所의 組織과 운영 기타 필요한 사항은 法律로 정한다.

第7章 選擧管理

第114條 ① 選擧와 國民投票의 공정한 管理 및 政黨에 관한 事務를 처리하기 위하여 選擧管理委員會를 둔다.

② 中央選擧管理委員會는 大統領이 任命하는 3人, 國會에서 選出하는 3人과 大法院長이 指名하는 3人의 委員으로 구성한다. 委員長은 委員중에서 互選한다.

③ 委員의 任期는 6年으로 한다.

④ 委員은 政黨에 加入하거나 政治에 관여할 수 없다.

⑤ 委員은 彈劾 또는 禁錮 이상의 刑의 宣告에 의하지 아니하고는 罷免되지 아니한다.

⑥ 中央選擧管理委員會는 法令의 범위안에서 選擧管理·國民投票管理 또는 政黨事務에 관한 規則을 制定할 수 있으며, 法律에 저촉되지 아니하는 범위안에서 內部規律에 관한 規則을 制定할 수 있다.

⑦ 各級 選擧管理委員會의 組織·職務範圍 기타 필요한 사항은 法律로 정한다.

第115條 ① 各級 選擧管理委員會는 選擧人名簿의 작성 등 選擧事務와 國民投票事務에 관하여 관계 行政機關에 필요한 指示를 할 수 있다.

② 第1項의 指示를 받은 당해 行政機關은 이에 응하여야 한다.

第116條 ① 選擧運動은 各級 選擧管理委員會의 管理下에 法律이 정하는 범위안에서 하되, 균등한 機會가 보장되어야 한다.

② 選擧에 관한 經費는 法律이 정하는 경우

를 제외하고는 政黨 또는 候補者에게 부담시킬 수 없다.

第8章 地方自治

第117條 ① 地方自治團體는 住民의 福利에 관한 事務를 처리하고 財産을 관리하며, 法令의 범위안에서 自治에 관한 規定을 制定할 수 있다.

② 地方自治團體의 종류는 法律로 정한다.

第118條 ① 地方自治團體에 議會를 둔다.

② 地方議會의 組織·權限·議員選擧와 地方自治團體의 長의 選任方法 기타 地方自治團體의 組織과 운영에 관한 사항은 法律로 정한다.

第9章 經濟

第119條 ① 大韓民國의 經濟秩序는 개인과 企業의 經濟上의 自由와 創意를 존중함을 基本으로 한다.

② 國家는 균형있는 國民經濟의 成長 및 安定과 적정한 所得의 分配를 유지하고, 市場의 支配와 經濟力의 濫用을 방지하며, 經濟主體間의 調和를 통한 經濟의 民主化를 위하여 經濟에 관한 規制와 調整을 할 수 있다.

第120條 ① 鑛物 기타 중요한 地下資源·水産資源·水力과 經濟上 이용할 수 있는 自然力은 法律이 정하는 바에 의하여 일정한 期間 그 採取·開發또는 이용을 特許할 수 있다.

② 國土와 資源은 國家의 보호를 받으며, 國家는 그 균형있는 開發과 이용을 위하여 필요한 計劃을 수립한다.

第121條 ① 國家는 農地에 관하여 耕者有田의 원칙이 達成될 수 있도록 노력하여야 하며, 農地의 小作制度는 금지된다.

② 農業生産性의 提高와 農地의 合理的인 이용을 위하거나 불가피한 事情으로 발생하는 農地의 賃貸借와 委託經營은 法律이 정하는 바에 의하여 인정된다.

第122條 國家는 國民 모두의 生産 및 生活의 基盤이 되는 國土의 효율적이고 균형있는 이용·開發과 보전을 위하여 法律이 정하는 바에 의하여 그에 관한 필요한 제한과 義務를 課할 수 있다.

第123條 ① 國家는 農業 및 漁業을 보호·육성하기 위하여 農·漁村綜合開發과 그 지원등 필요한 計劃을 수립·施行하여야 한다.

② 國家는 地域間의 균형있는 발전을 위하여 地域經濟를 육성할 義務를 진다.

③ 國家는 中小企業을 보호·육성하여야 한다.

④ 國家는 農水産物의 需給均衡과 流通構造의 개선에 노력하여 價格安定을 도모함으로써 農·漁民의 이익을 보호한다.

⑤ 國家는 農·漁民과 中小企業의 自助組織을 육성하여야 하며, 그 自律的 活動과 발전을 보장한다.

第124條 國家는 건전한 消費行爲를 啓導하고 生産品의 品質向上을 촉구하기 위한 消費者

保護運動을 法律이 정하는 바에 의하여 보장한다.

第125條 國家는 對外貿易을 육성하며, 이를 規制·調整할 수 있다.

第126條 國防上 또는 國民經濟上 緊切한 필요로 인하여 法律이 정하는 경우를 제외하고는, 私營企業을 國有 또는 公有로 移轉하거나 그 경영을 統制 또는 관리할 수 없다.

第127條 ① 國家는 科學技術의 革新과 情報 및 人力의 開發을 통하여 國民經濟의 발전에 노력하여야 한다.

② 國家는 國家標準制度를 확립한다.

③ 大統領은 第1項의 目的을 達成하기 위하여 필요한 諮問機構를 둘 수 있다.

第10章 憲法改正

第128條 ① 憲法改正은 國會在籍議員 過半數 또는 大統領의 發議로 提案된다.

② 大統領의 任期延長 또는 重任變更을 위한 憲法改正은 그 憲法改正 提案 당시의 大統領에 대하여는 效力이 없다.

第129條 提案된 憲法改正案은 大統領이 20日 이상의 期間 이를 公告하여야 한다.

第130條 ① 國會는 憲法改正案이 公告된 날로부터 60日 이내에 議決하여야 하며, 國會의 議決은 在籍議員 3分의 2 이상의 贊成을 얻어야 한다.

② 憲法改正案은 國會가 議決한 후 30日 이내에 國民投票에 붙여 國會議員選擧權者 過半數의 投票와 投票者 過半數의 贊成을 얻어야 한다.

③ 憲法改正案이 第2項의 贊成을 얻은 때에는 憲法改正은 확정되며, 大統領은 즉시 이를 公布하여야 한다.

附則〈제10호, 1987.10. 29〉

第1條 이 憲法은 1988年 2月 25日부터 施行한다. 다만, 이 憲法을 施行하기 위하여 필요한 法律의 制定·改正과 이 憲法에 의한 大統領 및 國會議員의 選擧 기타 이 憲法施行에 관한 準備는 이 憲法施行 전에 할 수 있다.

第2條 ① 이 憲法에 의한 최초의 大統領選擧는 이 憲法施行日 40日 전까지 실시한다.

② 이 憲法에 의한 최초의 大統領의 任期는 이 憲法施行日로부터 開始한다.

第3條 ① 이 憲法에 의한 최초의 國會議員選擧는 이 憲法公布日로부터 6月 이내에 실시하며, 이 憲法에 의하여 選出된 최초의 國會議員의 任期는 國會議員選擧후 이 憲法에 의한 國會의 최초의 集會日로부터 開始한다.

② 이 憲法公布 당시의 國會議員의 任期는 第1項에 의한 國會의 최초의 集會日 前日까지로 한다.

第4條 ① 이 憲法施行 당시의 公務員과 政府가 任命한 企業體의 任員은 이 憲法에 의하여 任命된 것으로 본다. 다만, 이 憲法에 의하여

選任方法이나 任命權者가 변경된 公務員과 大法院長 및 監査院長은 이 憲法에 의하여 後任者가 選任될 때까지 그 職務를 행하며, 이 경우 前任者인 公務員의 任期는 後任者가 選任되는 前日까지로 한다.

② 이 憲法施行 당시의 大法院長과 大法院判事가 아닌 法官은 第1項 但書의 規定에 불구하고 이 憲法에 의하여 任命된 것으로 본다.

③ 이 憲法중 公務員의 任期 또는 重任制限에 관한 規定은 이 憲法에 의하여 그 公務員이 최초로 選出 또는 任命된 때로부터 適用한다.

第5條 이 憲法施行 당시의 法令과 條約은 이 憲法에 違背되지 아니하는 한 그 效力을 지속한다.

第6條 이 憲法施行 당시에 이 憲法에 의하여 새로 設置될 機關의 權限에 속하는 職務를 행하고 있는 機關은 이 憲法에 의하여 새로운 機關이 設置될 때까지 存續하며 그 職務를 행한다.

저자약력

정승재

경희대학교 법학과 대학원 졸업
법학박사
전) 대법원 판례심사위원회 조사위원
한라그룹 그룹홍보실 팀장
국민생활체육협의회 홍보팀장
현) 한국스포츠법연구소 소장
한국스포츠중재위원회 조정인
장안대학 겸임교수
가톨릭대, 경희대, 대진대, 동국대 출강

【저서】
법학통론 / 형설출판사
붉은 이마 여자(공저) / 이룸
한국스포츠법입문 / 한국학술정보
스포츠선수의 기본권 보장에 관한 연구 등 다수의
논문 발표

김도협

독일 Philipps-Universität Marburg
법학박사
경기도/국가공무원 시험출제 · 검증위원
현) 대진대학교 법학과 교수/고시원 원장

【저서】
통일독일의원내각제 / 고시계사
법학입문 / 진원사
의원내각제 / 진원사

법과 사회

초판인쇄 | 2009년 2월 25일
초판발행 | 2009년 2월 28일

저　　자 | 정승재 · 김도협
발 행 인 | 김명숙
발 행 처 | 책 마 루
서울 중구 충무로 5가 36-3
일호빌딩 601호
전화 : 02-2279-6729
전송 : 02-2266-0452

정가　25,000원

ISBN 978-89-961558-0-5-93360